Wir lernen Polnisch

Barbara Bartnicka
Wojciech Jekiel
Marian Jurkowski
Klaus Marten
Danuta Wasilewska
Krzysztof Wrocławski

Deutsche Fassung:
Klaus Marten

Wir lernen Polnisch

Ein Lehrbuch für Anfänger

2

Warszawa

Illustrationen:
ZBIGNIEW LENGREN

Umschlaggestaltung:
JAROSŁAW JASIŃSKI

Verlagsredaktion:
BARBARA URBAŃSKA

© Copyright by Wydawnictwo „Wiedza Powszechna"
Warszawa 1996

Wszelkie prawa zastrzeżone. Każda reprodukcja lub adaptacja całości bądź części niniejszej publikacji, niezależnie od zastosowanej techniki reprodukcji (drukarskiej, fotograficznej, komputerowej i in.), wymaga pisemnej zgody Wydawcy.

Wydawnictwo prowadzi sprzedaż wysyłkową książek
za zaliczeniem pocztowym.

PW „Wiedza Powszechna"
ul. Jasna 26, 00-054 Warszawa, tel. (0-22) 827 07 99, fax w. 131
e-mail: info@wiedza.pl
www.wiedza.pl

Wydanie IV   2005 r.

Druk i oprawa: Drukarnia Naukowo-Techniczna S.A.
w Warszawie, ul. Mińska 65

ISBN 83-214-1014-6

Inhaltsverzeichnis

Abkürzungsverzeichnis 8
Einleitung 9
Methodische Hinweise für den Lektor 11
Aufgliederung des grammatischen Stoffes auf die einzelnen Lektionen . 16
Das polnische Alphabet 27
Die Schriftzeichen (Aussprachehinweise) 31

1. Erläuterungen 35
   Übungen 42
2. Erläuterungen 43
   Übungen 51
3. Erläuterungen 54
   Übungen 57
4. Erläuterungen 60
   Übungen 67
5. Erläuterungen 70
   Übungen 73
6. Erläuterungen 76
   Übungen 79
7. Erläuterungen 84
   Übungen 89
8. Erläuterungen 92
   Übungen 97
9. Erläuterungen 101
   Übungen 106
10. Erläuterungen 108
    Übungen 112
11. Erläuterungen 115
    Übungen 122
12. Erläuterungen 126
    Übungen 131
13. Erläuterungen 134
    Übungen 140

14. Erläuterungen		143
Übungen		145
15. Erläuterungen		148
Übungen		156
16. Erläuterungen		157
Übungen		160
17. Erläuterungen		164
Übungen		169
18. Erläuterungen		172
Übungen		176
19. Erläuterungen		178
Übungen		184
20. Erläuterungen		186
Übungen		193
21. Erläuterungen		195
Übungen		198
22. Erläuterungen		200
Übungen		204
23. Erläuterungen		206
Übungen		209
24. Erläuterungen		212
Übungen		219
25. Erläuterungen		221
Übungen		225
26. Erläuterungen		227
Übungen		232
27. Erläuterungen		236
Übungen		241
28. Erläuterungen		243
Übungen		248
29. Erläuterungen		251
Übungen		268
30. Erläuterungen		270
Übungen		280
31. Erläuterungen		284
Übungen		290
32. Erläuterungen		292
Übungen		297
33. Erläuterungen		302
Übungen		307
34. Erläuterungen		309
Übungen		314
35. Erläuterungen		319
Übungen		325

36. Erläuterungen	328
Übungen	334
37. Erläuterungen	339
Übungen	344
38. Erläuterungen	346
Übungen	349
39. Erläuterungen	353
Übungen	358
40. Erläuterungen	360
Übungen	367
41. Erläuterungen	371
Übungen	379
42. Erläuterungen	381
Übungen	386
43. Erläuterungen	390
Übungen	394
44. Erläuterungen	397
Übungen	399
45. Erläuterungen	405
Übungen	411
46. Erläuterungen	415
Übungen	418
47. Erläuterungen	422
Übungen	429
48. Erläuterungen	432
Übungen	435
49. Erläuterungen	436
Übungen	442
50. Erläuterungen	444
Übungen	449
Schlüssel zu den Übungen	451

Abkürzungsverzeichnis

d. h.	das heißt
imperf./imp.	imperfektiv(er Aspekt), unvollendet(er Aspekt), unvollendet(es Verb)
perf.	perfektiv(er Aspekt), vollendet(er Aspekt), vollendet(es Verb)
Pl.	Plural (Mehrzahl)
Sing./Sg.	Singular (Einzahl)
u. ä.	und ähnliche(s)
usw.	und so weiter
vgl.	vergleiche
z. B.	zum Beispiel

Abkürzungen der lateinischen Bezeichnungen für die grammatischen Kasus (Fälle) und deren polnische Entsprechungen

Nom.	Nominativ	— M.	mianownik
Gen.	Genitiv	— D.	dopełniacz
Dat.	Dativ	— C.	celownik
Akk.	Akkusativ	— B.	biernik
Instr.	Instrumental	— N.	narzędnik
Lok./Präp.	Lokativ/Präpositiv	— Ms.	miejscownik
Vok.	Vokativ	— W.	wołacz

Einleitung

Der vorliegende Band ist Bestandteil des Lehrbuches *Wir lernen Polnisch*. Er enthält grammatische Erläuterungen sowie Übungen zu den Lesestücken und Dialogen des ersten Lehrbuchbandes.

Der Aufbau des Lehrbuches, das aus drei separaten Teilen besteht (Lesestücke und Dialoge — *Texte*, Grammatik- und Übungsteil — *Grammatischer Kommentar, Übungen* und Abriß der polnischen Grammatik — *Gramatyka języka polskiego dla cudzoziemców*), läßt dem Lehrer bei der Wahl der Methode für die Vermittlung des Stoffes freie Hand, wobei sich dafür vor allem die folgenden beiden Verfahren anbieten:

1) Man geht von den Lesestücken und Dialogen aus, durch die mit Hilfe von Satzstrukturen Vokabeln und grammatischer Stoff vermittelt werden.

△ Dabei erwirbt der Lernende die Fertigkeit, die ihm so vermittelten Kenntnisse aktiv zu gebrauchen, mit Hilfe der Übungen aus dem vorliegenden Band.

△ Die dazugehörigen grammatischen Regeln macht er sich an Hand der diesen Übungen vorangestellten Erläuterungen bewußt.

△ Der Abriß der polnischen Grammatik dient bei diesem Verfahren zum Systematisieren und Abrunden der Grammatikkenntnisse.

2) Man beginnt mit dem Erlernen des Polnischen, indem man sich an Hand des Lehrbuchs *Gramatyka języka polskiego dla cudzoziemców* von B. Bartnicka und H. Satkiewicz zunächst mit den Regeln vertraut macht.

△ Dann setzt man sich mit den im Grammatik- und Übungsteil enthaltenen detaillierten grammatischen Erläuterungen zu den einzelnen Lesestücken und Dialogen auseinander.

△ Die so erworbenen theoretischen Kenntnisse werden schließlich mit Hilfe der Übungen sowie durch die Lektüre der Lesestücke und Dialoge gefestigt.

Der Grammatik- und Übungsteil enthält Informationen über die grammatischen Erscheinungen, die in den einzelnen Lesestücken und Dialogen vorkommen. Diese Angaben betreffen die Phonetik (Aussprache) und die Orthographie (Rechtschreibung) sowie die Flexion (Beugung) und die syntaktischen (satzbaulichen) Funktionen der einzelnen Wortarten. Die grammatischen Erläuterungen werden immer in dem für das Verständnis des betreffenden Lesestückes bzw. Dialogs erforderlichen Umfang gegeben. Zusammenfassende Gesamtübersichten (z. B. ganze Beugungsmuster für bestimmte Wortarten) folgen nach und nach immer dann, wenn der Lernende dafür ausreichend mit den jeweiligen sprachlichen Kategorien bzw. Erscheinungen vertraut ist.

In den ersten Abschnitten des Lehrbuches steigt der Schwierigkeitsgrad langsamer als in den späteren Passagen. Die Sprache der Lesestücke und Dialoge ist daher notwendigerweise zunächst sehr einfach und auf ausgewählte Strukturen bzw. Formen beschränkt. So wird der Ausländer zu Anfang nur wenige Aussagen in polnischer Sprache selbständig formulieren können, da sein Wortschatz eben noch sehr begrenzt ist. Zuerst muß der Lernende sich langsam an die für ihn neuen grammatischen Kategorien gewöhnen und dabei die formale Vielfalt und die Mehrdeutigkeit der Exponenten für diese Kategorien überschauen lernen, wobei besonders auf die morphologische Alternation (Abwandlung von Elementen im Wortinneren bei Deklination und Konjugation) zu achten ist.

Das vorliegende Lehrbuch enthält keine besonderen phonetischen Übungen (Übungen zur Aussprache), denn die Herausgeber sind der Ansicht, daß die richtige Aussprache nur an bereits vertrauten Vokabeln und Satzkonstruktionen geübt werden kann. Darum sollen die Übungen zu den ersten Abschnitten nicht nur helfen, die Wortbedeutungen und die entsprechenden grammatischen Formen zu erlernen, sondern auch zur Einübung der richtigen Aussprache (einschließlich Wortbetonung und Satzmelodie) beitragen.

Methodische Hinweise für den Lektor

Der Wortschatz und der grammatische Stoff für die einzelnen Lesestücke und Dialoge wurden so gewählt, daß sie dem Lernenden vor allem helfen, zum praktischen Gebrauch des Polnischen zu gelangen. Sie sind weniger dazu bestimmt, theoretische Kenntnisse über die Struktur der Sprache zu vermitteln.

Eingeführt werden die einzelnen grammatischen Formen und ihre syntaktischen Funktionen nach dem Prinzip des steigenden Schwierigkeitsgrades.

Neuer grammatischer Stoff wird immer zunächst am Beispiel nur einer Form bzw. eines grammatischen Mittels zum Ausdruck der betreffenden Begriffskategorie eingeführt. So wird in Lektion 1 die durch den genetivus possessivus (den besitzanzeigenden 2. Fall) ausgedrückte Begriffskategorie des „Besitzers" zunächst nur am Beispiel maskuliner Substantive im Singular mit der Endung -a ohne Lautwandel im Wortstamm (*pomnik Kopernika*) eingeführt. Erst in den höheren Lektionen folgen dann nach und nach weitere Merkmale dieser Kategorie innerhalb der anderen Deklinationstypen der Substantive und der das Substantiv näher bestimmenden Wortarten. (So wird in Lektion 7 der possessive Genitiv der maskulinen Substantive mit Lautwandel im Wortstamm [*Jacek — Jacka*; *mąż — męża*] und der femininen Substantive behandelt. In Lektion 9 folgen die maskulinen Substantive mit der Endung -u im Genitiv, und erst Lektion 20 bringt für alle drei Geschlechter den Genitiv Plural). Parallel zur Behandlung dieser Formen des Genitiv werden andere syntaktische Funktionen dieses Kasus eingeführt, z. B. der Genitiv in der Lokalbestimmung (Umstandsbestimmung des Ortes): *do Wilanowa*; *z Wilanowa*.

Ähnlich stufenweise werden die syntaktischen Funktionen der anderen Kasus und deren Formen dargestellt. — So tritt, z.B., der Instrumental (5. Fall) zuerst (Lektion 6) in seiner prädikativen Funktion, als Prädikatsnomen (als Bestandteil der Satzaussage), auf: *Pan Nowak jest **lekarzem**.* In Lektion 10 erschient er dann als Bestandteil präpositionaler Wendungen in attributiver Funktion (Sinneinheit aus Verhältniswort und Hauptwort in der Funktion einer Beifügung): *Kawa z **cukrem**; chleb z **masłem*** und in der instrumentalen Funktion (Ausdruck des Mittels oder Werkzeugs): *Nakrywać stół **obrusem**.* In seiner soziativen Funktion (Ausdruck der Gemeinsamkeit — „gemeinsam mit") wird der Instrumental erst wesentlich später (Lektion 23) dargestellt, da seine Verwendung in dieser Bedeutung syntaktische Komplikationen in bezug auf den Numerus (Zahl) des Prädikats mit sich bringen kann: *Pan Kowalski **idzie** na spacer z psem,* aber *Jurek z Moniką **idą** na spacer.*

Der Akkusativ (4. Fall) des direkten, präpositionslosen Objekts (Ergänzung) wird zunächst nur in der Form eingeführt, in der er dem Nominativ (1. Fall) gleicht (d. h., für die „unbelebten" maskulinen und die neutralen Substantive). Der Akkusativ Singular der femininen Substantive auf -ę folgt in Lektion 9. Der genetivus obiecti (s. dazu die entsprechenden Lektionen) nach negierten Verben dagegen wird erst in Lektion 14 (nach „*nie ma*" = „*non habet*": *Nie mam apetytu, temperatury*) und in Lektion 16 (nach „*nie ma*" = „*non est*": *Nie ma kierownika*) behandelt. Viel später erst folgt die Besprechung des Akkusativs der „belebten" bzw. „personalen" maskulinen Substantive (für beide Numeri), der dem jeweiligen Genitiv gleicht. Aus den genannten Gründen kann die Deklination der maskulinen Substantive auch erst in Lektion 27 mit einem vollständigen Paradigma, das alle Bedeutungskategorien enthält, zusammenfassend dargestellt werden.

Die Einführung der grammatischen Kategorien des Verbs (Zeit-/ /Tätigkeitswort) beginnt gewöhnlich mit der Vermittlung der Formen für die jeweilige Kategorie am Beispiel des Hilfsverbs *być* (*jest — są; będzie — będą; był* usw.).

Die Reihenfolge, in der die einzelnen grammatischen Kategorien des Verbs eingeführt werden, ist zum Teil davon bestimmt, wie früh oder wie spät die betreffenden Formen dem Ausländer im realen Gespräch mit Polen vermutlich begegnen. So erscheint die Kategorie des Imperativs (Befehlsform) zuerst in Gestalt der universellen höflichen Aufforderung

Proszę siadać (Lektion 14). Dann folgt die analytische Form: *Niech pan siada!* (Lektion 15), wogegen die Formen des Imperativs im engeren Sinne, des exklusiven Imperativs, erst in Lektion 20 dargestellt werden (als Formen, deren Verwendung auf Dialoge zwischen Personen, die einander mit „du" ansprechen, beschränkt ist).

Die ersten Formen des perfektiven (vollendeten) Aspektes werden an Beispielen für das Futur (Zukunft) eingeführt, denn bei diesem Tempus (Zeitform) ist die Bedeutungsopposition zwischen den beiden Aspekten am deutlichsten (*podam — będę podawać*). Später werden in semantisch kontrastiven Texten das praesens iterativi (Gegenwart mehrfach wiederholter Vorgänge) und das einmalige Präteritum (Vergangenheit) einander gegenübergestellt: *Zwykle* **wstaję** *wcześnie. — Dziś* **wstałem** *późno*. Die Aspektformen des Verbs sind dabei von entsprechenden Adverbialbestimmungen (Umstandsbestimmungen) begleitet, die die Aspektbedeutung der betreffenden Verbformen lexikalisch (durch zusätzliche Vokabeln) stützen.

Die Formen des Konjunktivs (der Möglichkeitsform) werden zunächst in optativer Funktion (einen Wunsch ausdrückend) eingeführt: **Chciałbym** *obejrzeć*. In konditionaler Funktion (eine Bedingung ausdrückend) erscheinen sie erst später, nachdem Konditionalkonstruktionen mit futurum indikativi (Zukunft der Wirklichkeitsform) vom Typ **Jeżeli** *zobaczę,* **to powiem** behandelt sind.

Die Einführung der personal-maskulinen Formen des Verbs (der sog. Personalform) ist selbstverständlich mit dem Erscheinen der Substantive dieser Bedeutungskategorie im Plural abgestimmt.

Viel Aufmerksamkeit wird im vorliegenden Lehrbuch der Syntax (Satzbau) gewidmet. Durch die Lesestücke und Dialoge werden die im gesprochenen Hochpolnisch am häufigsten vorkommenden syntaktischen Konstruktionen deutlich veranschaulicht. Dazu gehören auch mehrere Typen eingliedriger (subjektloser) Sätze und Modalkonstruktionen mit Infinitiv (Umstandswort + Nennform des Verbs als Ersatz für Konstruktionen aus Subjekt und Prädikat: *Można pisać; trzeba iść; nie wolno palić*). Nicht vermittelt werden dagegen Formen, die für das Schriftpolnische charakteristisch und auch dort bestimmten Funktionalstilebenen vorbehalten sind, z. B. das Adverbialpartizip der Vorzeitigkeit (*przyszedłszy*).

Personalpronomina (persönliche Fürwörter) werden bis zur Lektion 18 überhaupt nicht eingeführt, damit der Ausländer sie (infolge Interferenz) nicht als obligatorisches Subjekt zu den finiten Formen des Verbs gebraucht. Bei einfachen Texten, in denen keine Konfrontation und damit auch keine Notwendigkeit einer Hervorhebung vorliegt (*Ja pójdę, a **ty** poczekaj!*), werden Personalpronomina in der Funktion des Subjektes (soweit nicht verneint) als redundante Elemente dargestellt.

Die Behandlung von Satzverbindungen und -gefügen beschränkt sich auf eine Auswahl von Konstruktionen mit den am häufigsten gebrauchten Verknüpfungselementen, z. B. mit den Konjunktionen (Bindewörtern) *i, że, bo, ale* und *a*.

Die im Lehrbuch angebotenen Übungen sind sehr verschieden und bieten dem Lektor die Möglichkeit, je nach Kategorie der Lernenden bzw. nach anderen Kriterien zu wählen.

Auf die verschiedenen Lektionen beziehen sich Übungen der folgenden Arten:

1) Übungen

△ zur Festigung neuer Vokabeln und Formen

△ zur Automatisation der Beherrschung von Dialogelementen

△ zur Kontrolle der Beherrschung grammatischer Endungen durch das Einsetzen dieser Endungen in vorgegebene Texte.

Diese Übungen sind zu einem großen Teil auch im Sprachlabor zu verwenden.

2) Substitutions- und Transformationsübungen unterschiedlicher Schwierigkeitsgrade, die die Beherrschung bestimmter syntaktischer Strukturen und grammatischer Kategorien fördern sollen. Bei diesen Übungen sind nach einem Muster entsprechende Vokabeln und Formen einzusetzen oder vorgegebene Strukturen selbständig umzugestalten.

3) Übungen, die in der Beantwortung von Fragen und im Formulieren von Fragen zu fertigen Antworten bestehen.

4) Übungen, die im Formulieren von Dialogen bzw. Nacherzählungen, hauptsächlich zu Lesestücken des Lehrbuches, bestehen.

Zu den meisten Übungen enthält das Lehrbuch eine Auflösung (s. Schlüssel zu den Übungen, S. 451). Davon ausgenommen sind nur die Übungen, die in einem selbständigen Formulieren von Aussagen bestehen.

Zur Wahrung der konzentrisch-linearen Ordnung, in der der grammatische Stoff dargeboten ist, sollte die durch das Lehrbuch vorgegebene Reihenfolge der Lektionen im Unterrichtsablauf genau eingehalten werden.

Die detaillierte Aufgliederung des grammatischen Stoffes auf die einzelnen Lektionen ist auf S. 16 ff. dargestellt.

Aufgliederung des grammatischen Stoffes auf die einzelnen Lektionen

WORTKLASSEN (WORTARTEN)	SYNTAX (SATZLEHRE)
1. Nominativ Sg. der Substantive — Maskulinum, Femininum und Neutrum; Genitiv Sg. der maskulinen Substantive (auf *-a*); 3. Pers. Sg. des Verbs *być* (sein) im Präsens; Interrogativpronomina *kto? co?* und *czyj?*	Aussagesätze vom Typ *To jest X.* (Das ist X.); Fragesätze vom Typ *Co to jest?/Co to?* (Was ist das?), *Kto to jest/Kto to?* (Wer ist das?), *Co to za ...?* (Was ist das für ein/e/ ...?), *Czyj to (jest) ...?* (Wessen ... ist das?); adversative Konjunktion *a*
2. Nominativ Sg. der Adjektive — maskulin, feminin und neutral; Nominativ Sg. der Pronomina in den drei Genera — *ten* (dieser), *jaki* (welch ein / was für ein) und *czyj* (wessen); Familiennamen: Herr *Kowalski*, Frau *Kowalska*, Herr *Nowak*, Frau *Nowak(-owa)*	Fragesätze: *Czy to (jest) ...?* (Ist das ...?), *Czy ten pan to X?* (Ist dieser Herr X?), *Jaki jest X?* (Wie ist X?), *Czy X jest wysoki?* (Ist X groß?); adversative Konjunktion *ale*
3. Akkusativ Sg. der maskulinen nicht-personalen („unbelebten") und der neutralen Substantive, der dem entsprechenden Nominativ gleicht; 3. Pers. Sg. der Verben im Präsens (*-y*, *-i*, *-e*, *-a*)	Kausalsätze, eingeleitet durch die Konjunktion *bo* — *Dlaczego?* (Warum? Weshalb?) Sätze mit substantivischem Prädikatsnomen im Nominativ: *Pan Nowak to lekarz.* (Herr Nowak ist Arzt.); Akkusativ = Nominativ in der Funktion des direkten (präpositionslosen) Objektes: *Kto lubi lekarstwo?* (Wer nimmt gern Medikamente?); Präpositionalattribut aus *na + Akkusativ*: *lekarstwo na kaszel* (Medikament gegen Husten)

4.
Nominativ Pl. nicht-personalmaskuliner Substantive (*-y/-i, -e; -y/-i, -e; -a*);
Nominativ Pl. der Adjektive (nicht-personalmaskuline Form auf *-e*);
3. Pers. Pl. des Präsens (*-q*); die Wortform *są*

Von der Wortfolge abhängiger Numerus des Prädikates in Sätzen mit mehreren Subjekten: *Tam jest okno i balkon.* Aber: *Okno i balkon są małe.*
Stellung des Subjektes in Fragesätzen

5.
Pluraliatantum;
auf *-um* auslautende, im Sg. indeklinable neutrale Substantive;
1. Pers. Pl. der Verben im Präsens auf *-my*;
die Wortformen *proszę* und *dziękuję*

Lokalbestimmung: *gdzie?* — *tu, w centrum*;
präpositionale Wendung *dla + Genitiv* (*list dla pana*)

6.
Instrumental Sg. der Substantive — Maskulinum, Femininum und Neutrum;
Adjektiv im Nominativ als Prädikatsnomen (*Pan X jest wysoki.*);
1. Pers. Sg. der Verben im Präsens (*-ę, -am, -em*); die Wortform *jestem*;
das Pronomen *się* bei nichtreflexiven Verben (*nazywać się*)

Substantivisches Prädikatsnomen im Instrumental: *Kim jest X?* — *X jest lekarzem.* — *Jak się nazywa X?* — *Jak ma na imię X?*
Formen der Anrede: *pan/pani + 3. Pers. Sg.*

7.
Genitiv Sg. der maskulinen und der neutralen Substantive auf *-a*;
Veränderungen im Wortstamm (Ausfall von *-e-*; Vokalwechsel *-ą-//-ę-*);
Genitiv Sg. der femininen Substantive auf *-y* bzw. *-i*;
Nominativ Pl. von Familiennamen: *Nowakowie, Kowalscy*

Sammelbezeichnungen im Satz (*Państwo Nowakowie są małżeństwem//to małżeństwo.*)

8.
Akkusativ Sg. der femininen Substantive auf *-ę*;
Instrumental Pl. der Substantive auf *-ami* bzw. *-mi*;
Akkusativ Sg. der Adjektive im Femininum auf *-ę* und des Demonstrativpronomens *ta* (*tę*);
Possessivpronomina *mój, twój, nasz* und *wasz*; Vokalwechsel *-ó-//-o-*;

Akkusativ Sg. der femininen Substantive in der Funktion des direkten (präpositionslosen) Objektes;
Präpositionalattribut aus *z + Instrumental* (*pan z brodą*)

2. Pers. Sg. der Verben im Präsens (-*sz*); die Wortform *jesteś*; Konjugation des Verbs *być* im Präteritum (Sg.)

9.
Genitiv Sg. der maskulinen Substantive auf -*u*;
Akkusativ Sg. des Substantivs *pani* (*panią*);
Vokativ der femininen Substantive auf -*o!* bzw. -*u!*
Genitiv Sg. der Adjektive mit hartem und weichem Stammauslautkonsonanten in Maskulinum und Neutrum auf -*ego*

Richtungsangabe: *dokąd?* (*gdzie?*) — *do* + + *Genitiv* (*do sklepu*);
Finalbestimmung: *po co?* — *po* + *Akkusativ* (*po zakupy*);
Bestimmungsangabe: *na* + *Akkusativ* (*kupić chleb na kolację*)

10.
Instrumental Sg. der Adjektive im Femininum auf -*ą*;
3. Pers. Pl. des Verbs *być* im Präteritum;
Präposition *z*//*ze*;
Präsens-Paradigmen der Verben *być*, *iść*, *leżeć*, *lubić*, *telefonować* und *wracać*

Instrumental ohne Präposition als Angabe des Instrumentes, des Werkzeugs, des Mittels;
Präpositionalattribut aus *z* + *Instrumental* (*kawa z mlekiem*)
subordinierende Konjunktion *że*

11.
Lokativ/Präpositiv Sg. der maskulinen und der neutralen Substantive auf -*e* bzw. -*u* (mit Veränderungen im Wortstamm);
Lokativ/Präpositiv Sg. der Adjektive in Maskulinum und Neutrum auf -*ym* bzw. -*im*;
Vokativ Sg. der maskulinen Substantive, der dem entsprechenden Lokativ/Präpositiv gleicht;
Personalpronomen *ty* (*ciebie*, *cię*);
Formen des Infinitivs

Infinitiv in Fragesätzen;
Stellung des Reflexivpronomens *się* beim Verb

12.
Instrumental Sg. der Adjektive in Maskulinum und Neutrum auf -*ym* bzw. *im*;
Nominativ und Akkusativ Pl. des Substantivs *ręka*;
Numerale *dwa*, *dwie*;
von Adjektiven gebildete Adverbien auf -*o* bzw. -*e*

za vor Adjektiven und Adverbien in adverbieller Funktion: *za* (*duży*), *za* (*dużo*) — dt. *zu* ...
doppelte Verneinung (*nic nie robi*);
modales Impersonale und Infinitiv; subjektloser Satz (*można* + *Infinitiv*);
lubić + *Infinitiv* und *lubić* + *Akkusativobjekt*

13.
Lokativ/Präpositiv Sg. der femininen Substantive auf *-e, -y* bzw. *-i*;
Akkusativ Pl. der nicht-personalmaskulinen Substantive, der dem entsprechenden Nominativ gleicht;
Lokativ/Präpositiv Pl. der Substantive auf *-ach*;
Genitiv und Lokativ/Präpositiv Sg. der Adjektive auf *-ej*;
Paradigmen der Verben *jechać, spacerować* und *wchodzić* im Präsens

Lokalbestimmungen: *gdzie?* — *na + Lokativ, w + Lokativ, po + Lokativ*; *dokąd?* — *do + Genitiv* bzw. *na + Akkusativ*; *skąd?* — *z + Genitiv*;
Temporalbestimmung: *po + Lokativ/Präpositiv*;
Finalbestimmung in Form des Infinitivs: *idziemy zwiedzać*

14.
Nominativ Pl. (nicht-personaler) maskuliner Substantive mit flüchtigem *-e-* (Wechsel *-e//-* im Wortstamm);
Deklination der Substantive *pan* und *pani* im Sg.

Direktes Objekt im Genitiv nach negierten transitiven Verben (*mam apetyt* — *nie mam apetytu*);
Proszę + Infinitiv in der Funktion des Imperativs (einer Aufforderung) — *proszę spać!*

15.
Deklination des universellen Reflexivpronomens *się*;
3. Pers. Sg. der Verben im Präteritum (*-l, -la, -lo*);
Konjugation des Verbs *być* im Futur (Sg. und Pl.)

Formen des Imperativs für die 3. Pers. Sg. gegenüber dem Gesprächspartner — *Niech pan siada!*
modale Funktion des Verbs *mieć* in Verbindung mit Infinitiv (*mam jechać*)

16.
Akkusativ Sg. der personalmaskulinen Substantive, der dem Genitiv gleicht;
Genitiv Sg. des Demonstrativpronomens *ten, ta, to*;
Konjugation des Verbs *jeść* im Präsens

„*nie ma*" als negiertes Pendant zu „ma" und „jest" — *X nie ma łyżki.* (= non habet); *Nie ma kierownika.* (= non est)

17.
Deklination der Personalpronomina des Sg. *ja, ty, on, ona, ono* (ohne Gebrauch in Verbindung mit Präpositionen);
Kurzformen der Personalpronomina

Temporalbestimmungen in Form eines Adverbs, des Instrumentals eines Substantivs und präpositionaler Wendungen — *po + Lokativ/Präpositiv, przed + Instrumental*;
Lokalbestimmung *przed + Instrumental*

18.
Deklination weiblicher Familiennamen auf *-owa* und *-ówna*;
Familienname ohne Deklination in Konstruktionen des Typs **pani Nowak**;
Genitiv des Interrogativpronomens *co — czego*;
synthetisches Futur perfektiver Verben

Konjunktion *ani* in Negationssätzen

19.
Nominativ Pl. des Substantivs **dzień**;
Vokalwechsel *-a-//-e-* im Stamm der Substantive **lato, obiad, sąsiad, wiatr**;
Deklination der Personalpronomina des Pl. **my, wy, one, oni**;
Genusformen des Präteritums im Sg. (1., 2. und 3. Pers.)
analytisches Futur der imperfektiven Verben mit Infinitiv

Temporalbestimmung mit den Bezeichnungen der Jahreszeiten;
mówić + o + Lokativ/Präpositiv;
subjektlose Sätze (Angaben zum Wetter)

20.
Genitiv Pl. der Substantive und der Adjektive;
Suffix *-ś* in Idefinitpronomina (**jakiś**);
Imperativ

Syntaktische Kongruenz zwischen den Grundzahlwörtern für 1—4 und den von ihnen abhängigen Substantiven;
Konstruktionen des Typs *znaczek za 4 złote, znaczki po 4 złote*

21.
Akkusativ Sg. und Pl. der Substantive und der Adjektive

Rektion der Grundzahlwörter von 5 an aufwärts in bezug auf das von ihnen abhängige Substantiv;
syntaktische Kongruenz zwischen mehrstelligen Grundzahlwörtern mit 2, 3 und 4 in der Position des Einers und dem von ihnen abhängigen Substantiv;
Präpositionalattribut *w + Akkusativ* (*suknia w paski*);
Podobać się + Dativ; do twarzy + Dativ

22.
Diminutivsuffixe *-ek, -ka, -ko* (*-eczek, -eczka, -eczko*);
kakao — indeklinabel;

Prädikatsformen in Abhängigkeit von Subjektgruppen des Typs *sześć kucharek* (*jest, będzie, było*);

Deklination der Personalpronomina in Verbindung mit Präpositionen (*niego, niemu* usw.); Deklination der Ordnungszahlwörter; Deklination der Passivpartizipien	Verb — echte Reflexiva/reflexiva tantum (*kłócić się*); Konjunktion *jak* im Vergleich

23.

Lokativ/Präpositiv Sg. der Ordnungszahlwörter im Femininum; Formen des Genitivs der Personalpronomina in possessiver (besitzanzeigender) Funktion — *jego, jej, ich*; Konjugationsparadigma des reflexiven Verbs *myć się*	Temporalbestimmungen *o której (godzinie)? — o + Lokativ/Präpositiv; po + Lokativ/Präpositiv; przed + Instrumental; wpół do ósmej*; Temporalbestimmung in Form eines Adverbs (*późno*); Adverbialangabe der Richtung und des Ziels — *do + Genitiv (do kina), na + Akkusativ (na film)*; disjunktive Konjunktion *albo*

24.

Nominativ Pl. des Substantivs *kolega*; Grundzahlwort *dwaj* (+ *koledzy*); Nominativ Sg. maskuliner Substantive in Funktion des Vokativs; Instrumental und Lokativ/Präpositiv Pl. der Adjektive; Formen des Imperativs für 2. Person Sg. (*-ij, -j, -; bądź*)	Subjektlose Sätze mit dem defektiven (nicht zu konjugierenden) Verb *słychać* als Satzäquivalent; Uhrzeitangabe (inoffiziell und offiziell) — *o trzeciej, piętnasta zero zero* Genitiv Pl. nach Kollektiva (Sammelnamen) — *tłum ludzi*; *jechać + Instrumental (jechać pociągiem)*

25.

Adjektiv *pański* in Funktion eines Possessivpronomens; Paradigma des Konjunktivs im Sg.	Richtungsangabe: Wo entlang? — präpositionsloser Instrumental (*drogą*) *przez + Akkusativ (przez łąkę), w kierunku + Genitiv*; Relativpronomen *który*; negierte subjektlose Sätze — *nie było, nie będzie + Genitiv*; Konjunktion *żeby* mit Infinitiv und im Konditionalsatz

26.

Komparation der Adjektive und der Adverbien (regelmäßig und unregelmäßig); Paradigma des Imperativs	Komparativkonstruktionen — *niż (ładniejszy niż tamten)* sowie *od + Genitiv (ładniejszy od tamtego)*

27.
Deklination maskuliner Substantive — Lebewesen und Personen;
Paradigmen der Substantive *chłopiec, kot* und *park*;
Akkusativ Sg. und Pl. personalmaskuliner Substantive, der dem entsprechenden Genitiv gleicht;
Akkusativ Sg. maskuliner Substantive zur Bezeichnung von Lebewesen, der dem entsprechenden Genitiv gleicht;
Vokativ Pl. = Nominativ Pl.;
Deklination neutraler Substantive auf *-o, -e* bzw. *-ę (-ęcia)*
Deklination der Substantive *dziecko — dzieci, człowiek — ludzie*

trzeba + Infinitv in Präteritum und Futur;
Instrumental soziativ — Prädikat im Pl. nach mehreren Subjekten, im Sg. oder Pl. nach Subjekt mit soziativem Instrumental;
Lokalbestimmungen;
szukać + Genitiv (szuka wolnej ławki); znajdować + Akkusativ (znajduje wolną ławkę)

28.
Deklination der Substantive *dzień* und *przechodzień*;
Bildung der Aktiv- und der Passivpartizipien

sobie — Dativ des Reflexivpronomens;
Adjektiv *pełen + Genitiv*;
udać się + Person im Dativ + Infinitiv

29.
Verbalaspekt;
analytisches Futur der imperfektiven Verben;
Paradigmen von Verbpaaren — perfektiv und imperfektiv; Exponenten der beiden Verbalaspekte

Imperfektiver Aspekt in Verbindung mit Temporalbestimmungen (*zawsze, zwykle*);
subjektlose Modalkonstruktion *nie chce mi się*

30.
być und *zostać* als Kopulaverben in Passivkonstruktionen;
Suppletivformen als Aspektpaare von Verben (Paradigmen)

Präpositionen zum Ausdruck der Bestimmung: *dla kogo, do czego*;
zapomnieć + Genitiv// + Infinitiv;
subjektlose Sätze: *wiadomo, że ...; nie wiadomo, czy ...* (auch in Präteritum und Futur)

31.
Deklination der Substantive *nauczyciel, przyjaciel, pieniądz, zając, rok — lata*;
Verbalsubstantive auf *-anie, -enie, -cie*.

Subjektlose Sätze mit dem defektiven (nicht zu konjugierenden) Verb *widać* als Satzäquivalent;
Infinitiv nach *mam zamiar* und in abhängigen Fragesätzen (*nie wiem, co robić*);
ile + Genitiv? — tyle + Genitiv

32.
Deklination femininer Substantive mit vokalischem und konsonantischem Auslaut: *historia, książka, księgarnia, niedziela, żona; powieść, rzecz, twarz, wieś*

Stellung des adjektivischen und des präpositionalen Attributes; *dużo/wiele + Genitiv*

33.
Nominativ Pl. personalmaskuliner Substantive auf *-owie, -y, -i, -e*;
Deklination der Substantive *aktor, student — dentysta, mężczyzna*;
Deklination der Substantive *oko* und *ucho*

Rektion der Verbalsubstantive im Vergleich mit der der Ausgangsverben;
Adverbialbestimmungen *z tyłu, z boku, z przodu*

34.
Deklination der Grundzahlwörter von 5 an aufwärts;
Deklination des Grundzahlwortes *dwa, dwie, dwaj*, differenziert nach Genera

Stellung der Personalendung des Verbs im Finalsatz (*żebyś mógł*);
Präpositionen *bez + Genitiv* (*bez recept*); *za + Akkusativ* (*za dwie godziny*); *od + Genitiv* (*od dwóch godzin*);
Präposition *od* in Wendungen zum Ausdruck der Bestimmung (*proszki od bólu głowy*)

35.
Präteritum der Verben *iść, pójść, stanąć* und *zmarznąć*;
Adverbialpartizip der Gleichzeitigkeit auf *-ąc*

Präpositionalattribut *w + Lokativ/Präpositiv* (*pani w futrze*)

36.
Deklination des Substantivs *ręka* im Sg. und im Pl.;
Indefinitpronomina mit dem Suffix *-kolwiek* und ihre Deklination

Subjektlose Sätze vom Typ *lepiej + Infinitiv* (Futur und Präteritum);
Lokalbestimmung *koło + Genitiv*;
Temporalbestimmung *przez + Akkusativ*;
Adverbialattribut *szedł zamyślony*

37.
Reflexives Possessivpronomen *swój, swoja, swoje*;
Konjugation der Verben in allen drei Zeiten und beiden Aspekten im Sg.;
Präteritum des Verbs *jeść* im Sg.

Gebrauch der Possessivpronomina *swój//jego, jej, ich*;
Phasenverben + Infinitiv (*skończył pisać*)

38.
Bildung mehrstelliger Ordnungszahlen; Deklination der unbestimmten Zahlwörter *kilka, -naście, -dziesiąt*

Lokalbestimmung *naprzeciw + Genitiv*; Temporalbestimmung *co chwila/co chwilę — ani razu — na chwilę (jak często? na jak długo?)*

39.
Paradigma der Adjektive (Partizipien und Ordnungszahlwörter); Nominativ Pl. der adjektivischen Familiennamen

Kongruenz von Adjektiv und Substantiv

40.
Deklinationsparadigmen der Substantive *imieniny, drzwi, okulary* und *spodnie*; Nominativ Pl. des Substantivs *gość*; Nominativ Pl. der Passivpartizipien (*-one, -eni*); Deklination der Pronomina *kto, co, nikt, ktoś* und *coś*

się als Ausdruck der Intransitivität bei den Verben *piec się* und *gotować się* (*w piecyku pieką się kurczęta, zupa się gotuje*); *powinien + Infinitiv*; *reszta + Genitiv (reszta gości)*; Adverbien des Typs *po -u (po grecku, po polsku)*

41.
Deklination der Demonstrativpronomina *ten* und *taki*; Deklination der Grundzahlwörter 100—900; zusammengesetzte Adjektive auf *-letni*

Subjektlose Konstruktionen mit Verbformen auf *-no* bzw. *-to* als Satzkernäquivalent; Transitivität und Reflexivität (*chwalić/ /zgłaszać + Akkusativ//się*); Temporalbestimmung in Form des direkten (präpositionslosen) Akkusativobjektes: *żyć 100 lat*; *to prawda, że ...; czy to prawda, że ...; to nieprawda, że ...*

42.
Präteritum der Verben in der 3. Pers. Pl. (*-ły, -li*)

Modal- und andere Verben, die in Verbindung mit dem Infinitiv eines weiteren Verbs gebraucht werden (*muszę iść, chcę pójść, postanowił pójść//postanowił, że pójdzie*); Genitiv statt Akkusativ in verneinten Modalwortkonstruktionen (*nie wolno karmić zwierząt*); *śmiać się z + Genitiv*

43.
Vollständiges Paradigma des Präteritums (*-łyśmy, -liśmy*) und des Konjunktivs

Wochentage und Monate in der Temporalbestimmung — *w piątek, w niedzielę*, aber: *w lipcu* (*we wtorek, we wrześniu*)

44.
Deklination von Pluraliatantum (*wakacje, ferie, wczasy*)

Adverbialangaben des Ortes und der Richtung — *jechać na wczasy, w góry; być na wczasach, w górach*

45.
Deklination neutraler Substantive auf *-ę* (*-enia*);
Deklination des Substantivs *tydzień*;
Numerale *oba, obie, obaj* und seine Deklination;
Verbalpräfix *po-*

Superlativ des Adjektivs + *z* + Genitiv (*najmłodszy z kolegów, jeden z nas, kto z was*); *ciekawy* attributiv — *ciekaw* prädikativ; *grać* + *w* + Akkusativ (*w piłkę*); *jeździć na* + + Lokativ/Präpositiv (*na nartach, na rowerze*)

46.
Deklination femininer Substantive auf *-ja* (*-cja, -sja, -zja*);
Deklination des Substantivs *człowiek — ludzie*;
Deklination der Nationalitätenbezeichnungen *Niemiec, Węgier* und *Włoch* sowie der Länderbezeichnungen *Niemcy, Węgry* und *Włochy*

brak + Genitiv im subjektlosen Satz

47.
Deklination des Substantivs *brat*

dwaj bracia idą/szli//dwóch braci idzie/szło witać, żegnać + Akkusativ// + *się* + *z* + Instrumental;
z + Genitiv einer Stoffbezeichnung als Attribut (*zupa z jarzyn, kompot ze śliwek*)

48.
Paradigmen der unregelmäßigen Verben *dać, wiedzieć, powiedzieć, umieć* und *rozumieć*

Satzäquivalente;
Personalpronomen „*wy*" als offizielle Anrede für eine einzelne Person in bestimmten gesellschaftlichen Bereichen;
Frageform *co* + *z* + Instrumental (*Co z Kowalskim?*)

25

49.
Deklination der Substantive *rząd — rządu* und *rząd — rzędu* sowie *państwo* in seinen beiden Bedeutungen;
Deklination von Familiennamen des Typs *Moniuszko*

Temporalbestimmung *podczas + Genitiv*; Adverbialangabe der Richtung *w + Akkusativ* (*w górę, w dół*); *słuchać, szukać + Genitiv* (*słuchać muzyki*) — *śpiewać, grać, tańczyć, wykonać + Akkusativ* (*Akkusativ = Genitiv* bei bestimmten maskulinen Substantiven, z. B.: *tańczyć polkę*, aber: *walca, mazura*)

50.
Deklination neutraler Substantive auf *-um* im Plural — *muzea, studia*

żaden und die doppelte Verneinung

Das polnische Alphabet

Übersicht über die polnischen Schriftzeichen mit ersten Hinweisen zur Aussprache der durch diese Schriftzeichen im Schriftbild wiedergegebenen Laute

Detailliertere Hinweise folgen, soweit sie unerläßlich und in einem Lehrbuch wie dem vorliegenden möglich sind, in den Lektionen, in denen zum ersten Mal Vokabeln mit den betreffenden Schriftzeichen vorkommen.[1]

Bevor die einzelnen Schriftzeichen und die von ihnen im Schriftbild bezeichneten Laute besprochen werden, einige grundsätzliche Erläuterungen:

Im Polnischen und im Deutschen gibt es Lautpaare, deren beide Glieder sich nur dadurch unterscheiden, daß die im Kehlkopf befindlichen Stimmlippen (Stimmbänder) bei der Artikulation des einen Gliedes mitwirken (von dem aus der Lunge kommenden Luftstrom in Schwingungen versetzt werden), bei der Artikulation des anderen Gliedes aber unbeteiligt bleiben, z. B.:

b und *p*,   *w* und *f*,   *d* und *t*,   *g* und *k*   u. a.

In bezug auf andere Komponenten des Artikulationsvorganges und andere Merkmale dieser Laute sind die beiden Glieder dieser Paare jeweils einander völlig gleich.

Für das hier besprochene Differenzierungsmerkmal sind im deutschsprachigen Raum leider verschiedene Bezeichnungen üblich geworden. Darum sei ausdrücklich darauf hingewiesen, daß im vorliegenden Lehrbuch dafür die Begriffe „Stimmhaftigkeit" und „Stimmlosigkeit" (und n i c h t „Weichheit" und „Härte" oder andere Bezeichnungen) verwandt werden. Somit bezeichnen *b*, *w*, *d*, *g* usw. „stimmhafte"

---

[1] Für eine intensivere Beschäftigung mit den Problemen der polnischen Aussprache wird die folgende Publikation empfohlen: Leszek Biedrzycki „Abriß der polnischen Phonetik", Wiedza Powszechna, Warszawa 1974 und VEB Verlag Enzyklopädie, Leipzig 1974.

Konsonanten, da bei ihrer Artikulation „Stimme" (Schwingen der Stimmlippen) mitwirkt. Dagegen werden *p, f, t, k* usw. als „stimmlose" Konsonanten bezeichnet, da die „Stimme" an ihrer Artikulation nicht beteiligt ist.

Mit „hart" und „weich" werden im vorliegenden Lehrbuch Merkmale innerhalb einer anderen Opposition bezeichnet, die für das Deutsche irrelevant ist, d. h., in dieser Sprache nicht zur Differenzierung von Wortbedeutungen genutzt wird, die für das Polonische aber sehr wichtig ist, da es in dieser Sprache Wortpaare gibt, deren beide Glieder sich phonetisch nur dadurch unterscheiden, daß ein in beiden enthaltener Konsonant in dem einen Glied „hart", in dem anderen aber „weich" ausgesprochen wird (wobei sich diese beiden Wörter in bezug auf alle anderen lautlichen Komponenten eben gleichen). Es handelt sich also um ein Merkmal, das im Polnischen zur Unterscheidung von Wortbedeutungen genutzt wird und das dem von Hause aus Deutsch sprechenden Lernenden zu Anfang natürlicherweise einige Schwierigkeiten bereiten muß, da er von der Muttersprache her nicht gewohnt ist, die Aussprache von Konsonanten in dieser Hinsicht zu differenzieren.

Die harte und die weiche Variante ein und desselben Konsonanten unterscheiden sich dadurch, daß die harte mit relativ großem Abstand des Zungenrückens vom vorderen oberen Gaumen gesprochen wird, der Zungenrücken bei der weichen Aussprache desselben Konsonanten aber möglichst stark in Richtung zum vorderen oberen Gaumen hin gehoben wird, der Mittelteil der Zunge also die Stellung einnimmt, mit der *j* gesprochen wird.

Demnach wird z. B. das *t*, das der Deutsche in *Tafel* spricht, als hartes *t* empfunden. Dagegen ist das *t* in *Tier* infolge der durch das nachfolgende lange *i* bedingten Hebung des Zungenrückens schon beinahe ein weiches *t* in dem hier gemeinten Sinne, doch muß der Zungenrücken zur richtigen Aussprache der weichen Konsonanten des Polnischen noch etwas stärker als bei *t* in *Tier* gehoben werden. Wenn sich die aus der Lunge kommende Atemluft dabei durch die Enge zwischen Zungenrücken und vorderem oberem Gaumen zwängt, entsteht ein charakteristisches zusätzliches Schleifgeräusch, das zur Bezeichnung „weiche" Konsonanten geführt hat und eben alle diese Konsonanten kennzeichnet.

Der oben gegebene Hinweis auf die *j*-Stellung des Zungenrückens soll dem Lernenden helfen, zu der für das Polnische erforderlichen ausreichend weichen Aussprache der betreffenden Konsonanten zu gelangen. Dabei ist aber konsequent auf die folgenden beiden Dinge zu achten:

1) Das Bestreben, den Zungenrücken in die geforderte *j*-Stellung zu bringen, darf nicht dazu führen, daß andere Teile der Zunge oder andere Sprechwerkzeuge von den für die Aussprache des betreffenden Konsonanten erforderlichen Operationen abgehalten werden, da dann ein ganz anderer Laut ensteht.

2) In der ersten Zeit wird der Lernende dabei versucht sein, den Konsonanten, den er weich artikulieren will, und *j* h i n t e r e i n a n d e r zu sprechen. Das muß vermieden werden! Der Zungenrücken soll sich ja in *j*-Stellung befinden, damit das dabei entstehende o. g. Schleifgeräusch zu einer Komponente des Lautbildes des betreffenden Konsonanten wird, und das geschieht nur dann, wenn der Zungenrücken in der *j*-Stellung verharrt, s o l a n g e der Sprecher den Konsonanten artikuliert.

Der Lernende sollte also nicht versuchen, sich damit zu behelfen, daß er z. B. ein weiches *t* wie *t* und *j* in *Katja* oder gar in *Nachtjacke* spricht, da *t* und *j* hier ja deutlich getrennt hintereinander gesprochen werden. Eine kleine Erleichterung ergibt sich vielleicht, wenn der Lernende versucht, bei der Aussprache des deutschen *Hütchen* die zwischen *t* und dem *ich*-Laut liegende Silbengrenze immer weiter zu reduzieren, bis es ihn gelingt, das *t* und den *ich*-Laut ($\simeq$ stimmloses *J*) gleichzeitig zu artikulieren. Auch das deutsche *tja* bietet sich hier als Stütze für den Anfänger an. Wichtig ist auch hier wieder, daß *t* und *j* nicht voneinander abgehoben und beide Laute mit möglichst starker Hebung des Zungenrückens gesprochen werden.

Selbstverständlich sollte der Lernende gerade in der ersten Zeit jede sich bietende Gelegenheit nutzen, um seine Aussprache durch Vergleiche mit der von Muttersprachlern oder bereits gut Polnisch sprechenden anderen Personen zu überprüfen, denn verbale Erläuterungen wie die vorliegenden reichen zur Vermittlung der richtigen Aussprache eben doch nicht aus, da es zu manchen polnischen Lauten im Deutschen einfach keine auch nur einigermaßen vergleichbare Entsprechung gibt.

Da eine deutliche Differenzierung zwischen harten und weichen Konsonanten für die polnische Aussprache so wichtig ist, sollte der Lernende sich natürlich auch bemühen, die harten Konsonanten besonders „hart", d. h. mit möglichst großem Abstand zwischen Zungenrücken und vorderem oberem Gaumen zu artikulieren, damit das für die weichen Konsonanten geforderte Schleifgeräusch eben nicht entsteht. Letzteres ist vor allem für die harten Konsonanten unter den Lauten wichtig, die in machen Lehrbüchern als „Zischlaute" bezeichnet werden.

Zur Aussprache der polnischen **Vokale** folgende grundsätzliche Hinweise:

Alle Vokale werden kurz und offen ausgesprochen, also

a so kurz wie in deutsch **All,** nicht wie in *Aal*
e so kurz wie in deutsch **Bett,** nicht wie in *Beet*
i so kurz wie in deutsch **bitten,** nicht wie in *bieten*
o so kurz wie in deutsch **offen,** nicht wie in *Ofen*
u so kurz wie in deutsch **muß,** nicht wie in *Mus*.

In der ersten Zeit wird der Lernende besonders darauf zu achten haben, daß er auch alle betonten Vokale in polnischen Wörtern kurz ausspricht, denn die Erfahrung lehrt, daß der von Hause aus Deutsch sprechende Anfänger bei einigen betonten Vokalen dazu neigt, sie zu dehnen.

Die Schriftzeichen (Aussprachehinweise)

Zeichen	Aussprachehinweise
a	*a* wie in *Apfel*
ą	Zeichen für mehrere Laute bzw. Lautverbindungen, die in Abhängigkeit von den nachfolgenden Lauten zu sprechen sind.

Die einzelnen Aussprachevarianten werden nach und nach jeweils beim ersten Auftreten von Vokabeln mit den entsprechenden Varianten behandelt.

b*	wie deutsch *b* in *Bach*
c*	wie deutsch *z* in *Zelt* bzw. *c* in *Cäsar*
ch*	wie deutsch *ch* in *Dach*
cz	ähnlich wie deutsch *tsch* in *Matsch*, jedoch nicht so auszusprechen, daß *t* und *sch* aufeinander folgen, sondern möglichst gleichzeitig artikuliert werden.

Bei diesem Laut sollte sich der Lernende besonders darum bemühen, ihn „hart" auszusprechen!

ć	weiches *t*

(s. vorstehende Hinweise zu harten und weichen Konsonanten)

d	wie deutsch *d* in *Dach*
dz*	Verbindung aus *d* und stimmhaftem deutschem *s* wie in *sagen*
dź	weiches *d*; keine vergleichbare deutsche Entsprechung; am ehesten vergleichbar mit *dj* in französisch *Djibouti*
dż	Verbindung aus *d* und stimmhaftem *sch* wie das zweite *g* in *Garage*

---

* Die in der vorliegenden Übersicht angegebene Aussprachevariante gilt nur, solange im Schriftbild kein *i* auf den betreffenden Konsonantenbuchstaben folgt. (Welchen Laut die Verbindung aus dem jeweiligen Konsonantenbuchstaben und *i* bezeichnet, wird später erläutert.)

e	*e* wie in *Pech*
ę	s. Hinweis unter *ą*
f*	wie deutsch *f* in *oft*
g*	wie deutsch *g* in *gut*
h*	wie deutsch *h* in *Hand* oder wie polnisch *ch* (*s. dort*)
i	*i* erfüllt im polnischen Schriftbild mehrere Funktionen, die in den Lektionen 1 und 2 erläutert sind
j	wie deutsch *j* in *jetzt*
k*	wie deutsch *k* im *klein*
l	wie deutsch *l* in *Licht*
ł	Die in Polen am weitesten verbreitete und daher hier besonders empfohlene Aussprache entspricht dem englischen *w* in *Whisky*.

ł kann auch als hartes „gespanntes" *l* ausgesprochen werden, doch ist diese Variante der klassischen Bühnenaussprache und bestimmten Gegenden Polens vorbehalten. Deshalb wird sie hier nicht empfohlen, obgleich beide Arten der Aussprache als richtig gelten.

m*	wie deutsch *m* in *man*
n*	wie deutsch *n* in *nackt*
ń	weiches *n*

(keine vergleichbare deutsche Entsprechung; s. Hinweise zu weichen Konsonanten)

o	*o* wie in *oft*
ó	auszusprechen wie polnisch *u* (*s. dort*)
p*	wie deutsch *p* in *Pech*
r	als Zungenspitzen-r zu sprechen

Dabei sollte sich der Sprecher bemühen, die Zungenspitze mindestens dreimal am oberen Gaumen anschlagen zu lassen.

rz	stimmhaftes *sch* wie das zweite *g* in *Garage*

In sehr wenigen Wörtern stoßen *r* und *z* als Zeichen für selbständige Laute an einer Morphemgrenze (Grenze zwischen Wortbausteinen) aufeinander. Dort werden sie getrennt gesprochen. Darauf wird an den betreffenden Stellen jedoch besonders hingewiesen.

s*	wie deutsch *ß* in *daß* bzw. *s* in *das*; n i c h t wie *s* in *sagen*!
sz	wie deutsch *sch* in *schon*

ś	weiches Pendant zu polnisch *s* und *sz*
	(keine vergleichbare deutsche Entsprechung; detaillierte Hinweise in Lektion 4)
t	wie deutsch *t* in *Teller*
u	im Prinzip wie deutsch *u* in *Putz*
	Das polnische wird jedoch *u* mit etwas stärkerer Lippenrundung und mehr Spannung in den Lippen gesprochen — so, als wollte man das deutsche *u* übertrieben deutlich artikulieren.
w*	wie deutsch *w* in *Wetter*
y	Das polnische *y* ist ein kurzes, relativ „dumpfes" *i*, das am ehesten mit dem im Raum Berlin gesprochen k u r z e n *i* vergleichbar ist (vgl.: *bitte, mit, Tisch, Fisch* u. ä.).
	Im Polnischen wird das *y* auf keine der im Deutschen üblichen Weisen ausgesprochen, also weder so wie in *typisch*, noch so wie in *Hygiene*.
z*	stimmhaftes *s* wie in *sagen*
ź	weiches Pendant zu hartem polnischen *z* und *ż*
	(keine vergleichbare deutsche Entsprechung; detaillierte Hinweise in Lektion 4)
ż	stimmhaftes *sch* wie das zweite *g* in *Garage*, also wie polnisch *rz*

1
Erläuterungen

AUSSPRACHE UND RECHTSCHREIBUNG

WORTAKZENT (WORTBETONUNG)

Im Polnischen wird in der Regel die vorletzte Silbe betont, z. B.: *pomnik, budynek, teatr, autobus*. Das gilt unabhängig von der jeweils vorliegenden grammatischen Form des Wortes. Ist also ein Wort in einer bestimmten grammatischen Form um eine Silbe länger oder kürzer als seine Grundform, wird die vorletzte Silbe der betreffenden Wortform betont (und nicht die Silbe, die in der Grundform die vorletzte ist).

Bei vier- und mehrsilbigen Wörtern erhält die erste Silbe einen Nebenton (schwächer als die den Hauptton tragende Silbe, aber stärker als die übrigen Silben betont).

Bei Wörtern, für die das bisher Gesagte gilt, wird die betonte Silbe im vorliegenden Lehrbuch nicht besonders als betont gekennzeichnet.

Manche Wörter fremder Herkunft (meist aus dem Griechischen oder dem Lateinischen) werden auf der drittletzten Silbe betont. An solchen Wörtern wird die betonte Silbe beim ersten Auftreten im vorliegenden Lehrbuch durch einen Punkt unter der Silbe gekennzeichnet, z. B.: *uniwersytet*.

△ Die Vokale *y* und *i*

y und *i* bezeichnen im Schriftbild beide den Laut „i" (kurz und offen). Darüber hinaus aber erfüllen sie folgende unterschiedliche Funktionen:

y zeigt gleichzeitig an, daß der vor ihm stehende Konsonant h a r t auszusprechen ist.

i zeigt gleichzeitig an, daß der vor ihm stehende Konsonant w e i c h auszusprechen ist.

In den Wörtern *budynek, narodowy, czyj* und *uniwersytet* weist also das *y* darauf hin, daß die vor ihm stehenden Konsonanten mit dem Merkmal zu artikulieren sind, das im Abschnitt „Das polnische

Alphabet" als Charakteristikum „harter" Konsonanten bezeichnet wurde (möglichst großer Abstand zwischen Zungenrücken und vorderem oberem Gaumen).

In den Wörtern *pomnik, uniwersytet, Kopernik, ulica* und *kino* dagegen zeigt das *i* an, daß die vor ihm stehenden Konsonanten „weich" zu sprechen sind (möglichst kleiner Abstand zwischen Zungenrücken und vorderem oberem Gaumen), wobei die Verwendung des Zeichens „i" für den Laut *i* (anstelle des Zeichens „y") in diesen Wörtern das einzige graphische Signal für die Weichheit der betreffenden Konsonanten ist.

In seinem Streben nach der richtigen Aussprache der Verbindungen aus hartem Konsonanten + *y* bzw. aus weichem Konsonanten + *i* sollte der Lernende nicht versuchen, die richtige Qualität des Konsonanten einerseits und die des darauffolgenden *y* bzw. *i* andererseits getrennt zu erreichen. Er wird es leichter haben, wenn ihm dabei bewußt ist, daß harter Konsonant und *y* bzw. weicher Konsonant und *i* jeweils einander in der folgenden Weise bedingen und stützen:

Deutliches *i* ist nur mit sehr geringem Mundöffnungsgrad zu sprechen, und die Aussprache weicher Konsonanten ist durch einen sehr geringen Abstand zwischen Zungenrücken und vorderem oberem Gaumen gekennzeichnet. Daraus ergibt sich, daß die richtige Stellung der Sprechwerkzeuge für einen weichen Konsonanten die Aussprache von *i* gewissermaßen mit vorbereitet und andererseits die frühe Einstellung des Sprechers auf *i* bereits wesentliche Voraussetzungen für die richtige Artikulation eines weichen Konsonanten schafft.

Umgekehrt gilt dasselbe für die Verbindungen aus hartem Konsonanten und *y*. Die Artikulation eines harten Konsonanten ist nur bei relativ großem Abstand zwischen Zungenrücken und vorderem oberem Gaumen möglich, und diese Grundeinstellung der Sprechwerkzeuge ist bereits eine gute Vorbereitung der richtigen Aussprache von *y* als kurzes „dumpfes" *i*, bei der der Mund eben nicht so stark wie bei einem deutlichen *i* geschlossen und gespannt ist.

Der Lernende sollte sein Empfinden und seine Aussprachefertigkeit in bezug auf die ihm noch fremde Opposition zwischen harten und weichen Konsonanten besonders zu Anfang auch durch ein Üben dieser Konsonanten in Verbindung mit *y* bzw. *i* zu trainieren versuchen.

Der von Hause aus Hochdeutsch sprechende Benutzer des Lehrbuches wird zu Anfang auch mit dem folgenden Problem einige

Schwierigkeiten haben. Als deutliches *i* wird im Deutschen eigentlich nur das lange *i* gesprochen, z. B. in *Miete, biete, riet, Glied* usw. (im Gegensatz zu: *Mitte, bitte, ritt, glitt* usw.). Daher wird der Lernende immer wieder versucht sein, entweder ein deutliches und langes *i* oder ein „dumpfes" und kurzes *y* (polnisch) zu sprechen. Diese für das Deutsche charakteristischen, geradezu als unlösbar empfundenen Verbindungen zwischen „deutlich" und „lang" bzw. „dumpf" und „kurz" muß der Polnisch--Lernende jedoch aufgeben. Er muß lernen, nach weichen Konsonanten ein kurzes und dennoch deutliches *i* zu sprechen. (Die Aussprache von harten Konsonanten und darauffolgendem kurzem dumpfem *i* — also polnisch *y* — bereitet in der Regel weniger Mühe.)

△ **Die Schriftzeichen *sz* und *cz***

bezeichnen Konsonanten, die hart, also ohne Hebung des Zungenrückens, auszusprechen sind[1].

ł und *l*

stehen sich innerhalb der Opposition hart : weich als Pendants gegenüber; *ł* bezeichnet die harte Variante, *l* ist das Schriftzeichen für die weiche Variante[2].

Die artikulatorischen Merkmale von *ł* und *l* haben sich im Laufe der Geschichte sehr unterschiedlich entwickelt, so daß für den Anfänger am heutigen Klangbild wohl nicht mehr zu erkennen ist, daß diese beiden Laute in der genannten Weise zusammengehören. Der Lernende muß diesen Umstand aber dennoch zur Kenntnis nehmen, da dieses Wissen für später zu erläuternde grammatische Zusammenhänge wichtig ist.

△ **Zur Aussprache von *au***

Diphthonge, deren zweites Element *u* ist, werden polnisch wenig anders als im Deutschen ausgesprochen:

Das zweite Element ist zwar auch bei polnischen Diphthongen schwächer als das erste, doch nicht um so viel schwächer wie im Deutschen. Das hängt u. a. damit zusammen, daß das polnische *u* auch außerhalb von Diphthongen etwas anders als das deutsche klingt[3].

---

[1] Zur Aussprache s. „Die Schriftzeichen".
[2] Zur Aussprache s. „Die Schriftzeichen".
[3] S. „Die Schriftzeichen" unter *u*.

Der Laut, der innerhalb dieser polnischen Diphthonge gesprochen wird, ist ein sog. unsilbisches *u*. Er ist identisch mit der hier empfohlenen Aussprache von *l*[1].

△ *-yj* in *czyj*

-yj ist (nach *au*) eine weitere Art Diphthong, die im Polnischen häufig vorkommt. Auch jeder andere polnische Vokal kann mit *j* als zweitem Glied einen Diphthong bilden. Dabei bezeichnet *j* ein unsilbisches *i* und wird wie das *i* in dem deutschen Diphthong *ei* gesprochen.

ACHTUNG! Diese Aussprache ist nur da richtig, wo Vokal + *j* innerhalb einer Silbe aufeinander folgen. Oft stoßen sie im Polnischen jedoch auch an der Grenze zwischen zwei Silben aufeinander. Dann werden sie als selbständige Laute artikuliert, z. B.: *szyja* (= Hals); hier ist *szy-ja* zu sprechen.
Auf derartige Fälle wird im Lehrbuch besonders hingewiesen.

△ **Substantive,** die Gattungsnamen sind, werden — wie alle anderen Wortarten — klein geschrieben (z. B.: *król, budynek, kino, auto*).
Eigennamen (Personennamen, Namen von Ländern, Städten, Straßen, Institutionen usw.) werden dagegen mit großem Anfangsbuchstaben geschrieben (z. B.: *Chopin, Kopernik, Zygmunt, Polska, Warszawa*).

ACHTUNG! Im Polnischen gelten Bezeichnungen für Personen nach deren Nationalität (z. B.: Polin, Franzose, Russin, Schwede) als Eigennamen und werden daher ebenfalls mit großem Anfangsbuchstaben geschrieben, z. B.:

Polka — eine/die Polin; *Polak* — ein/der Pole.

(Dagegen wird z. B. die Bezeichnung für den Tanz Polka im Polnischen als Gattungsname klein geschrieben: *polka*.)

---

[1] S. „Die Schriftzeichen" unter *l*.

WORTARTEN

△ Die Substantive sind im Polnischen — wie im Deutschen — nach drei Genera differenziert. Danach gibt es:

m a s k u l i n e Substantive, z. B.: *autobus, budynek, król, plac, student, tramwaj*

f e m i n i n e Substantive, z. B.: *kolumna, studentka, szkoła, ulica*

n e u t r a l e Substantive, z. B.: *auto, kino.*

ACHTUNG! Oft hat ein polnisches Substantiv ein anderes Genus als sein deutsches Äquivalent, z. B.:

budynek — mask. = Gebäude — neutr.
tramwaj — mask. = Straßenbahn — fem.

Darum sollte bei neuen Vokabeln für Substantive immer das Genus, dem sie angehören, mit gelernt werden, sobald die Merkmale für die Genera erläutert sind.

Die Wortart **Artikel** gibt es im Polnischen nicht. Beim Übersetzen vom Polnischen ins Deutsche ist diese Position also aus dem Kontext zu ergänzen, und beim Übersetzen ins Polnische kann der deutsche Artikel nicht durch ihm entsprechende Vokabeln wiedergegeben werden:

auto ⟨ ein Auto / das Auto

Das hier Gesagte gilt für ‚der‘, ‚die‘ und ‚das‘ nur dann, wenn sie als bestimmte Artikel gebraucht sind, nicht dann, wenn sie die Funktion eines Relativpronomens, eines Demonstrativpronomens oder eines Personalpronomens erfüllen! Für ‚ein(er)‘, ‚eine‘ und ‚ein(es)‘ gilt das Gesagte nur dann, wenn sie als unbestimmte Artikel fungieren, nicht dann, wenn sie als Zahlwort gebraucht werden.

△ Die Wortformen **Kopernika**, **Chopina** und **Zygmunta** (in den Verbindungen *pomnik Kopernika*, *pomnik Chopina* und *kolumna Zygmunta*) sind Genitive (Singular) der betreffenden Eigennamen in der Funktion des genetivus possessivus. So entspricht die Verbindung *pomnik Chopina* formal der Konstruktion „Denkmal des Chopin", ist aber natürlich mit Chopin-Denkmal zu übersetzen.

△ Die Wortformen *Zamkowy* und *Narodowy* (in den Verbindungen *Plac Zamkowy* und *Teatr Narodowy*) sind Adjektive im Nominativ Singular (maskulin):

zamkowy ist das Adjektiv zu *zamek* (Schloß)
narodowy ist das Adjektiv zu *naród* (Nation, Volk).

Zu ‚Schloß' gibt es im Deutschen kein Adjektiv, daher: *zamkowy* + Substantiv = Schloß~ (zusammengesetztes Substantiv) bzw. Substantiv + *zamkowy* = Schloß~ (zusammengesetztes Substantiv), z. B.: *Plac Zamkowy* = Schloßplatz. Ebenso funktioniert *narodowy* = national oder National~.

Mit großem Anfangsbuchstaben stehen die beiden Adjektive in den o. g. Verbindungen, weil es sich dabei um Eigennamen handelt. Ansonsten werden Adjektive — wie alle Wortarten außer Eigennamen — klein geschrieben.

STELLUNG DES ADJEKTIVS BEIM SUBSTANTIV

Im Polnischen werden attributiv gebrauchte Adjektive häufig „nachgestellt", d. h., sie stehen nicht immer — wie im Deutschen — v o r dem durch sie näher bestimmten Substantiv, sondern oft d a h i n t e r. Die Stellung des Adjektivs in einer solchen Verbindung ist nicht gleichgültig; sie dient vielmehr zum Ausdruck von z. T. erheblichen Bedeutungsnuancen. Daher sollte der Anfänger diese Verbindungen immer mit der Reihenfolge von Substantiv und Adjektiv gebrauchen, mit der er sie gelernt hat.

Vorläufige „Faustregel" für das selbständige Bilden solcher Verbindungen: Je fester die inhaltliche Verbindung zwischen Substantiv und Adjektiv ist, je mehr beider Inhalte zu einer neuen Sinneinheit verschmolzen sind, desto eher ist zu erwarten, daß das Adjektiv im Polnischen hinter dem Substantiv stehen muß.

SATZBAU

In Aussagesätzen (Feststellungssätzen) mit der Struktur *To* + *jest* + Substantiv im Nominativ (= Das ist ...) kann *jest* weggelassen werden, solange diese Sätze im Präsens stehen, z. B.:

To jest ulica. = *To ulica.* = Das ist ⟨eine / die⟩ Straße.

To jest pomnik. = *To pomnik.* = Das ist ⟨ein / das⟩ Denkmal.

Dasselbe gilt für Fragen nach dem Inhalt solcher Aussagesätze, z. B.:

Co to jest? = *Co to?* = Was ist das? (Frage nach einem Gegenstand)
Kto to jest? = *Kto to?* = Wer ist das? (Frage nach einer Person)

△ *czyj?* = wessen?

Nach dem „Besitzer" fragt man im Polnischem mit dem possessiven Interrogativpronomen *czyj*. Dem Inhalt nach entspricht es dem deutschen ‚wessen?'. Im Gegensatz zu ‚wessen' (ursprünglich der Genitiv von ‚wer' und daher nicht dekliniert) ist *czyj* jedoch ein Pronomen, das zu deklinieren ist und mit dem Gegenstand, nach dessen Besitzer gefragt wird, grammatisch kongruent sein, d. h. in bezug auf Genus, Numerus und Kasus übereinstimmen muß. Es funktioniert grammatisch so wie z. B. im Deutschen ‚welcher', ‚welche', ‚welches'.

Die Wortform *czyj* ist die maskuline Form im Nominativ Singular, kann also nur dann zur Übersetzung der Frage ‚Wessen ... ist das?' verwandt werden, wenn das Substantiv, nach dessen Besitzer gefragt wird, maskulin ist, z. B.:

Czyj to jest pomnik? oder *Czyj to pomnik?*

△ ***Co to za ...?***

Nach der Art eines Gegenstandes bzw. einer Person wird mit Hilfe von *Co to za ...?* gefragt.

Co to za + Substantiv im Nominativ? =
Was für ein(e) + Substantiv im Nominativ + ist das?

Dabei ist gleichgültig, welchem Genus das in dieses Schema eingesetzte Substantiv angehört, z. B.:

Co to za pomnik? (mask.) = Was für ein Denkmal ist das?
Co to za ulica? (fem.) = Was für eine Straße ist das?
Co to za kino? (neutr.) = Was für ein Kino ist das?

DIE KONJUNKTION *a*

Im Polnischen gibt es zu der Konjunktion ‚und' zwei Äquivalente:

i verwendet man nur dann, wenn in Aufzählungen gleiche Satzglieder aneinandergereiht werden, z. B.: Wir brauchen noch Brot, Kaffee und (= *i*) Zucker. Er liest und (= *i*) schreibt viel. Das Buch ist spannend und (= *i*) lehrreich.

a wird gebraucht, wenn unterschiedliche Aussagen miteinander verknüpft werden, z. B.: Anna liest, und (= *a*) Jan bastelt. Ein Sohn wird Tischler und (= *a*) der andere Schlosser. Heute kaufen wir alles Nötige ein, und (= *a*) morgen verreisen wir.

Übungen

I. Ersetzen Sie die hervorgehobenen Bestandteile der folgenden Dialoge durch die eingerahmten Begriffe!

1.
A. Co to jest?
B. To jest **pomnik**.
To **pomnik**.

| kolumna; teatr; kino; szkoła; uniwersytet |

2.
A. Co to za **pomnik**?
B. To jest **pomnik Kopernika**.
To **pomnik Kopernika**.

| kolumna; ulica; teatr; plac; budynek |

| kolumna Zygmunta; ulica Chopina; Teatr Narodowy; plac Zamkowy; szkoła; uniwersytet |

II. Beantworten Sie die folgenden Fragen mit Hilfe der eingerahmten Begriffe!

1.
A. Co to za budynek?
B. . . . .

| uniwersytet; szkoła; kino; teatr |

2.
A. Czyj to pomnik?
B. . . . .

> Kopernik; Chopin; król Zygmunt; student

3.
A. Kto to jest?
B. . . . .

> król Zygmunt; Chopin; student; studentka

III. Wandeln Sie den folgenden Dialog mit Hilfe der eingerahmten Begriffe ab und vervollständigen Sie ihn dabei durch die jeweils passende Frage *Kto to jest?* bzw. *Co to jest?*

A. . . . .
B. To **zamek**.

> uniwersytet; student; szkoła; kolumna; studentka; król Zygmunt

IV. Wandeln Sie den folgenden Dialog ab, indem Sie die hervorgehobenen Bestandteile durch die eingerahmten Begriffe ersetzen!

A. To jest **teatr**?
B. Co to za **teatr**?
A. To **Teatr Narodowy**.

> kino „Luna"; plac Zamkowy; pomnik Kopernika; ulica Chopina; kolumna króla Zygmunta

2
Erläuterungen

AUSSPRACHE UND RECHTSCHREIBUNG

Innerhalb der Opposition stimmhaft : stimmlos stehen sich *dz* und *c* als Pendants gegenüber, vgl.: *bardzo* (stimmhaft) und *co* (stimmlos)[1].

KONSONANTENASSIMILATION

Ein charakteristischer Unterschied zwischen der polnischen und der deutschen Aussprache besteht darin, daß Silben und Wörter im

---

[1] Zur Aussprache von *ch* und *dz* s. „Die Schriftzeichen".

Deutschen relativ stark voneinander getrennt werden, im Polnischen aber stark „gebunden" wird, d. h., daß die Grenzen zwischen Silben und Wörtern innerhalb einer aus mehreren Wörtern bestehenden sprachlichen Einheit weit schwächer wahrzunehmen sind.

Darum sollte sich der Lernende im Interesse einer guten Aussprache von Anfang an bemühen.

Diese stärkere Bindung der Silben und Wörter hat zur Folge, daß der Pole bei seiner Aussprache mit der Stimmhaftigkeit und der Stimmlosigkeit der Konsonanten anders verfährt als der Deutsche. Der Ausländer muß diese Verhaltensweisen mit übernehmen, wenn er ein gutes Polnisch sprechen will. Daher einige grundsätzliche Regeln, die der Lernende sich beim Durcharbeiten der folgenden Lektionen immer wieder ins Gedächtnis rufen sollte, damit ihre Beachtung für ihn bald zu einer Selbstverständlichkeit wird.

△ Vor Sprechpausen, die der logischen Gliederung der Rede dienen (in der Schrift meist durch Satzzeichen angezeigt), werden stimmhafte Konsonanten stimmlos. Das ist also wie im Deutschen, z. B.: ... im Ba**d** [bat].

Der Deutsche artikuliert so aber auch am Silbenende innerhalb eines Wortes, z. B.: Bil**d**band [bil**t**bant]. Im Polnischen wäre diese Aussprache falsch! Hierfür ist zu merken:

Stoßen innerhalb von sprachlichen Einheiten zwei stimmhafte Konsonanten aufeinander, werden beide — eben anders als im Deutschen — stimmhaft gesprochen. Im Polnischen würde ‚Bildband' also auch mit **d** und **b** in der Mitte gesprochen [bil**db**ant]. Der Anfänger sollte diese für ihn neue Art der Aussprache in der ersten Zeit ruhig auch an deutschen Wörtern ab und an üben, damit ihm diese Unterschiede zwischen den beiden Sprachen voll bewußt werden.

Die hier gegebene Regel wirkt sogar über die Grenzen zwischen Wörtern hinweg, solange die Wörter nicht durch eine Sprechpause voneinander getrennt sind, z. B. im Deutschen wird ‚Klang der Glocke' wie [klan**k d**er] gesprochen, im Polnischen müßte es [klan**gd**er] heißen.

△ Handelt es sich bei einem solchen Nebeneinander zweier Konsonanten um einen stimmhaften und einen stimmlosen, behalten sie die genannten Merkmale im Polnischen nur in wenigen Fällen bei[1]. Meist

---

[1] S. Seite 45 — Konsonanten *l, ł, m, n, ń, r, j*.

wird der eine Konsonant dabei in bezug auf Stimmhaftigkeit und Stimmlosigkeit dem anderen angeglichen, „assimiliert" (daher „Konsonantenassimilation").

Dafür gilt:

Bei einem Nebeneinander eines stimmhaften und eines stimmlosen Konsonanten nimmt der erste das Merkmal des nachfolgenden an. Die Anpassung in dieser Richtung heißt r e g r e s s i v e Assimilation ←.

Bezeichnet man Stimmhaftigkeit mit + und Stimmlosigkeit mit −, so läßt sich das durch die folgende Formel ausdrücken:

+ − ergibt − −; − + ergibt + +.

Danach wäre ‚Wandteller' — wie im Deutschen — [wantteller] zu sprechen, aber ‚Blattgold' würde — anders als im Deutschen — zu [bladgolt].

Ein Beispiel aus der vorliegenden Lektion ist brzydki [-tki].

△ Neben der eben beschriebenen regressiven Assimilation gibt es auch eine progressive (vorwärts wirkende). Dazu kommt es, wenn *rz* oder *w* (stimmhafte Konsonanten) auf einen stimmlosen Konsonanten folgen.

Dafür gilt:

− + ergibt − − (progressive Assimilation →).

Ein Beispiel aus der vorliegenden Lektion ist *przystojny*:

p rz wird zu [p sz].

ACHTUNG! Diese Regel gilt nur innerhalb von Wörtern, nicht auch über die Grenzen zwischen Wörtern hinweg.

△ Die folgenden Konsonanten unterliegen den hier gegebenen Assimilationsregeln nicht:

ł l m n ń r j.

Sie bleiben stimmhaft, wenn stimmlose Konsonanten vor oder hinter ihnen stehen, und bewirken auch nicht, daß diese Konsonanten in ihrer Nachbarschaft stimmhaft werden. Die Erklärung dafür liegt vor allem darin, daß diese Konsonanten kein stimmloses Pendant haben, also gar kein Laut entstünde, wenn der Sprecher sie stimmlos zu artikulieren versuchte.

An die Einhaltung dieser Regeln wird der Lernende sich natürlich nur langsam gewöhnen können. Andererseits ist es unmöglich, sie in jeder Lektion neu zu zitieren. Bis zu Lektion 12 wird in den Erläuterungen auf Erscheinungen dieser Art kurz aufmerksam gemacht, später nicht mehr. Der Lernende sollte aber auch dann noch hier nachschlagen, wenn er sich bei der Begegnung mit neuen Vokabeln nicht sicher ist, ob und wie zu assimilieren ist.

WEITERE FUNKTIONEN DES SCHRIFTZEICHENS *i*

In Lektion 1 wurde bereits erläutert, daß *i* im Schriftbild die Weichheit eines vor ihm stehenden Konsonanten anzeigt (vgl.: *pomnik, uniwersytet, Kopernik, ulica*). In diesem Fall erfüllt *i* somit zwei Funktionen gleichzeitig: Es ist das Zeichen für den Laut *i*, der zu sprechen ist, und zeigt außerdem die Weichheit des vorangehenden Konsonanten an.

Die letztere dieser Funktionen erfüllt *i* aber auch dann, wenn angezeigt werden muß, daß ein Konsonant vor einem anderen Vokal weich auszusprechen ist. Ein Beispiel aus der vorliegenden Lektion ist das Wort *nie*. Hier repräsentiert *i* im Schriftbild keinen Laut, sondern ist nur das Signal dafür, daß das ‚n' ein weiches *n* ist. Das Wort *nie* besteht also aus drei Buchstaben, aber nur aus zwei Lauten, nämlich aus weichem *n* und *e*, wobei *ni* vor dem Vokal *e* das Schriftzeichen für das weiche ‚n' ist.

Dieselbe Funktion hat *i* in *wysokie*. Hier steht es wiederum vor einem Vokal (*e*) und ist darum wieder nicht Zeichen für einen Laut, der zu sprechen wäre, sondern nur das Signal dafür, daß das vor ihm stehende *k* weich auszusprechen ist.

Im Gegensatz dazu hat *i* in dem Wort *wysoki* wieder zwei Funktionen gleichzeitig zu erfüllen (vgl. oben: *pomnik, uniwersytet* usw.): Es ist das Zeichen für den Laut *i* und gleichzeitig das Signal für die Weichheit des *k*.

In der Übersicht „Die Schriftzeichen" findet der Lernende mehrere Konsonantenbuchstaben, die mit einem ' versehen und dort als weiche Konsonanten bezeichnet sind. Für sie alle gilt:

Mit Hilfe von ' wird die Weichheit von Konsonanten n u r im Wortauslaut und vor Konsonanten angezeigt.

Vor Vokalen geschieht das — wie eben beschrieben wurde — mit Hilfe des Zeichens *i*, wobei das ' dann nicht mehr zu schreiben ist, z. B.:[1]

koń	— Weichheit des [*ń*] durch ' angezeigt, weil Wortauslaut
koński	— Weichheit des [*ń*] durch ' angezeigt, weil vor Konsonant
konie	— Weichheit des [*ń*] durch *i* angezeigt, weil vor Vokal
koni	— Weichheit des [*ń*] durch *i* angezeigt, weil vor dem Vokal *i* selbst (doppelte Funktion des *i*)

ACHTUNG! Das hier Gesagte gilt nicht für *j* und *l*.
Begründung:

j ist ein weicher Konsonant, zu dem es kein hartes Pendant gibt. Es kann nicht hart artikuliert werden, weil es an der Stelle gebildet wird, an der zwischen Zungenrücken und vorderem oberem Gaumen bei den anderen Konsonanten das Aussprachemerkmal „Weichheit" entsteht. Senkt man den Zungenrücken so stark, wie es für die Aussprache eines harten Konsonanten erforderlich ist, entsteht kein *j* mehr.

l ist immer das Schriftzeichen für w e i c h e s *l*. Daher wird seine Weichheit im Schriftbild weder durch ', noch durch *i* (vor anderen Vokalen als *i* selbst) gekennzeichnet. Als Schriftzeichen stehen sich innerhalb der Opposition hart : weich also *ł* (hart) und *l* (weich) gegenüber.

WORTARTEN

△ Die **Adjektive** haben im Polnischen wie die Substantive drei Genera. Im **Nominativ Singular** haben sie folgende Endungen:

Mask.: **-y** (*ladny, młody, stary, wesoły*)

ACHTUNG! Nach -*g*- und -*k*- steht statt -*y* immer ein -*i* (*brzydki, niski*)

Fem.: **-a** (*ladna, młoda, stara, brzydka, wysoka, wesoła*)
Neutr.: **-e** (*ladne, młode, stare, wesołe*)

---

[1] Auf die Bedeutung der folgenden vier Beispielwörter wird hier nicht eingegangen, weil sie in der vorliegenden Lektion keine Rolle spielen und hier nur gezeigt werden soll, daß die Weichheit eines Konsonanten auch innerhalb ein und derselben Wortfamilie je nach seiner Stellung auf die oben beschriebene Weise angezeigt wird.

ACHTUNG! Nach -*g*- und -*k*- steht vor -*e* immer ein -*i*- (*brzydkie, wysokie*).

Das Adjektiv kann gebraucht werden:

a) attributiv:

ten wysoki pomnik — dieses hohe Denkmal
ta sympatyczna pani — diese sympathische Dame

b) prädikativ:

Ten pomnik jest wysoki. — Dieses Denkmal ist hoch.
Ta pani jest sympatyczna. — Diese Dame ist sympathisch.

ACHTUNG! Im Deutschen steht das prädikativ gebrauchte Adjektiv in der Kurzform (ohne Kasusendung) und ist daher nicht nach Genus und Numerus gekennzeichnet, z. B.:

Hans ist jung. Eva ist jung. usw.

Im Polnischen dagegen ist das Adjektiv auch in prädikativer Stellung nach Genus und Numerus abzuwandeln, z. B.:

Jan jest młody. Ewa jest młoda.

Ihrer Herkunft nach sind auch die Familiennamen von Typ *Kowalski* (Mask.)/*Kowalska* (Fem.) Adjektive. Daher kommt es, daß ein männlicher Angehöriger dieser Familie *Kowalski*, eine weibliche Angehörige aber *Kowalska* heißt.

Namen vom Typ *Nowak* sind grammatisch Substantive. Die weibliche Form zu *Nowak* ist *Nowakowa* (bezeichnet nur die Ehefrau des Nowak) o d e r *pani Nowak* (kann sowohl die Ehefrau wie die Tochter bezeichnen).

△ **Die Formen** *pan* + (Vorname) Familienname und *pani* + (Vorname) Familienname dienen nur Bezeichnung von Dritten, z. B.:

To jest pan (Jan) Kowalski. To jest pani (Ewa) Kowalska.

Kennt man den Betreffenden bereits etwas näher oder ist schon etwas vertrauter mit ihm (ohne daß man ihn mit „du" anspricht), ist auch die Form *pan* + Vorname (ohne Familienname) bzw. *pani* + Vorname (ohne Familienname) sehr gebräuchlich, z. B.:

*To jest **pan** Jan. To jest **pani** Ewa.*

Pani kann hierbei sowohl ‚Frau' (+ Name) wie ‚Fräulein' (+ Name) bedeuten:

pani Kowalska ⟨ Frau Kowalska / Fräulein Kowalska

Das Wort *pani* allein (ohne Namen) bedeutet ‚Dame'. In der Bedeutung ‚Frau' (ohne Namen, also als biologisches Pendant zu ‚Mann') ist *pani* nicht zu verwenden.

△ **Deklinierte Pronomen** haben ebenfalls drei Genera:

Demonstrativpronomen

Mask.: ***ten*** (dieser), Fem.: ***ta*** (diese), Neutr.: ***to*** (dieses)

Interrogativpronomen

Mask.: ***jaki***, Fem.: ***jaka***, Neutr.: ***jakie*** (Welch ein ...? Was für ein ...? Wie ⟨ist ...⟩?)

Interrogativpronomen

Mask.: ***czyj***, Fem.: ***czyja***, Neutr.: czyje (Wessen ...?)

ACHTUNG!

Vgl.: **Wessen** Gebäude ist das? — *Czyj to budynek?* / **Wessen** Schule ist das? — *Czyja to szkoła?* / **Wessen** Auto ist das? — *Czyje to auto?*

SATZBAU

△ Nach der Identität einer Person oder einer Sache wird mit Hilfe der folgenden Strukturen gefragt:

Czy to jest ...? Czy to ...? Czy ... to ...?, z. B.:

Czy to jest pan Nowak?, Czy to pan Nowak?, Czy ten pan to (pan) Nowak? (Ist das Herr N.?, Ist das Herr N.?, Ist dieser Herr (Herr) Nowak?)

Zum Gebrauch von *czy* m e r k e:

Fragen, die nicht mit einem Fragewort (z. B.: wer, wann, wo) beginnen und nur mit ‚ja' oder ‚nein' sinnvoll zu beantworten sind, werden im Polnischen durch *czy* eingeleitet, z. B.:

Feststellung: *Jan jest sympatyczny.*   Jan ist nett.
Frage: *Czy Jan jest sympatyczny?*   Ist Jan nett?

Bei Sätzen, die nur aus Subjekt und Prädikat bestehen, wird die im Deutschen für diese Art Fragen typische Umkehrung der Reihenfolge von Subjekt und Prädikat nicht vorgenommen.

Zur Beantwortung von Fragen, die durch *czy* eingeleitet sind, dienen:

tak — ‚ja' und **nie** — ‚nein', nicht, z. B.:

Czy to (jest) pan Nowak?   — Ist das Herr Nowak?
Tak, to (jest) pan Nowak.   — Ja, das ist Herr Nowak.
Nie, to n i e (jest) pan Nowak.   — **Nein,** das ist n i c h t Herr Nowak.

Merke:

nie ⟨ nein / nicht

Czy pan Nowak jest wysoki?   — Ist Herr Nowak groß?
Tak, pan Nowak jest wysoki.   — Ja, Herr Nowak ist groß.
Nie, pan Nowak nie jest wysoki.   — Nein, Herr Nowak ist nicht groß.

Aus diesem Satztyp darf *jest* nicht ausgelassen werden.

ACHTUNG! In der Bedeutung von ‚nicht' steht die Partikel *nie* immer vor dem dadurch negierten Begriff.

△ Nach einer Eigenschaft einer Person oder eines Gegenstandes fragt man mit der Konstruktion

Jaki jest ... (pan Nowak)?   — **Wie** ist ...? / Welch **ein** ...?
Jaka jest ... (pani Nowakowa)?   — **Wie** ist ...? / Welch **eine** ...?

Vgl.:

Co to za ... (Lektion 1) fragt nach der Art, der Kategorie (Was für ein?)

Jaki jest ... fragt nach einer Eigenschaft (Wie ist?)

Frage:	Antwort:
Co to za budynek?	*To (jest) szkoła.*
	uniwersytet.
	kino usw.
Jaki jest pan Nowak?	*Pan Nowak jest młody.*
	stary.
	niski.
	wysoki usw.

Übungen

I. Wiederholen Sie die Dialoge und tauschen Sie dabei die hervorgehobenen Begriffe durch die eingerahmten aus!

1.
A. Pan Nowak jest **młody.**
B. A jaki jest pan Kowalski?
A. Też jest **młody.**

stary; wysoki; niski; przystojny; wesoły; sympatyczny

2.
A. Jaka jest pani Anna?
B. Jest **młoda.**
A. A pani Danuta?
B. Pani Danuta jest **stara.**

wysoka; ładna

niska; brzydka

3.
A. Pan Lech jest **przystojny.**
B. A pan Jan?
A. Pan Jan nie jest **przystojny.**

sympatyczny; młody; wysoki; wesoły

4.
A. Czy pani Anna jest **sympatyczna?**
B. Nie, nie bardzo **sympatyczna.**

zgrabna; młoda; ładna; wesoła

II. Wiederholen Sie die Dialoge und ersetzen Sie dabei die hervorgehobenen Elemente durch die eingerahmten Begriffe in der entsprechenden grammatischen Form!

1.
A. Czy ten **młody** pan to Jan Kowalski?
B. Tak, to pan Jan.
A. A ta **młoda** pani?
B. To żona pana Jana.

> wysoki; przystojny; sympatyczny; wesoły

2.
A. Pan Lech jest **sympatyczny**.
B. A jaka jest żona pana Lecha?
A. Też jest **sympatyczna**.

> przystojny i wesoły; sympatyczny i wesoły; wysoki i przystojny

III. Wiederholen Sie die Dialoge und ersetzen Sie die hervorgehobenen Elemente durch die eingerahmten Begriffe. Verwenden Sie dabei die jeweils richtigen Formen des Demonstrativpronomens *ten/ta* und der Adjektive!

1.
A. *Ta* **pani** jest bardzo *przystojna i sympatyczna*. Kto to jest?
B. To jest **pani Anna**.

> pan — pan Jan; studentka — Ewa Wolska; student — Adam Wolski; pani — Danuta; pan — Lech

2.
A. Co to za **pomnik**?
B. To **pomnik Kopernika**.
A. *Ten* **pomnik** jest bardzo *ładny*.

> kolumna — kolumna króla Zygmunta; plac — plac Zamkowy; budynek — uniwersytet; ulica — ulica Chopina

IV. Wiederholen Sie die Dialoge und ergänzen Sie sie dabei durch Antworten!

1.
A. Jaki jest pan Nowak?
B. . . . .
A. A jaka jest pani Danuta?
B. Pani Danuta też jest ... .

> bardzo przystojny; bardzo sympatyczny; młody i wesoły; wysoki i przystojny

2.
A. Pan Jan Kowalski jest ... .
B. Czy pani Anna Kowalska też jest ...?
A. Nie, ...

> stary; bardzo stary; niski; niski i brzydki; bardzo brzydki

V. Vervollständigen Sie die Dialoge durch die richtige Form der daneben angegebenen Pronomen!

1.
A. ... jest pan Kowalski?
B. Jest młody i przystojny.
A. A ... jest pani Kowalska?
B. Jest stara i brzydka.

> jaki; jaka

2.
A. Kto to jest ... młoda pani?
B. To jest pani Anna.
A. A ... pan?
B. To pan Adam.

> ten; ta

VI. Wiederholen Sie den Dialog und vervollständigen Sie ihn durch die richtigen Fragen; ersetzen Sie die hervorgehobenen Bestandteile durch die eingerahmten Begriffe!

A. . . . .
B. Tak, to jest **pan Jan Kowalski.**
A. . . . .
B. Jest bardzo sympatyczny.

> pan Nowak — pan Lech Nowak; pan Wolski — pan Adam Wolski

VII. Beantworten Sie die Fragen!

1. Kto to jest?
2. Czy to jest pan Nowak?
3. Czy ten niski pan to Jan Kowalski?
4. A jaki jest pan Nowak?
5. Czy ta ładna i zgrabna pani to pani Nowakowa?
6. Czy to jest pan Kowalski?
7. Czy pan Nowak jest niski?

1. . . . .
2. . . . .
3. . . . .
4. . . . .
5. . . . .
6. . . . .
7. . . . .

VIII. Formulieren Sie zu den angegebenen Antworten passende Fragen!

1. . . . . ?
2. . . . . ?
3. . . . . ?
4. . . . .
   . . . . ?
5. . . . .
   . . . . ?
6. . . . . ?

1. To jest pan Nowak.
2. Pan Nowak jest wysoki.
3. Tak, to jest pan Kowalski.
4. Tak, to jest żona pana Nowaka, pani Nowakowa.
5. Nie, pani Nowakowa nie jest stara.
6. Ładna i zgrabna.

IX. Setzen Sie die fehlenden Endungen ein!
(Die Anzahl der Striche (_) entspricht hier der Anzahl der Buchstaben, aus denen die anzufügenden Endungen bestehen.)

To jest pan Kowalsk_, a to pani Kowalsk_. A to jest pan Nowak i pani Nowak___. Pan_ Nowak___ to żona pan_ Nowak_. Pani Kowalsk_ jest ładn_ i zgrabn_, a pan Kowalsk_ nie jest przystojn_, ale jest bardzo sympatyczn_ i wesoł_.

3
Erläuterungen

AUSSPRACHE UND RECHTSCHREIBUNG

In den Wortformen *pije, pisze, zapisuje, lubi* und *mówi* erfüllt *i* wiederum zwei Funktionen. Demnach sind in diesen Wortformen vor *i* weiche Konsonanten und danach auch der Laut *i* zu sprechen.

(Vgl. noch einmal Lektion 1 in bezug auf die gegenseitige Beeinflussung von Konsonantenweichheit und Klangqualität des *i*.)

△ *c + i* und *dz + i*

Bei diesen Schriftzeichen ist besondere Aufmerksamkeit geboten. Entsprechend den Erläuterungen aus Lektion 2 geht es in *płaci* und *wychodzi* vor *i* nicht um die Zeichen, die in der Aufstellung „Die Schriftzeichen" als *c* bzw. *dz* aufgeführt sind, sondern um *ć* bzw. *dź* in der Stellung vor dem Vokal *i* (s. Doppelfunktion des *i* im Schriftbild).

Eine Folge dieser Rechtschreibgepflogenheit ist, daß sich ein aus einem Text herausgelöstes *c* in bezug auf seine Aussprache nicht deuten läßt. Erst wenn der Lesende sieht, daß auf *c* kein *i* folgt, weiß er, daß er es mit dem Laut *c* wie in ‚Caesar' zu tun hat. Steht dagegen ein *i* dahinter, ist *c* zusammen mit diesem *i* als *ć* zu deuten. Letzteres ist im polnischen Schriftbild das Zeichen für das weiche Pendant zu *t* (hart) innerhalb der Opposition hart:weich.

Heute wird *ć* jedoch nicht mehr als reines weiches *t* artikuliert. Historische Wandlungen haben bewirkt, daß das Klangbild dieses Lautes heute der g l e i c h z e i t i g e n Artikulation eines weichen *t* und des deutschen Ich-Lautes entspricht. Innerhalb der Grammatik ist *ć* jedoch die weiche Entsprechung zu dem harten Konsonanten *t*.

Beispiele zur Veranschaulichung der Schreibweise:

a) *co, Jacek, plac* — Hier steht kein *i* hinter dem *c*, also geht es um *c* wie in ‚Caesar'.

b) *płaci* — Hier steht ein *i* hinter dem *c*, also ist nicht der Laut *c* wie in ‚Caesar' gemeint, sondern *ć*. Da aber kein anderer Vokal folgt, bezeichnet das Zeichen *i* auch noch den Laut *i*, der zu sprechen ist. Stünde noch ein anderer Vokal hinter dem *i*, wäre nach dem weichen Konsonanten nur dieser andere Vokal zu sprechen und *i* wäre in dieser Stellung nur der Ersatz für ′ über *ć*. (Ein solches Beispiel wäre *ciemno* ‚dunkel').

Ebenso verhält es sich mit *dz + i*. Es gibt im polnischen Lautbestand die Konsonantenverbindung *dz*. Dieser Laut ist aber nur gemeint, wenn kein *i* folgt. Bei *dz + i* handelt es sich um *dź* (= weiches *d*),[1] und dann gilt analog das, was hier von *ć* und *c + i* gesagt ist.

Noch einmal zur Wiederholung:

hart	weich[2]	
t	*ć* oder *ci* ...	(beide stimmlos)
d	*dź* oder *dzi* ...	(beide stimmhaft)
stimmhaft	stimmlos	
d	*t*	(beide hart)
dź oder *dzi* ...	*ć* oder *ci* ...	(beide weich)
dz	*c*	(beide hart)

KONSONANTENASSIMILATION

lekarstwo [...stfo] (progressiv)
... *bo nie jest zdrowy* [jezd-zdrowy] (regressiv)

In ..., *bo nie jest zdrowy* sind *nie* und *jest* in der Aussprache eng aneinander zu binden. Dann ist *nie* das betonte Element der so entstehenden Einheit.

△ *ogląda* — In dieser Wortform wird *ą* als *on* ausgesprochen.

---

[1] s. „Die Schriftzeichen".
[2] Zur Stellung von *dz* und *c* innerhalb der Opposition hart:weich folgen später weitere Informationen.

WORTARTEN

△ **Maskuline Substantive,** die keine Personen oder Tiere bezeichnen (im folgenden „unbelebte" Substantive genannt), haben im **Akkusativ Singular** dieselbe Form wie im Nominativ:

*Jurek ma **katar** i **kaszel**.*
(Akk. = Nom.) (Akk. = Nom.)

Neutrale Substantive haben im **Akkusativ Singular** i m m e r dieselbe Form wie im Nominativ (unabhängig von der Kategorie „belebt/unbelebt"):

*Pan Nowak zapisuje **lekarstwo**.*
(Akk. = Nom.)

In den vorstehenden Beispielsätzen erfüllt der Akkusativ die Funktion des direkten (präpositionslosen) Objektes, d. h., er bezeichnet den Gegenstand, den die vom Verb bezeichnete Tätigkeit direkt trifft.

△ **Die 3. Person Singular** (er, sie, es) **des Verbs** ist im **Präsens** durch die folgenden Endungen gekennzeichnet:

-y, -i, -a, -e, z. B.:

leży	— (er, sie, es)	liegt
mówi	—	spricht/sagt/redet
czyta	—	liest
telefonuje	—	telefoniert/ruft an

SATZBAU

△ Fragen nach Grund oder Ursache werden durch *dlaczego* (warum/weshalb/wieso/weswegen) eingeleitet:

***Dlaczego** Jacek leży?*   Warum liegt Jacek (im Bett)?

Auch hierbei wird die im Deutschen übliche Umstellung der Reihenfolge von Subjekt und Prädikat nicht vorgenommen.

Bei der Beantwortung von Fragen nach Grund und Ursache verwendet man Gliedsätze, die durch *bo* eingeleitet werden, z. B.:

*Jacek leży, **bo** ...*
Jacek liegt, weil ... (dt. Nebensatz)
                 da ... (dt. Nebensatz)
                 denn ... (dt. Hauptsatz)

ACHTUNG! Durch *bo* eingeleitete Gliedsätze dürfen n i c h t a m
A n f a n g des Gesamtgefüges stehen; sie stehen immer n a c h dem Teil
der Aussage, den sie begründen.

△ In Sätzen vom Typ **Pan Nowak to lekarz** (Herr Nowak ist Arzt)
steht das Prädikatsnomen im Nominativ (*lekarz*). In diesem Satztyp
vertritt *to* die Kopula *jest*. (Es steht also für ‚ist'.)

△ ***na*** + Akkusativ

Eine Funktion der Verbindung *na* + *Akkusativ* besteht darin, daß sie
einen Zweck (im weitesten Sinne) an ein für diesen Zweck bestimmtes
Mittel anschließt, z. B.:

Mittel	Zweck
Geld	**für** den Urlaub
Geld	**zum** Kauf eines Autos
Wein	**für** die Feier
Zeit	**für** ein Gespräch / zu einem Gespräch
Baumaterial	**für** ein Haus

Durch diese Konstruktion wird auch die Relation zwischen einem
Medikament und der damit behandelten Krankheit ausgedrückt:

*syrop **na kaszel** (Akk.)* — wörtl.: Sirup für den Husten = Hustensaft
*lekarstwo **na katar*** (Akk.) — wörtl.: Medizin für den Schnupfen = Medikament/Medizin gegen den Schnupfen

Übungen

I. Bilden Sie aus den angegebenen Elementen Sätze!

1.
Janek leży, bo ...

nie jest zdrowy; jest chory; ma katar i kaszel

2.
Lekarz zapisuje ...

lekarstwo; syrop

3.
To lekarstwo jest ...
Ten syrop jest ...

| na kaszel |
| na katar |

II. Wiederholen Sie die Dialoge, tauschen sie die hervorgehobenen Sätze gegen die eingerahmten aus und wandeln Sie letztere dabei entsprechend ab!

1.
A. Dlaczego **Jacek leży?**
B. **Leży,** bo jest chory.
Ma katar i kaszel.

| Jacek pije syrop; Jacek pije lekarstwo; Jacek nie jest wesoły |

2.
A. Dlaczego pani Anna kupuje lekarstwo?
B. Kupuje lekarstwo, bo **Jacek jest chory.**

| Jacek nie jest zdrowy; Jacek ma katar; Jacek ma kaszel; Jacek ma katar i kaszel |

III. Tauschen Sie das hervorgehobene Element gegen die eingerahmten Begriffe aus und gebrauchen Sie das Adjektiv dabei mit der jeweils erforderlichen Endung!

A. Dlaczego **Jacek** leży?
B. Bo nie jest *zdrowy*.

| Ola; pan Jan; pani Anna; Jurek; pani Danuta |

IV. Wandeln Sie den folgenden Dialog mit Hilfe der unter A. vorgegebenen Fragen ab und beantworten Sie diese Fragen, indem Sie die unter B. verzeichneten Elemente verwenden!

1.
A. Dlaczego Jacek nie jest wesoły?
B. . . . .

A.
| Dlaczego Jacek leży? |
| Dlaczego Jacek pije lekarstwo? |

B.
| chory; ma kaszel i katar; nie jest zdrowy |

2.
A. Czy Jacek jest zdrowy?
B. . . . .
A.
| Czy Ola jest zdrowa? |
| Czy Ola jest chora? |
| Czy Jacek jest wesoły? |
| Czy Ola jest wesoła? |

B.
| Tak, ... |
| Tak, ... |
| Nie, ... |
| Tak, ... |
| Nie, ... |

V. Vervollständigen Sie die Dialoge und verwenden Sie dabei die eingerahmten Begriffe in der erforderlichen grammatischen Form!

1.
A. Czy syrop na kaszel jest . . . ?
B. Tak, ...
A. A lekarstwo?
B. Nie, lekarstwo . . . .

| smaczny; słodki |

2.
A. Co to za lekarstwo?
B. To jest lekarstwo . . . .
A. Jakie jest to lekarstwo?
B. . . . .

| na kaszel; na katar |

| smaczny; słodki |

VI. Formulieren Sie Fragen zu den vorgegebenen Antworten!

1. . . . . ? 1. To jest Jacek Kowalski.
2. . . . . ? 2. Jacek leży, bo nie jest zdrowy.
3. . . . . ? 3. Lekarstwo jest słodkie, ale nie jest smaczne.
4. . . . . ? 4. To jest syrop na kaszel.
5. . . . . ? 5. Gardło jest czerwone.
6. . . . . ? 6. Jacek to syn pana Jana.
7. . . . . ? 7. Pani Danuta to żona pana Nowaka.
8. . . . . ? 8. To jest pomnik Kopernika.

VII. Setzen Sie die fehlenden Endungen der Verben ein und beantworten Sie die Fragen!

1. Kto leż_?   1. . . . .
2. Kto czyt_?   2. . . . .

3. Kto telefonuj_?
4. Kto słuch_?
5. Kto ogląd_ gardło?
6. Kto kupuj_ lekarstwo?
7. Kto zapisuj_ lekarstwo?
8. Kto pisz_?
9. Kto płac_?
10. Kto pij_ lekarstwo?
11. Co zapisuj_ lekarz?
12. Czy Jacek m_ kaszel?
13. Co ogląd_ lekarz?
14. Co pij_ Jacek?

3. . . . .
4. . . . .
5. . . . .
6. . . . .
7. . . . .
8. . . . .
9. . . . .
10. . . . .
11. . . . .
12. . . . .
13. . . . .
14. . . . .

VIII. Vervollständigen Sie die folgenden Sätze!

Jacek leży, bo ... . Jest chory, bo ma ... i ... . Lekarz ogląda ... . Pan Nowak zapisuje syrop ... kaszel. Jacek pije ... .

IX. Vervollständigen Sie den folgenden Dialog!

A. Dlaczego Jacek leży?
B. ... zdrowy.
A. ... ma katar?
B. Tak, ... katar i kaszel.
A. Jacek ... lekarstwo. Czy lekarstwo jest smaczne?
B. Nie, ... smaczne.
A. Dlaczego?
B. ... jest bardzo słodkie.
A. ... Jacek lubi lekarstwo?
B. Nie! Kto ... lekarstwo?!

4
Erläuterungen

AUSSPRACHE UND RECHTSCHREIBUNG

△ In *mieszka* und *biały* sind *mi* und *bi* wiederum Zeichen für weiche Konsonanten vor den Vokalen *e* bzw. *a*; *i* bezeichnet keinen Laut, der zu sprechen wäre.

Zur Aussprache von *ł* (siehe „Die Schriftzeichen").

ACHTUNG! Bei der Aussprache von *ł* dürfen sich Unterlippe und obere Schneidezähne nicht berühren. Das ergibt den Laut *w*. Ebenso dürfen sich Ober- und Unterlippe in der Mitte nicht berühren. Das gibt *b*. Die beiden genannten Laute sind erfahrungsgemäß beim Anfänger die gefährlichsten „Konkurrenten" für *ł*. Das unerwünschte Zusammentreffen der Lippen in der Mitte läßt sich recht leicht vermeiden, indem man den Mittelteil der Unterlippe bei den ersten Übungen mit einem entsprechenden Werkzeug (z. B. einem Kugelschreiber) nach unten drückt. Eine weitere Erleichterung ergibt sich, wenn man in der ersten Zeit beim Sprechen vor *ł* eine kleine Pause macht, um sich bewußt auf den Laut einzustellen, um den Lippen Zeit zur Einstellung auf die für diesen Laut erforderliche Position zu lassen. Bei der Aussprache von *bia-ły* bietet sich dieses Verfahren besonders an, da in diesem Wort eine Silbengrenze vor *ł* liegt.

△ In *stoi* liegt zwischen *o* und *i* eine Silbengrenze. Hier darf also kein Diphthong gesprochen werden — [sto-i].

In dem Fremdwort **radio** ist das *i* unsilbisch zu artikulieren (*j*). Das bei dieser Aussprache entstehende *d* ist für das Polnische atypisch, da es sich nicht in die Opposition hart:weich fügt. Es ist weder eindeutig hart, noch so weich wie das polnische *dź*. Dieses für das Polnische atypische *d* kommt nur in Fremdwörtern als Bestandteil der mit ihnen aus anderen Sprachen übernommenen Aussprache vor. Es ist wie das *d* in deutsch ‚Radio' zu artikulieren. (Dabei ist natürlich darauf zu achten, daß die Vokale in diesem Wort kurz und offen gesprochen werden!)

△ Das Adjektiv **kuchenny** enthält einen Doppelkonsonanten. Dazu ist zu merken:

Zwischen D o p p e l k o n s o n a n t e n liegt im Polnischen eine Silbengrenze, die jedoch infolge der für diese Sprache charakteristischen starken „Bindung" von Silben nur sehr schwach wahrzunehmen ist, wodurch die Doppelkonsonanten beinahe wie ein langer klingen.

△ In **wisi** erfüllen beide *i* wieder zwei Funktionen. Sie sind das Zeichen für den Laut, der zu sprechen ist, und zeigen außerdem die Weichheit der vor ihnen stehenden Konsonanten an.

△ In **łazienka** dagegen ist *i* nur das Signal dafür, daß mit *z* in diesem Wort *ź* gemeint ist. Den Laut *i* bezeichnet es hier nicht, da ja ein anderer Vokal (*e*) folgt, der zu sprechen ist.

ACHTUNG! Von hier an wird im Lehrbuch nicht mehr auf die verschiedenen Funktionen des Zeichens *i* im Schriftbild eingegangen. Es wird vorausgesetzt, daß der Lernende nun weiß, wie die Weichheit von Konsonanten signalisiert wird. Sollte das in dem einen oder dem anderen Falle doch noch Schwierigkeiten bereiten, ist an den entsprechenden Stellen der bisher durchgearbeiteten Lektionen nachzuschlagen.

Im Deutschen werden **Vokale vor *nk*** und ***ng*** nasal ausgesprochen (vgl. tri**nk**en, si**ng**en, A**nk**er, Wa**ng**e). Das ist im Polnischen n i c h t so. In *łazienka* ist -*enk*- also nicht wie in deutsch ‚le**nk**en', sondern wie in ‚Re**nnk**ajak' zu sprechen.

△ **Aussprache von *ź* und *ś***

ź und *ś* stehen sich innerhalb der Opposition stimmhaft:stimmlos als Pendants gegenüber — *ź* stimmhaft/*ś* stimmlos.

Im Deutschen gibt es die mit diesen Zeichen geschriebenen Laute nicht. Daher sind sie neu zu lernen. Dazu sollte der Lernende zunächst mehrfach hintereinander abwechselnd stimmhaftes deutsches ‚s' (wie in ‚sieben') und ‚j' sagen, um sich bewußt zu machen, welche Stellung die Zunge bei der Artikulation dieser Laute einnimmt.

Wenn er das erreicht hat, versuche er, einen stimmhaften Laut zu artikulieren, bei dessen Aussprache die Zungen s p i t z e sich in der Stellung für ‚s'-ieben befindet, der mittlere Zungen r ü c k e n aber die Position für ‚j' einnimmt. Wenn der Lernende sich dabei genau an die hier gegebenen Empfehlungen hält, entsteht der Laut, der im polnischen Schriftbild mit *ź* (im Wortauslaut oder vor Konsonanten) bzw. mit *zi* (vor Vokalen) wiedergegeben wird.

Wenn das geschafft ist, spreche man dasselbe, ohne die Stimmbänder mitwirken zu lassen, also das genaue stimmlose Pendant zu dem eben besprochenen Laut. Das ist *ś* (im Wortauslaut oder vor Konsonanten) bzw. *si* (vor Vokalen).

△ In ***są, leżą*** und ***książka*** entspricht das Zeichen *ą* einem nasalen *o* wie in ‚**Bon**bon'.

KONSONANTENASSIMILATION

książka — regressiv: [**szk**]
krzesło — progressiv: [**ksz**]

WORTARTEN

SUBSTANTIVE

Im Zusammenhang mit der Deklination sind an dieser Stelle einige Begriffe und Erscheinungen zu erläutern, ohne deren Klärung eine weitere Verständigung über die Deklination nicht möglich ist.

DIE PLURALKATEGORIEN DES POLNISCHEN

Die polnischen Substantive sind im Plural — ebenso wie im Singular — nach den drei Genera unterschieden (Mask., Fem. und Neutr.). Darüber hinaus ist aber nach einem weiteren, rein semantischen (inhaltlichen) Gesichtspunkt zu differenzieren. Danach gehören alle Substantive zur Bezeichnung m ä n n l i c h e r P e r s o n e n der sog. „personalmaskulinen Kategorie" an (in anderen Lehrbüchern auch „Personalform", „männlich-personale" oder „personal-männliche Form" und anders genannt).

Diesen Substantiven steht die „nicht-personalmaskuline Kategorie" gegenüber, der alle anderen Substantive angehören, d. h.:

△ m a s k u l i n e Substantive, die keine männlichen Personen, sondern irgend etwas anderes bezeichnen (Tiere, Pflanzen, Dinge, abstrakte Begriffe usw., soweit maskulin)

△ alle f e m i n i n e n Substantive, unabhängig davon, was sie bezeichnen (auch die Bezeichnungen für weibliche Personen)

△ alle n e u t r a l e n Substantive, unabhängig davon, was sie bezeichnen.

In bezug auf die Bezeichnungen für weibliche Personen ist der Terminus „nicht-personalmaskulin" auf den ersten Blick vielleicht etwas verwirrend. Man berücksichtige bei seiner Deutung aber, daß der Bindestrich zwischen „nicht" und „personalmaskulin" und nicht zwischen „personal" und „maskulin" steht! Es geht also darum, nur m ä n n l i c h e P e r s o n e n auszuschließen. Es geht nicht darum, Personen schlechthin oder alle maskulinen Substantive auszusondern. Die Trennung verläuft eben zwischen männlichen Personen und allem anderen (auch weiblichen Personen oder z. B. dem neutralen Substantiv *dzieci* = Kinder).[1] Wenn der Lernende das im Auge behält, wird er sich rasch an den Gebrauch der beiden neuen Termini gewöhnen.

Die besonderen Kasusendungen, die für den Plural aus dieser Differenzierung resultieren, werden später behandelt.

Die hier besprochenen zwei Pluralkategorien wirken sich auch auf die anderen deklinierten Wortarten (Adjektiv, deklinierte Pronomen usw.) aus, die ja auch in bezug auf Genus, Numerus und Kasus von dem Substantiv abhängen, zu dem sie gehören. Dafür gilt: Die Pluralform für die personalmaskuline Kategorie ist anzuwenden, wenn sich das betreffende (vom Substantiv abhängige) Wort auf folgende semantische Gruppen bezieht:

△ männliche Personen

△ Personen beider natürlicher Geschlechter (da männliche Personen darunter sind) — z. B.: *ludzie* = Menschen, Leute.[2]

Die Pluralform für die nicht-personalmaskuline Kategorie ist anzuwenden, wenn sich das betreffende Wort auf irgendeine andere semantische Gruppe bezieht, also:

△ maskuline Substantive, die keine Personen bezeichnen

△ alle femininen Substantive

△ alle neutralen Substantive.

Der Themakonsonant ist auch ein Begriff, den es vor der weiteren Behandlung der Deklination zu klären gilt. Er spielt bei der Zuordnung deklinierter Wörter zu dem jeweils anzuwendenden Deklinationsmuster eine große Rolle.

Mit „Themakonsonant" wird im vorliegenden Lehrbuch der Stammauslautkonsonant, anders gesagt: der letzte Konsonant der Grundform eines deklinierten Wortes, bezeichnet. Er steht damit im Wort an der Stelle, an der die Kasusendungen einander ablösen.

So ist -k- der Themakonsonant des Substantivs *Kopernik* (Gen.: *Kopernika*). In dem Substantiv *lekarstwo* ist -w- der Themakonsonant.

Die Zugehörigkeit polnischer Wörter zu dem jeweils anzuwendenden Deklinationsmuster wird in hohem Grade von der phonetischen

---

[1] Vgl. dazu noch einmal die o.g. Kategorien von Substantiven.

[2] Eine Ausnahme davon sind die polnischen Äquivalente zu ‚Personen' (fem.!) und ‚Kinder' (neutr.!).

Beschaffenheit dieses Themakonsonanten bestimmt, d.h. oft erhalten z. B. Substantive ein und desselben Genus in ein und demselben Kasus je nach Art dieses Themakonsonanten verschiedene Endungen.

Darum ist beim Erlernen der Deklination die Art des Themakonsonanten immer mit zu berücksichtigen. Unter diesem Gesichtspunkt unterscheidet man die folgenden drei Arten von Themakonsonanten:

△ harte Konsonanten (an der oben bezeichneten Stelle der Wörter)

△ weiche Konsonanten (an der oben bezeichneten Stelle der Wörter)

△ historisch weiche Konsonanten (an der oben bezeichneten Stelle der Wörter).

Harte und weiche Konsonanten wurden bereits behandelt. Über die historisch weichen Konsonanten ist nunmehr zu merken:

Es sind Konsonanten, die im heutigen Polnisch mit den Artikulationsmerkmalen der harten Konsonanten ausgesprochen werden. Darum sind sie im Lehrbuch bisher auch noch nicht als besondere Gruppe in Erscheinung getreten. Es handelt sich um die folgenden sieben Konsonanten:

c   dz
cz dż
sz ż   rz[1]

Von ihrer heutigen Beschaffenheit her sind diese Konsonanten — da sie wie alle anderen harten Konsonanten hart ausgesprochen werden — nichts Besonderes. Ihre Besonderheit besteht darin, daß sie (worauf schon ihr Name hinweist) in alter, in historischer Zeit weiche Konsonanten waren, also innerhalb der für das Polnische so wichtigen Opposition hart:weich zur Gruppe der weichen Konsonanten gehörten. Und da sich die heute noch geltenden Formen der polnischen Deklination im wesentlichen bereits in jener alten Zeit herausgebildet haben, gehören die sieben historisch weichen Konsonanten (trotz ihrer heutigen harten Aussprache) innerhalb der Deklination noch immer in eine Gruppe mit den weichen Konsonanten, d. h., sie haben — wo in dieser Hinsicht Unterschiede zu machen sind — zur Folge, daß ein Wort mit historisch weichem Themakonsonanten dieselbe Endung

---

[1] Diese Aufstellung sollte unbedingt auswendig gelernt werden!

bekommt wie ein Wort mit heute noch weichem Themakonsonanten (ohne daß sich an der harten Aussprache der historisch weichen Themakonsonanten etwas ändert).

Da die sieben historisch weichen Konsonanten in der Grammatik auf die eben beschriebene Weise noch immer wie weiche „funktionieren", werden sie in der Fachliteratur auch als „funktional" oder „funktionell weiche Konsonanten" bezeichnet.

Auch auf diese Darstellung sollte der Lernende beim Durcharbeiten der folgenden Lektionen in der ersten Zeit an den entsprechenden Stellen immer wieder zurückgreifen, bis ihm die hier erläuterten Sachverhalte ausreichend vertraut sind.

△ Der **Nominativ Plural der Substantive** hat die folgenden Endungen:

Maskulinum — zunächst nur nicht-personalmask. Form:
— bei hartem Themakonsonanten: *-y* (*tapczany, balkony*)
ACHTUNG! Nach *-g* und *-k*
statt dessen wieder   *-i* (*pomniki*)

— bei weichem und hist. weichem
    Themakonsonanten: *-e* (*tramwaje,* pl*ace*)

Femininum:
— bei hartem Themakonsonanten: *-y* (*szafy, gazety*)
ACHTUNG! Nach *-g-* und *-k-*
statt dessen wieder   *-i* (*książki, szafki, podłogi*)

— bei weichem und hist. weichem
    Themakonsonanten: *-e* (*kuchnie, ulice*)

Neutrum
immer (!)   *-a* (*okna, lustra, krzesła, biurka, mieszkania*)

△ In Konstruktionen vom Typ ***pokój pani Nowak*** (Frau Nowaks Zimmer) bezeichnet *pani* den Genitiv Singular (also gleich dem Nominativ).

Nowak wird hier nicht dekliniert, da der (grammatisch maskuline) Name in dieser Konstruktion eine weibliche Person bezeichnet. Die

Tatsache, daß er nicht dekliniert wird, ist hier das Signal dafür, daß dieser Name feminin gebraucht ist. (Vgl.: ‚Herrn Nowaks Zimmer' = *pokój pana Nowaka*).

ADJEKTIVE UND VERBEN

△ **Adjektive** haben in der **nicht-personalmaskulinen Form** im **Nominativ Plural** die Endung *-e*, z. B.: *białe szafki kuchenne*.
Der Nominativ Plural nicht-personalmaskulin ist also beim Adjektiv immer dem Nominativ Singular des Neutrum gleich, z. B.:

ein neuer Schreibtisch neue Schreibtische
nowe biurko *nowe biurka*

△ **Verben** haben in der **3. Person Pl.** im **Präsens** die Endung *-ą*, z. B.: *leżą, pracują, są* (3. Pers. Pl. zu *być* = sein).

△ *Wisi* entspricht nur dem deutschen ‚hängt' in intransitiver, n i c h t auch in transitiver Bedeutung, also nur im Sinne von ‚Der Spiegel hängt an der Wand', nicht im Sinne von ‚Er hängt den Spiegel an die Wand'.

SATZBAU

Enthält ein polnischer Satz mehrere Subjekte (die im Singular stehen), hängt der Numerus der als Prädikat fungierenden 3. Person des Verbs *być* von der Wortfolge ab.

△ Folgen die Subjekte auf das Prädikat, kann das Prädikat in der 3. Pers. Singular oder Plural stehen, z. B.:
Tam są okno i balkon. Oder: *Tam jest okno i balkon*.

△ Stehen die Subjekte vor dem Prädikat, muß es in der 3. Pers. Plural gebraucht werden, also nur:
Okno i balkon są małe.

Übungen

I. Beantworten Sie die Fragen, ersetzen Sie dabei die hervorgehobenen Elemente durch die unter *A* verzeichneten und ergänzen Sie die Antworten durch richtige Formen der unter *B* genannten Begriffe!

1.
A. Czyj to **pokój**?
B. To **pokój** ... .

A. | balkon; fotel; syn
B. | pan Nowak; pani Nowak; Lech Nowak; pan Jan

2.
A. Czyja to **półka**?
B. To ... .

A. | książka; szafa; lodówka
B. | Adam; pani Nowak; pan Lech; Roman Kowal

3.
A. Czyje to **mieszkanie**?
B. ... .

A. | biurko; radio; lustro
B. | Ludwik; syn; pan Nowak; pani Nowak

II. Wiederholen Sie die Dialoge und ersetzen Sie die hervorgehobenen Elemente durch die eingerahmten; verändern Sie dabei die Form der Pronomen und der Adjektive in der erforderlichen Weise!

1.
A. Czy **pokój** pana Nowaka jest *ładny*?
B. Tak, jest *ładny* i *duży*.

mieszkanie; kuchnia; łazienka; balkon; przedpokój

2.
A. Jaki jest *nowy* **fotel** Jana?
B. Jest ... .

A. | stół; biurko; szafa; lodówka; lustro; tapczan; półka; lampa; mieszkanie

B. | wygodny; brzydki; mały; wysoki; biały; ładny; szeroki; niski; duży; słoneczny

3.
A. Czyj to **pokój**?
B. To **pokój** ... .

A. | mieszkanie; biurko; lampa; tapczan; lustro; fotel; radio; szafa

B. | syna; pani Nowak; pana Nowaka

III. Wiederholen Sie den Dialog und tauschen Sie dabei das hervorgehobene Verb durch die eingerahmten aus:

A. Czy Jacek teraz **pracuje**?
B. Nie, nie **pracuje**.
A. A pan Nowak?
B. Pan Nowak **pracuje**.

czyta; telefonuje; pisze; leży i czyta

IV. Setzen Sie die fehlenden Endungen ein!

Pokój jest duż_ i słoneczn_. Tu sto_ lamp_, leżą książk_ i gazet_. Pan Nowak tu pracuj_. To kuchn__. Jest tutaj mał_ lodówk_, są także biał_ szafk_ kuchenn_. To mieszkanie jest bardzo ładn_ i wygodn_.

V. Fügen Sie den vorgegebenen Substantiven die passenden Verben in der richtigen grammatischen Form bei!

1. Lustro ____. 2. Lampa ____. 3. Szafa ____. 4. Książki ____.
5. Pan Nowak _____.

VI. Vervollständigen Sie den Text durch die entsprechenden Verben!

To ____ pokój. Pokój ____ duży i słoneczny. Tu ____ lustro i ____ szafa. __ tu krzesła, stół i tapczan. Pokój ____ wygodny. Tam ____ biurko, lampa i fotel. Tu ____ książki i gazety. To ____ pokój pana Nowaka. Pan Nowak tu _____.

VII. Formulieren Sie zu den vorgegebenen Antworten passende Fragen!

1. . . . . ?   1. Tak, tu mieszka pan Nowak.
2. . . . . ?   2. To jest mieszkanie pana Nowaka.
3. . . . . ?   3. Tak, jest wygodne i bardzo ładne.
4. . . . . ?   4. To pokój pana Nowaka.
5. . . . . ?   5. Pokój jest duży i słoneczny.
6. . . . . ?   6. To pokój syna.

VIII. Beantworten Sie die Fragen!

1. Jaki jest pokój pana Nowaka?   1. . . . .
2. Co tu jest?   2. . . . .
3. Co tam leży?   3. . . . .
4. Co tam stoi?   4. . . . .
5. A kuchnia? Co tam jest?   5. . . . .
6. Jakie jest to mieszkanie?   6. . . . .

IX. Wandeln Sie die Singularformen in Pluralformen um!

1. Tam jest balkon.   1. Tam . . . .
2. Tam jest tapczan.   2. Tam . . . .

3. Tam jest pomnik.
4. Tam jest fotel.
5. Tam jest plac.
6. Tu leży gazeta.
7. Tu leży książka.
8. Tu jest szafa.
9. Tu jest szafka.
10. Tu jest ulica.
11. Tu jest lustro.
12. To jest okno.
13. To jest krzesło.

3. Tam . . . .
4. Tam . . . .
5. Tam . . . .
6. Tu . . . .
7. Tu . . . .
8. Tu . . . .
9. Tu . . . .
10. Tu . . . .
11. Tu . . . .
12. To . . . .
13. To . . . .

5
Erläuterungen

AUSSPRACHE UND RECHTSCHREIBUNG

Zu *dzwonek* und do *widzenia* einerseits sowie *gdzie, idziemy* und *dzień dobry* andererseits vgl. noch einmal Erläuterungen zu Lektion 3, unter $c+i$ und $dz+i$.

KONSONANTENASSIMILATION

przez — [**psz-**]

△ In der Wendung *przez grzeczność* bleibt das *z* am Ende von *przez* stimmhaft, da am Anfang des darauffolgenden Wortes ein stimmhafter Konsonant steht und keine Sprechpause zwischen den beiden Wörtern liegt.

△ In *schody* sind *s* und *ch* als zwei Laute zu sprechen: *s-ch*. Ein Schriftzeichen *sch* wie in deutsch ‚Schule' gibt es im Polnischen nicht.

△ In *rosną* wird *ą* wiederum als voll nasales *o* gesprochen (vgl. ‚Bonbon'). Das gilt für jedes *ą*, das im Wortauslaut steht.

△ Dem *ę* in *piękny* und dem ersten *ę* in *dziękuję* entspricht als Laut ein nasales *e* wie in deutsch ‚Enkel'.

Für das zweite *ę* in *dziękuję* gilt:
Im Wortauslaut wird *ę* immer mit stark abgeschwächter Nasalität gesprochen (= kurzes offenes *e* mit ganz schwacher Nasalität).

△ Die Abkürzung für **doktor** *(dr)* wird im Nominativ ohne Punkt geschrieben. Mit großem Anfangsbuchstaben steht es nur in Anrede und Adresse.

WORTARTEN

SUBSTANTIV

△ Die Substantive **schody** und **drzwi** gehören zu den sog. Pluraliatantum (Substantive, die nur in einer Pluralform existieren; vgl. dt. Ferien, Eltern), d. h., sie sind grammatisch auch dann ein Plural, wenn sie eine einzelne Treppe bzw. Tür bezeichnen. Grammatisch von solchen Substantiven abhängige Wörter stehen ebenfalls im Plural, z. B.:

Die neue Tür **ist** schön. — *Nowe drzwi są piękne.*

In dem Satz *Otwieramy drzwi* ist *drzwi* der Akkusativ (also gleich dem Nominativ).

△ **Substantive auf -um** (Fremdwörter) gehören zum Neutrum und werden im Singular nicht dekliniert. Alle Kasus des Wortes *centrum* heißen also *centrum* (im Singular).

to centrum — Nominativ
Pan Nowak mieszka w centrum. — Lokativ (s. Satzbau)

VERB

Die l. Person Plural Präsens hat die Endung **-my,** z. B.: *dzwonimy, wychodzimy, idziemy* (Wir ...).

ACHTUNG! Die Wörter *dziękuję* und *proszę* sind ebenfalls Verbformen — l. Person Singular, also wie im Deutschen:

dziękuję = (ich) danke
proszę = (ich) bitte

PERSONALPRONOMEN

Das Wort *ja* entspricht dem deutschen ‚ich'. Für den Nominativ aller polnischer Personalpronomen gilt:

Im Nominativ (d. h. als Subjekt) werden sie nur dann gebraucht, wenn sie in dem betreffenden Zusammenhang akzentuiert werden, z. B. gegenüber anderen Subjekten des Kontextes (D u kannst schon gehen, w i r aber müssen noch warten. / Wer möchte mitkommen? — I c h komme mit! u. ä.). Eine solche Hervorhebung kann auch dadurch bedingt sein, daß der Sprecher seine Rede emotionell nuancieren will. (Vgl. die Beteuerung: I c h werde so etwas nie tun!)

In allen anderen Situationen werden die Personalpronomen im Nominativ weggelassen. Das ist im Polnischen möglich, weil es dort keine Gleichheit in der Form verschiedener Personen gibt (vgl. dt. wir/sie/Sie gehen; er/ihr geht).

SATZBAU

In der Verbindung **w centrum** ist *centrum* als Lokativ aufzufassen. Der Lokativ antwortet in Verbindung mit verschiedenen Präpositionen auf die Frage Wo? und bezeichnet dann den Ort (daher „Lokativ"). In der Slavistik wird der Lokativ oft auch als Präpositiv bezeichnet, da er (im Gegensatz zu anderen Kasus) auch in seinen übrigen Funktionen nie ohne Präposition vorkommt und es im heutigen Polnisch keine Wörter mehr gibt, bei denen sich Lokativ und Präpositiv durch verschiedene Endungen unterscheiden.

△ **dla** + Genitiv

Die Präposition *dla* tritt nur mit dem Genitiv auf. Sie entspricht dem deutschen ‚für' im Sinne von ‚zugunsten, zuliebe' und ‚gerichtet an' (z. B.: Geschenk für..., Unterstützung für..., Essen bzw. Futter für..., Nachricht für..., vgl. in der vorliegenden Lektion: *list dla pana*). Infolge der beschriebenen Bedeutung tritt diese Präposition besonders häufig in Verbindung mit Substantiven auf, die Menschen oder Tiere bezeichnen (vgl. auch *na* + *Akk.* in Lektion 3)

△ **idziemy na spacer** — wir gehen einen Spaziergang machen, wir gehen zu einem Spaziergang fort, wir machen uns zu einem Spaziergang auf den Weg.

ACHTUNG! Die vorliegende polnische Wendung bedeutet n i c h t ‚wir gehen spazieren' im Sinne ‚wir sind dabei, einen Spaziergang zu machen!'

△ *przez grzeczność* — *wörtlich*: ‚durch Freundlichkeit'. Die polnische Wendung entspricht dem deutschen Vermerk ‚per Boten' oder ‚durch Boten' auf Briefen, die nicht durch die Post befördert, sondern durch jemanden („freundlicherweise") überbracht werden.

Übungen

I. Wandeln Sie in den folgenden Sätzen nach den unter 0. vorgegebenen Mustern die Singularformen in Pluralformen um!

1.
0. To jest nowy teatr.
1. To jest duży balkon.
2. To jest mały dom.
3. To jest duża szkoła.
4. To jest piękna kolumna.
5. To jest nowa szafa.

0. To są nowe teatry.
1. To . . . .
2. To . . . .
3. To . . . .
4. To . . . .
5. To . . . .

2.
0. To jest ładny blok.
1. To jest piękny pomnik.
2. To jest mały park.
3. To jest zielony trawnik.
4. To jest mała lodówka.
5. To jest niska szafka.

0. To są ładne bloki.
1. To . . . .
2. To . . . .
3. To . . . .
4. To . . . .
5. To . . . .

3.
0. To jest wygodne biurko.
1. To jest stare drzewo.
2. To jest brzydkie lustro.
3. To jest małe radio.
4. To jest duże okno.
5. To jest wygodne krzesło.
6. To jest nowe mieszkanie.

0. To są wygodne biurka.
1. To . . . .
2. To . . . .
3. To . . . .
4. To . . . .
5. To . . . .
6. To . . . .

II. Vervollständigen Sie den Dialog und ersetzen Sie dabei das hervorgehobene Element durch die eingerahmten Begriffe!

A. To jest **nowy blok.**
B. Tak. Tu w centrum są ... .

duży dom; piękny park; ładny teatr; piękny pomnik; wygodne mieszkanie; duża szkoła; nowe kino

III. Vervollständigen Sie die Dialoge durch die richtigen Formen der eingerahmten Begriffe!

1.
A. Gdzie mieszka pan Lech?
B. W centrum.
A. Czy tam są...?
B. Tak, tam są ... .

wygodne mieszkanie; ładne drzewo i zielony trawnik; stary dom; nowy dom i duży balkon

2.
A. Czy to są ... pana Nowaka?

książka; gazeta; list; lekarstwo

B. Tak, to są ... pana Nowaka.

stara książka; nowa gazeta; stary list; nowe lekarstwo

IV. Fügen Sie den vorgegebenen Substantiven passende Adjektive in der richtigen grammatischen Form bei!

1. .... park
2. .... ulica
   .... ulica
   .... ulica
3. .... trawnik
   .... trawnik

4. .... czas
5. .... blok
   .... blok
   .... blok
6. .... pan
   .... pan

V. Vervollständigen Sie die Dialoge durch Einsetzen der fehlenden Begriffe bzw. Wendungen!

1.
A. Gdzie mieszka pan Nowak?
B. ... centrum. ... Prosta ... dwa, mieszkanie ... jeden.

74

2.
A. Czy ulica Prosta ... ładna?
B. Tak, to ... .
A. Czy rosną tam drzewa?
B. Tak, ...
A. A jakie ... trawniki? ... są duże, zielone?
B. Są ... i ... .
A. A ... jest Ogród Saski? Niedaleko?
B. Ogród Saski jest ... .
A. Czy dom numer dwa jest mały?
B. Nie, ... jest ... . Jest ... .
A. ... jest tam winda?
B. Tak, tam ... .

VI. Formulieren Sie Fragen zu den vorgegebenen Antworten!

1. . . . . ?   1. Pan Nowak mieszka w centrum.
2. . . . . ?   2. Adres pana Nowaka: ulica Prosta numer dwa, mieszkanie numer jeden.
3. . . . . ?   3. Ulica Prosta jest ładna, szeroka i spokojna.
4. . . . . ?   4. Nie, dom numer dwa nie jest stary i niski; to wysoki, nowy blok.
5. . . . . ?   5. Na prawo jest winda.

VII. Beantworten Sie die Fragen!

1. Gdzie mieszka pan Nowak?   1. . . . .
2. Jaka jest ulica Prosta?   2. . . . .
3. Czy jest tam niedaleko park?   3. . . . .
4. Czy dom pana Nowaka jest stary?   4. . . . .
5. Czy mieszkanie jest ładne i   5. . . . .
   wygodne?

6
Erläuterungen

AUSSPRACHE UND RECHTSCHREIBUNG

Zu *cz* s. „Die Schriftzeichen".

Zu *ć* s. Hinweise zur Aussprache unter „Das polnische Alphabet" und zu *c+i* in den Erläuterungen zu Lektion 3.

ACHTUNG! In dem Wort ***nauczycielka*** liegt zwischen dem ersten *a* und *u* eine Silbengrenze. Darum sind diese Laute nicht als Diphthong, sondern getrennt zu sprechen: *na-u-czy-ciel-ka*.

In ***imię, się*** und ***piszę*** ist das *ę* wegen seiner Stellung im Wortauslaut wieder nur mit abgeschwächter Nasalität zu sprechen.

KONSONANTENASSIMILATION

... *jest żoną*: [jezd ż...]   und   *jest żonaty*: [jezd ż...]

WORTARTEN

△ **Substantive** haben im **Instrumental Singular** die folgenden Endungen:

Maskulinum und Neutrum gleichermaßen: **-em,** z. B.:

lekarzem, inżynierem, studentem; kinem, autem

ACHTUNG! Nach -*g*- und -*k*- wird vor dem -*e*- in dieser Endung wieder ein -*i*- eingeschoben, z. B.:

robotnikiem, rolnikiem, Norwegiem

Femininum: **-ą,** z. B.:

dentystką, nauczycielką, studentką, mężatką

ACHTUNG! Es gibt im Polnischen auch Substantive, die männliche Personen bezeichnen und dennoch im Nominativ Singular auf -*a*

auslauten, z. B.: *poeta* (Dichter) und *dentysta* (Zahnarzt). Da die so bezeichneten Personen dem männlichen natürlichen Geschlecht angehören, gelten diese Substantive als maskulin, und alle von ihnen grammatisch abhängigen Wörter stehen in der maskulinen Form, z. B.:
ten polski poeta, **ten dobry** *dentysta.*

Da aber der Nominativ dieser Substantive auf -*a* auslautet, werden sie im Singular wie Feminina dekliniert, und darum ist die Endung des Instrumental auch hier -*ą*, z. B.:
poetą, dentystą.

△ **Verb** — Die **1. Person Singular Präsens** hat die folgenden Endungen:
-**ę**, z. B.: *proszę, dziękuję*
-**am**, z. B.: *czytam, nazywam się*
-**em**, z. B.: *jestem* (= 1. Pers. Sing. Präs. zu *być* = ich bin)

Das Verb *nazywać* = ‚(be)nennen', ‚bezeichnen' ist transitiv zu gebrauchen, d. h. mit direktem (präpositionslosem) Akkusativobjekt (jemanden oder etwas (be)nennen, bezeichnen).

In Verbindung mit *się* ist es reflexiv und bedeutet: ‚sich nennen, heißen'. Dabei entspricht *się* dem deutschen ‚sich', wird aber im Gegensatz dazu n i c h t abgewandelt. Es hat in allen Personen des Singular und des Plural die Form *się* (im Gegensatz zu deutsch: Ich nenne **mich,** du nennst **dich,** er nennt **sich** usw.).

Das Reflexivpronomen *się* kann vor oder hinter dem Verb stehen: *Nazywam się Nowak. Jak się nazywa ten pan?* bzw. *Jak się ten pan nazywa?* Am Anfang des Satzes steht es nie. Steht es hinter dem Verb, darf es nicht durch andere Wörter davon getrennt sein, sondern muß unmittelbar darauf folgen.

SATZBAU

Besteht das Prädikat aus einer Form des Hilfsverbs *być* (z. B.: *jestem, jest*) als Kopula und einem S u b s t a n t i v als Prädikatsnomen, dann steht dieses Substantiv im Instrumental, z. B.:
Herr Nowak ist Ingenieur. = *Pan Nowak jest inżynierem.*
Frau/Fräulein Anna ist Zahnärztin. = *Pani Anna jest dentystką.*

Fungiert in solchen Sätzen jedoch ein A d j e k t i v allein als Prädikatsnomen, steht es in Nominativ, z. B.:
Herr Nowak ist groß. = *Pan Nowak jest wysoki.*
Frau Nowak ist jung. = *Pani Nowak jest młoda.*

Nach Beruf, Stellung oder Funktion einer Person wird mit der folgenden Wendung gefragt:
Kim jest ... (z. B.: *pan Nowak* — Nominativ)?

Dabei ist *kim* der Instrumental zu *kto* (= wer). Beim Gebrauch dieser Wendung ist also auf die folgenden beiden Besonderheiten zu achten:

a) Im Polnischen fragt man wörtlich nicht — wie deutsch — Was ist der Herr?, sondern: **Wer** ist der Herr? — auch dann, wenn Beruf, Stellung usw. gemeint sind.

b) Das Prädikatsnomen steht dabei auch in dieser Frage — wie oben beschrieben — im Instrumental (*kim* = Instr. zu *kto*), obgleich es kein Substantiv ist, sondern nur eines vertritt (vgl.: *Pan Nowak jest inżynierem*).

Nach dem Familiennamen sowie nach Vor- und Familiennamen gleichzeitig wird gefragt:
Jak się nazywa ... (z. B.: *ten pan*)?

Wird nach dem Vornamen allein gefragt, heißt es:
Jak ma na imię ... (z. B.: *żona pana Nowaka*)?

In dieser Konstruktion ist *na imię* eine feste Wendung, die nicht abgewandelt wird. Die Person, nach deren Namen gefragt wird, ist das Subjekt und steht daher im Nominativ; *ma* ist das Prädikat im engeren Sinne, eine Verbform, die nach Person, Numerus und Tempus abgewandelt werden kann. Im vorliegenden Beispiel handelt es sich um die 3. Person Singular Präsens.

Anrede

Im Polnischen gibt es keine Anredeform, die so vieldeutig ist wie das deutsche ‚Sie' (= ein Herr, eine Dame, mehrere Personen). Daher ist hier etwas Neues zu lernen:

In der Bedeutung des höflichen ‚Sie' gebraucht man im Polnischen die Substantive für ‚Herr', ‚Dame', ‚Herren', ‚Damen' bzw.

‚Herrschaften'. Die dabei entstehenden und als Anrede gebrauchten Sätze gleichen denen, die gebraucht werden, wenn man ü b e r jemanden spricht z. B.:

△ (zu einem Herrn)
Wie heißen Sie? = poln. wörtlich:
Wie heißt der Herr? = *Jak się pan nazywa?*

△ (zu einer Dame)
Wie heißen Sie? = poln. wörtlich:
Wie heißt die Dame? = *Jak się pani nazywa?*

△ (zu einem Herrn)
Wie heißen Sie mit Vornamen? = poln. wörtlich:
Wie heißt der Herr mit Vornamen? = *Jak pan ma na imię?*

△ (zu einer Dame)
Wie heißen Sie mit Vornamen? = poln. wörtlich:
Wie heißt die Dame mit Vornamen? = *Jak pani ma na imię?*

△ (zu einem Herrn)
Sind Sie verheiratet? = poln. wörtlich:
Ist der Herr verheiratet? = *Czy pan jest żonaty?*[1]

Übungen

I. Wandeln Sie die Sätze nach den jeweils vorangestellten Mustern um!

1.
0. To jest lekarz.
1. To jest inżynier.
2. To jest lektor.
3. To jest student.
4. To jest nauczyciel.
5. To jest Francuz.
6. To jest Włoch.
7. To jest Rumun.
8. To jest Szwed.
9. To jest Fin.

0. Pan Nowak jest lekarzem.
1. Pan Kowalski . . . .
2. Pan Wolski . . . .
3. Adam . . . .
4. Pan Kowal . . . .
5. Ten pan . . . .
6. Ten student . . . .
7. Ten malarz . . . .
8. Ten pisarz . . . .
9. Ten aktor . . . .

---

[1] Erläuterungen zur Anrede für mehrere Personen folgen später.

2.
0. Jan to śpiewak.
1. Roman to rolnik.
2. Edward to górnik.
3. Henryk to robotnik.
4. Antoni to Polak.
5. Karol to Słowak.
6. Bob to Anglik.
7. Ten student to Chińczyk.
8. Ten student to Japończyk.
9. Ten inżynier to Norweg.
10. Ten aktor to Belg.

0. Jan jest śpiewakiem.
1. Roman . . . .
2. . . . .
3. . . . .
4. . . . .
5. . . . .
6. . . . .
7. . . . .
8. . . . .
9. . . . .
10. . . . .

3.
0. Czy to jest lekarz?
1. Czy to jest Włoch?
2. Czy to jest Rumun?
3. Czy to jest śpiewak?

0. Tak, ten pan jest lekarzem.
1. Tak, ten aktor . . . .
2. Tak, ten pisarz . . . .
3. Tak, Jan . . . .

4.
0. Czy ten pan to Chińczyk?
1. Czy ten aktor to Norweg?
2. Czy ten malarz to Francuz?
3. Czy ten inżynier to Szwed?
4. Czy ten pisarz to Polak?

0. Tak, ten pan jest Chińczykiem.
1. Tak, ...
2. Tak, ...
3. Tak, ...
4. Tak, ...

5.
0. Czy to artysta?
1. Czy to kierowca?
2. Czy to dentysta?

0. Tak, ten pan jest artystą.
1. . . . .
2. . . . .

II. Wandeln Sie die Sätze nach den jeweils vorgegebenen Mustern um!

1.
0. To nie jest redaktorka. Pan Kowalski jest redaktorem, ale pani Kowalska nie jest redaktorką.

1. To nie jest aktorka . . . .
2. To nie jest nauczycielka . . . .
3. To nie jest Bułgarka. Ten pan . . . . ., ale ta pani nie . . . .
4. To nie jest Hiszpanka . . . .
5. To nie jest Angielka . . . .

6. To nie jest Szkotka. . . . .
7. To nie jest Hinduska. . . . .
8. To nie jest Szwajcarka. . . . .
9. To nie jest Arabka. . . . .

2.
0. Ten pan jest urzędnikiem.　　　　0. Ta pani nie jest urzędniczką.
1. Ten pan jest śpiewakiem.　　　　 1. . . . .
2. Ten pan jest Słowakiem.　　　　　2. . . . .
3. Ten pan jest Norwegiem.　　　　　3. . . . .
4. Ten pan jest Włochem.　　　　　　4. . . . .
5. Ten pan jest Czechem.　　　　　　5. . . . .
6. Ten pan jest malarzem.　　　　　 6. . . . .
7. Ten pan jest pisarzem.　　　　　 7. . . . .

3.
0. Lekarz jest Duńczykiem i lekarka jest Dunką.
1. Student jest Kubańczykiem i . . . .
2. Lektor jest Portugalczykiem i . . . .
3. Aktor jest Irlandczykiem i . . . .

4.
0. Borys jest Rosjaninem i Natasza jest Rosjanką.
1. Bill jest Amerykaninem i Mary . . . .
2. Paco jest Meksykaninem i Juana . . . .
3. Pedro jest Hiszpanem i Dolores . . . .

III. Wiederholen Sie die Dialoge und ersetzen Sie dabei die hervorgehobenen Begriffe durch die eingerahmten in der entsprechenden grammatischen Form!

1.
A. Pan Nowak jest **lekarzem**.
B. A kim jest **pan Kowalski?**
A. **Inżynierem.**

| pani Danuta — nauczycielka; pani Anna — dentystka |

2.
A. Czy **pan Jan** jest **redaktorem?**
B. Nie, nie jest **redaktorem**.
 Pan Jan jest **inżynierem**.

| pani Ewa — studentka; nauczycielka |

IV. Vervollständigen Sie die Dialoge durch die eingerahmten Substantive!

1.
A. Czy Adam jest ...?
B. Nie, nie jest ...,
jest ... .

| inżynier; lekarz |
| student; artysta |

2.
A. Czy pani Danuta jest ...?
B. Nie, pani Danuta nie jest
..., jest ... .

| studentka; urzędniczka |
| inżynier; artystka |

V. Wiederholen Sie den Dialog und vervollständigen Sie ihn durch die richtigen Formen der eingerahmten Begriffe!

1.
A. Kim jest ...?
B. . . . .
A. A kim jest ...?
B. . . . .

| ta pani — dentystka; |
| ten pan — nauczyciel; |
| pani Nowak — nauczycielka; |
| pan Kowalski — inżynier |

VI. Vervollständigen Sie die Dialoge und gebrauchen Sie dabei die eingerahmten Substantive in der richtigen Form!

1.
A. Czy pan Kowalski jest ...?
B. Nie, ..., ...
A. A pani Kowalska? Czy jest ...?
B. Nie, pani Kowalska ..., ...

| lekarz |
| lekarz — inżynier |
| nauczycielka |
| nauczycielka — dentystka |

2.
A. Kim jest ...?
B. . . . .
A. A kim jest ...?

| pan Nowak — lekarz; pani Nowak — nauczycielka; |
| pan Kowalski — inżynier; pani Kowalska — dentystka; |
| Adam — student; Ola — studentka |

VII. Wiederholen Sie die Dialoge und ersetzen Sie dabei die Vor- und die Familiennamen durch die eingerahmten!

1.
A. Jak się pan nazywa?
B. Nazywam się **Kowalski**.

Zalewski; Wolski; Kowalik

A. Jak pan ma na imię?
B. Mam na imię **Jan**.

Adam; Jerzy; Mirosław

2.
A. Jak się nazywa ten pan?
B. **Adam Zalewski**.

Jerzy Wolski; Mirosław Kowalik

A. A ta pani?
B. Ta pani nazywa się **Maria Zalewska**.

Ewa Wolska; Marta Kowalik

VIII. Vervollständigen Sie den Dialog!

A. Jak się pani nazywa?
B. _____ ___ Kowalska.
A. Jak pani ma na imię?
B. ___ __ ____ Anna.
A. Czy pani jest nauczycielką?
B. Nie, ___ _____ _____. Jestem dentystką.

IX. Formulieren Sie Fragen zu den vorgegebenen Antworten!

1. . . . . ?   1. To jest pan Kowalski.
2. . . . . ?   2. Pan Kowalski jest inżynierem.
3. . . . . ?   3. To jest pani Anna, żona pana Jana.
4. . . . . ?   4. To jest żona pana Jana.
5. . . . . ?   5. Żona pana Jana jest dentystką.
6. . . . . ?   6. Ten pan nazywa się Nowak.
7. . . . . ?   7. Pan Nowak ma na imię Lech.

X. Beantworten Sie die Fragen!

1. Jak się pan (pani) nazywa?   1. . . . .
2. Jak ma pan (pani) na imię?   2. . . . .
3. Czy jest pan inżynierem?   3. . . . .
4. Kim jest pan Nowak?   4. . . . .
5. A żona pana Nowaka?   5. . . . .

XI. Vervollständigen Sie die Sätze durch die fehlenden Wörter bzw. Endungen!

Pan Nowak jest lekarz___. Pani Danuta to żon_ pan_ Lech_. Ta pani jest nauczycielk_. A pani Anna jest żon_ pan_ Jan_. Pani Kowalska jest dentyst___. Jak ___ pan nazywa? — Nowak. Mam __ imię Lech. Nie jest__ inżynier___.

XII. Lesen Sie den folgenden Text und konstruieren Sie danach einen Dialog!

Pan Lech jest lekarzem. Jest żonaty. Żona pana Lecha nie jest dentystką. Jest nauczycielką. Dentystką jest pani Anna. To jest żona pana Jana. Pan Jan jest inżynierem.

7
Erläuterungen

AUSSPRACHE UND RECHTSCHREIBUNG

Zur Aussprache von *Kasi, dzieci, siostra* und *ojciec* s. Erläuterungen in Lektion 2 (unter *i*), Lektion 3 (unter *c+i* und *dz+i*) sowie Lektion 4 (unter *ź* und *ś*).

KONSONANTENASSIMILATION

rodzeństwo, małżeństwo und *państwo*: [...stfo]
także [...gże]
... *jest bratem*: [je**zd b**ratem]

Bei *już duży* wird der von Hause aus Deutsch Sprechende dazu neigen, das *ż* in *już* stimmlos werden zu lassen. Dazu darf es nicht kommen. Da zwischen den beiden Wörtern keine Sprechpause liegt und *duży* mit einem stimmhaften Konsonanten beginnt, bleibt *ż* stimmhaft.

Steht das Wort *lekarz* vor einer Sprechpause, wird *rz* stimmlos: [leka**sz**].

Ein *ck* im Sinne des deutschen (also = *k* nach kurzen Vokalen) gibt es im Polnischen nicht; *c* und *k* sind immer getrennt zu artikulieren, z. B.: *dziec-ko*.

Besondere Aufmerksamkeit sollte auf die Artikulation des *ń* verwandt werden (weich! — starke Hebung des Zungenrückens in Richtung zum vorderen oberen Gaumen hin), z. B.: *rodzeństwo, małżeństwo, państwo.* Eine kleine Unterstützung ergibt sich für den Anfänger, wenn er bei der Aussprache zu *n* + langem *i* ansetzt, das *i* dann aber nicht spricht, sondern nur die Einstellung der Zunge auf langes *i* für die Artikulation des (weichen) *ń* nutzt. Der aus Vokal und nachfolgendem *ń* in polnischen Wörtern entstehende Laut klingt wie ein Nasalvokal.

In *jeszcze* sind *sz* und *cz* deutlich hart auszusprechen (möglichst großer Abstand zwischen Zungenrücken und vorderem oberem Gaumen).

WORTARTEN

△ **Familiennamen,** die nicht auf **-ki** auslauten, sind Substantive und haben im **Nominativ Plural** die Endung **-owie**, z. B.:

Nowak → *Nowakowie* = (die) Nowaks

Familiennamen auf **-ki** sind — grammatisch gesehen — Adjektive und haben im Nominativ Plural die Form **-cy**:

Kowalski → *Kowalscy* = (die) Kowalskis
pan Kowalski + *pani Kowalska* = *państwo Kowalscy*

ACHTUNG! Konsonantenwandel: *-k-* wird hierbei zu *-c-*.

Dieser Nominativ Plural des „Adjektivs" *Kowalski* unterscheidet sich von dem in Lektion 4 erläuterten Nominativ Plural der Adjektive, da *Kowalscy* eine personalmaskuline Pluralform ist. Diese Form wird hier gebraucht, weil zu den Kowalskis ja auch eine männliche Person gehört — Herr Kowalski. (Weitere Erläuterungen zum personalmaskulinen Plural folgen später.)

△ Der **Genitiv Singular der maskulinen Substantive**, die etwas „Belebtes" (= Personen und Tiere) bezeichnen, hat die Endung **-a**, z. B.:

pomnik Kopernika, żona brata.

△ Der **Genitiv Singular der neutralen Substantive** hat immer die Endung **-a**, z. B.:

numer auta, adres kina, ojciec dziecka.

△ Der **Genitiv Singular der femininen Substantive** hat die folgenden Endungen:

a) bei hartem Themakonsonanten: *-y* (*Anna — Anny, siostra — siostry*),

ACHTUNG! Nach *-g-* und *-k-* steht statt dessen wieder *-i* (*matka — matki*, vgl. Erläut. zu L. 2, Adjektive).

b) bei historisch weichem Themakonsonanten: *-y* (*uczennica — uczennicy, ulica — ulicy*)

c) bei weichem Themakonsonanten: *-i* (*Kasia — Kasi, pani — pani*).

Für diesen Zusammenhang sollte sich der Lernende noch einmal bewußt machen, was in den Erläuterungen zu Lektion 1 über die Funktionen von *y* und *i* gesagt ist. Dabei wird er erkennen, daß es sich bei den hier genannten Genitiv-Endungen der femininen Substantive eigentlich immer um ein und dieselbe handelt, daß durch die Verwendung von *y* bzw. *i* im Schriftbild nur der Härte bzw. Weichheit des Themakonsonanten Rechnung getragen wird.

△ Das Substantiv *kolega* gehört zu den bereits in den Erläuterungen zu Lektion 6 erwähnten Substantiven zur Bezeichnung von männlichen Personen, die auf *-a* auslauten (vgl. *poeta* und *dentysta*), für die aber wegen dieses *-a* im Nominativ Singular die feminine Deklination gilt. Daher Genitiv Singular: *kolegi*.

Zur Erinnerung:

Nominativ: *młody kolega* (wie *polski poeta*), da es sich um eine männliche Person handelt.

Genitiv: *brat kolegi, brat poety*.

△ Bei vielen **maskulinen Substantiven,** deren Nominativ Singular **auf -e- + Themakonsonanten** auslautet (*uczeń, Jurek, Jacek*), fällt das *-e-* aus, wenn in anderen Kasus eine Kasusendung an das Wort tritt, z. B.:

Nominativ:	*uczeń,*	*Jurek,*	*Jacek*
Genitiv:	*ucznia,*	*Jurka,*	*Jacka*
Instrumental:	*uczniem,*	*Jurkiem,*	*Jackiem*

Das gilt bei den betreffenden Substantiven für alle Kasus, die nicht — wie der Nominativ — endungslos sind.

△ Das Substantiv *ojciec* hat über dieses flüchtige -e- hinaus beim Übergang vom Nominativ zum Genitiv noch eine weitere Veränderung im Stamm, durch die es innerhalb der polnischen Deklination zu einer Ausnahme wird. Die entsprechenden Formen sollten daher separat gelernt werden:

Nominativ: *ojciec*
Genitiv: *ojca*
Instrumental: *ojcem*

△ Das Substantiv *mąż* hat in allen Kasus, die nicht — wie der Nominativ — endungslos sind, im Stamm statt des -ą- ein -ę-:

Nominativ: *mąż*
Genitiv: *męża*
Instrumental: *mężem*

△ Das Substantiv *rodzeństwo* ist ein Kollektivum (Sammelname) wie z. B. deutsch ‚Obst', ‚Gesinde' u. ä. Es handelt sich dabei um Substantive, die eine Vielheit als Einheit (Kollektiv) ausdrücken, grammatisch daher ein Singular sind und keinen Plural haben. Das Wort *rodzeństwo* (Singular Neutrum) ist also grammatisch vergleichbar mit ‚Geschwisterschaft' (Singular — vgl.: Lehrerschaft, Bauernschaft). Darum stehen auch die von diesem Substantiv abhängigen Wörter in der Form Singular (Neutrum), z. B.:

Diese Geschwister **sind** noch klein. — *To rodzeństwo jest jeszcze małe.*

SATZBAU

△ *państwo*

Die verschiedenen, aus dem Vokabelverzeichnis ersichtlichen Bedeutungen dieses Substantivs haben unterschiedliche syntaktische Konsequenzen. Daher ist zu trennen in:

a) *państwo* in der Bedeutung ‚Staat'

In dieser Bedeutung ist es ein neutrales Substantiv ohne grammatische Besonderheiten (wie *kino, auto* usw.), z. B.:

To państwo jest stare. — Dieser Staat ist alt.
Państwa są stare. — Die Staaten sind alt.

b) *państwo* in der Bedeutung ‚Herrschaften' (Dame + Herr, Damen + Herr, Dame + Herren bzw. Damen + Herren)

In dieser Bedeutung ist *państwo* ein Kollektivum (s. oben). Anders als bei dem Wort *rodzeństwo* aber stehen die von *państwo* in dieser Bedeutung abhängigen Wörter im Plural, z. B.:

Państwo są ... = Die Herrschaften sind ...
    Die Dame und der Herr sind ...
    Die Damen und Herren sind ... usw.

ACHTUNG! Von *państwo* in dieser Bedeutung abhängige deklinierte Wörter (Adjektive, Pronomen usw.) müssen in der noch nicht behandelten personalmaskulinen Form stehen, da mit *państwo* in dieser Bedeutung ja immer auch männliche Personen gemeint sind.

c) *państwo* in der Bedeutung von ‚Herr und Frau ...' oder ‚das Ehepaar ...' oder ‚die Eheleute ...'

Diese Bedeutung steht der unter b) besprochenen sehr nahe, denn es geht um Personen beiderlei Geschlecht. Der einzige Unterschied besteht darin, daß es diesmal nur je eine Person und beide miteinander verheiratet sind. Darum gilt das unter b) Gesagte auch hier:

Państwo Nowakowie są ... = Herr und Frau Nowak sind ...
    Die Eheleute Nowak sind ...
    Das Ehepaar Nowak ist ...
Państwo Kowalscy są ... (s. oben)

Hier ist *państwo* ein höflicher Zusatz zum Namen des betreffenden Ehepaars. Dagegen ist *małżeństwo* (auch ‚Ehepaar') ein reiner Gattungsname. Darum kann auch gesagt werden:

Państwo Kowalscy są małżeństwem. = Herr und Frau Kowalski sind ein Ehepaar.

d) *państwo* in der Anrede (vgl. Erläuterungen zu Lektion 6, polnische Äquivalente zu deutsch ‚Sie')

Państwo ist auch das Äquivalent zum deutschen höflichen ‚Sie', wenn damit Vertreter beider Geschlechter angesprochen werden (zu den grammatischen Konsequenzen s. Punkt b).

Demnach ist zu merken:

Państwo są ...   Die Dame und der Herr sind ...
／ Die Damen und Herren sind ... usw.
＼ Sie, meine Damen und Herren, sind ...
Sie, meine Herrschaften, sind ... usw.

Übungen

I. Wandeln Sie die Sätze nach den vorangestellten Mustern um!

1.
0. Państwo Nowakowie to małżeństwo.　　0. Państwo Nowakowie są małżeństwem.
1. Państwo Kowalikowie to małżeństwo.　　1. . . . .
2. Państwo Woźniakowie to małżeństwo.　　2. . . . .
3. Anna i Jan to małżeństwo.　　3. . . . .
4. Danuta i Lech to małżeństwo.　　4. . . . .

2.
0. Kasia i Jurek to rodzeństwo.　　0. Kasia i Jurek są rodzeństwem.
1. Anna i Janusz to rodzeństwo.　　1. . . . .
2. Danuta i Roman to rodzeństwo.　　2. . . . .
3. Ewa i Jan to rodzeństwo.　　3. . . . .
4. Ola i Lech to rodzeństwo.　　4. . . . .

3.
0. Kasia to siostra Jurka.　　0. Kasia jest siostrą Jurka.
1. Anna to siostra Janusza.　　1. . . . .
2. Danuta to siostra Romana.　　2. . . . .
3. Ewa to siostra Jana.　　3. . . . .
4. Ola to siostra Lecha.　　4. . . . .

4.
0. Jurek to brat Kasi.　　0. Jurek jest bratem Kasi.
1. Janusz to brat Anny.　　1. . . . .
2. Roman to brat Danuty.　　2. . . . .
3. Janek to brat Ewy.　　3. . . . .
4. Lech to brat Oli.　　4. . . . .

5.
0. Pani Danuta jest żoną pana Lecha.
1. Pani Anna jest żoną pana Jana.
2. Kasia jest siostrą Jurka.
3. Pani Anna jest matką Jacka.
4. Pani Danuta jest matką Jurka.
5. Kasia jest koleżanką Jacka.
6. Pani Ewa jest nauczycielką Kasi.
7. Marta jest koleżanką Adama.
8. Pani Barbara jest nauczycielką Jacka.

0. Pan Lech jest mężem pani Danuty.
1. ....
2. ....
3. ....
4. ....
5. ....
6. ....
7. ....
8. ....

II. Vervollständigen Sie die Dialoge durch die richtigen Formen der eingerahmten Begriffe!

1.
A. Czy to jest **Jurek**?
B. Tak, to jest **Jurek**, syn ... i ....

Janek; Stefan; Marek; Romek
pani Danuta — pan Lech; pani Ewa — pan Janusz; pani Basia — pan Adam; pani Ola — pan Jacek; pani Monika — pan Mariusz

2.
A. Czy ... jest ... Ewy?
B. Tak, ... jest ... Ewy.

Ania — córka; Basia — siostra; Ola — uczennica; Maria — matka; Janusz — syn; Jacek — brat; Mariusz — uczeń

3.
A. Czy Adam jest ... pani ...?
B. Nie, Adam nie jest ... pani .... Jest ... pani Anny.

brat — Danuta; syn — Ewa; uczeń — Olga; nauczyciel — Basia; student — Barbara

III. Bilden Sie Sätze, indem Sie die eingerahmten Begriffe sinnvoll zuordnen und in der richtigen Form gebrauchen!

Państwo Nowakowie Ojciec Jurka Jacek Jurek i Kasia Matka Kasi	jest są	lekarz uczeń małżeństwo nauczycielka rodzeństwo

IV. Formulieren Sie zu den vorgegebenen Antworten Fragen!

1. . . . . ? 1. Syn pana Nowaka ma na imię Jurek.
2. . . . . ? 2. Matka Jurka ma na imię Danuta.
3. . . . . ? 3. Tak, Jurek jest bratem Kasi.
4. . . . . ? 4. Tak, Kasia jest siostrą Jurka.
5. . . . . ? 5. Jacek to kolega Kasi.
6. . . . . ? 6. Nie, Jurek jest już duży.
7. . . . . ? 7. Nie, Kasia jest jeszcze mała.

V. Vervollständigen Sie die folgenden Texte durch die fehlenden Wörter bzw. Endungen!

1.
Państwo Nowak____ są małżeństw__. Pani Nowak jest matką _____ i ____. Kasia jest koleżank_ _____ (*Jacek*). Kasia jest _____ mała, a Jurek jest ___ duży. Kasia jest uczennic_, a Jurek student__.

2.
Państwo Nowakowie są _____. Kasia jest _____ pani Danuty i pana Lecha. Jurek jest _____ pani Danuty i pana Lecha. Kasia jest _____ Jurka. Kasia i Jurek to _____. Kasia jest jeszcze mała, a Jurek już jest _____. Pani Anna i pan Jan to _____ Jacka. Jacek jest _____ pani ____ i pana ____. Syn ____ Anny i ____ Jana ma __ ____ Jacek.

VI. Wiederholen Sie den Dialog und wandeln Sie ihn dann in einen fortlaufenden Text um!

A. Czy Kasia jest duża?
B. Nie, Kasia jest jeszcze mała. Jest uczennicą.
A. A Jurek?
B. Jurek jest już duży. Jest już studentem.
A. Kto jest ojcem Jurka i Kasi?
B. Pan Lech Nowak jest ojcem Jurka i Kasi.
A. Jak ma na imię kolega Kasi?
B. Jacek.

8
Erläuterungen

AUSSPRACHE UND RECHTSCHREIBUNG

△ Das Substantiv *fotografia* hat als Fremdwort die Endung -*i-a* mit ins Polnische gebracht. So erfüllt -*i*- in diesem Wort eigentlich wieder seine beiden Funktionen gleichzeitig. Da aber zwischen *i* und *a* keine Silbengrenze liegt, wird es zu einem unsilbischen *i* reduziert ($=j$), und darum ist weiches $f+j+a$ zu sprechen.

△ Zum Doppelkonsonanten in *uczennica* siehe noch einmal unter *kuchenny* in Lektion 4. (Achtung! In *uczennica* handelt es sich um *ńń* — weich!)

KONSONANTENASSIMILATION

babcia: [bap...] — regressiv
wtedy: [ft...] — regressiv
twój: [tf...] — progressiv

△ Nasalvokale *ą* und *ę*

Charakteristisch für beide Nasalvokale ist: Ihre Artikulation beginnt im Oralraum (Mundraum), und erst dann folgt die nasale Komponente, die im Nasalraum (Nasenraum) entsteht. Vereinfacht könnte gesagt werden:

$ą = o + Nasalität; ę = e + Nasalität$

Eine geringe zeitliche Verschiebung zwischen den beiden genannten Artikulationsphasen hat zur Folge, daß die Nasalität entsteht, wenn die Sprechwerkzeuge z. T. bereits auf den nachfolgenden Laut eingestellt sind, so daß die Qualität von *ą* bzw. *ę* von diesen schon in Vorbereitung befindlichen Lauten mit beeinflußt wird. Das ist der Grund dafür, daß die Nasalvokale in Abhängigkeit von dem jeweils folgenden Laut verschieden ausgesprochen werden.

Die so auf *ą* bzw. *ę* einwirkenden (nachfolgenden) Laute lassen sich zu Gruppen zusammenfassen (nach Merkmalen, die jeweils allen Angehörigen einer solchen Gruppe eigen sind):

a) Engelaute (Laute, die entstehen, wenn Sprechwerkzeuge miteinander eine Enge bilden und die Artikulationsluft sich durch diese Enge zwängt — im Polnischen: *f, w, s, z, sz, ż, rz, ś, ź, ch, h*).

Vor diesen Lauten gilt: volle Nasalität (beinahe gleichzeitige Artikulation in Oral- und Nasalraum), also

ą wie in ‚Bobon', z. B.: *mąż, wąsy*
ę wie in ‚Bassin' z. B.: *gęś, język*

b) Vor *g* und *k* gilt: wenig abgeschwächte Nasalität, also

ą wie in ‚Onkel', z. B.: *mąka*
ę wie in ‚Enkel', z. B.: *tęgi*

c) Verschluß-Enge-Laute (Laute, die entstehen, wenn Sprechwerkzeuge miteinander zunächst einen Verschluß, d. h. eine Sperre für den Luftstrom, und dann eine Enge bilden — im Polnischen: *t, d, c, dz, cz, dż*).

Vor diesen Lauten gilt: deutliches Aufeinander der Artikulation im Oralraum und der im Nasalraum, also

ą wie in ‚Sonde', z. B.: *ogląda*
ę wie in ‚Sender', z. B.: *pamięta*

d) Vor *ć* (bzw. *ci*) und *dź* (bzw. *dzi*) gilt:

ą wie **oń**, z. B.: *rządzić*
ę wie **eń**, z. B.: *pięć*

Diese Aussprachevariante ist der unter c) genannten sehr ähnlich. Der Unterschied zwischen beiden besteht darin, daß bei c) die Härte und bei d) die Weichheit der nachfolgenden Konsonanten bereits auf die nasale Artikulationsphase der Vokale mit einwirken.

e) Vor *ł* und *l* geht die Nasalität völlig verloren:

ą wird zu o
ę wird zu e (Wortbeispiele folgen später)

f) Der Wortauslaut ist die einzige Stellung, in der für *ą* und *ę* Verschiedenes gilt:

ą wird mit voller Nasalität gesprochen, z. B.: *są, leżą*
ę wird mit stark reduzierter Nasalität artikuliert (kurzes offenes *e* mit ganz schwacher Nasalität), z. B.: *dziękuję* — fast wie [...je]

Der Lernende sollte bei der Begegnung mit neuen Vokabeln, die Nasalvokale enthalten, in der ersten Zeit immer wieder auf diese Übersicht zurückgreifen, um sich von Anfang an die richtige Aussprache einzuprägen. Letztere wird dann auch bald zu einer Selbstverständlichkeit werden, denn die hier beschriebenen Aussprachevarianten sind ja nicht willkürlich festgelegt, sondern durch die genannte Wechselwirkung zwischen Nasalvokal und nachfolgendem Konsonanten objektiv bedingt, d. h., sie sind die Arten der Aussprache, die sich bei natürlichem Sprechverhalten von selbst ergeben.

WORTARTEN

△ Der **Akkusativ Singular der femininen Substantive** dieser Lektion (Nominativ auf -*a*) hat die Endung -*ę*, z. B.:

Znam dziewczynę.

Der **Akkusativ Plural der nicht-personalmaskulinen Substantive** (also auch der femininen und der neutralen) hat dieselbe Endung wie der Nominativ (Plural), z. B.:

Oglądam fotografie. (Akk.Pl.) — wie: *Tam są fotografie. (Nom.Pl.)*
Ich sehe mir (die) Fotos an. Dort sind (die) Fotos.

Znam dziewczyny. (Akk.Pl.) — wie: *Dziewczyny mieszkają tam. (Nom.Pl.)*

Oglądamy pomniki.
Znamy adresy.
Mamy lekarstwa.
Oglądamy mieszkania.

Der **Instrumental Plural** aller drei Genera hat im Prinzip die Endung -*ami*, z. B.:

siostry są studentkami, pokój z oknami, pan z wąsami.

Von dieser Grundregel weichen nur relativ wenige Substantive aller drei Genera ab, die im Instrumental Plural die Endung -*mi* haben, z. B.: Instr.Pl. zu *dziecko* (Kind): *dziećmi*.[1]

---

[1] Wie die Unterschiede zwischen Nom. Sing. und Instr. Pl. dieses Wortes im Stamm erkennen lassen, ist es auch in anderer Hinsicht eine Ausnahme. Dazu folgen später weitere Informationen.

△ **Adjektive** haben im **Femininum** für den **Akkusativ Singular** immer die Endung **-ą**, z. B.:

Znam ładną dziewczynę.

△ Die folgenden **Possessivpronomen** sind im Singular — wie die Adjektive — nach den drei Genera differenziert:

Maskulinum	Femininum	Neutrum	
mój_	moja	moje	= mein(e)
twój_	twoja	twoje	= dein(e)
nasz_	nasza	nasze	= unser(e)
wasz_	wasza	wasze	= euer(e)

Bei den Formen *mój* und *twój* ist der Wechsel des Stammvokals *ó → o* zu beachten. Alle Formen, die um eine oder mehrere Silben länger als die genannte Grundform sind, haben statt des *ó* ein *o*.

Der **Akkusativ Singular** dieser Pronomen hat im Femininum — wie die Adjektive — die Endung **-ą**:

moją, twoją, naszą, waszą

Nur die feminine Form des Demonstrativpronomens (*ta*) hat im Akkusativ die Endung *-ę* oder *ą*[1], also:

Znam ładną dziewczynę, aber: *Znam tę/tą dziewczynę.*

△ Die **2. Person Singular** (du) der Verben hat im Präsens die Endung *-sz* (*znasz* = ‚du kennst'). Dabei gilt:

3. Pers. Sing. + -sz = 2. Pers. Sing.

Beispiele:

mówi + -sz = mówisz
czyta + -sz = czytasz
telefonuje + -sz = telefonujesz

ACHTUNG! Die einzige Ausnahme hiervon ist das Hilfsverb *być*. Dazu ist die 2. Person Sing. Präsens: *jesteś* (= ‚du bist').

---

[1] In der Schriftsprache sollte nur *tę* gebraucht werden.

95

△ Das **Präteritum** zu *być* hat im Singular die folgenden Formen:

		maskulin		feminin		neutral
1. Pers. Sing.	(ich)	*byłem*		*byłam*		—
2. Pers. Sing.	(du)	*byłeś*		*byłaś*		—
3. Pers. Sing.	(er)	*był*	(sie)	*była*	(es)	*było*

Im Polnischen gibt es zu jedem Verb nur eine Vergangenheitsform, also kein Nebeneinander mehrerer Arten von Präteritum wie im Deutschen in Gestalt von Imperfekt, Perfekt und Plusquamperfekt. Die eine Vergangenheitsform des polnischen Verbs kann — je nach Zusammenhang — allen drei deutschen Vergangenheitsformen entsprechen[1]:

był ⟨ er war / er ist gewesen / er war gewesen

Ein anderer wichtiger Unterschied zwischen dem deutschen und dem polnischen Präteritum besteht darin, daß das polnische Verb in dieser Zeitform für jedes Genus eine andere Gestalt hat:

er / sie / es ⟶ war ⟵ *był (mask.)* / *była (fem.)* / *było (neutr.)*

Darüber hinaus sind die polnischen Vergangenheitsformen nach der grammatischen Person differenziert:

ich war, bin gewesen ... ⟨ *(mask.) byłem* / *(fem.) byłam*

du warst, bist gewesen ... ⟨ *(mask.) byłeś* / *(fem.) byłaś*

---

[1] Wie die im Deutschen durch die drei Formen des Präteritums ausgedrückten Differenzen im Polnischen wiedergegeben werden, muß späteren Lernphasen vorbehalten bleiben.

Dabei signalisieren:

- **-ł-** — die Vergangenheit
- **-m** — ich, also 1. Pers. Sing.
- **-ś** — du, also 2. Pers. Sing.
- **-a-** — das Femininum
- **-o** — das Neutrum

Merkmal für Maskulinum ist eigentlich Endungslosigkeit (vgl. 3. Pers. mask.). Nach -ł- wird vor -m bzw. -ś jedoch ein -e- eingefügt.

SATZBAU

Die deklinierten Pronomen sind — wie die Adjektive — grammatisch von dem Substantiv abhängig, zu dem sie Attribut sind, z. B.:

mój dziadek	wie	sympatyczny pan
moja książka	wie	nowa nauczycielka
moje auto	wie	duże okno

Übungen

I. Wandeln Sie die Sätze nach den ihnen vorangestellten Mustern um!

1.
0. To jest stara fotografia.
To są stare fotografie.
1. To jest nowoczesna kuchnia
2. To jest szeroka ulica.
3. To jest nowa uczennica.

0. Oglądam starą fotografię.
Oglądam stare fotografie.
1. . . . .
2. . . . .
3. . . . .

2.
0. To jest ładna studentka.
To są ładne studentki.
1. To jest przystojna blondynka.

0. Znam tę ładną studentkę.
Znam te ładne studentki.
1. . . . .

2. To jest piękna brunetka. 2. . . . .
3. To jest młoda nauczycielka. 3. . . . .
4. To jest dobra dentystka. 4. . . . .

3.
0. Tam jest nowy hotel. 0. Oglądam nowy hotel.
   Tam są nowe hotele.   Oglądam nowe hotele.
1. Tam jest piękny teatr. 1. . . . .
2. Tam jest ładny fotel. 2. . . . .
3. Tam jest duży plac. 3. . . . .

II. Bilden Sie nach den vorgegebenen Mustern Sätze, ersetzen Sie dabei *mój* durch *twój* bzw. *nasz* durch *wasz* und verwenden Sie das Pronomen in der jeweils passenden Genusform!

1.
0. **To jest** *mój* **syn.** 0. *Twój* syn jest bardzo sympatyczny.
1. To jest *mój* brat. 1. . . . . przystojny.
2. To jest *mój* ojciec. 2. . . . . miły.
3. To jest *mój* mąż. 3. . . . . sympatyczny.
4. To jest *mój* kolega. 4. . . . . przystojny.
5. To jest *mój* nauczyciel. 5. . . . . młody.

2.
0. To jest *moja* córka. 0. *Twoja* córka jest bardzo sympatyczna.
1. To jest *moja* siostra. 1. . . . . przystojna.
2. To jest *moja* matka. 2. . . . . miła.
3. To jest *moja* żona. 3. . . . . ładna.
4. To jest *moja* koleżanka. 4. . . . . ładna.
5. To jest *moja* nauczycielka. 5. . . . . młoda.

3.
0. To jest *nasz* dziadek. 0. *Wasz* dziadek jest jeszcze młody.
1. To jest *nasz* ojciec. 1. . . . .
2. To jest *nasz* wuj. 2. . . . .
3. To jest *nasz* nauczyciel. 3. . . . .

4.
0. To jest *nasza* babcia.
1. To jest *nasza* matka.
2. To jest *nasza* ciotka.
3. To jest *nasza* nauczycielka.

0. *Wasza* babcia jest jeszcze młoda.
1. . . . .
2. . . . .
3. . . . .

5.
0. To jest *moje* lekarstwo.
1. To jest *moje* rodzeństwo.
2. To jest *moje* biurko.
3. To jest *moje* śniadanie.

0. *Twoje* lekarstwo jest słodkie.
1. . . . . miłe.
2. . . . . małe.
3. . . . . smaczne.

6.
0. To jest *nasz* dom.
1. To jest *nasze* mieszkanie.
2. To jest *nasz* pokój.
3. To jest *nasza* matka.

0. *Wasz* dom jest ładny.
1. . . . . duże.
2. . . . . wygodny.
3. . . . . sympatyczna.

III. Wiederholen Sie den Dialog und ersetzen Sie die hervorgehobenen Elemente durch die richtigen Formen der eingerahmten Begriffe!

A. Chyba zna pan **moją siostrę?**
B. Tak, znam.

nasza koleżanka; moja żona; ta nauczycielka; ulica Kopernika; ta dobra książka

IV. Ergänzen Sie die Dialoge durch das passende Pronomen und ersetzen Sie die hervorgehobenen Elemente durch die eingerahmten Begriffe!

1.
A. Czy ta przystojna pani to twoja **żona?**
B. Tak, to jest ... **żona.**

córka; siostra; mama; koleżanka

2.
A. Czy pani Irena Wolska to wasza **babcia?**
B Tak, to ... **babcia.**

ciotka; nauczycielka; dentystka

V. Vervollständigen Sie den Dialog durch das entsprechende Pronomen, ersetzen Sie die hervorgehobenen Elemente durch die eingerahmten Begriffe und passen Sie letzteren die Form des Adjektivs an!

A. Kto to jest **ta pani?**
B. To jest **moja matka.**
A. ... **matka** jest bardzo *miła.*

A.	*B.*
ten pan	mój ojciec
ta dziewczyna	moja córka
ten brunet	nasz brat
ten pan z brodą	mój mąż
ta blondynka	moja siostra

VI. Wiederholen Sie den Dialog und ersetzen Sie dabei die hervorgehobenen Elemente durch die eingerahmten Begriffe!

A. Jaka ładna fotografia! To jest pani Anna, a to **twoja siostra.**
B. Znasz *moją siostrę?*
A. Tak, z widzenia.

twoja żona; twoja córka; wasza matka; twoja ciotka; wasza babcia

VII. Wiederholen Sie den Dialog und verwenden Sie dabei die richtigen Formen der eingerahmten Begriffe!

A. Czy znasz moją **koleżankę?**
B. **Danutę?** Tak, znam osobiście.

żona; siostra; córka
Marta; Anna; Ewa

VIII. Wiederholen Sie den Dialog, ersetzen Sie dabei das Pronomen *nasz/nasza* durch *wasz/wasza* und wandeln Sie die Formen des Verbs (*był, była*) sowie des Adjektivs (*młody, młoda*) entsprechend ab!

A. Co to za fotografia? Czy to jest **nasza mama?**
B. Tak, to jest *wasza mama.* Była wtedy jeszcze bardzo *młoda.*

nasza babcia; nasza ciotka; nasz ojciec; nasz wuj; nasz dziadek

IX. Vervollständigen Sie den Dialog durch die entsprechende Form des Verbs *być* (*był, była*) und ersetzen Sie die hervorgehobenen Elemente durch die eingerahmten in der jeweils passenden Form!

A. Ta fotografia jest bardzo stara. Kto to jest?
B. To jest **twój ojciec,** ... wtedy **studentem.**

twoja matka — studentka;
twój brat — uczeń;
twoja siostra — uczennica;
twoja babcia — młoda dziewczyna;
twój dziadek — młody człowiek

X. Vervollständigen Sie den Text durch die fehlenden Wörter bzw. Endungen!

To jest star_ fotograf__. To nasz_ rodzin_. Byłem wtedy jeszcze bardzo młod_. Mój ojciec był inżynier__, a ____ matka ____ nauczyciel__. Ojciec ___ przystojnym pan__ z brod_, a matka ____ szczupłą brunetką. Lubię t_ fotografi_. Teraz mój syn jest młod_, a ja już _____ stary. Czasy są nowe, ale moda stara — wtedy ____ modna broda i teraz ____ modn_. Teraz ja mam brod_ i mój syn też __ brod_.

XI. Beschreiben Sie die einzelnen Bilder unter Verwendung der im Text enthaltenen Fragen und Informationen (z. B.: Wessen Großvater ist das?).

XII. Konstruieren Sie einen kurzen Dialog über Ihre Familie und benutzen Sie dazu Ihre eigenen Fotografien!

9
Erläuterungen

AUSSPRACHE UND RECHTSCHREIBUNG

△ *kiełbasa*

Die Lautverbindungen von *Vokal* + *ł* sind — wenn keine Silbengrenze zwischen beiden liegt (vgl. *bia-ły*) — eine weitere Art Diphthong, die im Polnischen häufig vorkommt. Dabei wird *ł* als unsilbisches *u* ausgesprochen, d. h. so, wie es für *u* als zweites Glied von Diphthongen beschrieben wurde. (Vgl. *au* in Lektion 1.)

KONSONANTENASSIMILATION

... *też do sklepu:* Hier bleibt *ż* stimmhaft.
sklep spożywczy: [...fczy] — regressiv

△ Das Substantiv **uniwersytet** wird nur im Nominativ/Akkusativ Singular auf der drittletzten Silbe betont. Für alle anderen Kasus gilt die Grundregel — Betonung auf der vorletzten Silbe.

WORTARTEN

△ Viele maskuline **Substantive** (vor allem sog. „unbelebte" fremder Herkunft) haben im **Genitiv Singular** nicht die bereits eingeführte Endung -*a*, sondern -*u*, z. B.: *sklep — sklepu, dom — domu, uniwersytet — uniwersytetu, autobus — autobusu, hotel — hotelu*.
Ob solche Substantive im Gen. Sing. die Endung -*a* oder -*u* haben, muß mit der betreffenden Vokabel gelernt werden. Es gibt dafür keine eindeutige Regel.
Zu diesen Substantiven gehört auch das Fremdwort *cukier*. In den Kasus, die nicht endungslos sind, fällt -*e*- wieder aus. (Vgl. *uczeń, Jurek* usw. in Lektion 7.) Zusammen mit dem -*e*- fällt auch das *i* weg:

Nom. *cukier*
Gen. *cukru*
Akk. *cukier*
Instr. *cukrem*

△ **Das Substantiv** *pani* hat als e i n z i g e s feminines Substantiv im Akkusativ Singular die Endung -*ą*, z. B.:
Spotykam panią Danutę.

proszę pani/proszę panią

Im Polnischen gibt es eine Höflichkeitswendung, zu der das Deutsche keine direkte Entsprechung hat. Sie besteht aus *proszę* + *Genitiv der angesprochenen Person*. Ist diese Person eine Dame, heißt die Wendung also *proszę pani*. Gebraucht wird sie vor allem in den folgenden Situationen:

a) Wenn der Sprecher sich neu an jemanden wendet, benutzt er die genannte Floskel dazu, die angesprochene Person höflich auf sich aufmerksam zu machen, z. B.: *Proszę pani, czy jest tu telefon?* Hier bedeutet *proszę pani* soviel wie ‚Entschuldigen Sie bitte, meine Dame, ...' oder ‚Ach, sagen Sie bitte, ...' oder auch ‚Gnädige Frau, ...'.

b) Ist ein Gespräch bereits im Gange, wird die genannte Wendung hie und da in die Rede eingefügt, womit der Sprecher zum Ausdruck bringt, daß er höflich zu sein wünscht und sich auf das geführte Gespräch bzw. die Partnerin konzentriert.

c) Da diese Wendung im sprachlichen Alltag häufig vorkommt, ist sie auch zu einer Art Füllsel oder Verlegenheitsfloskel geworden, die nur dazu dient, eine Gedankenpause zu überbrücken.

Der in dieser Wendung gebrauchte Genitiv *pani* ist ein Relikt aus älterer Zeit, in der das polnische Verb für ‚bitten' den Genitiv regierte. Inzwischen hat sich der Sprachusus jedoch gewandelt, und das genannte Verb regiert heute den Akkusativ. In der oben beschriebenen Höflichkeitsfloskel ist die ältere Form, der Genitiv, erhalten geblieben, weil sie dort Bestandteil einer festen Wendung ist. So kommt es zu einem Nebeneinander von *proszę pani* ... und *proszę panią* ..., wobei diese beiden Konstruktionen nicht austauschbar sind. Die Höflichkeitswendung wurde bereits besprochen. Dagegen bedeutet *proszę panią*... (*mit Akk.*) eine Aufforderung (‚Ich bitte Sie, meine Dame, ...' oder: ‚Ich bitte eine/die Dame ...'). Hierbei besteht zwischen dem Verb und *panią* eine normale, jederzeit auflösbare Prädikat—Objekt—Beziehung, in der *panią* durch jedes andere sinnvolle Akkusativobjekt ersetzt werden kann. Beispiele für die Anwendung dieser Konstruktion:

Proszę panią na kolację. — Ich bitte Sie zum Abendessen.
Proszę panią do telefonu. — Ich bitte ans Telefon.

Ist die auf solche Weise angesprochene Person ein Herr, entfällt das Differenzierungsproblem, da das Substantiv *pan* im Genitiv und im Akkusativ Sing. dieselbe Endung hat (*proszę pana* in beiden Bedeutungen).

VOKATIV

Im Deutschen hat der Vokativ heute keine spezifische Form mehr. Beim polnischen Substantiv aber ist er nach wie vor durch besondere Kasusendungen gekennzeichnet, und daher muß der Lernende sich die Funktionen dieses Kasus neu bewußt machen.

Er ist die Wortform, die gebraucht wird, wenn eine Person (im übertragenen Sinne hie und da auch eine Sache) gerufen bzw. angesprochen wird (vgl. lateinisch „voco" = rufen, berufen, einladen). Im Deutschen hat dieser Fall heute dieselbe Form wie der Nominativ.

Infolge dieser äußerlichen Gleichheit dieser beiden Kasus kommt es im Polnisch-Unterricht innerhalb des deutschen Sprachraumes oft zu Verwechslungen zwischen beiden. Darum sollen hier kurz die Unterschiede zwischen den Funktionen beider Kasus genannt werden:

Der Nominativ ist der Kasus, in dem das Subjekt steht, die Person oder die Sache, über die etwas ausgesagt wird, z. B.: *Jurek liest.* (Wer oder was liest? — Nominativ)

Der Vokativ ist der Kasus, in dem die angesprochene bzw. gerufene Person steht, z. B.: Hast du Zeit, Jurek? Dabei ist das im Vokativ gebrauchte Element in grammatischem Sinne nicht Bestandteil des Satzes, kein Satzglied. Es steht außerhalb des grammatischen Gefüges Satz. Darum ist der Vokativ auch nie — wie andere Kasus — von einer Präposition, einem Verb oder einer syntaktischen Funktion abhängig. Er wird vorangestellt, eingefügt oder nachgestellt, z. B.: Jurek, hast du Zeit?, Wenn du Lust hast, Jurek, komm doch mit!, Guten Morgen, Jurek.

Dabei signalisiert der Vokativ, wer angesprochen ist, oder er dient dazu, die Rede freundlich bzw. unfreundlich zu nuancieren, z. B.: Hilf mir mal bitte, Liebling! bzw. Hör doch zu, Dummkopf!

Im Polnischen haben die **femininen Substantive** im **Vokativ Singular** (eben anders als im Nominativ) die folgenden Endungen:

- *-o* bei hartem Themakonsonanten *(Danuta — Danuto!, Ewa — Ewo!, Anna — Anno!)*
- *-u* bei Diminutiven (Verkleinerungs- bzw. Koseformen) weiblicher Vornamen mit weichem Themakonsonanten *(Jola — Jolu!, Zosia — Zosiu?, Kasia — Kasiu!)*

Anwendungsbeispiele:

Nominativ	Vokativ
Ewa czyta gazetę.	*Czy to twoja gazeta, Ewo?*
Zosia czeka na Jurka.	*Zosiu, co tam leży?*

△ Der **Genitiv Singular der Adjektive** endet im Maskulinum und im Neutrum auf *-ego*:

	Maskulinum	Neutrum
Nom.	*mięsny, spożywczy, niski*	*mięsne, spożywcze, niskie*
Gen.	*mięsnego, spożywczego, niskiego*	*mięsnego, spożywczego, niskiego*

△ In der Grußformel ***Dzień dobry, pani Danuto!*** ist *pani Danuto* ein Vokativ; in ***Dzień dobry pani*** dagegen ist *pani* der D a t i v! Bei dem Substantiv *pani* unterscheiden sich Dativ und Vokativ in der Form nicht. Gelten die hier genannten Grußformeln jedoch einem Herrn oder mehreren Personen, wird die hier besprochene Differenzierung zwischen Dativ und Vokativ der unterschiedlichen Kasusendungen wegen wichtig. — Dazu ist zu merken: Der Vokativ ist in diesen Grußformeln nur dann zu verwenden, wenn auch ein Name oder ein Titel angefügt wird! Im Polnischen gibt es keine spezielle Entsprechung zum deutschen ‚Guten Morgen'. Auch morgens wird mit *Dzień dobry* gegrüßt, also:

Dzień dobry! ⟨ Guten Tag! / Guten Morgen!

SATZBAU

In Ortsangaben zur Beantwortung der Frage ‚Wohin?' entspricht den deutschen Präpositionen

in + Akk. (hinein)
zu + Dat. (hin)
nach + Dat.

die polnische Präposition *do* + Genitiv, z. B.:

do sklepu — ins Geschäft, zum Geschäft
do pracy — zur Arbeit, zum Dienst, in den Dienst
do domu — nach Hause, zum Haus, ins Haus
do Warszawy — nach Warschau
do Polski — nach Polen

Die Frage zur Ermittlung solcher Richtungsangaben heißt *dokąd?* oder *gdzie?*

ACHTUNG! *Gdzie?* ist mehrdeutig:

gdzie? ⟨ wo? / wohin?

dokąd? — (nur) wohin?

Die deutsche Finalangabe (Ziel-, Zweckangabe) ‚nach + Dativ' (gehen, fahren, schicken — zum Zwecke des Holens) wird polnisch durch *po* + Akkusativ wiedergegeben, z. B.:

po mięso — nach Fleisch, *po mleko* — nach Milch.

Die entsprechende Frage ist analog dazu *po co (= Akk.)?* (wörtlich: nach was? = wonach?, wozu?).

Übungen

I. Wandeln Sie die Sätze nach den jeweils vorangestellten Mustern ab!

1.
0. Tam mieszka inżynier Nowak.
1. Tam mieszka Lech Nowak.
2. Tam mieszka student Adam.
3. Tam mieszka Tomasz Maj.

0. Idę do inżyniera Nowaka.
1. . . . .
2. . . . .
3. . . . .

2.
0. Tam jest sklep spożywczy.
1. Tam jest sklep mięsny.
2. Tam jest Teatr Narodowy.
3. Tam jest Hotel Polski.

0. Idę do sklepu spożywczego.
1. . . . .
2. . . . .
3. . . . .

3.
0. Tam mieszka Jan Kowalski.
1. Tam mieszka Adam Wolski.
2. Tam mieszka Bartosz Głowacki.
3. Tam mieszka Karol Lepszy.
4. Tam mieszka doktor Zawadzki.

0. Idę do Jana Kowalskiego.
1. . . . .
2. . . . .
3. . . . .
4. . . . .

II. Wiederholen Sie den folgenden Dialog und ersetzen Sie dabei die hervorgehobenen Elemente durch die eingerahmten!

1.
A. Dokąd **pan** idzie?
B. Idę **do sklepu.**
A. Gdzie jest ten **sklep?**
B. Niedaleko, **na prawo.**

pani
park; dom; teatr; hotel
na lewo

2.
A. Do kogo **pani** idzie?
B. Idę **do doktora Karskiego.**
A. **Doktor Karski** tu nie mieszka.

pan
inżynier Kowalski; profesor Nowak; aktor Nowicki; student Romański

3.
A. Dokąd pani idzie?
B. Idę do sklepu ... .
A. Po co pani tam idzie?
B. Idę po ... .
A. A ja już wracam do domu.

spożywczy; mięsny
ryż i cukier; mleko i masło; bułka i śmietana; pomidory, kartofle, sałata; mięso i kiełbasa

4.
A. Na co pan czeka?
B. Czekam na ... .
A. Już jest ... .

autobus; tramwaj; auto; obiad; kolacja; gazeta; kiełbasa

III. Wiederholen Sie den folgenden Dialog, vervollständigen Sie ihn durch die eingerahmten Elemente und beantworten Sie selbständig die Fragen!

A. Co ...¹ kupuje na ...²?
B. Na ...² kupuję ... .
A. Bardzo ...³ ...² .

1.	2.	3.
pan; pani	śniadanie; obiad, kolacja	smaczny

IV. Wiederholen Sie den folgenden Text und ersetzen Sie die hervorgehobenen Elemente durch die passenden Formen der eingerahmten Begriffe!

Spotykam **panią Danutę**. Pytam:
— **Pani Danuto**, co pani kupuje na obiad?
— Nic. Na obiad idę do siostry.
Pani Danuta idzie na obiad do siostry.

pani Teresa; pani Ewa; pani Anna

V. Setzen Sie die fehlenden Wörter ein!

Pani Kowalska idzie __ sklepu __ zakupy. __ śniadanie kupuje mleko i bułki, a __ obiad ryż i pomidory. Idzie też __ sklepu mięsnego __ mięso i __ kiełbasę __ kolację. Wraca __ domu. Mąż czeka __ śniadanie.

VI. Formulieren Sie Fragen zu den vorgegebenen Antworten:

1. . . . .? 1. Czekam na żonę.
2. . . . .? 2. Inżynier Kowalski czeka na auto.

3. . . . . ?	3.	Uczennica idzie do nauczyciela.
4. . . . . ?	4.	Pani Ewa idzie do teatru.
5. . . . . ?	5.	Idę po mięso.
6. . . . . ?	6.	Pani Kowalska wraca do domu.
7. . . . . ?	7.	Pani Anna wraca do męża.
8. . . . . ?	8.	Mąż czeka na śniadanie.

VII. Bilden Sie aus den folgenden Elementen Sätze und wenden Sie die Elemente in der jeweils richtigen Form an!

czekam	na	bułki
idę	do	teatr
kupuję	po	kolacja
wracam		autobus
		dom
		hotel
		szynka

10
Erläuterungen

AUSSPRACHE UND RECHTSCHREIBUNG

In *będzie* steht *ę* vor *dzi* = *dź* (vgl. Lektion 8, Punkt d).

KONSONANTENASSIMILATION

z szynką: [s sz...] — regressiv
z cytryną: [s c...] — regressiv

Dagegen bleibt die Präposition *z* in den Verbindungen *z ryżem*, *z masłem* und *z owocami* stimmhaft.

Dasselbe gilt für *ż* in *też* vor *bułki*.

... *jest dobrą* ...: [jezd dobrą] — regressiv (in der Überschrift der Lektion)

WORTARTEN

△ Der **Instrumental Singular** der **Adjektive** hat im **Femininum** die Endung **-ą**, also ebenso wie der der Substantive, z. B.: *... jest dobrą gospodynią, kotlety z zieloną sałatą*. Damit gleicht dieser Kasus auch dem Akkusativ Singular der Adjektive in der femininen Form.

△ Das **Verb** *być* hat in der 3. Person Singular für das Futur die Form *będzie*, in der 3. Person Plural (Futur) die Form *będą* also:

er, sie, es wird ... (sein) — *będzie*
sie werden ... (sein)   — *będą*

△ Die Präposition *z* kann vor Wörtern, die mit einer Konsonantenhäufung beginnen, die Form *ze* haben, z. B.:

z ryżem, aber: *ze śmietaną*.

△ **Konjugation der Verben im Präsens**

	Singular	Plural	Singular	Plural
1. Pers.	*jestem*	*jesteśmy*	*wracam*	*wracamy*
2. Pers.	*jesteś*	*jesteście*	*wracasz*	*wracacie*
3. Pers.	*jest*	*są*	*wraca*	*wracają*
1. Pers.	*lubię*	*lubimy*	*idę*	*idziemy*
2. Pers.	*lubisz*	*lubicie*	*idziesz*	*idziecie*
3. Pers.	*lubi*	*lubią*	*idzie*	*idą*
1. Pers.	*leżę*	*leżymy*	*telefonuję*	*telefonujemy*
2. Pers.	*leżysz*	*leżycie*	*telefonujesz*	*telefonujecie*
3. Pers.	*leży*	*leżą*	*telefonuje*	*telefonują*

SATZBAU

△ Bei der Übersetzung der deutschen Wendung
‚**mit + Dativ**'
ist besondere Aufmerksamkeit geboten, da auf diese Weise im Deutschen mehrere Beziehungen ausgedrückt werden, für deren Wiedergabe das Polnische z. T. unterschiedliche Konstruktionen hat.

So kann ‚mit + Dativ' eine **soziative Beziehung** zum Ausdruck bringen d. h., die Bedeutung ‚gemeinschaftlich', ‚gemeinsam mit' oder ‚zusammen mit' haben, z. B.:

Herr Kowalski wohnt mit Herrn Nowak (zusammen).

Die Verbindung **mit + Dativ** kann aber auch die Funktion eines Attributes erfüllen, d. h. ein Merkmal anschließen, z. B.:

Kaffee mit Zucker, eine Wohnung mit Balkon.

In diesen beiden Funktionen signalisiert ‚mit', daß das im Dativ angeschlossene Element „dabei ist", irgendwie „soziiert ist".

Immer, wenn diese Beziehung auszudrücken ist, wird das deutsche ‚mit' polnisch durch die Präposition *z* (+ Instrumental) wiedergegeben, z. B.:

Pan Kowalski mieszka z panem Nowakiem.
kawa z cukrem, mieszkanie z balkonem

Bezeichnet das Wort im Dativ (dt.) nach ‚mit' dagegen ein Instrument (Werkzeug oder Mittel — im weitesten Sinne — zur Ausführung der betreffenden Handlung), erfüllt ‚mit + Dativ' also eine „instrumentale" Funktion, dann wird das deutsche ‚mit' im Polnischen n i c h t durch *z* oder irgendeine andere Vokabel wiedergegeben. Das „Instrument" steht im Polnischen im präpositionslosen Instrumental, z. B.:

Frau Kowalski bedeckt den Tisch mit einer Tischdecke. (wörtl.)
Pani Kowalska nakrywa stół   —   obrusem.

Für den Anfang kann der folgende Hinweis vielleicht eine kleine Hilfe bei der Differenzierung sein: Wenn das deutsche ‚mit + Dativ' durch ‚mittels + Gen.' oder ‚unter Verwendung + Gen.' ersetzt werden kann, wird ‚mit' polnisch nicht durch *z* wiedergegeben.

△ Die polnische Konjunktion *że* entspricht dem deutschen ‚daß' zur Einleitung von Objektsätzen, z. B.:

Kowalski uważa, że Danuta jest dobrą dentystką.
Kowalski meint, daß Danuta eine gute Zahnärztin ist.

ACHTUNG! Im Polnischen kann ein Objektsatz n i c h t uneingeleitet (d. h. ohne Konjunktion) angeschlossen werden. So läßt sich der Satz ‚Ewa sagt, Jacek ist krank' nicht schematisch ins Polnische

übersetzen. Er muß beim Übersetzen durch die in der deutschen Version fehlende Konjunktion ergänzt werden, also nur:
   Ewa mówi, że Jacek jest chory. — Ewa sagt, **daß** Jacek krank ist.
Im Polnischen steht das Prädikat eines solchen Satzes auch immer im Indikativ (vgl.: Ewa sagt, Jacek **sei** krank).

△ Bei der Angabe dessen, was es zu einer Mahlzeit zu essen gibt, wird im Polnischen eine Konstruktion gebraucht, die sich von ihrer deutschen Entsprechung sehr unterscheidet.
   deutsch: ‚Zum Abendbrot gibt es **Rührei**'.
   Hier ist die Speise Akkusativobjekt.

   polnisch: *Na kolację jest **jajecznica**.*
   Hier ist die Speise Subjekt und steht im Nominativ. Wörtlich heißt der polnische Satz also: ‚Zum Abendbrot ist Rührei (da)'.

In der Rolle des Subjektes bedingt das die Speise bezeichnende Substantiv auch immer die Form des als Prädikat fungierenden Verbs *być*, z. B.: *Na kolację była jajecznica. Na kolację **będzie** jajecznica.* Aber: *Na obiad **będą** kartofle.* (Vgl. dt.: ... **wird** es Kartoffeln geben.)

In diesem Zusammenhang folgende Ergänzungen zu Bedeutung und Funktionen des Verbs *być*:

   być heißt nicht nur ‚sein', sondern auch: dasein, hier sein, anwesend sein, vorhanden sein, sich aufhalten, exisitieren.
Beispiele:
   Czy jest Jurek? Ist Jurek da/hier/anwesend/zu Hause?
   Ewa też jest. Ewa ist auch da/hier/anwesend/zu Hause.
   Jestem. Ich bin da/hier. — Da bin ich.
   Czy jest chleb? Ist Brot da? — Gibt es Brot?
   Jest mleko. Milch ist da. — Es gibt Milch.
   Stary pomnik jest jeszcze. Das alte Denkmal ist noch da/existiert noch. — Das alte Denkmal gibt es noch.

ACHTUNG! Wird *być* in diesen Bedeutungen im Futur gebraucht, stehen als Prädikat nur die finiten (konjugierten) Futurformen von *być*, ohne daß — wie im Deutschen — am Ende der Konstruktion noch ein Infinitiv erscheint, z. B.:

Ewa też będzie. Ewa wird auch da **sein.**
Czy Nowakowie będą? Werden Nowaks da **sein?**
Ewa i Danuta będą w centrum. Ewa und Danuta werden im Zentrum **sein.**
Na kolację będzie kiełbasa. Zum Abendbrot wird es Wurst **geben.**

Übungen

I. Wandeln Sie die folgenden Sätze nach den vorangestellten Mustern um!

1.
0. To jest krem.
1. To jest ryż.
2. To jest zupa pomidorowa.
3. To jest zielona sałata.
4. To są kotlety i kartofle.
5. To są kanapki.
6. To są owoce.
7. To są ciastka.
8. To są pomidory.
9. To jest szynka.

0. Anna bardzo lubi krem.
1. Marta . . . .
2. Pan Jan . . . .
3. Pani Danuta . . . .
4. Ewa . . . .
5. Adam . . . .
6. Kasia . . . .
7. Jacek . . . .
8. Pan Lech . . . .
9. Jurek . . . .

2.
0. To jest kawa, a to mleko.
1. To jest zupa, a to ryż.
2. To jest chleb, a to masło.
3. To są bułki, a to szynka.
4. To jest herbata, a to cytryna.
5. To jest sałata, a to śmietana.
6. To są ciastka, a to krem.
7. To są bułki, a to masło i kiełbasa.

0. Anna przygotowuje kawę z mlekiem.
1. . . . .
2. . . . .
3. . . . .
4. . . . .
5. . . . .
6. . . . .
7. . . . .

II. Formulieren Sie nach den vorangestellten Mustern Fragen!

1.
0. Już jest śniadanie.
1. Już jest obiad.
2. Już jest deser.
3. Już jest kolacja.

0. Co jest na śniadanie?
1. . . . . ?
2. . . . . ?
3. . . . . ?

2.
0. Pani Danuta przygotowuje śniadanie.
1. Pani Danuta przygotowuje obiad.
2. Pan Lech przygotowuje deser.
3. Pan Jan przygotowuje kolację.

0. Co będzie na śniadanie?
1. ....?
2. ....?
3. ....?

III. Beantworten Sie die Fragen entsprechend den vorgegebenen Mustern!

1.
0. Co jest na śniadanie?
1. Co jest na śniadanie?
2. Co jest na śniadanie?
3. Co jest na obiad?
4. Co jest na obiad?
5. Co jest na deser?
6. Co jest na deser?
7. Co jest na kolację?
8. Co jest na kolację?

0. Na śniadanie jest kawa i bułki z masłem.
1. ... kawa z mlekiem, bułki i jajka.
2. ... herbata i kanapki.
3. ... zupa pomidorowa i mięso.
4. ... zupa pomidorowa z ryżem, kotlety, kartofle i sałata.
5. ... kawa i owoce.
6. ... krem i owoce.
7. ... herbata, bułki i kiełbasa.
8. ... herbata z cytryną, bułki z masłem i pomidory.

2.
0. Co jest na śniadanie?

1. Co jest na śniadanie?
2. Co jest na śniadanie?
3. Co jest na obiad?
4. Co jest na deser?
5. Co jest na deser?
6. Co jest na kolację?
7. Co jest na kolację?

0. Na śniadanie są bułki, jajecznica i kawa.
1. ... kanapki i herbata.
2. ... bułki z masłem i kawa.
3. ... kotlety, kartofle i sałata ze śmietaną.
4. ... owoce i kawa.
5. ... ciastka z kremem i kompot.
6. ... kanapki i herbata.
7. ... bułki, ogórki i szynka.

3.
0. Co będzie na śniadanie?

1. Co będzie na śniadanie?
2. Co będzie na obiad?

0. Na śniadanie będzie kawa z mlekiem, bułki i jajka.
1. ... mleko, chleb z masłem i jajecznica.
2. ... zupa z ryżem, kotlety i sałata ze śmietaną.

3. Co będzie na deser?
4. Co będzie na kolację?

3. ... kawa i ciastka z kremem.
4. ... herbata z cytryną, kanapki i owoce.

4.
0. Co będzie na śniadanie?
1. Co będzie na śniadanie?
2. Co będzie na obiad?
3. Co będzie na deser?
4. Co będzie na kolację?

0. Na śniadanie będą bułki, jajka i kawa.
1. ... kanapki i herbata z cytryną.
2. ... kotlety, ryż i sałata.
3. ... owoce, ciastka i kawa.
4. ... bułki, pomidory, szynka i herbata.

IV. Vervollständigen Sie die Dialoge durch die richtigen Formen der eingerahmten Begriffe und wandeln Sie dementsprechend den Numerus des Verbs (*jest/będzie*) ab!

1.
A. Pani Danuto, czy na śniadanie *jest* ...?
B. Tak.
A. Bardzo lubię ... .

| kawa z mlekiem; herbata z cytryną; bułki z masłem; jajka na miękko; kanapki z szynką |

2.
A. Co robi Anna?
B. Przygotowuje deser.
A. A co będzie na deser?
B. Na deser *będzie* ... .

| kawa; kawa i owoce; herbata z cytryną i ciastka; ciastka z kremem; owoce i krem |

V. Vervollständigen Sie die Dialoge durch die richtigen Formen der eingerahmten Begriffe und wandeln Sie dabei die Formen der im Dialog gebrauchten Verben und Adjektive entsprechend ab!

1.
A. Proszę, *jest* już ... .
B. Dziękuję! Bardzo *smaczna!*
A. *Smaczna* i *zdrowa!*

| kawa + mleko; herbata + cytryna; owoce + krem; zupa + ryż; kotlety + sałata |

2.
A. Czy pani lubi ...?
B. Tak. ... *jest* bardzo *smaczna*.

| sałata + śmietana; kanapki + szynka; ciastka + krem; kawa i owoce + krem |

VI. Vervollständigen Sie den Dialog durch die fehlenden Verben *czekać, gotować, nakrywać, podawać, przygotowywać* bzw. *robić* und wandeln Sie ihn dann zu einem fortlaufenden Text um!

A. Co robi pan Jan?
B. ... na śniadanie.
A. Kto ... śniadanie?
B. Pani Anna.
A. Co pani Anna ... na śniadanie?
B. Kawę z mlekiem, bułki z masłem i jajecznicę.
A. Co teraz robi pani Anna?
B. ... stół obrusem i ... kawę. Kawa jest bardzo smaczna.
A. Czy pani Anna ... też obiady?
B. Tak, ... Pani Anna jest dobrą gospodynią.
A. A co pani Anna ... na kolację?
B. ... kanapki z masłem i szynką, ... herbatę i owoce.

11
Erläuterungen

AUSSPRACHE UND RECHTSCHREIBUNG

In den Fremdwörtern *studiuje, historia* und *Zofia* ist *i* als *j* zu artikulieren. Die vor *i* stehenden Konsonanten sind nur wenig erweicht (vgl. *radio* in Lektion 4).

KONSONANTENASSIMILATION

pierwszy, w Toruniu, w Krakowie: [f] — regressiv

Das so entstehende [f] in *pierwszy* wird außerdem reduziert, d. h., als sehr schwaches, kaum hörbares *f* gesprochen.

list do Romka: [li**z**d **d**o] — regressiv
twarz, twój: [t**f**] — progressiv
przyjemny: [p**sz**] — progressiv

In *przyjemny* liegt zwischen *y* und *j* eine Silbengrenze. Die beiden Laute sind also nicht als Diphtong zu sprechen (*przy-jemny*).

In *w domu* muß *w* stimmhaft bleiben.

In Briefen werden Pronomen, die sich auf den Empfänger beziehen, (wie im Deutschen) mit großem Anfangsbuchstaben geschrieben, z. B.: *Ty, Twój, Wasz, Cię.*

WORTARTEN

△ In der Deklination von *ząb* kommt es wieder zum Wechsel des Stammvokals *ą → ę* (vgl. *mąż* in Lektion 7).

△ Der **Lokativ Singular der maskulinen und der neutralen Substantive** hat zwei verschiedene Endungen:
-e (-ie) oder *-u (-iu)*.

Im Zusammenhang mit der Zuordnung dieser Endungen wird der in Lektion 4 besprochene Themakonsonant wichtig.

a) Die Endung *-e* steht nach hartem Themakonsonanten (mit Ausnahme von *-g, -k* und *-ch*), wobei diese Themakonsonanten dann durch *-e* weich werden, d. h. sich in ihr weiches Pendant verwandeln (vgl. geringen Abstand zwischen Zungenrücken und vorderem oberen Gaumen bei Aussprache von *e*, was auch das Artikulationsmerkmal der weichen Konsonanten ist), z. B.:

Nominativ	Lokativ
sklep	*w sklepie*
ślub	*na ślubie*
tapczan	*na tapczanie*
kino	*w kinie*
okno	*na oknie*
lekarstwo	*w lekarstwie*

ACHTUNG! Im Gegensatz zur Lokativ-Endung bewirkt das *e* in der Endung des Instrumental (*-em*) k e i n e Erweichung des Themakonsonanten!

Nominativ	Instrumental	Lokativ
sklep	*sklepem*	*sklepie*
ślub	*ślubem*	*ślubie*

Aus einigen weichen Konsonanten, die sich auf diese Weise ergeben haben, wurden später historisch weiche (also heute verhärtete) Konsonanten (vgl. Lektion 4). Ergebnis dieser beiden Prozesse (Erweichung durch Kasusendung und spätere Verhärtung) ist bei -*r* der historisch weiche Konsonant *rz*, daher:

teatr — *teatrze, inżynier* — *inżynierze, spacer* — *spacerze, cukier* — *cukrze.*

Stehen vor dem durch eine Kasusendung erweichten Themakonsonanten ein *s* oder ein *z*, werden sie bei den meisten Wörtern mit weich[1], z. B.:

list — *w liście.*

b) Die Endung -*u* steht nach weichem und historisch weichem Themakonsonanten sowie nach den aus Punkt a) ausgeklammerten harten Themakonsonanten -*g*-, -*k*- und -*ch*, z. B.:

tramwaj — *w tramwaju*
hotel — *w hotelu*
mieszkanie — *w mieszkaniu*
park — *w parku*
biurko — *w biurku*

ACHTUNG! Ausnahmen von den unter a) und b) gegebenen Regeln sind die Substantive

dom, syn und *pan.*

Sie haben trotz ihres harten Themakonsonanten im Lokativ die Endung -*u*:

dom — *domu, syn* — *synu, pan* — *panu.*

Auch hierbei kann es im Wortstamm zu dem bereits bekannten Vokalwechsel kommen:

e → ø   *budynek* → *budynku*
ó → o   *pokój* → *pokoju*
ą → ę   *ząb* → *zębie*

△ Der **Vokativ Singular der maskulinen Substantive** hat in der Regel dieselbe Form wie der Lokativ. Eine Ausnahme ist das Substantiv *pan*.

---

[1] Bei wenigen Substantiven trifft das nicht zu. Es gibt dafür aber keine Regel, so daß das Eintreten oder Ausbleiben dieser Erscheinung mit der betreffenden Vokabel mit gelernt werden muß.

Der Vokativ dazu heißt *panie!* Vokalwechsel und Konsonantenwandel gelten hier wie beim Lokativ:

Jurek — Jurku!
pan doktor — panie doktorze!

△ Der **Vokativ Singular der neutralen Substantive** gleicht immer dem Nominativ (wie im Deutschen).

△ Der **Lokativ Singular der Adjektive** hat im Maskulinum und im Neutrum die Endung:

-ym — nach harten (mit Ausnahme von *-g-* und *-k-*) sowie nach historisch weichen Themakonsonanten,

-im — nach weichen Themakonsonanten sowie den harten *-g-* und *-k-*, z. B.:

w nowym hotelu, w starym domu, w sklepie mięsnym, w dużym pokoju, w domu akademickim.

Beispiel für ein Adjektiv mit weichem Themakonsonanten ist *tani* (billig):

w tanim hotelu.

△ Das **Personalpronomen *ty*** (du) hat im Akkusativ zwei Formen:

ciebie und *cię.*

Diese beiden Formen sind nicht auswechselbar. Für ihren Gebrauch gilt:

Die Langform (*ciebie*) wird gebraucht:

a) wenn die Wortform zusammen mit einer Präposition auftritt,

b) wenn das Personalpronomen kontextbedingt hervorgehoben, besonders betont wird (vgl. Anmerkung zu Nominativ der Personalpronomen in Lektion 5).

Die Kurzform (*cię*) wird in allen anderen Situationen gebraucht (ohne Präposition und ohne Hervorhebung).

Dieses Verhältnis der beiden Formen zueinander resultiert daraus, daß die Kurzform ein Enklitikon[1] zur Langform ist (historisch).

---

[1] stark reduzierte Wortform, die sich infolge sehr schwachen Gewichtes innerhalb der Satzintonation quasi an das vorangehende stark betonte Wort anlehnt. (Vgl.: *Znamy cię*, aber: *Znamy tu nie tylko ciebie*). Im Deutschen gibt es eine, wenn hier auch nicht zur Norm erhobene ähnliche Erscheinung: „war's" statt „war es"; „isse", statt „ist sie" usw.

KONJUGATION DER VERBEN

Hierfür sind die sog. „Verbalstämme" wichtig. Der Stamm ist der Teil eines Wortes, der in allen Deklinations- bzw. Konjugationsformen erhalten bleibt. Er besteht in der Regel aus:

△ Wurzelmorphem, dem Träger der semantisch-lexikalischen (inhaltlichen) Bedeutung („-red-' = -*mów*-)

Das Wurzelmorphem signalisiert in der Regel aber noch keine grammatischen Bedeutungen (Wortart, Kasus, Tempus usw.).

△ Stammbildendem Suffix, das zusammen mit dem Wurzelmorphem die Basis für alle Formen innerhalb einer bestimmten Wortart (Substantiv, Verb usw.) schafft.

Beispiel:

Wurzelmorphem -*czyt*- — signalisiert nur die sachliche Bedeutung „-les-', drückt aber noch keine grammatischen Signale aus. Kommt nun ein stammbildendes Suffix hinzu (*czyt* + *a*), entsteht die Basis für alle Formen des Verbs *czytać: czyta-m, czyta-sz* usw. Diese Basis für alle Verbformen ist der Verbalstamm.

Bei vielen polnischen Verben sind zwei verschiedene Verbalstämme zu unterscheiden:

△ Präsensstamm — Basis für alle Präsensformen des betreffenden Verbs

△ Infinitiv- oder Präteritalstamm — Basis des Infinitivs und Grundlage für alle Formen des Präteritums.

Bei anderen Verben sind die beiden Stämme identisch, so daß ein und dieselbe Basis zur Bildung aller Formen dient.
In der nachfolgenden Tabelle steht links der Präsensstamm und rechts der Infinitivstamm der betreffenden Verben. Deckt man nun bei den jeweils rechts stehenden Verben die Infinitivendung (-*ć*) ab, läßt sich erkennen, wo die beiden Verbalstämme gleich und wo sie verschieden sind.

Es gibt verschiedene Suffixe zur Bildung von Verbalstämmen:

1) a) rob-i — rob-i-ć b) wierz-y — wierz-y-ć
   lub-i — lub-i-ć
   mów-i — mów-i-ć
   płac-i — płac-i-ć
   pros-i — pros-i-ć
   wychodz-i — wychodz-i-ć

2) wis-i — wisi-e-ć
   leż-y — leż-e-ć

3) a) czek-a — czek-a-ć b) pisz-e — pis-a-ć
   czyt-a — czyt-a-ć
   słuch-a — słuch-a-ć
   zn-a — zn-a-ć
   wrac-a — wrac-a-ć

4) kup-uj-e — kup-owa-ć
   dzięk-uj-e — dzięk-owa-ć
   got-uj-e — got-owa-ć
   telefon-uj-e — telefon-owa-ć

5) rośni-e — rosn-ą-ć

Bei manchen Verben unterscheidet sich der Infinitivstamm völlig vom Präsensstamm, z. B.:

stoi — stać
idzie — iść
ma — mieć
pije — pić
wie — wiedzieć
może — móc
jest — być

In Lektion 11 tritt zum ersten Mal ein Verb auf, das im Vokabelverzeichnis mit *pf* gekennzeichnet ist. Dabei handelt es sich um ein sog. „perfektives" (auch „vollendetes") Verb.

Alle bisher aufgetretenen, nicht gekennzeichneten Verben sind „imperfektiv" (auch „unvollendet").

Das Nebeneinander von Verben dieser beiden Arten ist eine Besonderheit der slavischen Sprachen, zu der es im Deutschen keine vergleichbare Entsprechung gibt. Die wichtigsten Funktionen dieser Erscheinung werden später besprochen.

Vorläufig merke sich der Lernende dazu nur:
Perfektive Verben können in der Regel kein Präsens ausdrücken. Die Formen mit Präsensendungen bedeuten bei den perfektiven Verben F u t u r. Die vorliegende Lektion enthält ein Beispiel dafür: *Dokładną datę podam jeszcze.* = ‚Das genaue Datum gebe ich noch an/teile ich noch mit'. Gemeint ist aber Futur: ‚... werde ich noch angeben/mitteilen'.

△ Die Vokabel *zastanawiać się* ist wieder ein reflexives Verb (vgl. *nazywać się* in Lektion 6). Zur Stellung von *się* vgl. Lektion 6.
Wenn ein Verb einer Sprache reflexiv ist, muß sein Äquivalent in der anderen Sprache nicht auch reflexiv sein! Vgl.:

reflexiv	reflexiv	nicht reflexiv
nazywać się	sich nennen	heißen
zastanawiać się	sich Gedanken machen	nachdenken

△ Die Präposition *do* + Gen. wurde in Lektion 9 als Bestandteil von Richtungsangaben eingeführt. Ähnlich richtungsartig wird im Polnischen auch die Beziehung zwischen einem Brief, einem Telegramm, einer Bitte etc. und dem dazugehörigen Empfänger (als „Ziel") aufgefaßt. Darum ist *do* + Gen. auch das Äquivalent zur deutschen Präposition ‚an', wenn sie diese Relation bezeichnet, z. B.:

list do Romka — Brief an Romek
telegram do Ewy — Telegramm an Ewa

SATZBAU

△ Der polnische **Infinitiv** steht wie der deutsche unter anderem bei finiten Formen von Modalverben, z. B.:

Mogę dodać ... — Ich kann hinzufügen .../ergänzen ...
Masz czytać. — Du sollst lesen.

In manchen subjektlosen Fragesätzen kann der Infinitiv auch das Prädikat vertreten, z. B.:

Po co się zastanawiać? — Wozu sich Gedanken machen? / Wozu soll(te) man sich Gedanken machen? / Wozu nachdenken? usw.

Co robić? – Was soll man machen? / Was tun?

△ *Nie wierzysz?*
Die in Lektion 2 eingeführte Partikel *czy* zur Einleitung von sog. Entscheidungsfragen (ja/nein) kann auch weggelassen werden. Dann wird die Frage nur durch die Intonation als solche gekennzeichnet (Hebung der Stimme am Ende des Sprechaktes — wie im Deutschen).

Zum Wegfall von *czy* kommt es besonders häufig in der Alltagsrede und bei sog. formalen, rhetorischen Fragen, auf die der Sprecher keine Antwort erwartet, weil er bereits Bescheid weiß oder die Antwort zu kennen glaubt. Vgl.:

Gehst du schon?	— *Czy już idziesz?*
Du gehst schon?	— *Już idziesz?*
Hast du eine Zeitung?	— *Czy masz gazetę?*
Du liest **jetzt** Zeitung?	— ***Teraz** gazetę czytasz?*

Übungen

I. Wandeln Sie nach den vorgegebenen Mustern die Wortformen und die Sätze ab!

1.
A. Toruń — w Toruniu

1. Toruń to stare miasto.
2. Poznań . . . .
3. Wieluń to małe miasto.
4. Dobrzyń . . . .
5. Gostyń . . . .

1. Studiuję w Toruniu.
2. . . . .
3. Mieszkam w . . . .
4. . . . .
5. . . . .

B. Paryż — w Paryżu

1. Paryż to ładne miasto.
2. Gdańsk . . . .
3. Kalisz . . . .
4. Płock . . . .
5. Słupsk . . . .

1. Studiuję w Paryżu.
2. . . . .
3. . . . .
4. . . . .
5. . . . .

C. Hotel Polski — w Hotelu Polskim
1. To jest Hotel Polski.
2. To jest dom akademicki.
3. To jest słoneczny pokój.
4. To jest wysoki blok.

1. Mieszkam . . . .
2. . . . .
3. . . . .
4. . . . .

D. stary zamek — w starym zamku
1. To jest stary zamek.
2. To jest nowy budynek.
3. To jest biały kubek.
4. To jest nowy kieliszek.

1. Mieszkam w starym zamku.
2. . . . .
3. Mleko jest . . . .
4. Koniak jest . . . .

2.
A. Lublin — w Lublinie
1. Lublin to duże miasto.
2. Londyn . . . .
3. Berlin . . . .
4. Rzym . . . .
5. Sztokholm . . . .
6. Szczecin . . . .

1 Studiuję w Lublinie.
2. . . . .
3. . . . .
4. . . . .
5. . . . .
6. . . . .

B. Kraków — w Krakowie
1. Kraków to ładne miasto.
2. Rzeszów . . . .
3. Tarnów . . . .
4. Chorzów to brzydkie miasto.

1. Byłem w Krakowie.
2. . . . .
3. . . . .
4. . . . .

II. Wandeln Sie die Sätze nach den angegebenen Mustern ab!

1.
0. Twoje włosy są piękne.
1. Twoje oczy są niebieskie.
2. Twoje rysy są regularne.
3. Twoje zęby są białe.
4. Twoje nogi są szczupłe i zgrabne.

0. Masz piękne włosy.
1. . . . .
2. . . . .
3. . . . .
4. . . . .

2.
0. Siostra Jurka jest mała.
1. Koleżanka Romka jest miła.

0. Jurek ma małą siostrę.
   Jurek pisze list do siostry.
1. . . . .
   . . . .

2. Córka pana Jana jest chora.   2. . . . .
3. Żona Adama jest młoda.   3. . . . .

III. Geben Sie nach dem entsprechenden Muster die richtige Form des Vokativs an!

0. Jurek pisze list do Romka.   0. — Drogi Romku!
0. Anna pisze list do Ewy.   0. — Droga Ewo!
1. Zofia pisze list do Jurka.   1. — . . . . !
2. Ewa pisze list do Jacka.   2. — . . . . !
3. Kasia pisze list do dziadka.   3. — . . . . !
4. Pan Jan pisze list do Danuty.   4. — . . . . !
5. Jacek pisze list do mamy.   5. — . . . . !
6. Adam pisze list do Lecha.   6. — . . . . !
7. Ewa pisze list do Anny.   7. — . . . . !

IV. Vervollständigen Sie die Dialoge, beantworten Sie die Fragen und verwenden Sie dabei die richtigen Formen der eingerahmten Begriffe!

1.
A. Jaka jest pani Zofia?
B. . . . .
A. A jaki jest Jurek?
B. . . . .

> bardzo miły; bardzo sympatyczny; wysoki i szczupły; brzydki, ale elegancki; przystojny

2.
A. Adam jest bardzo ...
B. Czy Irena też jest ... ?
A. Nie, ...

> wysoki i szczupły; elegancki; przystojny; sympatyczny

3.
A. Mam dziewczynę.
B. Jaka jest ta dziewczyna? Czy jest ... ?
B. Jest wspaniała.

> miły; sympatyczny; ładny; wysoki i zgrabny

V. Vervollständigen Sie den Dialog unter Verwendung der eingerahmten Begriffe mit der richtigen Form des Verbs *mieć*!

A. Czy Ewa jest ładna?
B. Jest piękna! . . . .
. . . .

> regularne rysy; grecki nos; piękne zęby i usta; duże niebieskie oczy; śliczne włosy

VI. Vervollständigen Sie den Dialog durch das richtige Verb und ersetzen Sie die hervorgehobenen Elemente durch die eingerahmten Begriffe!

A. Czy Teresa jest **szczupła?**

> ładna; piękna; miła

B. Tak, i ... bardzo **szczupłe nogi.**

> rysy twarzy; oczy; głos

VII. Vervollständigen Sie die Dialoge durch die fehlenden Begriffe!

1.
A. Romku, żenię się!
B. Kiedy będzie ...?
A. Dokładną datę jeszcze podam.

2.
A. Romku, zapraszam cię na ślub!
B. ... ...? Nie wierzę!
A. Nie wierzysz? Naprawdę się żenię!

3.
A. Jurek lubi tylko **blondynki.**
B. Więc Zofia jest ...?
A. Oczywiście.

> brunetki

VIII. Beantworten Sie die folgenden Fragen!

1. Gdzie studiuje Jurek Nowak?
2. Czy mieszka w domu akademickim?
3. Czy Romek też studiuje w Toruniu?
4. Co Romek studiuje?
5. Co pisze Jurek?

12
Erläuterungen

AUSSPRACHE UND RECHTSCHREIBUNG

△ Die Wörter *poza* und *tym* sind in der Bedeutung ‚außerdem, darüber hinaus' eine feste Wendung, in der die Silbe -*za* betont wird.

KONSONANTENASSIMILATION

rozsądny: [ss] — Die beiden Konsonanten verschmelzen zu einem langen.
zawsze: [fsz]
też przeciętną: [tesz psz...] — regressive und progressive Assimilation.
przesyła: [psz]
wiesz dobrze: [ż d]
nos za: [z z] — Die beiden Konsonanten verschmelzen zu einem langen.

ACHTUNG! Von hier an wird nicht mehr auf die Assimilation hingewiesen. Der Lernende sollte sich zu Beginn der Beschäftigung mit einer neuen Lektion immer erst bewußt machen, an welchen Stellen zu assimilieren ist, und sich anhand der Assimilationsregeln (Lektion 2) die richtige Aussprache erschließen.

△ Die **Partikel** *nie* (in der Bedeutung von ‚nicht') wird von Verben getrennt geschrieben, z. B.:

nie robi, nie czytam.

Dabei steht *nie* v o r dem Verb.

Bei Adjektiven wird *nie* zum Präfix, so daß beide zu einem Wort werden. Dabei kann die Bedeutung des Präfixes deutsch auf verschiedene Weise wiedergegeben werden, z. B.:

ważny = 1) wichtig; 2) gültig, aktuell

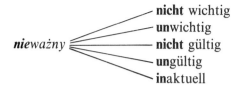

WORTARTEN

△ **Nominativ und Akkusativ Plural** des Substantivs *ręka* haben eine unregelmäßige Form: *ręce*.

Das Grundzahlwort mit der Bedeutung ‚zwei' hat verschiedene Formen, deren Verwendung vom nachfolgenden Substantiv abhängt:

dwa + maskuline Substantive der nicht-personalen Kategorie + alle neutralen Substantive *(dwa domy, dwa okna)*

dwie + feminine Substantive *(dwie ręce, dwie siostry)*

△ Der **Instrumental Singular der Adjektive hat im Maskulinum und im Neutrum** die Endung

-ym nach harten Themakonsonanten (mit Ausnahme von *-g-* und *-k-*) sowie nach historisch weichen Themakonsonanten

-im nach weichen Themakonsonanten sowie nach den harten *-g-* und *-k-*

Jurek jest rozsądnym człowiekiem.
Romek jest wysokim blondynem.

△ Von Adjektiven gebildete **Adverbien** können auf *-o* oder *-e* auslauten. Harte Themakonsonanten werden durch dieses *-e* weich:

Adjektiv	Adverb
duży	*dużo*
piękny	*pięknie*
smaczny	*smacznie*

Aus dem auf diese Weise weich gewordenen *-r-* hat sich später wieder *-rz-* ergeben: *dobry — dobrze*.

Es gibt keine eindeutigen Regeln dafür, ob zur Bildung des betreffenden Adverbs *-o* oder *-e* zu verwenden ist.

△ Das **Präfix** *bez*~ (Grundbedeutung ‚ohne') entspricht häufig dem deutschen ‚~los', z. B.:

barwny — farbig, bunt
bezbarwny — farblos (monoton, fad)

△ Das Verb *lubić* bedeutete ursprünglich ‚lieben'. Heute hat es folgende Bedeutungen:

lubić + *Akkusativ*: mögen, gut leiden können, gern haben

Lubię Ewę. Ich mag Ewa. / Ich habe Ewa gern. / Ich kann Ewa gut leiden.
Jacek lubi zupę. Jacek mag Suppe. / Jacek ißt gern Suppe.
Czy lubisz Chopina? Magst du Chopin? / Hörst du gern Chopin?

lubić + *Infinitiv* eines anderen Verbs drückt eine Vorliebe für die im Infinitiv genannte Tätigkeit aus:

Danuta lubi czytać. Danuta liest gern.
Czy lubisz oglądać stare fotografie? Siehst du dir gern alte Fotos an?

△ **können** ⟨ *móc* (Lektion 11)
            umieć

Zwischen diesen Verben ist folgendermaßen zu differenzieren:

móc bedeutet ‚können' im Sinne von ‚die Möglichkeit haben' — von den körperlichen Voraussetzungen oder den äußeren Umständen her (einschließlich Erlaubnis — daher auch im Sinne von ‚dürfen'), z. B.: *Teraz mogę czytać.* (= weil ich Zeit oder ein Buch habe, nicht zu müde bin, es hell genug ist, man mir das Lesen erlaubt hat usw.)

umieć bedeutet ‚können' im Sinne einer durch Unterweisung, Ausbildung oder Erfahrung **erworbenen** Fähigkeit, also im Sinne von ‚gelernt haben' (daher auch wiederzugeben durch ‚verstehen zu', ‚wissen zu'), z. B.: *Ewa umie czytać.* (= weil sie es gelernt hat)

SATZBAU

△ Die **Präposition** *za* kann (in adverbieller Funktion) vor Adjektiven und Adverbien dem deutschen ‚zu' (in derselben Stellung) entsprechen und bedeuten, daß der durch das Adjektiv bzw. Adverb bezeichnete Inhalt in einem unangemessenen Grade vorliegt, z. B.:

Szyja jest za krótka.	Der Hals ist **zu** kurz.
Zofia za dużo mówi.	Zofia redet **zu** viel.

DOPPELTE VERNEINUNG

Vgl. zunächst die unter a) folgenden Sätze mit den unter b) aufgeführten:

a)
Ich lese nicht.	*Nie czytam.*
Ewa wohnt nicht in Kraków.	*Ewa nie mieszka w Krakowie.*
Jurek ist nicht Jans Bruder.	*Jurek nie jest bratem Jana.*
Das ist nicht mein Auto.	*To nie jest moje auto.*

b)
Ewa kocht nichts.	*Ewa nic nie gotuje.*
Jurek tut nichts.	*Jurek nic nie robi.*
Ich habe nichts.	*Nic nie mam.*
Du sagst nichts?	*Nic nie mówisz?*

Die Sätze unter a) unterscheiden sich von denen unter b) dadurch, daß sie als einziges Negationselement das Wort ‚nicht' enthalten. Bei der Übersetzung solcher Sätze ins Polnische ist im Zusammenhang mit dem hier behandelten Problem keine Besonderheit zu beachten (abgesehen von der Stellung des Wortes *nie*). — In den Sätzen unter b) dagegen ist die Verneinung nicht mit Hilfe von ‚nicht', sondern durch ein anderes Negationselement ausgedrückt. In den vorliegenden Beispielen ist es das Wort ‚nichts'; es könnte ebenso ‚niemand', ‚nirgends', ‚niemals' usw. sein.

Dieser Typ von Sätzen wird im Polnischen durch die sog. doppelte Verneinung wiedergegeben, d. h. die Sätze werden Wort für Wort übersetzt, so daß die polnische Variante auch das Äquivalent zu dem im deutschen Satz enthaltenen Negationselement enthält, und dann wird außerdem *nie* vor das Verb gesetzt (also wie in manchen deutschen Mundarten: Das weiß **niemand nicht**.). Vgl. die unter b) stehenden Sätze.

△ *można* + **Infinitiv** bedeutet:

Es ist möglich, ... zu + Infinitiv
Man kann + Infinitiv
Man darf + Infinitiv

△ *Co jeszcze można dodać?* = ‚Was kann man noch hinzufügen?'

Das Wort *można* ist ein modales unflektiertes Impersonale. „Unflektiert" bedeutet, daß dieses Wort nicht grammatisch abgewandelt (konjugiert oder dekliniert) wird. Es hat immer dieselbe Form. „Impersonale" besagt, daß es ohne Bindung an eine grammatische Person (ich, du, wir u. ä.) gebraucht wird. Vgl. im Deutschen die Bedeutung des formalen Subjektes ‚man'. Das Wort *można* fungiert also in subjektlosen, „unpersönlichen" Satzkonstruktionen als Ersatz für ein (eben nicht zu nennendes) Subjekt und ein (in anderen Satztypen durch ein Verb gebildetes) Prädikat. „**Modales**" (Impersonale) verweist darauf, daß dieses Wort semantisch (seiner inhaltlichen Bedeutung nach) einen Modalfaktor bezeichnet, d. h. inhaltlich das ausdrückt, was in einem Satz mit (persönlichem) Subjekt und Prädikat in Gestalt eines finiten Verbs durch ein Modalverb wiedergegeben würde. Bei *można* ist das der Modalfaktor „Möglichkeit" bzw. „Erlaubnis". Es handelt sich also semantisch um eine Entsprechung zu den Verben ‚können' und ‚dürfen'.

Dabei ist *można* + *Infinitiv* die Präsensform. (Das Präsens wird also nicht durch irgendein grammatisches Mittel ausgedrückt.) Da *można* grammatisch unveränderlich ist, werden Futur und Präteritum unter Verwendung des „Hilfs"-verbs *być* gebildet:

Futur:

Można będzie dodać ... Man wird ... hinzufügen können. (wörtl.: Möglich sein wird ...)

Präteritum:

Można było dodać ... Man konnte ... hinzufügen. (wörtl.: Möglich war ...)

△ *Ja zostaję nadal kawalerem.*

In Sätzen, deren Prädikat eine Form des Verbs *zostawać* in der Bedeutung ‚bleiben' ist, steht ein substantivisches Prädikatsnomen wiederum im Instrumental (vgl. Lektion 6).

△ *Ja zostaję nadal kawalerem, a Zofia — panną.*

In diesem Satz vertritt der Gedankenstrich vor *panną* das aus stilistischen Gründen nicht wiederholte Prädikat, das dort in Gedanken zu ergänzen ist *(..., a Zofia zostaje panną).*

in + Akkusativ ⟨ *do* + Genitiv
w + Akkusativ

Differenzierungshilfe:

do wird gebraucht, wenn das Ziel der angegebenen Richtung als etwas Dreidimensionales gesehen wird, z. B.: ins Zimmer hinein = *do pokoju.*

w (+ Akk.) schließt ein Ziel an, das zweidimensional, flächig aufgefaßt wird, z. B:

Er schaut in den Himmel — ... *w niebo.*
Er wirft den Ball in den Spiegel — ... *w lustro.*

Außerdem steht *w (+ Akk.)* in vielen festen Wendungen, in denen es ohne sprachgeschichtliche Betrachtungen nicht mit dem deutschen ‚in (+ Akk.)' zu konfrontieren ist.

Übungen

I. Wandeln Sie die Sätze nach dem vorangestellten Muster ab!

1.
0. Anna czyta książkę, a pan Jan nic nie czyta.
1. Adam studiuje historię sztuki, a Jan . . . .
2. Jacek teraz pisze listy, a Kasia . . . .
3. Pan Lech czyta teraz gazetę, a pani Danuta . . . .
4. Jurek ogląda teraz fotografię, a Ewa . . . .

2.
0. Anna nie lubi czytać   0. Anna nic nie czyta.
1. Adam nie lubi czytać.   1. . . . .
2. Zofia nie lubi gotować.   2. . . . .
3. Ewa nie lubi studiować.   3. . . . .

3.
0. Ten fotel jest bardzo duży.   0. Ten fotel jest za duży.
1. Ten obrus jest bardzo jasny.   1. . . . .
2. Ten list jest bardzo krótki.   2. . . . .
3. Ta książka jest bardzo długa.   3. . . . .
4. Ta dziewczyna jest bardzo wysoka.   4. . . . .
5. Ten pan jest bardzo niski.   5. . . . .
6. To małżeństwo jest bardzo młode.   6. . . . .
7. To dziecko jest bardzo poważne.   7. . . . .

II. Wandeln Sie die Sätze nach dem vorgegebenen Muster ab!

1.
0. Mój sąsiad to szczupły blondyn.   0. Mój sąsiad jest szczupłym blondynem.
1. Nasz nauczyciel to stary kawaler.   1. . . . .
2. Jacek to dobry uczeń.   2. . . . .
3. Ten pan to przeciętny pisarz.   3. . . . .
4. Twój mąż to elegancki pan.   4. . . . .
5. Wasz brat to wspaniały człowiek.   5. . . . .

2.
0. Kraków to stare miasto.   0. Kraków jest starym miastem.
1. Ten park to spokojne miejsce.   1. . . . .
2. Syrop to smaczne lekarstwo.   2. . . . .
3. Warszawa to duże miasto.   3. . . . .

3.
0. Kasia jest dobrą córką.   0. A Jurek jest dobrym synem.
1. Zofia jest dobrą studentką.   1. A Romek jest . . . .
2. Ta pani jest nową nauczycielką.   2. A ten pan jest . . . . .
3. Kasia jest dobrą siostrą.   3. A Jurek jest . . . .
4. Pani Kowalska jest dobrą żoną.   4. A pan Kowalski . . . . . .
5. Pani Nowak jest dobrą matką.   5. A pan Nowak jest . . . . .
6. Pani Ewa jest dobrą babcią.   6. A pan Adam jest . . . . .

III. Wiederholen Sie die Dialoge und ersetzen Sie dabei die hervorgehobenen Elemente durch die eingerahmten!

1.
A. Czy Zofia **ogląda** teraz **fotografię?**
B. Tak, **ogląda.**

> czytać — książka; pisać — list; studiować — historia; przygotowywać — kolacja; gotować — obiad

2.
A. Co **robi** Zofia?
B. Nic nie **robi.**

czytać; studiować, pisać; przygotowywać

IV. Beantworten Sie die folgenden Fragen negativ!

0. Co robi pani Anna? 0. Nic nie robi.
1. Co pani Ewa gotuje dziś na obiad? 1. — . . . .
2. Co kupuje pan Lech? 2. — . . . .
3. Co pan teraz czyta? 3. — . . . .
4. Co pani teraz ogląda? 4. — . . . .
5. Co Jurek studiuje? 5. — . . . .

V. Wandeln Sie die Dialoge nach dem vorgegebenen Muster ab und verwenden Sie dabei die eingerahmten Adjektive!

1.
A. Anna jest ładna.
B. Ładna, ale bardzo **młoda.**
A. Masz rację, jest **za młoda.**

niski; wysoki; szczupły; chudy

2.
A. Czy mieszkanie Adama jest ładne?
B. Ładne, ale **za duże.**

mały; niski; wysoki

VI. Wiederholen Sie den Dialog, vervollständigen Sie ihn durch ein passendes Verb und ersetzen Sie die hervorgehobenen Elemente durch die eingerahmten!

A. Czy Zofia ... **ładne oczy?**
B. Nie, brzydkie.

A.	B.
długie włosy; zgrabne nogi; duże oczy; regularne rysy twarzy	krótkie; niezgrabne; małe; nieregularne

VII. Vervollständigen Sie die Dialoge!

1.
A. Jurek jest rozsądny.
B. Jest bardzo rozsądny i nic nie robi ... .

2.
A. Jurku, kiedy będzie ślub?
B. Sprawa jest już nieaktualna. Ja zostanę ..., a Zofia ... .

3.
A. Czy Zofia nadaje się na żonę?
B. Niestety, nie nadaje się.
A. Dlaczego?
B. Ma ... charakter: mówi ..., a słuchać ..., uważa, że zawsze ... . Poza tym ... gotować.

4.
A. Czy Anna jest dobrą żoną?
B. Tak. Jest bardzo miła, umie ... gotować, nie lubi ... mówić, uważa, że zawsze ja ... rację.

13
Erläuterungen

WORTARTEN

△ Der **Lokativ Singular der femininen Substantive** kann die folgenden Endungen haben:
-e nach harten Themakonsonanten, die durch diese Endung weich werden, z. B.:

Warszawa — *w Warszawie*
komnata — *w komnacie*
szkoła — *w szkole*
woda — *w wodzie*

ACHTUNG! Auch hier wurden einige durch die Kasusendung erweichte Themakonsonanten später zu historisch weichen Konsonanten, d. h., sie verhärteten. Diese und andere Wandlungen dieser Laute hatten im Laufe der Geschichte so große Veränderungen zur Folge, daß der Zusammenhang zwischen den beiden heute vorliegenden Varianten der betreffenden Konsonanten für den Laien gar nicht mehr erkennbar ist. Deshalb sollte dieser Konsonantenwandel auswendig gelernt werden:

-g- → -dz- *noga — w nodze*
-k- → -c- *Polska — w Polsce*
-ch- → -sz- *blacha — w blasze* (= Blech)
-i nach weichen Themakonsonanten, z. B.:
kuchnia — w kuchni
niedziela — po niedzieli
-y nach historisch weichen Themakonsonanten, z. B.:
podróż — po podróży
ulica — na ulicy

ACHTUNG! Wenn ein Substantiv im Nominativ Singular auf einen weichen oder einen historisch weichen Konsonanten auslautet, kann es m a s k u l i n o d e r f e m i n i n sein. Das Genus muß bei derartigen Vokabeln also mit gelernt werden, z. B.:

muskulin	feminin
nóż, talerz, widelec	*podróż, twarz, noc* (Nacht)
dzień, kaszel	*dłoń, dal* (Ferne)

Steht vor dem durch die Kasusendungen erweichten Themakonsonanten ein -s- oder ein -z-, werden diese Konsonanten bei den meisten Wörtern mit erweicht, z. B.: *zemsta* (= Rache) — *zemście* (vgl. *list* in Lektion 11).

Der **Dativ Singular aller femininer Substantive** hat dieselbe Form wie der Lokativ Singular.

Der **Lokativ Plural der Substantive aller drei Genera** hat die Endung -*ach* (*na przystankach, w autobusach, w komnatach, w oknach, na drzwiach, w kuchniach, w mieszkaniach, na dłoniach*).

Der **Genitiv Singular der Adjektive** hat im **Femininum** die Endung -*ej* (*zabytkowej, staropolskiej*).

Der **Dativ und der Lokativ Singular der Adjektive** hat im **Femininum** immer dieselbe Form wie der Genitiv Singular, also:

Genitiv = Dativ = Lokativ

△ *król* (mask.!) gehört zu den Substantiven, die in allen Formen das -ó- behalten (kein Wandel von -ó- zu -o-).

△ **Konjugation der Verben im Präsens**

Singular

1. Pers.	*spaceruję*	*jadę*	*wchodzę*
2. Pers.	*spacerujesz*	*jedziesz*	*wchodzisz*
3. Pers.	*spaceruje*	*jedzie*	*wchodzi*

Plural

1. Pers.	*spacerujemy*	*jedziemy*	*wchodzimy*
2. Pers.	*spacerujecie*	*jedziecie*	*wchodzicie*
3. Pers.	*spacerują*	*jadą*	*wchodzą*

ACHTUNG! Innerhalb der Konjugation eines Verbs kann es zu einem Wechsel des Themakonsonanten kommen (vgl. vorstehende Muster)

-dę → *dziesz* (hart → weich)
-dzę → *dzisz* (histor. weich → weich)

Für die weitaus meisten Verben mit einem Konsonantenwandel in der Konjugation des Präsens gilt dabei: In der 1. Pers. Sing. und der 3. Pers. Pl. steht jeweils die eine, in allen anderen Personen die andere Variante des Themakonsonanten (vgl. vorstehende Muster).

Ist der vor dem Themakonsonanten stehende Vokal ein *-a-* oder ein *-o-*, k a n n sich dieser Vokal in *-e-* verwandeln, wo der Themakonsonant weich wird. (Vgl. Mundöffnungsgrad bei *-a-* bzw. *-o-* und harten Konsonanten einerseits sowie bei *-e-* und weichen Konsonanten andererseits.)

VERBEN DER FORTBEWEGUNG

gehen ⟨ *iść*
chodzić (s. Lektion 14)

Viele Verben, die eine Fortbewegungsart bezeichnen — z. B.: gehen, fahren, laufen, schwimmen, fliegen — werden polnisch durch je zwei Verben wiedergegeben (daher auch als „Doppel-Zeitwörter" bezeichnet). Die Bedeutung der deutschen Verben ist in diesem Fall breiter, die der polnischen ist inhaltlich stärker spezifiziert. Das sei am Beispiel von *iść* und *chodzić* erläutert.

△ *iść* — der sog. „zielgerichtete" Partner in diesem Paar — bezeichnet ein zielgerichtetes Gehen, d. h. eine Fortbewegung auf ein Ziel zu oder zu einem Ziel hin. Besonders wichtig ist daran, daß nur die Bewegung in die eine Richtung — zum Ziel hin — bezeichnet wird, ein eventuelles Zurück aber völlig unberücksichtigt bleibt (wenn auch nicht ausdrücklich ausgeschlossen wird):

Jurek idzie do Ewy. = ... ist auf dem Weg zu Ewa, ist unterwegs zu Ewa (Die später eventuell folgende Rückbewegung wird nicht betrachtet.)

Ein weiteres Beispiel, ein Minidialog, den zwei Bekannte führen, die sich begegnen:

A: *Co robisz?* — B: ***Idę*** *do teatru.*

B sagt hier, daß er auf dem Weg zum Theater ist. Ihm geht es um die Fortbewegung in e i n e Richtung. Zählt dagegen jemand seine Freizeitbeschäftigungen auf und sagt dabei: Ich lese viel, gehe ins Theater, ..., dann ist *iść* nicht zu verwenden, da es um eine mehrfach wiederholte Handlung geht, die jedesmal aus Hin (zum Ziel) und Zurück (zum Ausgangspunkt) besteht.

△ *chodzić* — ist das Äquivalent zu zweierlei ‚gehen':

a) bezeichnet es ein vielfach wiederholtes Gehen zu einem Ziel und das Zurückkommen, z. B.:

Ich lese viel, gehe ins Theater...
Czytam dużo, chodzę do teatru...
Die Kinder sind schon groß, gehen aber noch zur Schule.
Dzieci są już duże, ale chodzą jeszcze do szkoły.
Ich gehe dort oft einen Kaffee trinken.
Często tam chodzę na kawę.
Wir gehen jetzt nicht arbeiten, weil wir Urlaub haben.
Nie chodzimy teraz do pracy, bo mamy urlop.

b) bezeichnet *chodzić* ein Gehen in verschiedene Richtungen, bei dem das Subjekt nicht zu einem bestimmten Ziel unterwegs ist (daher auch als „nicht zielgerichtetes" Verb bezeichnet). Hierbei verbleibt das Subjekt an seinem Aufenthaltsort, es wird also kein ‚von ... nach...' oder ‚von ... zu ...' ausgedrückt. Das deutsche ‚gehen' wird in dieser Bedeutung oft zusammen mit ‚umher', ‚hin und her', ‚auf und ab' oder

‚durch' (wenn letzteres nicht ‚durch... hindurch' bedeutet) gebraucht. In dieser Bedeutung korrespondiert *chodzić* oft mit *po* (+ *Lokativ*), z. B.:
Ewa chodzi po pokoju i zastanawia się.
Ewa geht im Zimmer auf und ab und denkt nach.
Jurek dziś długo chodził po parku.
Jurek ist heut' lange durch Park gegangen.
Chodzę po sklepach i oglądam towary.
Ich gehe durch die Geschäfte und sehe mir die Waren an.

Da *chodzić* ein Gehen ohne bestimmte Zielrichtung bedeuten kann, wird es auch zur Bezeichnung der Fähigkeit des Gehens überhaupt gebraucht, z. B.:
Mały Jurek już chodzi.
Der kleine Jurek läuft schon (kann schon gehen).
Jestem chory. Nie mogę chodzić.
Ich bin krank, kann nicht gehen.

ACHTUNG! Alles hier über *iść* und *chodzić* Gesagte gilt nur, solange diese Verben o h n e Präfix gebraucht werden!

△ Das in der vorliegenden Lektion eingeführte *jechać* ist das „zielgerichtete" Äquivalent zu ‚fahren'. Zur Bedeutungsspezifikation ist auf dieses Verb sinngemäß anzuwenden, was über *iść* gesagt wurde, nicht das über *chodzić* Ausgeführte.

ACHTUNG! Im Polnischen gibt es kein direktes Äquivalent zu ‚kommen' in allen seinen Bedeutungen. Vor der Übersetzung dieses Verbs ins Polnische ist also immer erst aus dem Kontext abzuleiten, welche spezifische Variante von ‚gehen, fahren, fliegen, schwimmen' usw. gemeint ist, und dann mit dem jeweils passenden polnischen Verb zu übersetzen.
Beispiele:

Idę. ⟨ Ich gehe (fort).
Ich komme (zu dir hin).

Kto tam idzie? ⟨ Wer geht dort (die Straße entlang)?
Wer kommt da?

Autobus już jedzie. ⟨ Der Bus fährt schon.
Der Bus kommt schon (auf unsere Haltestelle zu gefahren).

SATZBAU

△ Bei Ortsangaben, die auf die Frage Wo? antworten, stehen die Präpositionen

na — auf, an
w (we) — in
po — auf ... herum, in ... herum, in ... umher, durch ... (hin und her)

mit dem Lokativ, z. B.:

czekamy na przystanku, na ulicy, na balkonie ...
jesteśmy w autobusie, w pokoju, w domu, w szkole, w parku ...
chodzimy po alejkach, po parku, po ulicach, po pokoju, po ulicy ...

△ Bei Ortsangaben, die auf die Frage Wohin? antworten, steht die Präposition

na — auf, an

mit dem Akkusativ, z. B.:

idziemy na plac, na ulicę, na przystanek, na balkon ...

In diese Kategorie von Richtungs- bzw. Zielangaben gehören auch die Wendungen

idziemy na kawę	— wir gehen einen Kaffee trinken
idziemy na kolację	— wir gehen Abendbrot essen
idziemy na obiad	— wir gehen Mittag essen
idziemy na dobry film	— wir gehen uns einen guten Film ansehen
idziemy na zebranie	— wir gehen zur Versammlung

△ **pałac króla Jana Sobieskiego** — Palast des Königs Jan Sobieski

Im Polnischen werden Eigennamen nach einem Titel oder einem Gattungsnamen mit dekliniert, z. B.:

Nom.	doktor Nowak	kolega Kowalski	koleżanka Ewa
Gen.	doktora Nowaka	kolegi Kowalskiego	koleżanki Ewy
Akk.	doktora Nowaka	kolegę Kowalskiego	koleżankę Ewę
Instr.	doktorem Nowakiem	kolegą Kowalskim	koleżanką Ewą
Lok.	doktorze Nowaku	koledze Kowalskim	koleżance Ewie

Die einzige Ausnahme hiervon ist die Verbindung „Titel + Familienname" im V o k a t i v:

panie (= Vok.) Nowak (= Nom.)!
kolego (= Vok.) Nowak (= Nom.)!

Übungen

1. Wandeln Sie die Wortformen und die Sätze nach den vorangestellten Mustern ab!

1.

na plac — na placu
na miejsce — na miejscu

1. Jedziemy na wielki plac.
2. Jedziemy na nowe miejsce.
3. Jedziemy na ostatni przystanek.
4. Jedziemy na świeże powietrze.

1. Wysiadamy na wielkim placu.
2. Jesteśmy . . . .
3. Wysiadamy . . . .
4. Jesteśmy . . . .

2.

do pałacu — w pałacu
do miejsca — w miejscu

1. Idziemy do pięknego pałacu.
2. Idziemy do zabytkowego budynku.
3. Idziemy do starego zamku.
4. Idziemy do nowoczesnego bloku.
5. Idziemy do nowego mieszkania.

1. Jesteśmy w pięknym pałacu.
2. . . . .
3. . . . .
4. . . . .
5. . . . .

3.

autobus — (w) autobusie

1. To jest czerwony autobus.
2. To jest biały obrus.
3. To jest piękny ogród.
4. To jest słoneczny balkon.

1. W czerwonym autobusie jest tłok.
2. Na . . . . . . stoi talerz.
3. W . . . . . . rosną drzewa.
4. Na . . . . . . są kwiaty

4.

alejki — po alejkach
1. Alejki są tu szerokie.
2. Ulice są tu długie.
3. Ogrody są tu piękne.
4. Sklepy są tu ładne.
5. Komnaty są tu wspaniałe.

1. Spacerujemy po alejkach.
2. . . . .
3. . . . .
4. Chodzimy . . . .
5. . . . .

II. Wiederholen Sie den Dialog und vervollständigen Sie ihn durch die eingerahmten Elemente!

A. Co robimy dzisiaj?
B. Idziemy ... .

| zwiedzać miasto; spacerować po parku; kupować auto; oglądać pałac |

III. Wandeln Sie die Sätze ab und ersetzen Sie dabei die hervorgehobenen Elemente durch die richtigen Formen der eingerahmten Begriffe!

1.
1. Wchodzimy **do zabytkowego pałacu.**
2. Wychodzimy **z zabytkowego pałacu.**

| stary dom; mały kiosk; barokowy zamek |

2.
1. Wsiadamy **do czerwonego autobusu.**
2. Wysiadamy **z czerwonego autobusu.**

| nowy tramwaj; duży autokar |

IV. Wiederholen Sie die folgenden Sätze und ersetzen Sie dabei den jeweils hervorgehobenen Begriff durch die entsprechenden Formen der eingerahmten Städtenamen!

Pan Kowalski bardzo lubi **Kraków.**
Mieszka **w Krakowie,** ale nie pochodzi z Krakowa.

| Gdańsk; Toruń; Rzeszów; Lublin |

V. Vervollständigen Sie die Dialoge durch die eingerahmten Begriffe in der passenden Form!

1.
A. Na co pan czeka?
B. Czekam na ... .

| czarna kawa; dobra kolacja; ten autobus; zupa pomidorowa; ciepłe mleko; jajecznica |

2.
A. Na kogo pani czeka?
B. Czekam na ....

> moja koleżanka; nasza matka; dobra nauczycielka

VI. Wiederholen Sie die Sätze und vervollständigen Sie sie dabei durch die eingerahmten Wendungen!

1. Zastanawiam się, co ...

> robić dalej; zwiedzać najpierw; oglądać teraz

2. Zastanawiam się, gdzie ...

> spędzać niedziele; jechać; wysiadać; mieszka pan profesor

VII. Vervollständigen Sie die Wendungen durch ein passendes Verb!

1.
... z autobusu
... do autobusu
... na autobus

2.
... na wycieczkę
... z wycieczki

3.
... na przystanek
... na przystanku

4.
... do pałacu
... z pałacu

VIII. Vervollständigen Sie die Sätze durch die jeweils passende Präposition und wandeln Sie die eingeklammerten Begriffe dementsprechend ab!

1. Wysiadam ... (*autobus*). 2. Wracam ... (*dom*). 3. Spacerujemy ... (*alejki*). 4. Pałac pochodzi ... (*siedemnasty wiek*). 5. Idziemy ... (*kawa*). 6. Jedziemy ... (*wycieczka*). 7. Idziemy ... (*przystanek*). 8. Wychodzimy ... (*pałac*). 9. Idziemy ... (*park*).

IX. Lesen Sie den Text der Lektion 13 in der dritten Person — so, als sei Jurek Kowalski der Held der Geschichte: *Jurek Kowalski spędza niedzielę...*

X. Beantworten Sie die folgenden Fragen!

1. Jak pan (pani) spędza niedzielę?
2. Dokąd pan (pani) jedzie w tę niedzielę?

3. Czy podróż jest długa?
4. Co pan (pani) tam zwiedza?
5. Czy zna pan (pani) pałac w Wilanowie?
6. Czyj to był pałac?
7. Czy ten pałac jest stary?
8. Co pan (pani) tam ogląda?
9. Kiedy pan (pani) wraca z tej wycieczki?

14
Erläuterungen

WORTARTEN

△ **Die Substantive** *żołądek, podwieczorek, posiłek, mebel* und *przystanek* haben vor dem Themakonsonanten ein flüchtiges -*e*-, das auch im **Plural** ausfällt:

Nom. Pl.: *żołądki, podwieczorki, posiłki, meble, przystanki* (s. Lektionen 7 und 9).

△ Die Substantive **gabinet** und **spacer** behalten das -*e*- in allen Kasus.

△ **Vollständige Deklination der Substantive *pan* und *pani* im Singular** (Diese Deklination gilt für alle Bedeutungen, die die genannten Substantive haben können.)

Nom.	pan	pani
Gen.	pana	pani
Dat.	panu	pani
Akk.	pana	panią
Instr.	panem	panią
Lok.	panu	pani
Vok.	panie!	pani!

△ Das Verb **jadać** gehört zu einer relativ kleinen Gruppe von Verben, die u. a. „usuelle" Verben genannt werden. Sie charakterisieren die von ihnen bezeichnete Tätigkeit gleichzeitig als „Usus" (Gepflogenheit, Gewohnheit), ohne daß dann noch — wie im Deutschen — weitere Wörter gebraucht werden, um das zum Ausdruck zu bringen.

So stehen in der vorliegenden Lektion nebeneinander: *jeść* (essen) und *jadać* (zu essen pflegen, gewöhnlicherweise essen, üblicherweise essen, meist(ens) essen, im allgemeinen essen, normalerweise essen, immer wieder essen).

△ Das Verb *wystarczyć* ist perfektiv (vgl. Lektion 11). Die Aussage des Arztes in der vorliegenden Lektion: *Wystarczy śniadanie, obiad i kolacja — trzy posiłki dziennie* hat also Futurbedeutung: ‚Drei Mahlzeiten täglich, Frühstück, Mittag und Abendbrot, werden (künftig wohl) genügen'.

△ Die Verben *iść* und *chodzić* (vgl. Lektion 13) treten in der vorliegenden Lektion nebeneinander auf. Der Arzt meint mit seiner Frage den ständig wiederkehrenden Zyklus von Schlafengehen und Aufstehen. Darum gebraucht er *chodzić* (*A czy zawsze chodzi pan spać wcześnie?*). Der Patient dagegen zählt als Beispiel die Vorgänge eines Tages als einzelne auf und verwendet daher *iść* (*... i idę spać*).

△ *aż* ist in Lektion 14 als verstärkende, hervorhebende Partikel gebraucht. Es dient dazu, das darauffolgende Element der Aussage besonders zu betonen. — *Aż pięć (razy)?* = Fünf mal gleich? oder: F ü n f mal?!
Es gibt im Deutschen keine direkte Entsprechung zu *aż* in dieser Funktion. Die dadurch zum Ausdruck gebrachte Hervorhebung muß deutsch von Fall zu Fall verschieden wiedergegeben werden.

SATZBAU

△ Innerhalb eines Satzes wird im Polnischen nach einem **Doppelpunkt** klein weitergeschrieben.

△ Wenn im Polnischen ein **transitives Verb verneint** wird, verwandelt sich das dazugehörige **präpositionslose** Akkusativobjekt in ein G e n i t i v objekt, z. B.:

mam apetyt	— *nie mam apetytu*
mam temperaturę	— *nie mam temperatury*
lubię mleko	— *nie lubię mleka*
jem śniadanie	— *nie jem śniadania*

oglądam program telewizyjny — *nie oglądam programu telewizyjnego*
znasz panią Kowalską — *nie znasz pani Kowalskiej*

(Diese Erscheinung gab es auch im Deutschen einmal. So kann man in älteren Ausgaben der Bibel in Luthers Übersetzung noch heute lesen (Matth. 26.72 u. 74): „Ich kenne **des Menschen** nicht", weil ‚kennen' hier verneint ist.)

△ Die Verbindung *proszę* + *Infinitiv* ist eine höfliche Aufforderung, die auch die Funktion des Imperativs kann. Wörtlich bedeutet sie ‚Ich bitte, ... zu + Infinitiv', und daher kann sie in ein und derselben Form an verschiedene Empfänger gerichtet werden:

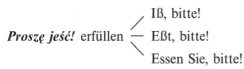

Proszę jeść! erfüllen
- Iß, bitte!
- Eßt, bitte!
- Essen Sie, bitte!

Übungen

I. Wiederholen Sie den folgenden Dialog und ersetzen Sie dabei die hervorgehobenen Elemente durch die eingerahmten!

A. Dzień dobry **panu**. Jak się **pan** czuje?
B. Niedobrze. Jestem chory.
A. A co **panu** dolega? Czy boli **pana** głowa?
B. Nie. Boli mnie ....

| pani |

| serce; gardło; wątroba; żołądek |

II. Verneinen Sie die folgenden Aussagen!

0. Adam ma wysoką temperaturę.
0. Adam nie ma wysokiej temperatury.

1. Jacek ma dobry apetyt.
2. Anna ma duży katar.
3. Kasia ma zdrowe serce.
4. Jurek ma starą receptę.
5. Ewa ma dobre lekarstwo.
6. Stanisław ma normalny puls.

1. . . . .
2. . . . .
3. . . . .
4. . . . .
5. . . . .
6. . . . .

III. Wiederholen Sie die Dialoge und vervollständigen Sie sie durch die entsprechenden Formen der eingerahmten Begriffe!

1.
A. Dzień dobry ... .
B. Dzień dobry ... .
   Jak się ... czuje?

| pan; pani |
| pan; pani |

A. Niedobrze. Jestem ... .
B. Co ... boli?
A. ... .

| chory |
| pan; pani |
| serce; gardło; głowa; żołądek; wątroba |

B. Czy ma pan(i) ... ?
A. Nie, nie mam ... .
B. Proszę, to jest recepta.
A. Dziękuję ... .

| apetyt; temperatura; katar |
| pan; pani |

2.
A. Co ... boli?
B. Gardło i głowa.
A. Czy ... ... ?
B. Tak, ...
A. Czy ... ... ?
B. Nie, ...
A. Proszę, to jest lekarstwo na kaszel i katar.
B. Dziękuję bardzo.

| pan; pani |
| mieć kaszel |
| mieć kaszel i katar |
| mieć temperaturę |

IV. Vervollständigen Sie die folgenden Dialoge durch die eingerahmten Wendungen!

1.
A. Jurek bardzo dobrze wygląda.
B. Wygląda dobrze, bo ... .

| mieć apetyt; chodzić na długie spacery; dużo spać |

2.
A. Dlaczego tak źle wyglądasz? Czy jesteś chora?
B. Nie, nie jestem chora. Wyglądam źle, bo ... .

| nie chodzić na spacery; za mało spać; nie mieć apetytu |

3.
A. Pan bardzo źle wygląda. Czy pan źle się czuje?
B. Tak, czuję się niedobrze.
A. A co pana boli?
B. Nic. Czuję się źle, bo ... .

> za długo oglądać telewizję; późno chodzić spać; za wcześnie wstawać

V. Beantworten Sie die folgenden Fragen!

1. Jak się pan (pani) czuje?
2. Czy ma pan (pani) temperaturę?
3. Co pana (panią) boli?
4. Ile razy dziennie pan (pani) jada?
5. Czy pan (pani) chodzi spać późno?
6. Czy je pan (pani) kolację wcześnie?
7. Czy pan (pani) chodzi na spacery?

1. ....
2. ....
3. ....
4. ....
5. ....
6. ....
7. ....

VI. Formulieren Sie Fragen zu den folgenden Antworten!

1. ....?
2. ....?
3. ....?
4. ....?
5. ....?
6. ....?
7. ....?

1. Anna czuje się dobrze.
2. Nie, Ewa nie ma apetytu.
3. Panią Danutę boli głowa.
4. Tak, Jacka boli gardło.
5. Czuję się dobrze. Nie jestem chory.
6. Maria wstaje wcześnie.
7. Tak, lubię spać długo.

VII. Ergänzen Sie die im folgenden Dialog fehlenden Begriffe!

Do gabinetu lekarskiego przychodzi pacjent:

Pacjent: Dzień dobry!
Lekarz: Dzień dobry panu. Jak ... ...?
P.: ... ... bardzo źle.
L.: Co panu ...?
P.: Głowa i gardło.
L.: Czy ... ... kaszel i katar?
P.: Mam kaszel.
L.: A temperaturę?
P.: Nie mam ... .
L.: A co ... jeszcze dolega?
P.: Wątroba.

L.: Czy ... pan apetyt?
P.: Nie, nie ... . Jadam tylko dwa razy ... .
L.: Proszę. To jest recepta dla pana. Syrop ... kaszel i lekarstwo ... wątrobę.
P.: Dziękuję. Do widzenia.
L.: Do widzenia ... .

15
Erläuterungen

WORTARTEN

△ **Das universelle Reflexivpronomen**

Nom.	—
Gen.	*siebie/się*
Dat.	*sobie*
Akk.	*siebie/się*
Instr.	*sobą*
Lok.	*sobie*
Vok.	—

Das vorstehende Reflexivpronomen wurde oben „universell" genannt, weil es für alle grammatischen Personen steht.

Zur Klärung zunächst zwei Gruppen von Sätzen:

a)
Ich kaufe dir ein Buch.
Wir kaufen ihm ein Buch.
Er kauft ihr ein Buch.
Du kaufst uns ein Buch.

b)
Ich kaufe mir ein Buch.
Du kaufst dir ein Buch.
Er, sie, es kauft sich ein Buch.
Wir kaufen uns ein Buch. usw.

In den unter a) stehenden Sätzen sind Subjekt und Objekt nicht identisch. (Immer kauft jemand einer anderen Person, nicht sich selbst, ein Buch.) — Bei diesem Typ von Sätzen ist das Objekt im Polnischen wie im Deutschen durch das betreffende Personalpronomen wiederzugeben. Es handelt sich also um eine „1:1-Übersetzung".

Unter b) stehen Sätze, in denen **Subjekt und Objekt identisch** sind. (Immer kauft jemand sich selbst ein Buch.)

Für diese Art von Sätzen gilt:
Bei Identität von Subjekt und Objekt wird das Objekt im Polnischen n i c h t durch die entsprechende Form des in Frage kommenden Personalpronomens, sondern durch den entsprechenden Kasus des o. g. Reflexivpronomens wiedergegeben. Mit anderen Worten: Im Polnischen gilt für alle grammatischen Personen, was im Deutschen nur für die 3. Person (Sing. u. Pl.) gilt, wo es ja auch falsch wäre, wenn man sagte: ‚Er kauft i h m ein Buch' wenn ‚er' und ‚ihm' ein und dieselbe Person sind. Zur Veranschaulichung nun die Übersetzung der unter b) angeführten Beispielsätze:

Kupuję   sobie   książkę.
Kupujesz   sobie   książkę.
Kupuje   sobie   książkę.
Kupujemy   sobie   książkę.
Kupujecie   sobie   książkę.
Kupują   sobie   książkę.

Das hier Gesagte gilt für den Gebrauch des polnischen Reflexivpronomens in allen Kasus.

Einen Nominativ und einen Vokativ gibt es von diesem Pronomen nicht, da diese beiden Kasus keine reflexiven Funktionen erfüllen.

Für die Differenzierung zwischen Lang- und Kurzform (s. Gen. und Akk.) gilt, was in Lektion 11 über das Verhältnis von *ciebie* zu *cię* gesagt ist:
— unbetont und ohne Präposition:
Znamy się. Wir kennen uns.
— mit Präposition:
Kupuję książkę dla siebie. Ich kaufe das Buch für mich.
— ohne Präposition, aber betont:
Ewa kocha tylko siebie. Ewa liebt nur s i c h (selbst/allein).

Wenn innerhalb eines Satzes in ein und derselben grammatischen Funktion ein reflexives Verb mehrfach oder verschiedene reflexive Verben auftreten, wird *się* (bzw. andere Kasus dieses Pronomens) nicht wiederholt, sondern nur einmal gebraucht. Vgl.:
Leczyła się żaba, leczyła und *Suszyła się długo, suszyła.*

ACHTUNG! Sind mehrere Subjekte und Objekte beteiligt, kann es bei „unechten" reflexiven Verben (solchen, die auch nichtreflexiv gebraucht werden) zu Mehrdeutigkeiten kommen, wenn als Objekt nur ‚sich' bzw. das polnische Äquivalent dazu gebraucht werden, z. B.:

Jacek und Jurek waschen sich.

rein reflexive Beziehung (jeder sich selbst)   reziproke (wechselseitige) Beziehung (einer den anderen)

Wenn nun eine reziproke Beziehung gemeint ist, aber nicht eindeutig aus dem Kontext abgelesen werden kann, wird sie im Deutschen bekanntlich dadurch verdeutlicht, daß man dem Reflexivpronomen bzw. (im Deutschen) dem entsprechenden Personalpronomen das Wort ‚gegenseitig' beifügt oder nur ‚einander' (eben als Reziprokpronomen) verwendet, z. B.:

Jacek und Jurek waschen sich **gegenseitig.**

Jacek und Jurek waschen einander.

Im Polnischen wird die reziproke Beziehung durch das Adverb *nawzajem* gekennzeichnet. Es bedeutet in diesem Falle ‚gegenseitig':

Jacek i Jurek myją się **nawzajem.**

ACHTUNG! Bei der Übersetzung des deutschen ‚sich' ist zu beachten, daß es Akkusativ o d e r Dativ bedeuten kann, z. B.:

Akk. Sie treffen sich oft. *Spotykają się często.*
Dat. Sie kaufen sich ein Buch. *Kupują sobie książkę.*

△ Das **Präteritum der Verben** wird in der Regel vom Infinitivstamm gebildet (s. Lektion 11). Dazu wird

-*l* im Maskulinum
-*la* im Femininum
-*lo* im Neutrum

an den Infinitivstamm angefügt.
Beispiele:

zbada-ć
Doktor zbadał żabę. (da *doktor* ein maskulines Subjekt ist)
suszy-ć się
Żaba się suszyła. (da *żaba* ein feminines Subjekt ist)
pływa-ć
Dziecko pływało. (da *dziecko* ein neutrales Subjekt ist)
(Vgl. Lektion 8, Präteritum von *być*.)

ACHTUNG! Das Verb *wyschnąć* ist hiervon eine Ausnahme: *Żaba wyschła*. (Viele Verben, deren Infinitiv auf *-nąć* auslautet, verlieren das Suffix *-ną-* im Präteritum. Diese Erscheinung wird später behandelt.) Hier sei noch einmal daran erinnert, daß ‚sch' im Polnischen zwei Laute bezeichnet: *wy-s-ch-ną-ć*. (Vgl. *schody* in Lektion 5.)

△ **Vollständige Konjugation des Verbs *być* im Futur**

Singular   Plural
1. Pers. (ich)   będę   1. Pers. (wir)   będziemy
2. Pers. (du)   będziesz 2. Pers. (ihr)   będziecie
3. Pers. (er, sie, es) będzie 3. Pers. (sie)   będą

Vgl. Ausführungen zum Gebrauch des Futurs von *być* in Lektion 10.

△ Das Verb *pływać* ist ein Doppel-Zeitwort. Für seinen Gebrauch gilt, was in Lektion 13 über *chodzić* gesagt ist, nicht das über *iść* Gesagte.

△ Das Verb *pijać* ist ein usuelles Verb. Es verhält sich zu *pić* wie *jadać* zu *jeść* (s. Lektion 14).

△ Das Substantiv *okulary* ist ein Pluraletantum (vgl. *schody* und *drzwi* in Lektion 5), also:

Dort **ist** eine/die Brille. — *Tam są okulary.*
Die Brille **liegt** im Arbeitszimmer. — *Okulary leżą w gabinecie.*

△ Das Substantiv *proszek* hat in den endungslosen Kasus (Nom. und Akk. Sing.) ein flüchtiges *-e-*.

△ Der Nominativ Sing. des Adjektivs *pewien* hat im Maskulinum eine heute untypische Form. Er endet nicht wie dieselbe Form der bisher behandelten Adjektive auf Konsonant + *-y* bzw. *-i*:

	maskulin	feminin	neutral
Nom:	pewien	pewna	pewne
Gen:	pewnego	pewnej	pewnego usw.

Das *-e-* im Nominativ ist also flüchtig.

SATZBAU

△ Viele polnische Verben regieren den Genitiv, d. h. sie können mit einem präpositionslosen Objekt im Genitiv stehen. Dazu gehören vor allem:

a) Verben, die im weitesten Sinne eine Negation zum Inhalt haben, z. B.:

unikać + *Genitiv*

unikać wilgoci — Feuchtigkeit/Nässe meiden; Feuchtigkeit/Nässe aus dem Weg gehen; nichts mit Feuchtigkeit/Nässe zu tun haben wollen

b) Verben, die wohl als „Heischeverben" zusammengefaßt werden können, weil sie alle im weitesten Sinne ein Erheischen, ein Erwarten oder Verlangen, bezeichnen, so z. B. die polnischen Verben für ‚wollen', ‚fordern', ‚verlangen', ‚begehren', ‚erwarten' und — aus der vorliegenden Lektion — *słuchać* (= ‚hören' im Sinne von ‚wahrnehmen wollen'), also:

Musik hören	— *słuchać muzyki*
sich ein Programm anhören	— *słuchać programu*
einem Konzert lauschen	— *słuchać koncertu*
die Freundin zuhören	— *słuchać koleżanki*
auf die Freundin hören	

△ *aż* wird in der vorliegenden Lektion als K o n j u n k t i o n gebraucht und entspricht in dieser Funktion der deutschen K o n - j u n k t i o n ‚b i s' (n i c h t der Präposition ‚bis'), vgl.:

— *do niedzieli* — **bis** Sonntag

Hier sind *do* und ‚bis' Präpositionen. Sie stehen vor Substantiven oder anderen Wortarten, die Substantive vertreten können, und kennzeichnen deren Verhältnis zu anderen Bestandteilen des Satzes (daher auch deutsch „Verhältniswort").

— *Suszyła się długo, suszyła, aż wyschła tak, że ...* — Sie ließ sich lange trocknen, **bis** sie so austrocknete, daß ...

Hier sind *aż* und ‚bis' Konjunktionen. Sie schließen Nebensätze an Hauptsätze an.

— *... aż do domu* — ... **bis** (ganz) nach Hause

(Vgl. hierzu *aż* in Lektion 14.)

Hier sind *aż* und ‚bis' Partikeln. Sie kennzeichnen das darauffolgende Element einer Aussage als etwas besonders Beachtenswertes, heben es für den Empfänger der betreffenden Information hervor.

bei ⟨ ***u*** + *Genitiv*
        przy + *Lokativ*

Zwischen diesen beiden Präpositionen ist folgendermaßen zu differenzieren:

u = ‚bei' im Sinne von „im Lebensbereich, Zuständigkeitsbereich, in der Privatsphäre von", ohne daß räumliche Nähe dabei eine Rolle spielt;

przy = ‚bei' in der Bedeutung „räumlich ganz dicht neben".

Beispiel:

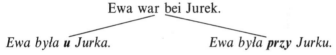

Ewa war bei Jurek.

Ewa była ***u*** Jurka.   Ewa była ***przy*** Jurku.

(Sie war bei ihm zu Hause, hat ihn besucht, wollte ihn besuchen, d. h., sie war in seiner Sphäre, wobei räumliche oder körperliche Nähe keine Rolle spielt.)

(Hier soll unmittelbare Nähe ausgedrückt werden. Der Satz könnte also besagen, daß sie bei ihm war und ihm geholfen hat, als er krank war, daß sie auf ihn aufgepaßt und sich um ihn gekümmert hat, weil er noch klein ist, daß sie dicht neben ihm stand, als etwas Bestimmtes passierte, so daß sie alles bezeugen kann, usw.)

Außerdem ist *przy* (+ *Lok.*) das Äquivalent zum deutschen ‚bei' vor substantivisch ausgedrückten Tätigkeiten, das die Bedeutung ‚gleichzeitig mit' oder ‚parallel zu' hat, z. B.:

beim Essen — *przy jedzeniu*
bei der Arbeit ⟩ *przy pracy*
beim Arbeiten ⟋

△ ***Niech*** ist eine Partikel, die mehrere Funktionen erfüllt. Die wichtigsten davon seien hier erläutert:

1)

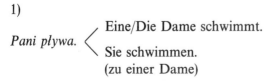

Pani pływa. ⟨ Eine/Die Dame schwimmt.
                Sie schwimmen.
                (zu einer Dame)

Aussagesätze dieses Typs wurden bereits behandelt. Setzt man nun *niech* vor solche Aussagesätze, entsteht daraus eine Aufforderung, ein Imperativ für die 3. Person — Sing. und Pl. — z. B.:

Niech pani pływa! ⟨ Die Dame soll schwimmen!
(zu einem Dritten in bezug auf *die* Dame gesagt)

Schwimmen Sie!
(zu der Dame selbst gesagt)

Es handelt sich also um eine Aufforderung, die mit „Sie" angesprochenen Personen oder nicht direkt angesprochenen Dritten gilt.

2) Dieselbe Konstruktion kann auch Einverständnis oder Gleichgültigkeit des Sprechers zum Ausdruck bringen, z. B.:
   A. *Jurek czyta gazetę.* = Jurek liest Zeitung.
   B. *Niech czyta.* = Soll er lesen. (= Ich habe nichts dagegen einzuwenden, mir ist es gleichgültig.)

3) Diese Konstruktion kann auch einen Optativ (Wunschformulierung) bedeuten, wie er im Deutschen mit Hilfe von ‚mögen' ausgedrückt werden kann (Wunsch für jemanden, Gebet, politische Losung, Trinkspruch etc.), z. B.:
Niech cię już ząb nie boli! — Möge dich dein Zahn nicht mehr schmerzen! / Möge dir dein Zahn nicht mehr weh tun!
Niech będzie pokój! — Es möge Friede sein!

△ Das Verb *mieć* ist in Verbindung mit dem Infinitiv eines anderen Verbs Modalverb und entspricht in dieser Funktion dem deutschen ‚sollen'. Dabei ist es ebenso vieldeutig wie sein deutsches Äquivalent, z. B.:

Mam jechać do Krakowa.

Ich soll nach Kraków fahren.	Ich soll**te** nach Kraków fahren.	Ich habe vor, nach Kraków zu fahren.
(= Jemand will, daß ich nach Kraków fahre.) (= Angeblich werde ich nach Kraków fahren; man erzählt sich, ich führe nach Kraków.)	(= Ich müßte eigentlich...)	(= Ich werde wohl...)

ACHTUNG! Im Präteritum wird die Mehrdeutigkeit im Deutschen zum Teil aufgehoben, im Polnischen nicht, z. B.:

Ewa miała dodać, że ...
- Ewa sollte hinzufügen, daß ... (= hätte müssen, hatte den Auftrag)
- Ewa soll hinzugefügt haben, daß ... (= hat angeblich hinzugefügt)
- Ewa hatte vor, hinzuzufügen, daß ... (= wollte eigentlich hinzufügen)

△ In der Verbindung **garstka proszku** (‚eine Handvoll/ein Häufchen Staub‘) ist *proszku* ein genitivus partitivus (partitiver Genitiv oder Genitiv der Menge). Im Deutschen begegnet man dieser Funktion des Genitivs immer seltener. Reste haben sich allerdings erhalten: ein Glas frisch**en** Wassers, eine Scheibe weiß**en** Brotes, ein Korb schön**er** Äpfel, eine Gruppe jung**er** Mädchen, eine Zeit intensiv**en** Ringens u. ä. In Luthers Bibel-Übersetzung findet man diesen genitivus partitivus noch ganz regelmäßig: (Richt. 7.2.) **Des** Volks ist zu viel, ...: (1. Mose 50.20)..., zu erhalten viel Volks!

Im Polnischen wird der genitivus partitivus noch ganz konsequent gebraucht. **Immer, wenn von etwas eine bestimmte oder eine unbestimmte Menge angegeben wird, steht dieses „Etwas" nach der Mengenangabe im Genitiv,** z. B.:

ein Glas Wasser	— *szklanka wody*
ein Teller Suppe	— *talerz zupy*
viel Arbeit	— *dużo pracy*
ein Kilo Fleisch	— *kilo mięsa*
eine Tasse Kaffee	— *filiżanka kawy*
ein Glas Tee	— *szklanka herbaty*
ein Becher Kompott	— *kubek kompotu*
ein Teelöffel Medizin	— *łyżeczka lekarstwa*

Dieser Genitiv ändert sich auch dann nicht, wenn der vorangehende Begriff in einem anderen Kasus als dem Nominativ steht, z. B.:

z filiżanką kawy — mit einer Tasse Kaffee
w szklance herbaty — in einem Glas Tee

△ **Niech pani, pani kochana,** *na siebie chucha i dmucha, ...*

Diese Stelle im Gedicht ist syntaktisch für den Ausländer sicher schwer überschaubar. Daher eine kleine Hilfe: *Niech pani, ..., na siebie chucha i dmucha* ist ein Imperativ, wie er oben besprochen wurde, also: „Schonen Sie sich, wie Sie nur können!" (s. Redewendungen). — ..., *pani kochana*, ... ist ein eingeschobener Vokativ, bei dem das attributiv gebrauchte Adjektiv nachgestellt ist, also: „meine liebe Dame!" oder „gnädige Frau!".

Übungen

I. Setzen Sie die unten aufgeführten Substantive und Adjektive nach dem vorgegebenen Muster in der Form des Lokativs hinter die Präpositionen *przy*, *na* bzw. *w*!

duży balkon — na dużym balkonie
stara pompa — przy starej pompie
wielkie okno — w wielkim oknie

duży autobus	— w
wysoka kolumna	— przy
nowe kino	— w
świeże powietrze	— na
słodki syrop	— w
szeroki tapczan	— na
jasna lampa	— przy
dobra rodzina	— w
niebieskie niebo	— na
młode małżeństwo	— w
ładny sklep	— w
trudna sprawa	— w
wielka szafa	— na

II. Ersetzen Sie im Text der Lektion 15 die Imperativformen mit *Niech* ... nach dem folgenden Muster durch die Konstruktion *Proszę* + Infinitiv!

Niech pani unika wilgoci. → **Proszę** unikać wilgoci.

III. Bilden Sie nach dem folgenden Muster von den unten aufgeführten Verben das Präteritum der 3. Person Singular!

włożyć okulary — doktor włożył okulary
leczyć się — żaba leczyła się

zbadać — doktor ...; przychodzić — pani ...; pocić się — żaba ...; unikać wilgoci — żaba ... wilgoci; kąpać się — żaba ...; siadać — pani ...; omijać kałuże — żaba ... kałuże; myć się — pan ...; chuchać — siostra ...; dmuchać — brat ...; wracać — żona ...; słuchać doktora — żaba ... doktora; suszyć się — żaba ...; zostać — mąż ...

IV. Wandeln Sie die Sätze nach dem vorangestellten Muster ab!

0. Piję zimną wodę.   0. Nie piję zimnej wody.
1. Piję ciepłe mleko.   1. . . . .
2. Lubię suchą kiełbasę.   2. . . . .
3. Lubię zieloną sałatę ze śmietaną.   3. . . . .
4. Jadam świeży chleb.   4. . . . .
5. Lubię słodki krem.   5. . . . .

V. Vervollständigen Sie die Sätze durch die jeweils geeignete der folgenden Konjunktionen: *że, ale, bo*!

1. Jestem chory, ... nie leczę się.
2. Jacek mówi, ... nie czuje się dobrze.
3. Jedziemy na wycieczkę, ... jest słoneczny dzień.
4. Uważam, ... ten program telewizyjny był ciekawy.
5. Wstaję późno, ... lubię długo spać.
6. Jem dużo, ... ważę mało.
7. Syn leży w łóżku, ... jest chory.
8. Wiem, ... pani Danuta jest mężatką.

16
Erläuterungen

WORTARTEN

△ **Substantive der personalmaskulinen Kategorie** (männliche Personen und personifizierte maskuline Wesen) haben im **Akkusativ Singular** dieselbe Form wie im Genitiv Singular:

wołać kelnera/kierownika/lekarza/Jurka
znam doktora Nowaka/pana Kowalskiego
Kain zabił Abla. (Das -e- in ‚Abel' ist flüchtig.)
Mam brata studenta. (= Ich habe einen Bruder, der Student ist.)
(Vgl. Lektion 13, *pałac króla Jana Sobieskiego*.)

△ Das **Demonstrativpronomen** *ten*, *ta*, *to* hat im **Genitiv Singular** die folgenden Formen (vgl. Deklination der Adjektive):

Nom.	ten	ta	to
Gen.	tego	tej	tego

△ **Konjugation des Verbs** *jeść* **im Präsens**

	Singular	Plural
1. Pers.	jem	jemy
2. Pers.	jesz	jecie
3. Pers.	je	jedzą

SATZBAU

△ **Negation der Präsenz bzw. der Existenz des Subjektes**

Sätze, deren Prädikat eine Form von *być* ist, können die Präsenz (Vorhandensein, Anwesenheit) oder die Existenz (das Dasein überhaupt) ihres Subjektes zum Inhalt haben. Beispiele:

Jest Ewa. — Ewa ist da. / Da ist Ewa. / Es gibt (hier) eine Ewa.
W zupie jest mucha. — In der Suppe ist eine Fliege.
Jest kawa. — (Der) Kaffee ist da. Es gibt Kaffee.
Czy jest mleko? — Ist (die) Milch da? / Gibt es Milch?
Był lekarz. — Ein/Der Arzt war da. / Es gab (da) einen Arzt.
Na kolację będzie kiełbasa. — Zum Abendbrot wird es Wurst geben. / Zum Abendbrot wird Wurst da sein.
Danuta i Jurek też będą. — Danuta und Jurek werden auch da sein.

Für die N e g a t i o n von Sätzen dieses Typs gilt:
Wird die Präsenz oder die Existenz des Subjektes verneint, steht das Subjekt im G e n i t i v, und als Prädikat steht statt der in der positiven Satzvariante gebrauchten Form von *być* ...

... im Präsens:	nie ma
... im Präteritum:	nie było
... im Futur:	nie będzie

und zwar in allen drei Genera und unabhängig von Sing. oder Pl. des Subjektes.

Das infolge der Negation im Genitiv stehende „Subjekt" hat also keinen Einfluß mehr auf die grammatische Form des Prädikates, das in der positiven Satzvariante ja in bezug auf Genus und Numerus vom Subjekt abhängig ist.

Zur Veranschaulichung nun die Negation der oben aufgeführten Sätze:

Nie ma Ewy. — Ewa ist nicht da. / Ewa ist nicht hier. / Ewa ist nicht zu Hause. / Eine Ewa gibt es nicht (hier, in dieser Klasse usw.).

W zupie nie ma muchy. — In der Suppe ist keine Fliege. / In der Suppe ist die Fliege nicht.

Kawy nie ma. — (Der) Kaffee ist nicht da. / Kaffee fehlt. (Vgl. dt. mundartlich: Es hat keinen Kaffee. Kaffee hat's nicht.)

Czy nie ma mleka? — Gibt's keine Milch? / Ist die Milch nicht da? / Ist keine Milch da? / Fehlt (es an) Milch?

Nie było lekarza. — Ein/der Arzt war nicht da. / Es war kein Arzt da. / / Einen Arzt gab es nicht. / Es gab keinen Arzt.

Na kolację nie będzie kiełbasy. — Zum Abendbrot wird es keine Wurst geben. / Zum Abendbrot wird keine Wurst da sein. / Es wird keine Wurst zum Abendbrot geben.

Danuty i Jurka też nie będzie. — Danuta und Jurek werden auch nicht da sein. / D. u. J. werden auch fehlen. / D. u. J. werden auch abwesend sein. / Eine D. u. einen J. wird es auch nicht geben (z. B. in dem neuen Film, in dem Theaterstück, in der Klasse usw.)

(Der letzte Rest dieser Erscheinung im Deutschen ist vermutlich der Satz ‚Hier ist unseres Bleibens nicht länger.')

ACHTUNG! Diese Regel gilt nur dann, wenn eine Form von *być* das Prädikat ist und wenn bei der Negation tatsächlich P r ä s e n z oder E x i s t e n z des Subjektes verneint wird. — Beide Bedingungen müssen erfüllt sein!

Ist eine dieser Bedingungen nicht erfüllt, gilt diese Regel nicht mehr, z. B.:

Ewa wohnt nicht hier. — *Ewa tu nie mieszka.* / *Ewa nie mieszka tutaj.*

Jurek war nicht im Kino, sondern im Theater. — *Jurek nie był w kinie, ale w teatrze.*

aber:

Im Kino war Jurek nicht. — *W kinie Jurka nie było.* (als man ihn dort suchte)

Die genannte Regel gilt auch dann nicht, wenn zwar eine Form von *być* am Prädikat beteiligt ist, die Aussage aber nicht Präsenz oder Existenz des Subjektes betrifft, z. B.:

Pan Kowalski nie jest lekarzem. — Herr Kowalski ist nicht Arzt. /
/ Herr Kowalski ist kein Arzt.
Jurek nie jest w partii. — Jurek ist nicht in der Partei. / Jurek ist nicht Mitglied der Partei. (*partia* = Partei)

Hier geht es nicht um Präsenz oder Existenz des Subjektes, sondern um Qualität oder Zustand des Subjektes. Das Prädikat informiert darüber, was oder wie das Subjekt ist.

ACHTUNG! Es sei daran erinnert, daß *nie ma* nicht nur das oben besprochene negative Pendant zu den Formen von *być* sein kann, sondern auch *nie* + 3. Pers. Sing. des Verbs *mieć* (haben, sollen) bedeuten kann, z. B.:

Pan Nowak nie ma łyżki. — Herr Nowak hat keinen Löffel.

Ein aus dem Kontext gelöstes *nie ma* ist also nicht zu deuten.

△ ***Nie mogę jeść tej zupy.*** — Ich kann die(se) Suppe nicht essen.

Hier ist zwar nicht das transitive Verb (*jeść*) selbst, sondern das davor stehende Modalverb verneint, das ursprüngliche Akkusativ-Objekt wird aber dennoch zum Genitiv-Objekt. (Vgl. Lektion 14, Satzbau.)

Übungen

I. Wandeln Sie die Sätze nach dem vorangestellten Muster ab!

1.
0. Ten pan to jest doktor Nowak.	0. Znam doktora Nowaka.
1. Ten pan to jest inżynier Kowalik.	1. . . . .
2. Ten pan to jest nauczyciel Henryk Sobczak.	2. . . . .
3. Ten pan to jest kierownik Bielak.	3. . . . .
4. Ten pan to jest lekarz Markiewicz.	4. . . . .
5. Ten pan to jest pacjent Górewicz.	5. . . . .

2.
0. To jest mój (nasz) student.
1. To jest mój nauczyciel.
2. To jest nasz uczeń.
3. To jest mój lekarz.
4. To jest mój brat Adam.
5. To jest nasz syn Jacek.

0. Znam twojego (waszego) studenta.
1. . . . .
2. . . . .
3. . . . .
4. . . . .
5. . . . .

3.
0. Adam jest kolegą Marii.
1. Henryk jest bratem Ireny.
2. Jurek jest studentem pani Majewskiej.
3. Jacek jest uczniem pana Majewskiego.
4. Romek jest kolegą Jurka.
5. Pan Lech jest kolegą pana Jana.

0. Maria bardzo lubi Adama.
1. . . . .
2. . . . .
3. . . . .
4. . . . .
5. . . . .

4.
0. Moja (nasza) córka jest chora.
0. Mój (nasz) syn jest chory.
1. Moja matka jest chora.
2. Nasz brat źle się czuje.
3. Mój kolega jest chory.
4. Nasza sąsiadka źle się czuje.
5. Mój ojciec jest chory.
6. Nasz nauczyciel jest chory.
7. Mój mąż źle się czuje.
8. Moja żona jest chora.

0. Kto leczy twoją (waszą) córkę?
0. Kto leczy twojego (waszego) syna?
1. . . . .
2. . . . .
3. . . . .
4. . . . .
5. . . . .
6. . . . .
7. . . . .
8. . . . .

II. Beantworten Sie die folgenden Fragen nach dem vorangestellten Muster!

1.
0. Na kogo pan czeka?
1. Na kogo pan czeka?
2. Na kogo czeka Kasia?
3. Na kogo czeka pan Nowak?
4. Na kogo pan czeka?
5. Na kogo czeka pacjent?
6. Na kogo czeka Ewa?

0. Na inżyniera Kowalskiego.
1. . . . . *(doktor Nowak)*.
2. . . . . *(Janek)*.
3. . . . . *(kelner)*.
4. . . . . . *(kierownik restauracji)*.
5. . . . . *(lekarz)*.
6. . . . . *(mąż)*.

2.
0. Czy tu jest doktor Majewski?
1. Czy tu jest inżynier Kowalski?
2. Czy jest tu lekarz Grochowski?
3. Czy tu jest pan Kowalski?
4. Czy jest tu Adam Wolski?
5. Czy tu jest pan Jacek Górewicz?

0. Nie, tu nie ma doktora Majewskiego.
1. . . . .
2. . . . .
3. . . . .
4. . . . .
5. . . . .

3.
0. Czy już jest obiad?
1. Czy już jest śniadanie?
2. Czy jest już podwieczorek?
3. Czy już jest kawa?
4. Czy jest już deser?
5. Czy już jest herbata?
6. Czy jest już gazeta?

0. Nie, jeszcze nie ma obiadu.
1. . . . .
2. . . . .
3. . . . .
4. . . . .
5. . . . .
6. . . . .

4.
0. Czy Ewa ma brata (siostrę)?
1. Czy Anna ma koleżankę?
2. Czy Kasia ma kolegę?
3. Czy pan Majewski ma syna?
4. Czy pani Maria ma męża?
5. Czy Adam ma żonę?

0. Nie, Ewa nie ma brata (siostry).
1. . . . .
2. . . . .
3. . . . .
4. . . . .
5. . . . .

5.
0. Czy masz mój adres?
1. Czy masz moją gazetę?
2. Czy masz moje radio?
3. Czy masz mój list?
4. Czy masz moją fotografię?

0. Nie, nie mam twojego adresu.
1. . . . .
2. . . . .
3. . . . .
4. . . . .

III. Vervollständigen Sie die Dialoge mit den passenden Formen der eingerahmten Begriffe!

1.
A. Pani Danuto, gdzie pani mąż je dziś ...: w domu czy w restauracji?
B. W restauracji.

| obiad; śniadanie; podwieczorek; kolacja |

2.
A. Co zamawia pan Nowak?
B. Pan Nowak zamawia . . . .
. . . .
. . . . ,
a na deser . . . .

| zupa, mięso i ryż; zupa pomidorowa, kotlety i kartofle; zupa owocowa, mięso i pomidory |
| herbata z cytryną i ciastko; kompot; kawa i krem |

3.
A. Czy obiad jest smaczny?
B. W tej restauracji obiady są smaczne, a pan Nowak bardzo lubi . . .

| zupa pomidorowa z ryżem; kotlety z zieloną sałatą; mięso z fasolą; jajecznica i pomidory; fasola z mięsem |

IV. Wiederholen Sie die Dialoge und vervollständigen Sie sie; ersetzen Sie die hervorgehobenen Elemente durch die passenden Formen der eingerahmten Begriffe!

1.
A. **Mąż Ewy** jest bardzo sympatyczny.
B. Znasz . . . . . . ?
A. Tak, znam.

| syn pani Danuty; brat Romka; nauczyciel Kasi; lektor Zofii |

2.
A. **Adam** jest wspaniałym człowiekiem.
B. Znasz . . . ?
A. Tak, **znam.**

| Henryk; Jurek |
| lubić; kochać |

3.
A. Przepraszam, czy jest już **pan doktor Kowalski?**
B. Nie, nie ma. Pani czeka na . . . ?
A. Tak, czekam już dość długo.

| pan inżynier Nowak; pan doktor Majewski; pan dyrektor Wolski; pan Górewicz |

4.
A. Czy **Adam** jest dobrym kolegą?
B. Nie, **Adam** . . . . Nie lubię . . .

| Roman; Henryk; Jurek; Jacek; Jan; Leszek |

5.
A. Czy **Maria** ma **męża?**
B. Nie, ... **Maria** jest **panną.**

| Adam — żona |
| kawaler |

6.
A. Czy ten pan to **brat** Anny?
B. Nie, Anna nie ma **brata**. Ma **siostrę**.

syn
córka

7.
A. Anno, dlaczego się denerwujesz?
B. Denerwuję się, bo bardzo długo czekam **na Henryka**.

Roman; pani Danuta; mąż; Danuta i Leszek; pan Majewski; doktor Nowak; nauczyciel Jacka; Kasia i Jacek; Ewa i Adam

V. Vervollständigen Sie die Sätze durch die fehlenden Wörter bzw. Endungen und formulieren Sie Fragen zu den Sätzen!

1. Pan Leszek jada obiad_ w dom_.
2. Dziś pan Leszek __ obiad _ _____, bo w domu ___ __ obiadu.
3. Pan Leszek nie _____ długo na kelner_.
4. Na pierwsze _____ pan Leszek zamawia zup_ i ryż, a na drugie — mięso, kartofle i pomidor_.
5. Na _____ będzie kawa i ciastko z krem__.
6. Obiad _____ smaczny i zdrowy.

VI. Erzählen Sie, wo Sie Mittag essen und was Sie zu Mittag essen!

17
Erläuterungen

Die vorliegende Lektion bietet wieder Gelegenheit, früher Behandeltes zu wiederholen:

..., *ale* **nigdy** *mi się* **nie** *kłania* — doppelte Verneinung (vgl. Lektion 12).

A skąd **ona** *wie?* — Und woher weiß **sie** (das)?
Ona *wie wszystko.* — **Sie/Die** weiß alles (vgl. Lektion 5, Punkt 3).

..., *kiedy jedziemy windą* — ..., wenn wir **mit** dem Fahrstuhl fahren (vgl. Lektion 10, Satzbau: mit + Dativ).

△ *Tak mówi sąsiadka.*
In Lektion 2 ist *tak* mit ‚ja' und ‚so' übersetzt. Darüber hinaus steht dieses Wort in Wendungen, in denen es zwar die Bedeutung von ‚so' hat, deutsch aber nicht mit ‚so' wiedergegeben werden kann, weil hier der Usus der einen Sprache von dem der anderen abweicht.

(Lektion 15):
*No, i wreszcie **tak** powiada.* — Nun, und schließlich sagt er **folgendes**.

(Lektion 17):
***Tak** mówi sąsiadka.* — **Das** sagt eine/die Nachbarin.

Ähnlich wäre es in einem Dialog der folgenden Art:
A: *Kowalski się żeni.*   — Kowalski heiratet.
B: *Kto **tak** mówi?*   — Wer sagt **das?**
A: *Ewa (**tak** mówi).*   — Ewa (sagt **das**).

Es geht hier also um eine Gepflogenheit, die der Ausländer übernehmen sollte:

tak in der Funktion von ‚folgendes', wenn damit etwas angekündigt wird, was der Sprecher gleich darauf zitiert;

tak in der Funktion von ‚das', wenn sich der Sprecher damit auf etwas bereits Gesagtes bezieht.

WORTARTEN

△ **Deklination der singularischen Personalpronomen**

Nom.	*ja*	*ty*	*on*	*ona*	*ono*
Gen.	*mnie/mię*	*ciebie/cię*	*jego/go*	*jej*	*jego/go*
Dat.	*mnie/mi*	*tobie/ci*	*jemu/mu*	*jej*	*jemu/mu*
Akk.	*mnie/mię*	*ciebie/cię*	*jego/go*	*ją*	*je*
Instr.	*mną*	*tobą*	*nim*	*nią*	*nim*
Lok.	*mnie*	*tobie*	*nim*	*niej*	*nim*
Vok.	—	*ty!*	—	—	—

Im Zusammenhang mit den Formen dieser Personalpronomen sind mehrere Dinge zu beachten, von denen einige bereits besprochen wurden. Hier sollen alle diese Dinge — bereits besprochene und neue — einmal in einer Gesamtübersicht zusammengefaßt werden. Der

Lernende wird beim Durcharbeiten der folgenden Lektionen an den entsprechenden Stellen mehrfach auf diese Übersicht zurückgreifen müssen, um dabei die hier gegebenen Regeln allmählich so zu festigen, daß er sie dann bald „automatisch" anwendet.
Bereits bekannt sind folgende Grundsätze:

1) Personalpronomen werden im Nominativ nur dann gebraucht, wenn sie kontextbedingt betont sind:
Ich warte schon lange. — φ *czekam już długo.*
aber:
Soll i c h auch warten? — *Czy **ja** też mam czekać?*
Gehst du ins Kino? — *Czy idziesz do kina?*
aber:
Warum gehst d u nicht ins Kino? — *Dlaczego **ty** nie idziesz do kina?*

2) Die Langformen werden gebraucht, ...
a) wenn eine Präposition davor steht:
Das ist für dich. — *To (jest) dla ciebie.*
War Ewa bei dir? — *Czy Ewa była u ciebie?*
b) wenn die betreffende Form kontextbedingt betont ist:
I h n mag ich, sie kann ich nicht leiden. — ***Jego** lubię, **jej** nie lubię.*
aber:
Ich m a g ihn. — ***Lubię** go.*

In allen anderen Situationen sind die Kurzformen zu gebrauchen. Sie dürfen entsprechend ihrem enklitischen Charakter jedoch nicht an den Anfang des Satzes gestellt werden:
M i r sagt er nichts. — ***Mnie** nic nie mówi.*
aber:
Er sagt mir nichts. — *Nic mi nie mówi.*

N e u ist zu lernen:

3) Einsilbige Formen der Personalpronomen verschmelzen mit vorangehenden einsilbigen Wörtern zu einer artikulatorischen Einheit, wobei dieses Wort (quasi als vorletzte Silbe der so entstehenden Einheit) den Akzent auf sich zieht:
War sie bei dir? — *Czy była u ciębie?*

aber:
Sie war bei mir. — *Była u̯ mnie.*
Ich hab' ihn. — *Mą̂m go.*
Ist das für mich? — *Czy to (jest) dlą mnie?*

Ist das vorangehende Wort mehrsilbig, wird es wie in anderen Stellungen betont, und die einsilbige Form des Personalpronomens fügt sich (entsprechend ihrem enklitischen Charakter) unbetont an:

Ich mag ihn. — *Lu̯bię go.*
Wir haben dich gern. — *Lubi̯my cię.*

4) *Mnie* und *mną* beginnen mit mehr als einem Konsonanten. Steht vor diesen Formen eine Präposition, die auf einen Konsonanten auslautet, wird die Präposition zur Auflockerung der so entstehenden Konsonantenhäufung um *-e* erweitert:

z tobą, przed tobą, w tobie, a b e r : *zę mną, przedę mną, wę mnie* usw.

(Da *mną* und *mnie* einsilbig sind, zieht das eingeschobene *-e* den Wortakzent auf sich.)

5) Für den Gebrauch der mit *j-* anlautenden Formen in Verbindung mit Präpositionen gilt:

Diese Formen erhalten nach Präpositionen eine *n*-Prothese (*n*-Vorschlag), wobei *j-* orthographisch durch *-i-* ersetzt wird:

Präposition + *jego* → Präposition + *niego*
Präposition + *jej*   → Präposition + *niej*
Präposition + *jemu* → Präposition + *niemu*
Präposition + *ją*   → Präposition + *nią*

Beispiele:
Sie kennen nur i h n. *Znają tylko jego.* (ohne Präposition)
aber:
Das ist für ihn. *To (jest) dla **n**iego.* (mit Präposition)
Jurek war schon bei ihr. *Jurek już był u **n**iej.*
Vater spricht mit ihr. *Ojciec z **n**ią mówi.*

6) In bezug auf den Genitiv und den Akkusativ von *ja* wird häufig von der unter 2b) zitierten Regel abgewichen. Hier übernimmt die Form *mnie* allmählich alle Funktionen der genannten beiden Kasus und verdrängt so die Form *mię*. Man liest und hört dann also z. B.: *Ewa mnie lubi* — auch dann, wenn *mnie* nicht kontextbedingt betont ist.

SATZBAU

△ Die **Temporalbestimmung** kann im Polnischen wie im Deutschen durch verschiedene Elemente gebildet werden:
— Adverb (*rano, często, nigdy, codziennie, zawsze*)
— Adverbialkasus (vgl. dt.: abends — ein ehemaliger Genitiv eines Substantivs; poln. z. B.: *wieczorem* — ein Instrumental in dieser Funktion)
— präpositionale Fügung (*po południu* — nach dem Mittag, am Nachmittag, nachmittags).

Temporalbestimmungen können auch durch nähere Bestimmungen erweitert werden, z. B.:
— Adverbien durch graduierende Adverbien (*bardzo często* — sehr oft)
— Adverbialkasus durch adjektivische Attribute (*wczesnym wieczorem* — am frühen Abend)
— präpositionale Fügungen durch Attribute zu den darin enthaltenen Substantiven (*przez cały wieczór* — den ganzen Abend lang/über).

△ Die Fügung *przed* + *Instrumental* kann sowohl Lokal- wie Temporalbestimmung sein:

przed drzwiami, przed domem, przede mną
przed południem

ACHTUNG! In Lokalbestimmungen steht *przed* nur dann mit dem Instrumental, wenn die Fügung auf die Frage Wo? antwortet. Antwortet sie auf die Frage Wohin?, regiert *przed* den Akkusativ, z. B.:

Ojciec wychodzi przed dom. Vater geht vors Haus (hinaus).
(Vgl. dt.: Wo? — vor + Dativ; Wohin? — vor + Akkusativ.)

△ Die Wörter *zaspany* und *roztargniony* sind Partizipien. Bis zur Behandlung dieser Wortformen sollte der Lernende mit vorher auftretenden Partizipien wie mit Adjektiven umgehen, z. B.:

zaspany sąsiad (verschlafener Nachbar) grammatisch wie: *stary sąsiad*
Ewa jest jeszcze zaspana wie: *Ewa jest ładna.*

△ ***P o d o b n o** on codziennie wraca po południu z biura i przez cały wieczór śpi.* = ‚Er/Der kommt angeblich jeden Tag nachmittags aus dem Büro (zurück/nach Hause) und schläft den ganzen Abend lang'.

Dieser Satz kann auch unter Verwendung von ‚sollen' in dubitativer Funktion übersetzt werden:
‚Er/Der s o l l (ja) jeden Tag nachmittags aus dem Büro kommen und den ganzen Abend lang schlafen'. (Vgl. Lektion 15, unter *mieć*.)

Übungen

I. Beantworten Sie die folgenden Fragen negativ!

Muster 1 — Czy znasz nowy teatr?   — Nie znam nowego teatru.
Muster 2 — Czy znasz nowego sąsiada?   — Nie znam nowego sąsiada.

1. Czy znasz piękny Kraków?
2. Czy znasz mojego brata?
3. Czy znasz ten dom?
4. Czy znasz mój nowy adres?
5. Czy znasz dobrego lekarza?
6. Czy znasz naszego starego profesora?

1. . . . .
2. . . . .
3. . . . .
4. . . . .
5. . . . .
6. . . . .
   . . . .

II. Wandeln Sie die folgenden Sätze nach dem vorgegebenen Muster ab!

0. Brat Jurka jest miły.

0. Jurek ma miłego brata.
   Jurek pisze list do brata.

1. Syn Zofii jest chory.
2. Dziadek Jacka jest już stary.
3. Nauczyciel Danuty jest sympatyczny.

1. . . . .
2. . . . .
3. . . . .
   . . . .

III. Wandeln Sie die Sätze nach dem vorgegebenen Muster und entsprechend dem jeweiligen Deklinationstyp um!

Muster 1 — To jest stary park.   — Znam ten stary park.
                                                  Nie lubię tego starego parku.

Muster 2 — To jest młody nauczyciel. — Znam tego młodego nauczyciela.
 Nie lubię tego młodego nauczyciela.

Muster 3 — To jest nasza ciotka. — Znam naszą ciotkę.
 Nie lubię naszej ciotki.

1. To jest drogi hotel.
2. To jest stara galeria.
3. To jest przystojny student.
4. To jest dom akademicki.
5. To jest żonaty nauczyciel.
6. To jest wysoka studentka.
7. To jest niski blondyn.
8. To jest duża restauracja.
9. To jest barokowy zamek.

IV. Wandeln Sie die Sätze nach dem vorangestellten Muster um!

0. Zawsze go spotykam.   0. Nigdy go nie spotykam.
1. Zawsze chodzę do kina.
2. Zawsze piszę do ciotki.
3. Zawsze tam dzwonię.
4. Zawsze jadam w restauracji.
5. Zawsze jadam w hotelu, kiedy jestem w Krakowie.

V. Wiederholen Sie den folgenden Dialog und ersetzen Sie dabei die hervorgehobenen Elemente durch passende Formen der eingerahmten Begriffe!

A. Czy często ją spotykasz?
B. Spotykamy się zawsze **przed naszym domem.**

dom akademicki; Teatr Wielki; nowa szkoła; stare mieszkanie; sklep spożywczy; brama uniwersytetu

VI. Wiederholen Sie diesen Dialog und vervollständigen Sie ihn dabei durch die entsprechenden Formen der eingerahmten Begriffe!

A. Czy znasz ......?

B. Tak, znam ... już dobrze. Spotykam ... często przed naszym domem.

A. A czy znasz też ......?

B. Nie, jeszcze ... nie znam.

| 1. mój syn; 2. ta wysoka studentka; 3. nasz nauczyciel; 4. nasza babcia |

| go; ją |

| 1. moja siostra; 2. ten szczupły student; 3. nasza nauczycielka; 4. nasz dziadek |

| go; jej |

VII. Vervollständigen Sie die folgenden Sätze durch die entsprechenden Formen der Verben *znać, wiedzieć* bzw. *umieć*!

... dobrze tę panią. ..., że ona ... gotować smaczną zupę pomidorową. A ja ... robić tylko kanapki. Czy ty ..., jakie dobre są moje kanapki? Czy ... mój adres?

VIII. Vervollständigen Sie diese Sätze durch einen der folgenden Begriffe: *codziennie, od niedawna, rano, wieczorem, przez cały wieczór, po południu.*

1. Znam naszego sąsiada ... .
2. Telewizję oglądam tylko ... .
3. Ona myje się ... bardzo długo.
4. Myjemy się ... dwa razy — ... i ... .
5. Wczoraj ... słuchałem radia.
6. Studiuję na uniwersytecie ... .
7. ... jadam bardzo późno.
8. ... bolał go ząb.

IX. Beantworten Sie die folgenden Fragen auf der Basis des Lesestückes aus Lektion 17!

1. Kiedy pani Kowalska spotyka sąsiada?
2. Czy sąsiad już dawno mieszka w tym domu?
3. Jaki on jest?
4. Gdzie pan Kowalski spotyka sąsiadkę?
5. Kiedy ją spotyka?
6. Kiedy sąsiad wraca z biura?

X. Vervollständigen Sie den folgenden Text durch die fehlenden Wörter bzw. Endungen und verwenden Sie dazu das Lesestück aus Lektion 17 sowie die Konjunktionen *bo, że* bzw. *kiedy!*

Pan Kowalski nie ___ jeszcze now___ sąsiad_, __ on tu mieszka __ _____. Pani Kowalska zna __ z widzenia. Spotyka __ często, _____ jedzie _____. Uważa, __ sąsiad to dziwny człowiek. Nigdy się ___ _____. Pan Kowalski mówi, __ sąsiad jest chyba _____. Pan Kowalski wszystko ___ od sąsiadki. Spotyka __ często przed _____.

18
Erläuterungen

WORTARTEN

△ Im Polnischen können **Familiennamen für weibliche Personen** eine Form haben, die die Trägerin des Namens als Tochter bzw. als Ehefrau eines Mannes mit der Grundform dieses Namens kennzeichnet.

Zur Bildung der Namensform für die Tochter dient das Suffix *-ówna:*

Nowakówna = Tochter eines Nowak

Die Namensform für die Ehefrau entsteht durch Anfügen des Suffixes *-owa:*

Nowakowa = Ehefrau eines Nowak

Die Formen auf *-ówna* werden s u b s t a n t i v i s c h dekliniert:
Nom. *Nowakówna*
Gen. *Nowakówny*
Dat. *Nowakównie*
Akk. *Nowakównę* usw.

Die Formen auf *-owa* werden a d j e k t i v i s c h dekliniert:
Nom. *Nowakowa*
Gen. *Nowakowej*
Dat. *Nowakowej*
Akk. *Nowakową* usw.

Beide weibliche Namensformen kommen seit Mitte des XX. Jahrhunderts immer mehr aus dem Gebrauch. Sie werden heute nur noch in der mündlichen, ein wenig vertraulichen Alltagsrede angewandt. Dort sind sie einerseits Ausdruck einer alten Tradition und andererseits ein probates Mittel zu signalisieren, von welcher Angehörigen der betreffenden Familie die Rede ist. Im offiziellen Polnisch gebraucht man auch in bezug auf (verheiratete und unverheiratete) Frauen immer häufiger die Grundform des Namens, wobei sie dann nicht dekliniert wird. Dann ist das Fehlen von Kasusendungen das grammatische Signal dafür, daß eine weibliche Person gemeint ist, z. B.: *Znam pana Nowaka*, aber: *Znam panią Nowak* und *Znam Kasię Nowak*.

△ Das Substantiv *mężczyzna* wird im Singular nach der femininen Deklination abgewandelt (vgl. *poeta, kolega*).

ACHTUNG! In den Kasus, in denen die Endung -*e* den Themakonsonanten erweicht, wird das vor ihm stehende -*z*- mit erweicht (vgl. Lektion 11, unter Wortarten a), Deklination von *list*):
Nom. *mężczyzna*
Gen. *mężczyzny*
Dat. *mężczyźnie*

Zur Bedeutung des deutschen ‚Mann' und seiner polnischen Äquivalente:

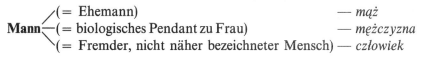
	— *mąż*
Mann (= Ehemann)	
(= biologisches Pendant zu Frau)	— *mężczyzna*
(= Fremder, nicht näher bezeichneter Mensch)	— *człowiek*

Die weiblichen Entsprechungen dazu sind:

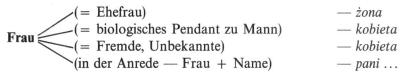
	— *żona*
(= Ehefrau)	
Frau (= biologisches Pendant zu Mann)	— *kobieta*
(= Fremde, Unbekannte)	— *kobieta*
(in der Anrede — Frau + Name)	— *pani* ...

△ Das Verb *chcieć* (wollen) regiert den G e n i t i v (vgl. Lektion 15, unter Satzbau b).

△ Die Verben *ożenić się* und *wprowadzić się* sind perfektiv (s. Lektion 11). Ihre Formen mit Präsens-Endungen bedeuten Futur.

△ Das Wort *sam, sama, samo* hat verschiedene Funktionen:
Als Pronomen hat es die Bedeutungen ‚selbst' und ‚allein'. Es ist aber auch in diesen Bedeutungen zu deklinieren:

(mask.) *Jurek był sam.* Jurek war allein. / Jurek war selbst da/hier.
(fem.) *Ewa dziś sama robi zakupy.* Ewa kauft heute allein ein. / Ewa kauft heute selbst ein.
(neutr.) *Dziecko samo nie może tego zrobić.* Ein/Das Kind kann das nicht allein/selbst machen.
Mówił z nią samą. Er hat ihr selbst gesprochen.

In Verbindung mit dem Demonstrativpronomen *ten* hat *sam* die Bedeutung ‚∼selbe':

Ja czytam tę samą książkę. Ich lese dasselbe Buch.
Mieszkamy w tym samym hotelu. Wir wohnen in demselben Hotel.
Czy mieszkasz na tej samej ulicy? Wohnst du in derselben Straße?
Wczoraj był ten sam kelner. Gestern war derselbe Kellner da/hier.
Jemy to samo. Wir essen dasselbe.

In Verbindung mit *tak* (= so) hat *samo* (adverbiell gebraucht) die Bedeutung von ‚eben' bzw. ‚genau':

Ewa lubi muzykę tak samo jak ja. Ewa mag Musik ebenso wie ich.
Ewę lubię tak samo jak Danutę. Ewa kann ich ebenso gut leiden wie Danuta.

Als Adjektiv entspricht *sam* (in der Funktion eines Attributes zum Substantiv) dem deutschen ‚lauter', ‚rein', ‚nur', ‚allein', ‚nichts als':

Mówię samą prawdę. Ich sage die reine Wahrheit/nichts als die Wahrheit.
Podawał same (= Pl.) fakty. Er nannte nur (die reinen) Fakten/Tatsachen. / Er zählte lauter Tatsachen auf.
Są same (= Pl.) kobiety. Es sind lauter Frauen/nur Frauen da/hier.

In Wendungen, die räumliche oder zeitliche Relationen bezeichnen, kann *sam* (wiederum als Attribut) auch eine unterstreichende, hervorhebende Funktion haben, die deutsch auf sehr verschiedene Weisen wiedergegeben wird:

Mieszkają w samym centrum. — Sie wohnen direkt im Zentrum.
przy samym pomniku — g a n z d i c h t/g e n a u/d i r e k t am Denkmal

przed samym domem	— d i r e k t vor dem Haus/u n - m i t t e l b a r vor der Haustür
Czyta od samego rana.	— Sie liest vom f r ü h e n Morgen an.
przed samą podróżą	— u n m i t t e l b a r vor der Reise/ /i m l e t z t e n Moment vor der Reise

Schließlich ist *sam* (nur diese maskuline Form!) in den letzten Jahrzehnten auch noch zu einem Substantiv geworden, nämlich zum Kurzwort für ‚Selbstbedienungsgeschäft' bzw. ‚~ laden':
Robimy zakupy w samie. Wir kaufen im Selbstbedienungsladen ein.

△ Das Pronomen *co* hat im Genitiv die Form *czego*, z. B.:
Kasia nie wie, czego chce. Kasia weiß nicht, was sie will.

SATZBAU

△ *..., że dobrze jest mieć córkę* — ..., daß es gut ist, eine Tochter **zu** haben.

M e r k e: Im Polnischen gibt es kein Äquivalent zu dem deutschen ‚zu', das zum Anschluß eines Infinitivs an ein anderes Wort dient. Der Infinitiv wird direkt angeschlossen.

△ *Tobie to dobrze.*
   Wcale nie jest mi dobrze.

(Vgl. deutsch: Ihm ist wohl. Ihm ist nicht gut, u. ä).
Wörtlich heißt *Tobie ... (jest) dobrze* also eigentlich ‚Dir ist gut'. Gebraucht wird es aber es in der Bedeutung ‚Du hast es gut'.

ACHTUNG! Das Wort *to* ist hier nicht das Demonstrativpronomen *to* (= dieses), sondern eine akzentuierende, eine hervorhebende Partikel. Im Gegensatz zu *aż* in dieser Funktion (s. Lektion 14) steht *to* als Partikel h i n t e r dem Wort, das hevorgehoben werden soll.

△ *A co na to mówi twoja mama?*
Hier ist *co* ein Akkusativobjekt zu *mówić*.
mówić + Akk. + *na* + A k k. = **etwas** zu e t w a s sagen
                              = **etwas** auf e t w a s erwidern

△ Bei der Verwendung von *ani* ..., *ani* ... als Äquivalent zu ‚weder ... noch ...' ist doppelt zu verneinen. (Vgl. Lektion 12.)
A ja nie mam ani brata, ani siostry.

Auch an die Verwandlung des Akkusativobjektes in ein Genitivobjekt (infolge der Verneinung des transitiven *mieć*) ist wieder zu denken.

Übungen

I. Wandeln Sie die Sätze nach dem vorangestellten Muster um!

0. Mam brata i siostrę.
1. Mam córkę i syna.
2. Ewa ma męża i córkę.
3. Pan Henryk ma żonę i syna.
4. Jacek ma koleżankę i kolegę.

0. Nie mam ani brata, ani siostry.
1. . . . .
2. . . . .
3. . . . .
4. . . . .

II. Beantworten Sie die folgenden Fragen nach dem vorgegebenen Muster!

1.
0. Co lubisz, kawę czy herbatę?
1. Co jesz, chleb czy bułkę?
2. Co pani zamawia, krem czy kompot?
3. Co zamawiasz, ciastko czy krem?
4. Co kelner podaje, herbatę z cytryną czy kawę?

0. Nie lubię ani kawy, ani herbaty.
1. . . . .
2. . . . .
3. . . . .
4. . . . .

2.
0. Czy lubisz Martę Kłos, czy Janusza Kłosa?
1. Czy pan zna Ewę Nowak i Henryka Nowaka?
2. Czy kochasz ciotkę i wujka?
3. Czy pan Nowak leczy Jacka i Kasię?
4. Czy mama woła Jurka i Halinkę?

0. Nie lubię ani Marty Kłos, ani Janusza Kłosa.
1. . . . .
   . . . .
2. . . . .
3. . . . .
4. . . . .

3.
0. Czy tu jest pan inżynier Nowak i pani doktor Nowak?
0. Tu nie ma ani pana inżyniera Nowaka, ani pani doktor Nowak.
1. Czy tu jest pan inżynier Kowalski i pani inżynier Majewska?
   . . . .
2. Czy jest tu Henryk Wolski i Aniela Pawlak?
   . . . .

3. Czy są tu pani Górewicz i pan Górewicz?
　　.............................
4. Czy tu jest kelner i kierownik restauracji?
　　.............................
5. Czy jest tu pani Ewa Kubiak i pan Roman Kubiak?
　　.............................
6. Czy tu jest Kasia Nowak i Jacek Kowalski?
　　.............................

III. Wandeln Sie die Sätze nach dem vorangestellten Muster um!

0. Kasia jest grzeczna i posłuszna.　　0. Kasia nie jest ani grzeczna, ani posłuszna.
1. Zofia jest ładna i zgrabna.　　1. ....
2. Maria jest piękna i sympatyczna.　　2. ....
3. Adam jest przystojny i miły.　　3. ....
4. Henryk jest niski i brzydki.　　4. ....
5. Jacek jest chudy i mały.　　5. ....
6. Ewa jest dobra i miła.　　6. ....

IV. Vervollständigen Sie die Dialoge durch die entsprechenden Formen der eingerahmten Begriffe!

1.
A. Czy Ewa jest jedynaczką?
B. Nie, ma ... . Nie znasz ...?
A. Nie znam ... Ewy.

brat; siostra
brat; siostra

2.
A. Czy Henryk ma rodzeństwo?
B. Tak, ma ... . Chyba znasz ... z widzenia.
A. Nie, nie znam ... .

siostra Maria; brat Adam
ona; on
ona; on

V. Verknüpfen Sie die unter A stehenden Sätze durch die Konjuktion *więc* mit den jeweils passenden der unter B aufgeführten Aussagen!

A.
1. Jestem chory,
2. Mam czas,
3. Nic mnie nie boli,
4. Za dużo jadam,

więc

B.
1. dobrze się czuję.
2. za dużo ważę.
3. idę do doktora.
4. idę na spacer.

VI. Vervollständigen Sie die folgenden Dialoge durch entsprechende Konjunktionen und ersetzen Sie dabei die hervorgehobenen Elemente durch die passenden Formen der eingerahmten Begriffe!

1.
A. Tatuś uważa, że córki są **posłuszne** ... **miłe.**
B. A ty, Jacku, jak myślisz?
A. Myślę, że dziewczynki nie są ... **posłuszne,** ... **miłe.**

| dobry — grzeczny; rozsądny — poważny |

2.
A. Adam jest **rozsądny** ... **dobry.**
B. Nie masz racji. On nie jest ... **rozsądny,** ... **dobry.**

| przystojny — sympatyczny; młody — wesoły; brzydki — stary; piękny — mądry |

VII. Vervollständigen Sie die folgenden Dialoge durch die fehlenden Begriffe!

1.
A. Czy ma pan brata?
B. Nie, nie mam.
A. A siostrę?
B. Też nie mam.
A. Więc jest pan ... ?

2.
A. Czy masz rodzeństwo, Ewo?
B. Niestety, nie. Jestem ... .

3.
A. Czy jesteś jedynakiem, Romku?
B. Nie, mam ... .
A. Brata czy siostrę?
B. I ..., i ... .

4.
A. Czy jesteś jedynakiem, Leszku?
B. Nie. Mam dorosłego ... i małą ... .

19
Erläuterungen

AUSSPRACHE UND RECHTSCHREIBUNG

Fremdwörter, die auf **-yka** und **-ika** auslauten, werden in allen Kasus mit Ausnahme des Instrumental Plural auf der drittletzten Silbe betont, z. B.: *gramatyka, polityka, muzyka, mechanika, fizyka, polonistyka* usw.

Beim Instrumental Plural ist wieder die vorletzte Silbe zu betonen.

WORTARTEN

△ Der **Nominativ Plural** zu *dzień* hat zwei verschiedene Formen: *dnie* und *dni*. Sie sind beinahe immer austauschbar. Nur in Verbindung mit Grundzahlwörtern wird die Form *dnie* nicht gebraucht. In solchen Verbindungen wird nur *dni* verwandt: *dwa dni, trzy dni*. Der Nominativ *dzień* enthält ein flüchtiges *-e-*, durch das *d* zu *dzi* (= *dź*) erweicht wird. Fällt dieses *-e-* bei Hinzutreten einer Kasusendung aus, ist *d* nicht mehr weich und wird nur noch als *d* geschrieben: *dnie, dni* usw. — Daraus resultiert der relativ große Unterschied zwischen den Wortformen *dzień* und *dnie* bzw. *dni*.

△ Bei den Substantiven *lato, obiad, wiatr* und *sąsiad* kommt es in den Kasus, deren Endung den Themakonsonanten erweicht, wieder zum Vokalwechsel *a* → *e* (vgl. Lektion 13, Konjugation von *jechać*):

lato	— *w lecie*	im Sommer
obiad	— *na obiedzie*	beim Mittag(essen)
wiatr	— *na wietrze*	im Wind
sąsiad	— *po sąsiedzie*	nach dem Nachbarn

△ In *wiosna* wird im Dativ und im Lokativ Singular durch *-e* mit dem Themakonsonanten auch das *-s-* weich (vgl. *mężczyzna* in Lektion 18 und *list* in Lektion 11):

Nom. *wiosna*, Gen. *wiosny*, Dat./Lok. *wiośnie*.

△ Bei den Substantiven, deren **Nominativ Singular auf einen weichen Themakonsonanten** auslautet, ist wieder besonders auf das Genus zu achten:

ta piękna jesień — Femin., aber: *ten piękny dzień* — Mask.
(Vgl. Lektion 13).

△ **Zeit** ⟨ *czas* (L. 5) / *pora*

Die Bedeutungen dieser beiden Substantive lassen sich nicht durch eindeutige Definitionen exakt voneinander abgrenzen, die beiden Wörter sind aber dennoch in den meisten Situationen nicht austauschbar. Als „Faustregel" kann gelten:

czas bedeutet ‚Zeit' in ganz allgemeinem Sinne; ‚Zeit', mit der sich die Philosophie befaßt; ‚Zeit', die parallel zu unser aller Leben abläuft, die wir haben oder nicht haben.

pora bedeutet ‚Zeit' im Sinne einer durch besondere Merkmale charakterisierten Phase, die infolge dieser Merkmale als relativ selbständige Einheit innerhalb größerer Zeitabschnitte aufgefaßt wird, z. B.:

pora roku — Jahreszeit (bestimmter Abschnitt innerhalb des Jahres)
pora obiadowa — Mittagszeit (Zeitphase innerhalb des Tages, in der gewöhnlich Mittag gegessen wird)
pora deszczowa — Regenzeit (z. B. in den Tropen)

Dabei kann *pora* auch bedeuten:
— der rechte, geeignete Zeitpunkt für etwas
— die Zeit, in der etwas geschehen s o l l t e, z. B. in der Wendung *pora na śniadanie* = a) die Zeit für das Frühstück, Frühstückszeit b) der ganze Satz: ‚Es ist Zeit zu frühstücken.' / ‚Nun sollten wir frühstücken.'

Merke auch die Wendung *w porę* = zur rechten Zeit/im rechten Augenblick/rechtzeitig.

△ Für das Substantiv *mróz* gilt wieder der Vokalwechsel ó → o.

△ **Deklination der pluralischen Personalpronomen**

	wir	ihr	personalmaskulin sie	nicht-personalmaskulin, feminin und neutral sie
Nom.	*my*	*wy*	*oni*	*one*
Gen.	*nas*	*was*	*ich*[1]	
Dat.	*nam*	*wam*	*im*[2]	
Akk.	*nas*	*was*	*ich*[1]	*je*
Instr.	*nami*	*wami*	*nimi*	
Lok.	*nas*	*was*	*nich*	
Vok.		*wy!*		

sie (3. Pers. Pl.) ⟨ *oni* (personalmaskulin)
　　　　　　　　　　one (nicht-personalmaskulin)
(Vgl. Lektion 4.)

---

[1] Nicht mit „ich"-Laut, sondern mit „ach"-Laut auszusprechen.
[2] s. noch einmal Hinweise zur Aussprache von *i* in Lektion 1. Im vorliegenden Fall sind diese Hinweise besonders wichtig, da es Wörter mit der Schreibung *ich* und *im* ja auch im Deutschen gibt, wo sie aber anders ausgesprochen werden. Die Gefahr, die polnischen Wörter mit deutscher Artikulation auszusprechen, ist hier besonders groß.

Die Differenzierung zwischen personalmaskuliner und nicht-personalmaskuliner Kategorie gilt auch für den Akkusativ von *oni* und *one* (s. vorstehende Tabelle).

In bezug auf das Nebeneinander dieser beiden Kategorien m e r k e: Dieses Nebeneinander gibt es nur ...

— im Plural

— bei den deklinierten Wortarten (Substantiv, Adjektiv, deklinierte Pronomen und Numeralien) nur im Nominativ, Akkusativ und Vokativ des Plural sowie bei den Verben nur im Präteritum des Plural.

In allen anderen grammatischen Kategorien gibt es die Besonderheit „personalmaskuline Form" n i c h t. Daher sind in der vorstehenden Tabelle Genitiv, Dativ, Instrumental und Lokativ für *oni* und *one* auch gleich.

Für die in der Tabelle aufgeführten pluralischen Personalpronomen gelten die in den Erläuterungen zu Lektion 17 für die singularischen Personalpronomen gegebenen Hinweise 1), 3) und 5). Punkt 5) gilt nicht nur für die mit *j*- anlautende Form *je*, sondern auch für die mit *i*- beginnenden Formen *ich* und *im*, z. B.: *Znamy ich.* (ohne Präposition), aber: *Patrzę na nich.* (mit Präposition).

KONJUGATION DER VERBEN

△ Die **Präsensformen** der polnischen Verben sind — wie die der deutschen — nicht nach dem Genus differenziert:

1. Pers.	ich (mask. und fem.)	*pracuję*
2. Pers.	du (mask. und fem.)	*pracujesz*
3. Pers.	er, sie, es (alle Genera)	*pracuje*

△ Die **Formen des Präteritums** dagegen unterscheiden sich nach dem Genus:

	maskulin	feminin	neutral
1. Pers. Sing.	*pracowałem*	*pracowałam*	—
2. Pers. Sing.	*pracowałeś*	*pracowałaś*	—
3. Pers. Sing.	*pracował*	*pracowała*	*pracowało*

(Vgl. Lektion 8 unter Präteritum von *być* und Lektion 15 unter Präteritum.)

△ Das **Futur der perfektiven Verben** wird durch Beugung nach der Präsenskonjugation gebildet. Hierbei ist im Singular nicht nach dem Genus und im Plural nicht nach personalmaskuliner und nicht-personalmaskuliner Form zu differenzieren:

Singular
1. Pers.	*wyprowadzę się*	— ich werde ausziehen
2. Pers.	*wyprowadzisz się*	— du wirst ausziehen
3. Pers.	*wyprowadzi się*	— er, sie, es wird ausziehen

Plural
1. Pers.	*wyprowadzimy się*	— wir werden ausziehen
2. Pers.	*wyprowadzicie się*	— ihr werdet ausziehen
3. Pers.	*wyprowadzą się*	— sie werden ausziehen

Dieses Futur wird das „perfektive" oder „synthetische" (weil nicht aus mehreren Wörtern zusammengesetzt) Futur genannt.

△ Das **Futur der imperfektiven Verben** wird nach dem folgenden Schema gebildet:
Futurform von *być* + Infinitiv des betreffenden Verbs

Singular
1. Pers.	*będę pracować*
2. Pers.	*będziesz pracować*
3. Pers.	*będzie pracować*

Plural
1. Pers.	*będziemy pracować*
2. Pers.	*będziecie pracować*
3. Pers.	*będą pracować*

Diese Futurform wird das „imperfektive" oder das „analytische" (weil aus Hilfsverb und Infinitiv zusammengesetzt) Futur genannt. Auch diese Formen sind nicht nach dem Genus bzw. nach personalmaskuliner und nicht-personalmaskuliner Form unterschieden.

ACHTUNG! Dieses Schema ist nicht für die Bildung des imperfektiven Futur von Modalverben zu verwenden!

SATZBAU

△ **Temporalbestimmungen** aus den Bezeichnungen für die **Jahreszeiten** werden auf unterschiedliche Weise gebildet — durch den präpositionslosen Instrumental und durch präpositionale Wendungen. Dabei ist besondere Aufmerksamkeit geboten, da diese Wendungen bei den einzelnen Jahreszeiten aus verschiedenen Präpositionen und verschiedenen Kasus bestehen:

Frühling/Frühjahr	im Frühling/Frühjahr	
wiosna	*wiosną*	oder: *na wiosnę* (*Akk.*)
Sommer	im Sommer	
lato	*latem*	oder: *w lecie* (*Lok.*)
Herbst	im Herbst	
jesień	*jesienią*	oder: *na jesieni* (*Lok.*)
Winter	im Winter	
zima	*zimą*	oder: *w zimie* (*Lok.*)

△ Sätze, deren Inhalt **Witterungserscheinungen** betrifft, können subjektlos sein, z. B.:

mit Subjekt	subjektlos
Deszcz pada.	oder: *Pada.* = Es regnet. (Präs.)
Pada deszcz.	
Padał deszcz.	oder: *Padało.* = Es regnete. (Prät.)
Będzie padać deszcz.	oder: *Będzie padać.* = Es wird regnen. (Fut.)

Eine subjektlose Konstruktion ist auch der Satz:
Robi się ciepło/zimno. (Präs.) — Es wird warm/kalt.
Robiło się ciepło. (Prät. imp.) — Es wurde warm.
Będzie się robić ciepło. (Fut. imp.) — Es wird warm werden.

In diesen Konstruktionen ist das Reflexivpronomen *się* das grammatische Signal für die Unpersönlichkeit, die Subjektlosigkeit des Satzes. Wörtlich wäre *Robi się ciepło* ja mit ‚Es macht sich warm' zu übersetzen. Diese Form signalisiert also, daß etwas von selbst geschieht, ohne Subjekt, das für die betreffende Handlung der Ausführende wäre. Am Präteritum dieses Satzes wird erkennbar, daß es sich um die 3. Person Singular N e u t r u m handelt — wie deutsch ‚**Es** wird warm'.

Die Verwendung von nicht reflexiven Verben in Verbindung mit *się* wird in später folgenden Lektionen auch für die Bildung weiterer unpersönlicher Konstruktionen wichtig.

Bei Sätzen, deren Inhalt Tageszeiten, Zustände des Wetters, die Temperatur u. ä. betrifft, kann im P r ä s e n s das Kopulaverb weggelassen werden:

Jest ciepło. oder: *Ciepło.* = Es ist warm.
Tu jest gorąco. oder: *Gorąco tu.* = Es ist heiß hier.
Jest mi zimno. oder: *Zimno mi.* = Mir ist kalt.

Im Präteritum und im Futur muß die Kopula im Satz bleiben:

Było ciepło. Zimno mi było. Tam było mi dobrze. Było gorąco. Będzie ci zimno. Ciepło będzie. U nas będzie wam dobrze. Będzie gorąco.

Übungen

I. Wiederholen Sie den folgenden Dialog und tauschen Sie dabei die hervorgehobenen Elemente gegen die eingerahmten Begriffe aus!

1.
A. To była **nasza córka.**
B. O kim pan mówił?
A. O **naszej córce.**

dobra dentystka; ta miła koleżanka; elegancka studentka; młoda mężatka

2.
A. To *był* **mały stolik.**
B. O czym pani mówiła?
A. Mówiłam **o małym stoliku.**

duży blok; smaczne ciastko; świeży śnieg; ładne biurko

3.
A. To była **dobra książka.**
B. O czym pani mówiła?
A. Mówiłam **o dobrej książce.**

smaczna szynka; piękna wycieczka; duża łazienka; biała szafka

4.
A. To *był* **nowy parasol.**
B. O czym pan mówił?
A. Mówiłem **o nowym parasolu.**

duży hotel; wygodny fotel; słoneczny pokój; czerwony tramwaj; wygodne mieszkanie

5.
A. To była **piękna niedziela.**
B. O czym (o kim) pan mówił?
A. Mówiłem **o pięknej niedzieli.**

> zabytkowa sala; moja ciocia; nasza kuchnia; pani Ola

6.
A. To była **trudna praca.**
B. O czym pan mówił?
A. Mówiłem **o trudnej pracy.**

> mała kałuża; długa podróż; młoda robotnica; moja uczennica

7.
A. To była **stara gazeta.**
B. O jakiej **gazecie** pan mówi?
A. Mówię **o starej gazecie.**

> młoda kobieta; długa broda; duża winda; gorąca woda

8.
A. Ten **brunet** był **wysoki.**
B. O jakim brunecie mówisz?
A. Mówię o wysokim brunecie.

> duży kotlet; nowe auto; przystojny sąsiad; smaczny obiad

9.
A. O czym mówicie?
B. Mówimy **o smacznym deserze.**

> ciepły wiatr; moje biuro; stare lustro; moja siostra

10.
A. To była **ciekawa lekcja.**
B. O jakiej **lekcji** pani mówi?
A. Mówię **o ciekawej lekcji.**

> dobra restauracja; ładna fotografia; długa historia; piękna galeria

II. Bilden Sie von den hier aufgeführten Verben die Formen für die drei Zeiten!

a) für die 1. Person Singular:
1. teraz . . . .
2. wczoraj . . . .
3. jutro . . . .

> pytać; odpowiadać; mówić

b) für die 3. Person Singular:
1. teraz Jacek . . . .
2. wczoraj Jacek . . . .
3. jutro Jacek . . . .

> dzwonić; odpoczywać; pić; kupować

c) für die 3. Person Singular reflexiver Verben:
1. teraz Kasia **się czesze**
2. wczoraj Kasia **się czesała**
3. jutro Kasia będzie **się czesać**

> myć się; denerwować się; zastanawiać się

III. Wiederholen Sie die folgenden Sätze mit den eingerahmten Begriffen in der richtigen grammatischen Form!

Idę **do szkoły na lekcję.**
Jestem **w szkole na lekcji.**

> restauracja — obiad; park — wycieczka; ogród — spacer

IV. Beantworten Sie die folgenden Fragen durch unpersönliche Konstruktionen!
1. Jaka pogoda jest latem?
2. A jesienią?
3. A jaka jest zwykle na wiosnę?

V. Vervollständigen Sie die folgenden Sätze durch entsprechende Formen (mit bzw. ohne Präposition) der Bezeichnungen für die Jahreszeiten!
1. ... dni są długie, jest gorąco, a niebo jest czyste i pogodne.
2. ... robi się zimno, często pada deszcz i wieje chłodny wiatr.
3. Mróz jest ..., wtedy pada śnieg. ... dni są krótkie.
4. ... wszystko budzi się do życia.

20
Erläuterungen

WORTARTEN

△ Der **Genitiv Plural der maskulinen Substantive** hat folgende Endungen:

a) bei hartem Themakonsonanten:
-ów, z. B.: *papierosów, parków, obrazów, proszków, listów*

b) bei weichem und historisch weichem Themakonsonanten:
-ów, z. B.: *królów, uczniów, widelców, palców*

oder

-i (nach weichem Themakonsonanten), z. B.: *mebli, parasoli*
-y (nach historisch weichem Themakonsonanten, z. B.: *lekarzy, groszy, pieniędzy* (ą → ę!)

Dafür, ob in der Gruppe b) die Endung *-ów* oder die Endung *-i* bzw. *-y* zu erwarten ist, gibt es keine Regel. Die Endung muß also zusammen mit der betreffenden Vokabel gelernt werden. Bei einigen Substantiven dieser Gruppe sind sogar beide Endungen üblich, z. B.: *hoteli* oder *hotelów*.

△ Der **Genitiv Plural der femininen und der neutralen Substantive** ist meist **endungslos**, z. B.: *gazet, pań, kin*.

Ergibt sich bei diesem Wegfall der Kasusendung, daß am Ende der betreffenden Wortform eine Konsonantenhäufung stünde, wird zu deren Auflösung bei den meisten Substantiven ein *-e-* eingeschoben, z. B.:

Gen. Pl. zu   *zapałka*   — *zapałek*
Gen. Pl. zu   *złotówka*   — *złotówek*
Gen. Pl. zu   *mydło*   — *mydeł*

(Im Polnischen wird der Plural von *mydło* nicht nur in der Bedeutung „Seifenarten", sondern auch in der Bedeutung „Seifenstücken" gebraucht.)

Nach *-g-* und *-k-* wird vor dem hier besprochenen *-e-* wieder ein *-i-* eingefügt, z. B.: Gen. Pl. zu *okno : okien*.

Ist der Stammvokal eines solchen Substantivs ein *-o-*, kommt es im Genitiv Plural (der durch den Wegfall der Kasusendung ja um eine Silbe kürzer als die anderen Kasus ist) meistens zum Vokalwechsel $o \rightarrow ó$, z. B.:

głowa — Gen. Pl. *głów*.

(Vgl. den umgekehrten Vorgang in Lektionen 8 und 11.)

△ Das Substantiv *ból* behält in allen Kasus das *-ó-*. (Vgl. *król*.)

△ Das Substantiv *pieniądze* (Gen. *pieniędzy*) funktioniert in der Bedeutung ‚Bargeld', ‚Barzahlungsmittel' als Pluraletantum (vgl. *drzwi* und *schody*):

Tu są pieniądze. (*Nom. Pl.*) Hier ist (das) Geld.
Tam leżą pieniądze. Dort liegt (das) Geld.

Der Singular zu diesem Wort — *pieniądz* — bedeutet:

a) ‚Geld' als ökonomische Kategorie, historische Erscheinung und ‚Währung',

b) ‚Geldstück', ‚Münze' (in dieser Bedeutung heute schon weitestgehend durch *moneta* verdrängt).

△ Der **Genitiv Plural der Adjektive** hat in allen drei Genera die folgenden Endungen:

a) nach hartem Themakonsonanten (mit Ausnahme von -g- und -k-): **-ych** (*nowych, pięknych, dobrych*)

b) nach historisch weichem Themakonsonanten: **-ych** (*świeżych*)

c) nach weichem Themakonsonanten sowie nach den harten Themakonsonanten -g- und -k-: **-ich** (*ostatnich, tanich; drogich, wysokich*).

△ Die Vokabeln *drobne* (Pl.!) und *złoty* sind in der vorliegenden Lektion substantivierte Adjektive.

drobne ist der Nom. bzw. der Akk. Pl. (nicht-personalmaskulin) des Adjektivs *drobny* (= klein, fein(körnig), gering). Die heute übliche Form *drobne* für ‚Kleingeld' ist aus der Wortverbindung *drobne pieniądze* (= kleine Münzen, kleines Geld, Kleingeld) entstanden. Man verwendet heute statt der ganzen genannten Verbindung als Ellipse also nur noch das Adjektiv: *drobne* = Kleingeld. Daher der Sprachgebrauch:

Tam są drobne. Dort ist (das) Kleingeld.
Czy masz drobne? Hast du Kleingeld?
Nie mamy drobnych. Wir haben kein Kleingeld. usw.

złoty ist eigentlich ein Adjektiv mit der Bedeutung ‚golden', ‚Gold~', z. B.: *złoty zegarek* = goldene Uhr.

Als Bezeichnung für die polnische Währungseinheit ist *złoty* ebenfalls eine Ellipse, entstanden aus *złoty pieniądz* (= goldene Münze, goldenes Geldstück, vgl. dt. „Goldstück"). — Darum wird *złoty* noch heute adjektivisch dekliniert.

Das Wort bedeutet heute:
a) die polnische Währung
b) die größere der beiden polnischen Währungseinheiten
c) die Wert- bzw. Preisangabe — *1 Złoty*.

ACHTUNG! Das Wort *złotówka* ist ein feminines Substantiv und bedeutet ‚Ein-Złoty-Stück', ‚Ein-Złoty-Münze'.

△ Der **Imperativ für die 2. Person Singular** kann endungslos sein, z. B.: *kup!, mów!, bierz!, idź!, poproś!*, jeweils gebildet von der 3. Person Singular des betreffenden Verbs durch Ablösen der Endung für diese Person (*-e* oder *-i* bzw. *-y*):

on bierze → *bierz!*
on idzie → *idź!*
on poprosi → *poproś!*

Wie die Beispiele *kup!* und *mów!* erkennen lassen, bleibt die Weichheit einiger Konsonanten dabei nicht erhalten. Sie verhärten. Das gilt für *b, p, w, f* und *m* in dieser Position.

Diese fünf Konsonanten gibt es im polnischen Lautbestand zwar als harte und weiche Varianten (z. B.: **być** — hart, **biały** — weich; **meble** — hart, **mieć** — weich usw.), sie kommen aber als weiche Varianten heute nirgendwo mehr im Wortauslaut (vgl. vorstehende Imperativformen) und vor Konsonanten vor. In diesen Positionen sind die genannten fünf Konsonanten verhärtet, wenn sie dort früher einmal weich waren. Es handelt sich also um die Positionen, in denen die Weichheit von Konsonanten durch ein ' angezeigt werden müßte. Die Verhärtung der genannten Konsonanten in diesen beiden Positionen ist die Erklärung dafür, daß es zwar ein weiches *b, p, w, f, m* im Polnischen gibt, daß diese Zeichen aber nie mit ' erscheinen.
Die Beispiele

idzie → idź!
poprosi → poproś!
wyprowadzi się → wyprowadź się!

zeigen, daß alle anderen Konsonanten bei der Bildung des Imperativs weich bleiben, wenn sie in der Ausgangsform weich waren.

ACHTUNG! Von Verben, deren 3. Person Singular auf *-a* auslautet (z. B.: *czyta*), wird der Imperativ n i c h t auf die hier beschriebene Weise gebildet!

Zu den Formen der Aufforderung gegenüber Personen, die mit „Sie" angesprochen werden, s. Lektion 15 (Bildungen mit *niech*) bzw. die Konstruktion *proszę + Infinitiv*.

△ **To poproszę „Politykę".** — Dann eine „Polityka" bitte.

Diese Konstruktion sollte als Redewendung gelernt werden: *Poproszę + Akkusativ*. Dieser Wendung bedient sich der Kunde bzw. der Gast, um im Geschäft oder im Restaurant seine Wünsche zu äußern.

Die Futurform des Verbs (perfektiv!) hat hier eine ähnlich rhetorische Funktion wie in deutschen Wendungen des Typs ‚Na, dann werd' ich mal losgehen.', ‚Dann werde ich es mal versuchen.' usw. — Durch die Verwendung des Futur wird ein Vorhaben quasi angekündigt, obwohl seine Ausführung gleichzeitig schon beginnt.

Das Wort *to* in dieser Wendung ist weder Demonstrativpronomen (*ten, ta, to*), noch verstärkende Partikel (*Tobie to dobrze.*), sondern eine Konjunktion, die dem deutschen ‚dann' entspricht. Vgl. ‚Wenn..., dann...')

ACHTUNG! Hiermit ist nicht das Adverb ‚dann' im Sinne von ‚nachher', ‚danach', ‚hinterher' oder ‚später' gemeint! (Dieses ‚dann' heißt polnisch *potem*.)

△ Zu *jakieś* m e r k e :

Interrogativpronomen werden durch Anfügen von -*ś* zu Indefinitpronomen:

Interrogativpronomen		Indefinitivpronomen	
jaki?	— was für ein? welch ein?	*jakiś*	— (irgend)ein
kto?	— wer?	*ktoś*	— irgendwer, jemand
co?	— was?	*coś*	— etwas[1], irgend(et)was
gdzie?	— wo?	*gdzieś*	— irgendwo

Sind dabei die Ausgangsformen deklinierbar, werden die durch Anfügen von -*ś* gebildeten Indefinitpronomen ebenfalls dekliniert, und -*ś* wird an jede Wortform als letztes Element angefügt, z. B.:

jakaś kobieta — (irgend)eine Frau
z jakąś kobietą — mit (irgend)einer Frau
coś — *czegoś* usw.

Die Formen von *jakiś* vertreten häufig den im Polnischen als Wortart fehlenden unbestimmten Artikel (s. Lektion 1), z. B.: *Kup sobie jakąś książkę!* muß also nicht unbedingt heißen: Kauf dir **irgend**ein Buch!, sondern kann — je nach Zusammenhang — auch bedeuten: Kauf dir ein Buch (und lies)!

---

[1] nur im Sinne von ‚eine nicht näher bezeichnete Sache', nicht im Sinne von ‚ein bißchen'!

△ **Die Präposition** *za* + *Akk.* hat (wie ja beinahe jede Präposition in beiden Sprachen) mehrere Bedeutungen. In der vorliegenden Lektion wird sie als ‚für' zum Anschluß eines Äquivalentes im weitesten Sinne gebraucht, d. h. als ‚für' in der Bedeutung ‚als Gegenwert' (ein Anzug für viel Geld), ‚anstelle' (**für** jemanden die Arbeit machen; **für** jemanden, der sie eigentlich selbst tun müßte), ‚als Ersatz' (den Willen **für** die Tat nehmen) usw.

Damit kennt der Nutzer des Lehrbuches jetzt bereits:

für ⟨ *dla* + *Gen.* — *Kup książkę **dla** dziecka!*
    na + *Akk.* — *Czy masz pieniądze **na** książkę?*
    za + *Akk.* — *Kupimy znaczek **za** złotówkę.*

Da die Präpositionen in beiden Sprachen so ungeheuer vieldeutig sind, sollte sich der Lernende eine eigene Sammlung anlegen, in der er die potentiellen Bedeutungen der von ihm gelernten Präpositionen verzeichnet. Dabei sollte aber nie der entsprechende Kasus fehlen! Allein die Präposition *za* regiert z. B. je nach Bedeutung den Genitiv, den Akkusativ (in mehreren Bedeutungen) und den Instrumental (in mehreren Bedeutungen)!

In Verbindung mit Verben werden Präpositionen oft in einer Bedeutung gebraucht, die sich vom Standpunkt einer anderen Sprache aus oder von den Bedeutungen derselben Präposition in anderen Zusammenhängen her gar nicht ohne kompliziertere sprachwissenschaftliche Betrachtungen erklären läßt. Für diese Fälle wird empfohlen, die Präposition und den dazugehörigen Kasus als Bestandteil der betreffenden Vokabel zu betrachten und so mit dem Verb zusammen zu lernen.

SATZBAU

△ Die **Grundzahlwörter** *jeden* (*jedna, jedno*; vgl. *pewien* in Lektion 15), **dwa, trzy** und **cztery** funktionieren syntaktisch, wie folgt:

jeden ist von seinem Formenbestand her ein komplettes Adjektiv mit speziellen Formen für die drei Genera sowie mit kompletter adjektivischer Deklination im Singular und im Plural (letzterer folgt später), z. B.:

jeden pan, z jednym panem; jedna kobieta, u jednej kobiety;
jedno okno, na jednym oknie ...

dwa, trzy und *cztery* werden so nicht dekliniert! (Deklination folgt später). Das bedeutet, der Lernende kann diese Vokabeln bislang nur im Nominativ (Pl.) und im Akkusativ (Pl.) der nicht-personalmaskulinen Kategorie gebrauchen, z. B.:

Tam są dwa/trzy/cztery znaczki/listy. — Nom. Pl.
Mamy dwa/trzy/cztery znaczki/listy. — Akk. Pl.

Diese Beispiele lassen erkennen, daß die genannten drei Grundzahlwörter mit dem nachfolgenden Substantiv „grammatisch kongruent" sind, d. h., Zahlwort und Substantiv stehen immer beide in dem Kasus, den die ganze Einheit repräsentieren soll (wie bei Sinneinheiten, die aus Adjektiv und Substantiv bestehen). Dieser Hinweis muß hier gegeben werden, weil nicht alle polnischen Zahlwörter so funktionieren; andernfalls wäre er natürlich überflüssig.

Hier sei noch einmal daran erinnert, daß die bisher behandelten Grundzahlwörter mit Ausnahme von *jeden* n i c h t auf die personalmaskuline Kategorie anzuwenden sind! (‚zwei Herren', ‚drei Lehrer' usw. könnten mit Hilfe dieser Zahlwörter also noch nicht übersetzt werden!)

Das Zahlwort *dwa* ist nur auf maskuline Substantive der nicht--personalen Kategorie und auf neutrale Substantive anzuwenden, z. B.: *dwa pokoje, dwa okna.* Für feminine Substantive heißt die entsprechende Form *dwie*, z. B.: *dwie kobiety, dwie książki.* Die Formen *trzy* und *cztery* gelten für alle drei Genera (mit Ausnahme der personalmaskulinen Kategorie), z. B.:

trzy/cztery pokoje, okna, kobiety, książki.

In den Verbindungen *dwa/trzy/cztery złote* ist *złote* ein adjektivischer Plural (Nom. und Akk.) der nicht-personalmaskulinen Kategorie. (Vgl. den entsprechenden Punkt unter „Wortarten".)

△ Die Präposition *po + Akk.* kann (neben anderen Bedeutungen) dem deutschen ‚(zu) je' entsprechen, z. B.:

Kupujemy dwa znaczki po cztery złote. Wir kaufen zwei (Brief-)Marken zu je 4 Złoty.

ACHTUNG! In dieser Bedeutung steht *po* mit dem hier bereits genannten Akkusativ. Es gibt von dieser Regel jedoch eine Ausnahme: In Verbindung mit der Zahl ‚eins' (die auch weggelassen werden kann) steht *po* in dieser Bedeutung mit dem Lokativ.

Beispiele:

Mamy po dwa/trzy/cztery znaczki (Akk.). Wir haben je 2/3/4 Marken.
aber:
Mamy po (jednym) znaczku (Lok.). Wir haben je eine Marke.

Übungen

I. Wandeln Sie die folgenden Sätze nach dem vorgegebenen Muster ab!

1.
0. Kup mi, proszę, papierosy.   0. Nie mam już papierosów.
1. Kup mi, proszę, ołówki.   1. ....
2. Kup mi, proszę, tygodniki.   2. ....
3. Kup mi, proszę, znaczki.   3. ....
4. Kup mi, proszę, proszki od bólu głowy.   4. ....

2.
0. Tu są stare parki.   0. Tu nie ma starych parków.
1. Tu są piękne, zielone trawniki.   1. ....
2. Tu są wysokie domy.   2. ....
3. Tu są ładne balkony.   3. ....
4. Tu są nasze dokładne adresy.   4. ....
5. Tu są kioski „Ruchu".   5. ....

3.
0. Lubię wysokie domy.   0. Nie lubię wysokich domów.
1. Maria kupuje nowe obrusy.   1. ....
2. Oglądam nowe tapczany.   2. ....
3. Marta robi zakupy.   3. ....
4. Ewa gotuje obiady.   4. ....
5. Adam przygotowuje podwieczorki.   5. ....
6. Kelner podaje krem i owoce.   6. ....
7. Kasia lubi pisać listy.   7. ....
8. Lubimy oglądać portrety naszej mamy.   8. ....
9. Adam opowiada dobre dowcipy.   9. ....
10. Ewa pali dobre papierosy.   10. ....

4.
0. Anna robi smaczne kanapki.
1. Kasia lubi świeże bułki.
2. Jacek czyta ciekawe książki.
3. Leszek kupuje zapałki.
4. Pani Danuta kupuje nowe szklanki, łyżeczki i łyżki.

0. Anna nie robi smacznych kanapek.
1. . . . .
2. . . . .
3. . . . .
4. . . . .

II. Beantworten Sie die Fragen entsprechend dem vorangestellten Muster!

0. Czy znasz moje córki?
1. Czy spotykasz te miłe sąsiadki?
2. Czy profesor pyta te studentki?
3. Czy lubisz nauczycielki Kasi?
4. Czy widzisz te małe dziewczynki?
5. Czy zapraszasz na ślub koleżanki?

0. Nie, nie znam twoich córek.
1. . . . .
2. . . . .
3. . . . .
4. . . . .
5. . . . .

III. Vervollständigen Sie die folgenden Dialoge und ersetzen Sie dabei die hervorgehobenen Elemente durch die eingerahmten!

1.
A. Dokąd idziesz?
B. Do kiosku **po zapałki**.
A. Pójdę z tobą. Ja też nie mam ... .

| papierosy i znaczki; nowe tygodniki; gazety; proszki od bólu głowy |

2.
A. Czy możesz przygotować **kanapki**?

| podwieczorek; kolacja; kawa i ciastka |

B. Tak, ale nie mam ... .
Czy możesz pójść do sklepu i kupić ...?
A. Ależ ja nie mam czasu!

| masło i szynka; herbata i owoce; pieczywo i wędlina; ciastka |

IV. Vervollständigen Sie die folgenden Dialoge durch den Akkusativ Plural bzw. den Genitiv Plural der eingerahmten Begriffe!

A. Czy masz ...?
B. Nie, nie mam ... .
A. Może pójdziesz do kiosku i kupisz?
B. Dobrze, zaraz pójdę.

| papieros; znaczek pocztowy; proszek od bólu głowy; nowy tygodnik; gazeta |

V. Vervollständigen Sie die folgenden Dialoge durch die richtigen Formen der eingerahmten Begriffe!

1.
A. Aniu, co czytasz?
B. Dzisiejszą gazetę.
A. Może masz ...?
B. Nie, nie mam ... .

„Kultura"; nowa „Polityka"; „Literatura"

2.
A. Co dla pana?
B. Poproszę o ... .
A. Proszę bardzo. To wszystko?
B. Tak. Ile płacę?

pudełko zapałek; dzisiejsza gazeta i „Polityka"; jeden znaczek pocztowy na list krajowy; pięć znaczków pocztowych na listy zagraniczne; papierosy „Caro" i zapałki

A. Płaci pan ... .

80 groszy; 5 złotych; złoty pięćdziesiąt; 20 złotych 40 groszy; 24 złote 50 groszy

21
Erläuterungen

AUSSPRACHE UND RECHTSCHREIBUNG

Die folgenden **Grundzahlwörter** werden auf der d r i t t-letzten Silbe betont:

czterysta, siędemset, osiemset, dziewięćset.

WORTARTEN

△ **Maskuline Substantive** haben im **Dativ Singular** die Endung

oder
    -owi (Nowakowi)
    -u (panu).

△ Alle **naturalen Substantive** haben im **Dativ Singular** die Endung

-u (państwu, małżeństwu, oknu, mieszkaniu).

△ Die **femininen** Substantive haben im **Dativ Singular** dieselben Endungen wie im Lokativ Singular (s. Lektion 13).

△ Im **Dativ Plural** haben **alle** Substantive die Endung *-om*.

△ **Adjektive** haben im **Dativ Singular** die folgenden Endungen:
maskuline und neutrale: *-emu*
feminine: *-ej*.

△ Im **Dativ Plural** haben **alle Adjektive** — unabhängig vom Genus — die Endung *-ym* bzw. *-im*.

SATZBAU

△ Die **Grundzahlwörter von 5 aufwärts** funktionieren syntaktisch anders als die Zahlwörter für 1—4 (vgl. Lektion 20).

Sie funktionieren im Nominativ und im Akkusativ wie Substantive, so daß das nachfolgende, von ihnen näher bestimmte Substantiv im Genitiv Plural steht, z. B.: *pięć koszul, sześć krawatów, dziesięć stoisk*.

Dieser Genitiv ist mit dem genitivus partitivus zu vergleichen (s. Lektion 15). Die Konstruktion *pięć koszul* hat in dieser Hinsicht also dieselbe Struktur wie ‚eine Gruppe junger Mädchen' (= Gen.) oder ‚ein Korb schöner Äpfel' (= Gen.) u. ä.

Damit ist das Zahlwort (als Nominativ) das Subjekt bzw. (als Akkusativ) das Objekt im engeren Sinne, und das nachfolgende Substantiv funktioniert als Genitivattribut.

Wenn diese Konstruktion (im Nominativ) das Subjekt eines Satzes ist, steht das dazugehörige Prädikat im Singular, z. B.: *Pięć koszul l e ż y ..., Dziesięć krawatów j e s t ...* usw., da die Form des Prädikats eben nicht mehr von dem Substantiv (jetzt ja Attribut), sondern vom Zahlwort (= Subjekt) abhängt. — Vgl. deutsch: **Ein Korb** schöner Äpfel **steht** ... (nicht ‚stehen').

Sind Grundzahlen mehrstellig, werden sie in der Reihenfolge Hunderter — Zehner — Einer ausgesprochen, z. B.: *dwadzieścia pięć groszy, czterysta pięćdziesiąt pięć złotych, czterysta złotych, dwadzieścia jeden kapeluszy*.

Wenn jedoch *dwa* (*dwie*), *trzy* oder *cztery* als Einer mehrstelliger Grundzahlen fungieren, ist das nachfolgende Substantiv wieder mit dem

Zahlwort grammatisch kongruent (als handle es sich um einstellige Zahlen), wie in Lektion 20 beschrieben wurde. Das Prädikat steht dann auch wieder im Plural, z. B.: *Dwadzieścia dwie koszule są..., trzydzieści trzy krawaty leżą..., czterdzieści cztery złote są...* usw.

ACHTUNG! Das Zahlwort *jeden* wird als Einer mehrstelliger Grundzahlwortkonstruktionen n i c h t nach dem Genus abgewandelt. Es hat in dieser Stellung auch keinen Einfluß auf die Form des Prädikates. Vgl.:

Jeden dom stoi ...   *Dwadzieścia jeden domów stoi ...*
Jedna kobieta stoi ...   *Dwadzieścia jeden kobiet stoi ...*

Wie die Beispiele zeigen, bleibt das nachfolgende Substantiv dabei im Genitiv Plural (als sei *jeden* gar nicht in der Konstruktion enthalten).

△ **Die präpositionalen Wendungen** *w kwiaty*, *w paski* und *w grochy* werden in attributiver Funktion zur Bezeichnung des Musters von Textilien, Tapeten u. ä. gebraucht und stehen dabei h i n t e r dem dadurch näher bestimmten Substantiv, z. B.:

krawat w kwiaty — geblümte Krawatte
koszula w paski — gestreiftes Hemd
krawat w grochy — gepunktete Krawatte

△ Das Verb *podobać się* ist reflexiv, funktioniert ansonsten aber grammatisch wie sein deutsches Äquivalent, z. B.:

Dieses Hemd (Nom.) gefällt mir (Dat.).
Ta koszula (Nom.) podoba mi (Dat.) się.

△ Die Wendung (*Dativ*) *do twarzy w* (+ *Lok.*) funktioniert anders als ihr deutsches Pendant:

Jemandem steht ein Kleidungsstück gut (zu Gesicht). = (Dativ der Person) + (*jest*) + *do twarzy* + *w* + (Lokativ des Kleidungsstückes).
Beispiel:
Panu Nowakowi (jest) do twarzy w zielonym krawacie.
Herrn Nowak steht die grüne Krawatte gut (zu Gesicht).

Im Präsens kann die Kopula (*jest*) wegfallen. Im Präteritum und im Futur muß sie zur Kennzeichnung des Tempus im Satz bleiben:

Prät.: *Panu Nowakowi w zielonym krawacie **było** do twarzy.*
Fut.: *Panu Nowakowi w zielonym krawacie **będzie** do twarzy.*

Negiert werden diese Aussagen durch die Partikel *nie*:
Panu Nowakowi nie (jest) do twarzy w zielonym krawacie.
Panu Nowakowi nie było do twarzy w zielonym krawacie.
Panu Nowakowi nie będzie do twarzy w zielonym krawacie.

Übungen

I. Wandeln Sie die folgenden Dialoge ab, indem Sie die hervorgehobenen Elemente durch die eingerahmten Begriffe ersetzen!

1.
A. Komu podoba się ta koszula?
B. Podoba się temu wysokiemu panu.
A. **Panu Nowakowi?**
B. Tak, **panu Nowakowi**.

> pan Jan Kowalski; profesor Cierniak; technik Starewicz; mój brat; nasz nauczyciel

2.
A. Komu podoba się ta bluzka?
B. Podoba się **tej przystojnej studentce**.

> nasza sąsiadka; moja żona; twoja siostra; ta wysoka blondynka

3.
A. Komu podoba się ten pan?
B. Podoba się **Basi**. **Basia** często mówi o tym panu.

> Kasia; ta pani; nasza gospodyni; ta uczennica; wasza babcia

4.
A. Komu podoba się to mieszkanie?
B. Podoba się **naszemu dziecku**.

> wasze rodzeństwo; to młode małżeństwo

II. Wandeln Sie die folgenden Dialoge ab, indem Sie die hervorgehobenen Elemente durch die passenden grammatischen Formen der eingerahmten Begriffe ersetzen!

1.
A. Czy mogę obejrzeć te *dwa* **swetry**?
B. Proszę bardzo, *ten* **sweter** jest *ładny*, prawda?
A. Tak, *ten* mi się podoba.

> kurtka; koszula; krawat; parasol; płaszcz

2.
A. Czy ci się podobam *w tym* **kapeluszu**?
B. Podobasz mi się, ale ten jest *za drogi*, wolę *ten szary*.
A. Ale w *szarym* nie jest mi do twarzy.

garnitur; marynarka; szalik; beret; bluzka; spódnica

3.
A. Czy mi do twarzy w kolorze **zielonym**?
B. Bardzo dobrze ci jest **w zielonym**.
A. Lubię **zielony** kolor.

szary; niebieski; granatowy; brązowy; różowy

III. Wiederholen Sie die folgenden Dialoge und tauschen Sie dabei die Numeralien aus!

1.
A. Proszę pani, czy mogę obejrzeć taką szarą koszulę?
B. Jaki rozmiar?
A. **Trzydzieści dziewięć.**
B. Proszę bardzo.
A. Ile kosztuje ta koszula?
B. **Dwieście złotych.**
A. To niedrogo.

37; 40; 38; 43; 36; 42

230; 160; 350; 270; 490; 180

2.
A. Jak się panu podoba ten krawat?
B. Ładny. A ile on kosztuje?
A. **Trzysta dziesięć złotych.**
B. O, to za drogo!

80; 110; 140; 220; 390

IV. Vervollständigen Sie die Dialoge durch die entsprechenden Formen der Personalpronomen *ja* bzw. *ty!*

1.
A. Jak ... się podobam w tym kapeluszu?
B. Podobasz ... się. Jest ... w nim bardzo do twarzy.

2.
A. Podoba ... się ten niebieski sweter.
B. A ja wolę biały. W białym swetrze jest ... do twarzy.

V. Vervollständigen Sie den folgenden Text durch die fehlenden Wörter und Endungen!

Państwo Nowakowie idą __ zakupy. Teraz są _ domu towarowym „Wars" __ parterze. Pan Nowak ogląda różn_ towar_, szczególnie konfekcj_ męsk_. Tam ogląda koszul_, swetr_, parasol_, skarpetk_. Pyta ekspedientk_, czy może _____ koszulę _ paski. Koszula podoba ___ pan_ Nowak___, ale pani Danuta mówi, __ ta koszula jest __ droga. Potem oglądają krawat_: krawat _ grochy nie pasuje __ marynark_ pana Nowaka, a krawat _ kwiaty jest niegustowny. Tak _____ pani Danuta. W dom_ towarow__ „Sawa" oglądają konfekcj_ damsk_. Pani Nowakowa ogląda kapelusz_. Mąż jest _____, bo pani Danuta zatrzymuje ___ tam bardzo długo. Mierzy jeden kapelusz __ drugim. Co _____ pyta męż_, czy jej do twarzy w takim kolorze. Kupuje kapelusz niebieski. Ten kapelusz __ ładny fason. Pani Danuta twierdzi, __ koszula ___ męża jest __ droga, ale kapelusz jest bardzo _____.

VI. Beantworten Sie die folgenden Fragen!

1. Dokąd wybierają się po zakupy państwo Nowakowie?
2. Co ogląda pan Leszek w „Warsie"?
3. Dlaczego pan Nowak nie kupił koszuli?
4. Jaki krawat podoba się panu Nowakowi?
5. A co twierdzi pani Danuta?
6. Co kupuje pani Danuta?
7. Dlaczego pani Danuta kupiła kapelusz?
8. W jakim kolorze jest ci do twarzy?

22
Erläuterungen

WORTARTEN

△ Das Substantiv *dziurka* ist mit Hilfe des Suffixes *-ka* von *dziura* abgeleitet.
Dieses Suffix entspricht den deutschen Suffixen ‚-chen' und ‚-lein'. Es dient wie die genannten deutschen Suffixe zur Bildung von Diminutiven (Verkleinerungs- bzw. Koseformen) zu Substantiven.

Anders als im Deutschen ändert sich das Genus des Substantivs im Polnischen dabei n i c h t. Das polnische Suffix hat für jedes Genus eine spezifische Form:

- mask. **-ek** *(ser — serek, dom — domek)*
- fem. **-ka** *(dziura — dziurka, lampa — lampka)*
- neutr. **-ko** *(auto — autko, lustro — lusterko; -e- — Einschub zur Auflösung der Konsonantenhäufung)*

Bei Substantiven, in deren Wortstamm bereits ein -k- als Suffix enthalten ist, werden die Diminutive mit Hilfe von zusammengesetzten Suffixen gebildet:

- mask. **-eczek** *(pasek — paseczek)*
- fem. **-eczka** *(bułka — bułeczka)*
- neutr. **-eczko** *(biurko — biureczko)*

△ Das Substantiv **kakao** gehört dem neutralen Genus an und wird nicht dekliniert, z. B.: *moje kakao, w słodkim kakao.*

△ Zu den mit Präpositionen gebrauchten **Personalpronomen** s. noch einmal Lektion 17, Wortarten, Punkt 5.

△ Für den Gebrauch der Kasus von *on, ona* und *ono* in Verbindung mit Präpositionen ergibt sich somit die folgende Deklinationstabelle:

	on	ona	ono
Nom.	on	ona	ono
Gen.	niego	niej	niego
Dat.	niemu	niej	niemu
Akk.	niego	nią	nie
Instr.	nim	nią	nim
Lok.	nim	niej	nim

△ Die **Ordungszahlwörter** *(pierwszy, pierwsza, pierwsze; drugi, druga, drugie* usw.) haben — wie die Adjektive — für die drei Genera unterschiedliche Endungen und werden adjektivisch dekliniert.

△ Die Wortform **najpierwsza** ist aus einem Ordnungszahlwort *(pierwszy)* und dem Präfix *naj-* zusammengesetzt. Letzteres dient ansonsten zur Bildung des Superlativs von Adjektiven und Adverbien. Der „Superlativ" zu *pierwszy (najpierwszy)* wird vor allem in der Umgangssprache gebraucht und hat expressiven Charakter (wie deutsch „der allererste").

△ Die Wortform *tarty* ist das Passivpartizip zum Verb *trzeć* (= reiben, wischen, streichen, scheuern). Auch dieses Partizip ist wie ein Adjektiv nach den drei Genera sowie nach Singular und Plural abzuwandeln und zu deklinieren.

SATZBAU

△ Die syntaktische Konstruktion
(maskulin)   *Był sobie (raz) ...*   (z. B. *król*)
(feminin)   *Była sobie (raz) ...* (z. B. *mała dziewczynka*)
(neutral)   *Było sobie (raz) ...* (z. B. *miłe dziecko*)

entspricht der deutschen Wendung ‚Es war einmal ...' als Beginn vieler Märchen.

△ Ist eine der **Grundzahlen von 5 an aufwärts** das Subjekt (im engeren Sinne) eines Satzes, so daß das nachfolgende (im Genitiv stehende) Substantiv keinen Einfluß mehr auf die Form des Prädikats hat (vgl. Lektion 20), dann steht das Prädikat in der 3. Person Singular (Neutrum), z. B.:

Präs. *Kucharki są ...*   aber: *Sześć kucharek jest ...*
Prät. *Kucharki były*[1] *...* aber: *Sześć kucharek było ...*
Fut.   *Kucharki będą ...*   aber: *Sześć kucharek będzie ...*

Das hier Gesagte gilt für jedes Verb als Prädikat zu Zahlwortkonstruktionen des genannten Typs als Subjekt, z. B.: *Dziesięć drzew stało. Sto książek leży. Dwadzieścia krawatów kosztuje ... Trzydzieści osiem samochodów jechało ... Sześć kucharek kłóciło się.*

△ Das reflexive Verb *kłócić się* geht folgende Verbindungen mit Präpositionen ein:

sich zanken mit (+Dativ)   um (+Akkusativ)
kłócić się z (+Instr.)   *o* (+Akkusativ).
Beispiele:
Eine Köchin zankt sich mit der anderen um den Kakao, um die Suppe ...
Jedna kucharka kłóci się z drugą o kakao, o zupę ...
Ewa zankt sich mit Janek um das neue Buch.
Ewa kłóci się z Jankiem o nową książkę.

---
[1] 3. Pers. Pl. nicht-personalmaskulin.

△ **wykipieć** — **wykipiało**

Für die Bildung des Präteritums von Verben, deren Infinitiv auf *-eć* auslautet, gilt:
Solange das *-ł-* (als Signal für Präteritum) hart — also *ł* und nicht *l* — bleibt, steht statt des *-e-* aus dem Infinitiv in den Formen des Präteritums ein *-a-*, z. B.:

wykipieć — *wykipiało, wykipiała*
siedzieć — *siedziałem, siedziałaś, siedział, siedziała*
wiedzieć — *wiedziałam, wiedziałeś, wiedział, wiedziała*

△ **Vergleiche** werden in der nüchternen Alltagsrede mit Hilfe der Konjuktion *jak* (= wie) gebildet, z. B.: *kwaśny jak ocet, długi jak makaron* usw. — Die Konjunktion *niby* kann dieselbe Funktion erfüllen, ist aber der Literatur- bzw. Schriftsprache vorbehalten.

△ In dem Satz *Nic nigdy nie robiła* (Sie tat nie/mals/etwas. — Sie hat nie/mals/etwas getan.) liegt eine dreifache Verneinung vor (1. *nic* = nichts, 2. *nigdy* = niemals, 3. *nie* = nicht). Vgl. Lektion 12.

△ Der Satz *Nie ma co jeść* enthält nur eine einfache Verneinung. Die Konstruktion *Nie ma co* + *Infinitiv* sollte als Wendung gelernt werden, da sie ohne sprachgeschichtliche Betrachtungen nicht mit dem in Einklang zu bringen ist, was ansonsten für die Verneinung im Polnischen gilt (vgl. Lektionen 12, 14 und 16):
Nie ma co + *Infinitiv.* = Es gibt nichts zu + Infinitiv.
Es ist nichts zu + Infinitiv + da.

△ Als **Relativpronomen** dient im Polnischen *który*, z. B.:
Pan, który tam mieszka, ... Der Herr, der dort wohnt, ...
Koleżanka, która mówi z Ewą, ... Die Kollegin, die mit Ewa spricht, ...
Dziecko, które było w parku, ... Das Kind, das im Park war, ...

Wenn dieses Relativpronomen im N o m i n a t i v steht (wie in den o. g. Beispielen), kann es durch *co* ersetzt werden, wobei *co* dann unverändert für alle drei Genera sowie für Singular und Plural steht, das Prädikat des so angeschlossenen Nebensatzes aber (wie bei der Verwendung der entsprechenden Form von *który*) dennoch nach Genus und Numerus abzuwandeln ist.

△ In der Konstruktion *kakao, co na blachę wykipiało*, resultiert die neutrale Form *wykipiało* also nicht aus der Verwendung von *co* als

Relativpronomen, sondern kommt daher, daß das Relativpronomen zu *kakao* die neutrale Form *które* haben müßte, wenn es für diesen Satz gebraucht würde.

Übungen

I. Vervollständigen Sie die folgenden Vergleiche durch das jeweils passende Adjektiv!

1. ... jak ocet
2. ... jak sucharek
3. ... jak pączek w maśle
4. ... jak makaron
5. ... jak mleko

biały; chudy; długi; kwaśny; tłusty

II. Vervollständigen Sie den folgenden Text durch entsprechende Vergleiche und Wendungen!

1. Jedna kucharka była chuda ....
2. Druga — pulchna ....
3. Trzecia była długa ....
4. Czwarta kucharka miała mleczną ....
5. Piąta była tłusta ....
6. A szósta kwaśna ....

III. Vervollständigen Sie die Dialoge durch die entsprechenden Formen der eingerahmten Begriffe!

1.
A. Co przygotowują kucharki w barze mlecznym?
B. Przygotowują ....
A. Czy lubisz te dania?
B. Lubię i dlatego chętnie jadam w barze mlecznym.

ryż + cukier + śmietana; kakao; kluski + ser; zupa mleczna

2.
A. Dlaczego nie lubisz ...?

B. Nie lubię, bo jest ...

ryż + śmietana + cukier; kakao; kluski + ser; zupa mleczna

za słodki; za tłusty; niesmaczny; niedobry

3.
A. Kasia ma ....
B. Tak, bo Kasia chętnie jada ....

| ładna i zdrowa cera |
| zupa mleczna+makaron; ryż+śmietana; biały ser+śmietana+cukier |

IV. Wandeln Sie den folgenden Dialog ab, indem Sie das hervorgehobene Element durch die eingerahmten Begriffe ersetzen!

A. Komu podoba się nowy film?
B. Podoba się naszym **studentom**.

| koleżanki; siostry; nauczyciele; dzieci |

V. Wandeln Sie die folgenden Dialoge ab, indem Sie die hervorgehobenen Elemente jeweils durch die eingerahmten Begriffe ersetzen!

1.
A. Leszku, czy kłócisz się z żoną?
B. **Często.**
A. A o co?
B. **O zakupy.**

| ciągle; czasem; co chwila; rzadko |
| papierosy; obiady; telewizja; program na niedzielę |

2.
A. Wiesz, Romku, pokłóciłem się z dziewczyną.
B. A o co?
A. **O ideały.**

| data ślubu; jakiś brunet; jakaś blondynka |

VI. Vervollständigen Sie den folgenden Dialog, indem Sie mit den entsprechenden Formen der eingerahmten Begriffe die im Dialog enthaltenen Fragen beantworten!

A. Co robicie?
B. Rozmawiamy.
A. O czym?
B. ....
A. A wy co robicie?
C. My się kłócimy.
A. A o co?
C. Też ....

| dziewczyny; książki; brunetki; blondynki; śniadania; obiad i kolacja; wszystko; pieniądze |

VII. Vervollständigen Sie den folgenden Dialog durch ein passendes Sprichwort!

A. Kto dziś gotuje obiad?
B. Pani Danuta, pani Anna i Kasia.
A. Ach, to dlatego obiad nie jest jeszcze gotowy! . . . .

23
Erläuterungen

WORTARTEN

△ Die in Zusatztafel 10 aufgeführten **Ordungszahlwörter** werden adjektivisch dekliniert.

Sind Ordnungszahlen zweistellig, werden die entsprechenden Zahlwörter in der Reihenfolge angeordnet und ausgesprochen, in der sie als Ziffern stehen, also: Zehner Einer. Die jeweils beteiligten Vokabeln werden getrennt geschrieben und beide grammatisch abgewandelt, z. B.:

der 52.   — *pięćdziesiąty drugi*
die 85.   — *osiemdziesiąta piąta*
vor dem 27.   — *przed dwudziestym siódmym*

(Vgl. auch: Satzbau, Uhrzeitangabe.)

△ In Lektion 8 wurden **Possessivpronomen** eingeführt, die der 1. und der 2. Person des Singular und des Plural in der folgenden Weise entsprechen:

Personal-pronomen		Possessivpronomen	
ja	— *mój (zegarek)*	*moja (książka)*	*moje (okno)*
ty	— *twój (zegarek)*	*twoja (książka)*	*twoje (okno)*
my	— *nasz (zegarek)*	*nasza (książka)*	*nasze (okno)*
wy	— *wasz (zegarek)*	*wasza (książka)*	*wasze (okno)*

Diese Possessivpronomen sind — wie ihre deutschen Entsprechungen — in Abhängigkeit von dem Substantiv, das sie näher bestimmen, grammatisch nach Genus, Numerus und Kasus abzuwandeln.

Den Personalpronomen der 3. Person des Singular und des Plural entsprechen die folgenden Possessivpronomen:

on	— jego (zegarek)	jego (książka)	jego (okno)
ona	— jej (zegarek)	jej (książka)	jej (okno)
ono	— jego (zegarek)	jego (książka)	jego (okno)
one u. oni	— ich (zegarek)	ich (książka)	ich (okno)

Diese Possessivpronomen sind ursprünglich die Genitive der inhaltlich damit korrespondierenden Personalpronomen (vgl. deren Deklination). In besitzanzeigender Funktion werden diese Personalpronomen dem „Besitztum" also im Genitiv vorangestellt, wie das im älteren Deutsch mit Substantiven in derselben Funktion üblich war, z. B.: eines Mannes Beruf, Arbeit, Bestreben, Pflichten usw. So wurden diese Genitive zu „Possessivpronomen". Und damit erklärt sich auch, warum sie — wie die oben gegebenen Beispiele zeigen — nicht grammatisch abgewandelt werden, d. h., für alle drei Genera, für Singular und Plural sowie für alle Kasus ein und dieselbe Form haben (ähnlich wie das deutsche Interrogativpronomen ‚Wessen ...?' als Genitiv zu ‚wer' in derselben Stellung und Funktion).

ACHTUNG! Wenn *jego, jej* und *ich* als Possessivpronomen gebraucht werden, erhalten sie auch bei Verwendung in Verbindung mit einer Präposition k e i n e *n*-Prothese, z. B.:

dla niej — für sie (Personalpronomen), aber:

dla jej syna — für ihren Sohn (Possessivpronomen)

od niego — von ihm (Personalpronomen), aber:

od jego ojca — von seinem Vater (Possessivpronomen)

SATZBAU

△ Die **Uhrzeitangabe** wird aus dem Substantiv *godzina* und einem Ordnungszahlwort als adjektivisches Attribut dazu gebildet, z. B.:

(godzina) pierwsza	= die erste Stunde/ein Uhr
(godzina) czwarta	= die vierte Stunde/vier Uhr
(godzina) dwudziesta druga	= die 22. Stunde/22^{00} Uhr usw.

In Verbindung mit Präpositionen ergeben diese Sinneinheiten in den von den Präpositionen regierten Kasus Temporalbestimmungen, z. B.:

o + Lok. = um ... (Uhr), z. B.:
    o (godzinie) drugiej = um 2^{00} (Uhr)
    o (godzinie) dwudziestej pierwszej = um 21^{00} (Uhr)

po + Lok. = nach ... (Uhr), z. B.:
    po (godzinie) piętnastej = nach 15^{00} (Uhr)
    po (godzinie) trzeciej = nach 3^{00} (Uhr)

do + Gen. = bis ... (Uhr), z. B.:
    do (godziny) drugiej = bis 2^{00} (Uhr)
    do (godziny) osiemnastej = bis 18^{00} (Uhr)

od + Gen. = von ... (Uhr) an / seit ... (Uhr), z. B.:
    od (godziny) piątej = von 5^{00} (Uhr) an = seit 5^{00} (Uhr)
    od (godziny) siedemnastej = von 17^{00} (Uhr) an = seit 17^{00} (Uhr)

od + Gen. + do + Gen. = von ... bis ... (Uhr), z. B.:
    od (godziny) dziewiątej do jedenastej = von 9^{00}—11^{00} (Uhr)
    od (godziny) trzynastej do dwudziestej = von 13^{00}—20^{00} (Uhr)

między + Instr. + a + Instr. = zwischen ... und ... (Uhr), z. B.:
    między (godziną) pierwszą a trzecią = zwischen 1^{00} und 3^{00} (Uhr)
    między (godziną) szesnastą a siedemnastą = zwischen 16^{00} und 17^{00} (Uhr)

przed + Instr. = vor ... (Uhr), z. B.:
    przed (godziną) dwudziestą trzecią = vor 23^{00} (Uhr)
    przed (godziną) piątą = vor 5^{00} (Uhr), vgl.: *przed południem*

Der deutschen Konstruktion ‚halb ... (Uhr)' entspricht die Wendung ***wpół do + Gen.*** des Ordnungszahlwortes für die nächstfolgende Stunde, z. B.:
    halb drei (Uhr) = *wpół do trzeciej*
    halb sieben (Uhr) = *wpół do siódmej*

Der Konstruktion ‚um halb ... (Uhr)' entspricht
    (o) wpół do + Gen. (s. oben), z. B.:
    um halb sechs (Uhr) = *(o) wpół do szóstej*
    um halb neun (Uhr) = *(o) wpół do dziewiątej*

Der Gebrauch der Präposition *o* in dieser Konstruktion ist also fakultativ. In Verbindung mit *wpół* werden nur die Zahlwörter für die Stunden von 1—12 (nicht 13—24) gebraucht.

△ Zur Bildung von **Richtungsangaben als Lokalbestimmungen** dienen die Präpositionen

do + Gen. und **na + Akk.**

Vgl.: *iść do kina, do teatru, do domu; iść na uniwersytet, na śniadanie, na spotkanie, na koncert, na dyskotekę.*

Die beiden genannten Präpositionen sind dabei folgendermaßen zu gebrauchen:

do, wenn das nachfolgende Substantiv einen abgeschlossenen oder eng begrenzten Raum (im weitesten Sinne) bezeichnet;

na, wenn das nachfolgende Substantiv eine offene Fläche (*na plac, na ulicę*), ein größeres Gelände bzw. Ensemble von Einrichtungen (*na uniwersytet*) oder eine Veranstaltung bzw. ein Ereignis (*na koncert, na spotkanie*) bezeichnet.

Übungen

I. Beantworten Sie die folgenden Fragen unter Verwendung eines passenden Temporaladverbs bzw. einer entsprechenden Temporalbestimmung!

1. Kiedy wstajesz?	wcześnie
2. Kiedy myjesz zęby?	późno
3. Kiedy wychodzisz na uniwersytet?	rano
4. Kiedy czytasz?	wieczorem
5. Kiedy oglądasz telewizję?	przed południem
6. Kiedy jesz obiad?	po południu
7. Kiedy jesz kolację?	w południe
8. Kiedy kładziesz się spać?	po śniadaniu
9. Kiedy idziesz na spacer?	po obiedzie
10. Kiedy się uczysz?	po kolacji
	przed obiadem
	w nocy

II. Beantworten Sie die folgenden Fragen, indem Sie entsprechend den beigefügten drei Mustern hintereinander alle eingerahmten Uhrzeiten nennen!

1. O której wstajesz?
2. O której jesz śniadanie?

3. O której wychodzisz na uniwersytet?
4. O której wracasz do domu?
5. O której jesz obiad?
6. O której jesz kolację?
7. O której kładziesz się spać?

Muster 1:
o ósmej   o ... ej

5; 7; 9; 2; 4; 12

Muster 2:
przed jedenastą   przed ... ą

2; 4; 6; 8; 10; 12

Muster 3:
po dziesiątej   po ... ej

1; 3; 5; 7; 9; 11

III. Wiederholen Sie den folgenden Dialog und tauschen Sie dabei die hervorgehobenen Elemente durch die entsprechenden eingerahmten Begriffe aus!

A. Czy to jest **książka Leszka Nowaka?**

gazeta — Monika; wykład — profesor Kowal; zegarek — Basia; koncert — Chopin; kolega — Jurek

B. Tak, to jest **jego książka.**

jego — jej

IV. Wiederholen Sie den folgenden Dialog und wandeln Sie ihn mit Hilfe der eingerahmten Begriffe ab!

1.
A. Dokąd się wybierasz?
B. Idę **do kina na ładny film.**

teatr — dobra sztuka; park — długi spacer; stołówka — smaczne śniadanie

2.
A. Czy często chodzisz **do kina?**
B. Tak, **do kina** chodzę bardzo często.
A. A dzisiaj też pójdziesz?
B. Nie, dzisiaj pójdę **do teatru.**

teatr — muzeum; Janek — Anna; kolega — koleżanka

V. Vervollständigen Sie die folgenden Sätze mit Hilfe der Pluralformen der nebenan aufgeführten Begriffe!

0. Jacek mieszka z **rodzicami**. | rodzice
1. Adam mieszka z . . . . . . | sympatyczny kolega
2. Ryszard mieszka z . . . . . . | dobry student
3. Teresa mieszka z . . . . . . | miła koleżanka
4. Mirek często spaceruje z . . . | przystojna blondynka
5. Basia chętnie tańczy z . . . . | wysoki mężczyzna

VI. Vervollständigen Sie die folgenden Sätze durch das jeweils passende Possessivpronomen *jego* bzw. *jej*!

1. Janek ma brata. ... brat studiuje historię sztuki.
2. Urszula ma siostrę. ... siostra studiuje prawo.
3. To dziecko ma bardzo młodą matkę. ... matka pracuje w szkole.
4. Anna ma syna. ... syn chodzi do szkoły.
5. Andrzej ma dziewczynę. ... dziewczyna studiuje medycynę.
6. Ola ma ciotkę. ... ciotka jest aktorką.

VII. Wandeln Sie den folgenden Dialog mit Hilfe der eingerahmten Begriffe ab!

A. Co robisz **po lekcji?**
B. **Po lekcji** mam wolny czas.

śniadanie; wykłady; kolacja; zajęcia; lektorat

VIII. Bilden Sie (entsprechend dem Muster) mit den eingeklammerten Begriffen je zwei Sätze und gebrauchen Sie dabei die angebotenen Verben jeweils zuerst transitiv und dann reflexiv!

0. (matka, myć, dziecko)
1. (pani, czesać, dziecko)
2. (ojciec, ubierać, syn)
3. (brat, uczyć, siostra)

0. Matka myje dziecko.
   Matka się myje.
1. . . . .
2. . . . .
3. . . . .

IX. Beantworten Sie die folgenden Fragen!

1. Czy Jurek studiuje w Warszawie?
2. Co robi Jurek rano, przed południem, w południe, po południu?
3. Jak Jurek spędza wieczory?

24

Erläuterungen

WORTARTEN

△ Das Substantiv *kolega* wird im Singular trotz seiner Zugehörigkeit zum Maskulinum nach der femininen Deklination abgewandelt (vgl. *poeta* und *dentysta* in Lektion 6).
Im Plural werden derartige Substantive (Mask. mit Nom. Sing. auf *-a*), wenn sie fremder Herkunft sind und männliche Personen bezeichnen, nach der maskulinen Deklination gebeugt.

Bei Substantiven mit h a r t e m Themakonsonanten, die von ihrer Bedeutung her der **personalmaskulinen** Kategorie angehören, wird bei der Bildung des **Nominativ Plural** der Themakonsonant weich. Die Endung für diesen Kasus ist dann — je nach Erweichungsergebnis — gemäß der Rechtschreibregelung *-i* oder *-y*, z. B.:

poeta — Nom. Pl. *poeci* (= *-ć* + *i*)
kolega — Nom. Pl. *koledzy*

Bei *poeta* ist das *-t-* durch die Erweichung zu *ć* (= *ci*) geworden. Nach diesem weichen Konsonanten wird zur Kennzeichnung seiner Weichheit *-i* geschrieben (das diesmal wieder zwei Funktionen zu erfüllen hat). Aus dem *-g-* von *kolega* ist durch die Erweichung der historisch weiche Konsonant *-dz-* geworden. Da er heute aber hart ist, wird *-y* geschrieben (vgl. Lektion 13, Wortarten). Funktionell handelt es sich dabei wieder um ein und dieselbe Endung.

Merkmal des Nominativ Plural von Substantiven der personalmaskulinen Kategorie mit hartem Themakonsonanten im Nominativ Singular ist also die Erweichung dieses harten Themakonsonanten — unabhängig davon, ob das Ergebnis dieser Erweichung ein heute noch weicher Konsonant (*poeci*) oder ein später verhärteter, also historisch weicher Konsonant ist. (Vgl. noch einmal „Die Pluralkategorien des Polnischen" in Lektion 4 sowie unter *one* und *oni* in Lektion 19.)

Die vorstehenden Ausführungen gelten auch dann, wenn ein Substantiv der personalmaskulinen Kategorie nur auf einen harten Themakonsonanten auslautet, z. B.:

Polak — Nom. Pl. *Polacy* ($k \rightarrow c + y$)
student — Nom. Pl. *studenci* ($t \rightarrow ć + i$)

Die hier besprochene Pluralbildung für personalmaskuline Substantive ist nur dann anzuwenden, wenn der Themakonsonant im Nominativ Singular hart ist. Auf maskuline Substantive, die im Nominativ Singular auf einen weichen oder historisch weichen Konsonanten auslauten, ist auch bei Zugehörigkeit zur personalmaskulinen Kategorie zunächst die Pluralendung anzuwenden, die in Lektion 4 für die nicht-personalmaskulinen Substantive eingeführt wurde, z. B.:

nauczyciel — Nom. Pl. *nauczyciele*
lekarz — Nom. Pl. *lekarze*

△ Das Substantiv *dworzec* enthält im Nominativ Singular ein flüchtiges *-e-*, das den Wandel des Themakonsonanten *-r-* zu *-rz-* bewirkt hat. Fällt das *-e-* in den Kasus mit einer Endung aus, steht statt *-rz-* wieder nur *-r-* (vgl. Deklination von *dzień*):

Nom. *dworzec*
Gen. *dworca*
Dat. *dworcowi* usw.

△ Das Substantiv *cześć* wird als Begrüßungs- und Abschiedsformel zwischen Personen, die miteinander auf vertrautem Fuß stehen, gebraucht (s. Vokabelverzeichnis).

△ Der Name der Stadt **Kielce** und die Bezeichnung **Tatry** sind Pluraliatantum (fem.), also:

mieszkać w Kielcach, w Tatrach.

△ Der Ortsname **Zakopane** ist ein Partizip und adjektivisch zu deklinieren, z. B.:

jechać do Zakopanego.

ACHTUNG! Der Instrumental und der Lokativ solcher adjektivischer Ortsnamen endet — abweichend von denselben Kasus bei anderen Adjektiven — auf *-em*, z. B.:

mieszkać w Zakopanem.

△ Die Bezeichnungen *Dworzec Centralny* und *Warszawa Wschodnia* sind Eigennamen Warschauer Bahnhöfe. Sie bestehen aus Substantiv und nachgestelltem Adjektiv als Attribut zum Substantiv.

△ Die Bezeichnung *(nie)palący* ‚(Nicht)Raucher' ist ein Aktivpartizip zu *palić* (wörtlich: ‚der Rauchende') und muß daher adjektivisch dekliniert werden, z. B.:

wagon dla niepalących.

△ Der **Vokativ** kann in der **Umgangssprache** durch den Nominativ ersetzt werden, daher:

Cześć, Jurek! (statt: *Jurku!*)

Jak się masz, Romek! (statt: *Romku!*)

△ Der **Instrumental Plural der Adjektive** hat unabhängig vom Genus die Endung *-ymi* bzw. *-imi*, z. B.:

przed nowymi domami; z polskimi kolegami.

△ Der **Lokativ Plural der Adjektive** hat unabhängig vom Genus die Endung *-ych* bzw. *-ich*, z. B.:

w nowych domach; na wysokich drzewach.

△ Die Wendung *szczęśliwej podróży* ist ein Genitiv. Er wird hier gebraucht, weil die Wendung eine Ellipse ist, hinter der sich das polnische Verb für ‚wünschen' (*życzyć*) verbirgt und dieses Verb den Genitiv verlangt.

△ Die deklinierbaren **Possessivpronomen** *mój, twój, nasz* und *wasz* werden adjektivisch dekliniert, z. B.:

mojego, twojego, naszego, waszego.

ACHTUNG! Beim Zusammentreffen des Themakonsonanten *-j-* und eines *-i-* als Bestandteil einer grammatischen Endung fällt *-j-* weg. (Es geht als unsilbisches *i* quasi in das nachfolgende *-i-* ein.)

Daher:

w moim pociągu (nicht: *w mojim!*), *w twoim, z moimi, z twoimi, w moich, w twoich* usw.

△ Die **Imperativformen** für die 2. Person Singular *napisz!, idź!, pozdrów!* (*o → ó* infolge des Wegfalls einer Silbe) sind gebildet, wie in Lektion 20 beschrieben wurde. Neu ist zu lernen:

a) Wenn in der 3. Person Singular (Präs.) eines Verbs vor der Endung -e bzw. -y/-i eine Konsonantenhäufung steht, wird der Imperativ meist durch Anfügen von -j gebildet, ohne daß vorher die Endung der 3. Person abgelöst wird, z. B.:

zapomnieć — (on) zapomni — Imperativ: *zapomnij!*

b) Bei Verben, deren 3. Person Singular (Präs.) auf *-a* auslautet, wird der Imperativ durch Anfügen von *-j* gebildet, z. B.:

spotkać się — (on) spotka się — spotkaj się!
uważać — (on) uważa — uważaj!
czekać — (on) czeka — czekaj!

ACHTUNG! Der Imperativ zu *być* heißt: *bądź!* (= sei!/bleib!)

SATZBAU

△ Die **Numerale** *dwaj, trzej* und *czterej* sind die Grundzahlwörter zu 2, 3 und 4 für die personalmaskuline Kategorie. Sie sind zu verwenden, wenn die entsprechende Anzahl von männlichen Personen gemeint ist. Das nachfolgende Substantiv steht dabei im Nominativ Plural, das von einer solchen Konstruktion abhängige Prädikat steht in der 3. Person Plural. Es liegt also völlige grammatische Kongruenz vor, z. B.:

Dwaj koledzy czekają. — Trzej nauczyciele jadą. — Czterej Polacy są.

ACHTUNG! Diese drei Numerale sind nicht als Einer mehrstelliger Grundzahlen zu verwenden!

△ Das Verb *słychać* wird nicht konjugiert. Es ist ein Satzäquivalent, d. h., *słychać* + *Akk.* ist bereits ein Satz im Präsens, wobei das Präsens durch kein grammatisches Mittel angezeigt wird. Mögliche Bedeutungen dieses Satzes sind:

(Nom.) ist/sind zu hören.
Man kann (Akk.) hören.
(Nom.) erklingt/erklingen.
(Nom.) erschallt/erschallen.
(Nom.) ist/sind zu vernehmen.
(Nom.) läßt/lassen sich hören/vernehmen.

Słychać muzykę. (Akk.!) Musik ist zu hören/Man hört Musik. (usw.)
Vgl.: *Z megafonu słychać głos* (= *Akk.*). Aus dem Lautsprecher hört man eine Stimme. (usw.)

Präteritum und Futur dieser (subjektlosen) Konstruktion werden unter Verwendung des Hilfsverbs *być* gebildet.

Präteritum: *Słychać było (+ Akk.)*
Futur: *Słychać będzie (+ Akk.),* z. B.:
Słychać było muzykę. Musik war zu hören. (usw.)
Słychać będzie muzykę. Musik wird zu hören sein. (usw.)

Hierher gehört auch die Wendung *Co (= Akk.) słychać?* — Sie bedeutet wörtlich: Was ist zu hören? / Was hört man? u. ä. Gebraucht wird sie in der Bedeutung: Was gibt's Neues? / Wie geht's, wie steht's?

△ Zu den Konstruktionen *jechać ekspresem, jechać pociągiem* u. ä., vgl. noch einmal Lektion 10 ‚mit + Dativ'.

△ **Die Wendung** *za* **+ Akkusativ eines Substantivs, das eine Zeitspanne bezeichnet**, bedeutet:

a) in + Dativ eines Substantivs mit der Bedeutung einer Zeitspanne, die noch vergehen muß, bis das mit dem Prädikat Ausgesagte geschieht, z. B.:

Będę za godzinę. — Ich werde in einer Stunde (wieder) hier/da sein.
Za trzy dni się wyprowadzimy. — Wir werden in drei Tagen ausziehen.

b) innerhalb + Genitiv/innerhalb von + Dativ/im Laufe + Genitiv/ /im Laufe von + Dativ

Die so gebildeten polnischen Konstruktionen können also mehrdeutig sein, z. B.:

Zrobimy to za godzinę.

Wir machen das in einer Stunde.
(In der Bedeutung: ‚Wir werden das tun, wenn von jetzt an eine Stunde vergangen ist'.)

Wir machen das innerhalb einer Stunde.
(In der Bedeutung: ‚Wir fangen jetzt an und schaffen das Betreffende in einer Stunde'.)

△ Der in Lektion 23 besprochenen **Uhrzeitangabe** *o (godzinie) ...* entspricht die Frage *O której (godzinie)?* = Um wieviel Uhr?

O której (godzinie) wychodzisz do pracy? — Um wieviel Uhr gehst du zur Arbeit (von zu Hause fort)?

Das Polnische hat wie das Deutsche zwei Möglichkeiten, die Uhrzeit anzugeben, eine offizielle Zeitangabe (Rundfunk, Bahnhof) und eine inoffizielle, umgangssprachliche.

Dabei dienen die folgenden Konstruktionen zur Beantwortung der Frage ‚Wie spät ist es?' = *Która (jest) godzina?*:

a) **offiziell**

(*godzina*) + Nom. Sing. fem. des Ordnungszahlwortes für die bereits abgelaufene Stunde + Nom. des Grundzahlwortes für die Anzahl der darüber hinaus abgelaufenen Minuten, z. B.:

1.00/10.00/15.00/22.00/17.10/23.08/7.12/16.55/6.30

(*godzina*) *pierwsza / dziesiąta / piętnasta / dwudziesta druga / / siedemnasta dziesięć / dwudziesta trzecia (zero) osiem / siódma dwanaście / szesnasta pięćdziesiąt pięć / szósta trzydzieści*

Der Genauigkeit halber kann bei der vollen Stunde noch zero zero hinzugefügt werden, z. B.:

24.00 Uhr — (*godzina*) *dwudziesta czwarta zero zero*

b) **inoffiziell**

Bei der inoffiziellen Zeitangabe wird für die vollen Stunden nur mit den Zahlen 1—12 operiert; 13—24 werden nicht gebraucht. Im Bedarfsfall wird Mißverständnissen durch Hinzufügen von Temporalangaben, die sich auf die Tageszeit beziehen, vorgebeugt, z. B.:

24.00 — (*godzina*) *dwunasta (w nocy)*
11.00 — (*godzina*) *jedenasta (przed południem)*
18.00 — (*godzina*) *szósta (po południu / wieczorem)*
20.00 — (*godzina*) *ósma (wieczorem)*

Für die Angabe der über die volle Stunde hinaus bereits verstrichenen bzw. der bis zur nächsten Stunde noch verbleibenden Minuten wird in bezug auf die erste halbe Stunde ein anderes Verfahren angewandt als in der zweiten.

1) in der ersten halben Stunde:
Grundzahlwort für die Anzahl der über die volle Stunde hinaus

vergangenen Minuten + *po* + Lok. Sing. fem. des Ordnungszahlwortes für die bereits abgelaufene volle Stunde, z. B.:

8.10 — *dziesięć po ósmej*
16.25 — *dwadzieścia pięć po czwartej*
10.09 — *dziewięć po dziesiątej*
18.20 — *dwadzieścia po szóstej*

2) in der zweiten halben Stunde:
za + Grundzahlwort für die Anzahl der bis zur nächsten vollen Stunde verbleibenden Minuten + Nom. Sing. fem. des Ordnungszahlwortes für die nächstfolgende volle Stunde, z. B.:

16.55 — *za pięć piąta*
3.40 — *za dwadzieścia czwarta*
19.57 — *za trzy ósma*
22.45 — *za piętnaście jedenasta*

3) für ‚halb ...' wird dabei *wpół do* + Gen. Sing. fem. des Ordnungszahlwortes für die nächstfolgende volle Stunde gebraucht, z. B.:

6.30 — *wpół do siódmej*
17.30 — *wpół do szóstej*
22.30 — *wpół do jedenastej (w nocy / wieczorem)* usw.

4) ‚(um) etwa / zirka / ungefähr (um)' wird durch *około* + Gen. Sing. fem. des Ordnungszahlwortes für die Stunde bzw. durch *około* + *wpół* + *do* + Gen. Sing. fem. ... wiedergegeben, z. B.:

ungefähr um 10.00 — *około (godziny) dziesiątej*
etwa um halb 9.00 — *około wpół do dziewiątej*

△ **Substantive**, die **Gruppen von Dingen oder Personen** bezeichnen, wirken auf das nachfolgende Substantiv grammatisch wie die Grundzahlwörter von 5 an aufwärts (vgl. Lektion 22). Dieses Substantiv steht im Genitiv Plural. Das Prädikat aber richtet sich — anders als bei den genannten Grundzahlwörtern — in Genus und Numerus nach der Gruppenbezeichnung (vgl.: Ein Korb schöner Äpfel stand ...), z. B.:

Tłum pasażerów czekał ...
Grupa młodych studentów była ...

△ In der Wendung *Jak się masz?* ist *się masz* das Prädikat zu dem hier ausgelassenen Subjekt (= *ty*). Dieses Subjekt kann durch jedes andere ersetzt werden, wobei das Prädikat dann jeweils dem neuen

Subjekt anzupassen ist. Subjekt ist immer die Person, nach deren Wohlergehen sich der Sprecher erkundigt, also die deutsch im Dativ stehende Person (Wie geht es **dir**?), z. B.:

Jak się ma ojciec? Wie geht es (dem) Vater?
Jak się mają dzieci? Wie geht es den Kindern?

Bezogen auf den Angesprochenen wird diese Wendung auch als Begrüßungsformel gebraucht (vgl. englisch: *How do you do?*).

Übungen

I. Beantworten Sie die Frage Wann? (Um wieviel Uhr?) entsprechend den vorgegebenen Mustern und gebrauchen Sie dazu hintereinander jeweils alle eingerahmten Zeitangaben!

Muster 1: 7.00
a) punkt siódma   punkt ...a | 1.00; 4.00; 6.00; 10.00; 12.00 |
b) o siódmej   o ...ej

Muster 2: 13.30
a) wpół do drugiej   wpół do ...ej | 2.30; 5.30; 7.30; 8.30; 11.30 |
   o wpół do drugiej
b) trzynasta trzydzieści

Muster 3: 15.15
a) piętnaście (kwa-   ... po ...ej | 12.25; 2.10; 5.05; 10.20 |
   drans) po trzeciej
b) piętnasta piętnaście

Muster 4: 17.50
a) za dziesięć szósta za ... ...a | 11.50; 2.40; 4.55; 6.35; 8.45 |
   bzw.:   ...a za....
   szósta za dziesięć
b) siedemnasta pięćdziesiąt

II. Wiederholen Sie die folgenden Dialoge und ersetzen Sie dabei die hervorgehobenen Elemente durch die nebenstehenden Zeitangaben in ausgeschriebener und ausgesprochener Form!

1.
A. Która jest godzina?
B. **Wpół do piątej.**
A. Muszę już iść. Za godzinę odchodzi mój pociąg.

7.30; 12.30; 10.30; 6.30; 3.30; 8.30; 11.30; 2.30; 5.30; 9.30

2.
A. O której godzinie odchodzi pociąg pośpieszny do Torunia?
B. **O dziewiątej pięć.**
A. Dziękuję.

1.00; 2.10; 3.15; 4.20; 5.25; 6.35; 7.40; 8.45; 9.50; 10.55

3.
A. Dokąd jedziesz?
B. Do Zakopanego.
A. Ja do Krakowa.
B. Jedziemy tym samym pociągiem **o godzinie szóstej.**
A. A o której godzinie będziemy w Krakowie?
B. **O szesnastej piętnaście.**

10.00; 4.00; 7.00; 9.00; 13.00; 15.00; 20.00; 23.00

12.45; 11.32; 13.10; 17.05; 19.18; 1.50; 4.55; 5.15

III. Setzen Sie in den folgenden Dialog nacheinander die eingerahmten Städtenamen in der richtigen grammatischen Form ein!

A. Dzień dobry panu! Dokąd pan jedzie?
B. Do .... A pan dokąd?
A. Też do .... Cieszę się, że jedziemy razem.

Kraków; Warszawa; Toruń; Gdańsk; Gdynia; Bydgoszcz; Olsztyn; Lublin; Katowice; Rzeszów

IV. Setzen Sie die passenden Begriffe bzw. Wendungen ein!

1.
A. Dlaczego w tym wagonie nikt nie pali?
B. Bo to jest wagon ... .

2.
A. Cześć, Romek! Dokąd jedziesz?
B. ..., Jurek! Jadę do Krakowa. A ty?
A. Ja ... do Torunia.

3.
Tadek i Zbyszek spotykają się na Dworcu Centralnym w Warszawie. Kupują bilety z miejscówkami do Krakowa w .... Potem czekają na pociąg ekspresowy „Tatry" w ... . O godzinie 5.50 wychodzą na ... . O 6.00 pociąg wjeżdża na ... pierwszy przy ... drugim. Tadek ma bilet ... klasy. Zbyszek ma bilet ... klasy.

25
Erläuterungen

AUSSPRACHE UND RECHTSCHREIBUNG

piętnaście/piętnasty: [piet...]
Die Konjunktivpartikel *by* (s. unten) hat keinen Einfluß auf die Betonung der Verbformen, in denen sie enthalten ist. Sie werden mit der Partikel ebenso betont wie ohne sie. Damit ergibt sich für die Wörter *byłoby* und *chciąłaby* eine Betonung auf der drittletzten Silbe.

WORTARTEN

△ Zur Verbform *chciałaby* (von *chcieć*) s. noch einmal Lektion 22: *wykipieć* → *wykipiało*.

△ Das Wort **pański** ist ein Adjektiv zu *pan* (s. Vokabelverzeichnis). In der Anrede gegenüber einem Herrn (per „Sie") kann es die Funktion eines Possessivpronomens übernehmen. Dann ist *pański* (*-ka, -kie*) Attribut zum „Besitztum", z. B.:

Czy to pański dom/pańska książka/pańskie biurko, panie Leszku?
(= Ist das Ihr/e/ ...?).

Dieselbe Funktion kann der Genitiv des Substantivs *pan* in diesem Fall übernehmen (vgl. Lektion 23, Hinweis zu *jego*), z. B.:

*Czy to **pana** dom/książka/biurko, panie Leszku?*
(Wörtlich also: Ist das **des** — angesprochenen — **Herrn** Haus/Buch/ /Schreibtisch ...?)

Damen gegenüber (per „Sie") gibt es nur die zuletzt genannte Möglichkeit. In diesem Fall übernimmt der vorangestellte Genitiv des Substantivs *pani* (= *pani*) die Besitzanzeige, z. B.:

*Czy to **pani** dom/książka/biurko, pani Danuto?*
(= Ist das Ihr/e/ ...?).

Werden Vertreter beider Geschlechter gleichzeitig angesprochen, übernimmt der vorangestellte Genitiv des Wortes *państwo* die genannte Funktion (vgl. Lektion 7 — *państwo*), z. B.:
Czy to państwa dom/książka/biurko? (= Ist das Ihr/e/ ...?)

△ Der Konjunktiv der polnischen Verben wird nach dem folgenden Schema gebildet:
Präteritum der 3. Pers. (Sing. bzw. Pl.) + **by** + Personalendung (in einem Wort geschrieben).
Die Personalendung signalisiert — wie beim Präteritum — die grammatische Person (= Subjekt), z. B.: *-m* = 1. Pers. Sing., *-ś* = 2. Pers. Sing., ohne Endung = 3. Pers. Sing. usw.

ACHTUNG! Die Konjunktivformen der polnischen Verben haben keine eigene Tempusbedeutung! Es gibt also im Konjunktiv kein Nebeneinander mehrerer grammatischer Zeiten (wie deutsch: er wäre gekommen — er käme — er komme — er werde kommen). Die Tempusbedeutung dieser Formen muß aus dem Kontext abgeleitet bzw. (wenn der Eindeutigkeit halber erforderlich) durch zusätzliches Wortgut (z. B. Temporalangaben) signalisiert werden. Das oben im Schema genannte Präteritum ist nur Basis für die Bildung der Formen. Bedeuten können sie jedes Tempus.
Als Beispiel hier die Konjunktivformen des Verbs *być* für den Singular:

		maskulin	feminin	neutral
1. Pers.	*(ja)*	byłbym	byłabym	—
2. Pers.	*(ty)*	byłbyś	byłabyś	—
3. Pers.	*(on)*	byłby	*(ona)* byłaby	*(ono)* byłoby

Analog dazu die Formen für das Verb *chcieć*: Sie haben die Bedeutung: wollen (höflich), den Wunsch haben, mögen (ich möchte, du möchtest ... — nicht im Sinne ‚ich mag, du magst + Akk.' = *lubić*, vgl. Lektion 12).

chciałbym   chciałabym   —
chciałbyś   chciałabyś   —
chciałby   chciałaby   chciałoby

△ Das Verb *nieść* gehört zu den Doppel-Zeitwörtern (vgl. Lektion 13, Verben der Fortbewegung). Es ist eines der „zielgerichteten", wird also gebraucht wie *iść* und *jechać*.

△ Das Wort *zwiedzający* ist ein Aktivpartizip des Präsens zu *zwiedzać* (= besuchen, besichtigen). Es bedeutet wörtlich soviel wie ‚der Besuchende', ‚der Besichtigende'. Daher ist es adjektivisch zu deklinieren, obwohl es die Funktionen eines Substantivs erfüllt.

△ Die Konjunktion *jeżeli* ist nur konditional (eine Bedingung, Voraussetzung einleitend), nicht temporal (zeitlich) zu gebrauchen, d. h., nur in der Bedeutung ‚sofern', ‚falls', nicht in der Bedeutung ‚immer zu der Zeit, wenn'. Die Konjunktion *gdy* kann dagegen in beiden hier genannten Bedeutungen gebraucht werden.

△ Das Pronomen *który, która, które* erfüllt zwei Funktionen:
a) Interrogativpronomen ‚Welcher ...?', z. B.:
który dom? — welches Haus?
b) Relativpronomen „..., der" oder „..., welcher". In dieser Funktion leitet es attributive Nebensätze ein, z. B.:
Pociąg, który odchodzi o 15.10, ... — Der Zug, der um 15.10 abfährt, ...
Książka, która tam leży, ... — Das Buch, das dort liegt, ...

△ Die Konjunktion *żeby* entspricht in Verbindung mit einem Infinitiv (nur dann!) dem deutschen ‚um zu' (+ Infinitiv), z. B.:
..., żeby sobie skrócić drogę — ..., **um** sich den Weg ab**zu**kürzen
..., żeby zdążyć na pociąg — ..., **um** es zum Zug **zu** schaffen

△ Zu den Konstruktionen *nie ma trawy* und *nie byłoby* + Gen. (vgl. Lektion 16, Negation der Präsenz bzw. der Existenz des Subjektes).

△ Die oben besprochenen **Konjunktivformen** werden gebraucht:
a) zum (höflichen) Ausdruck eines Wunsches, einer Bitte, z. B.:

Chciałabym przejść przez łąkę.	Ich (fem.) möchte (mal) über die Wiese gehen.
Chciałabym pana prosić ...	Ich möchte Sie bitten, ...
Chciałabym zapytać ...	Ich möchte (mal) fragen, ...
Chętnie kupilibyśmy sobie tę książkę.	Wir kauften uns dieses Buch gern. Wir würden ... kaufen. Wir hätten ... gekauft.

b) in Konditionalsatzgefügen (Satzgefüge, deren Nebensatz eine Bedingung für das Verhalten des Subjektes im Hauptsatz ausdrückt).

In Konditionalsätzen (mit Prädikat im Konjunktiv), die durch *gdy* eingeleitet sind, bleibt die Partikel *by* zusammen mit der Personalendung nicht am Verb, sondern verschmilzt mit *gdy* zu einer festen Einheit! — Beispiel:

Sie wäre zu Hause.
Sie wäre zu Hause gewesen. ======= ***Byłaby*** *w domu.*
Sie würde zu Hause sein.

Hier ist *by* Bestandteil des Verbs, das im Konjunktiv steht. Der durch *gdy* eingeleitete Konditionalsatz ‚Wenn sie zu Hause (gewesen) wäre, ...' aber heißt n i c h t *Gdy byłaby w domu,* ..., sondern ***Gdyby*** *była w domu,* .... — Ein Beispiel mit Personalendung: Wenn ich (mask.) zu Hause (gewesen) wäre, ... = ***Gdybym*** *był w domu,* ... . Somit gibt es neben *gdy* (als Konjunktion zur Einleitung von konditionalen oder temporalen Nebensätzen mit Prädikat im Indikativ) auch noch *gdyby (+ Personalendung)* als spezielle Konjunktion zur Einleitung konditionaler (nur!) Nebensätze mit Prädikat im Konjunktiv. Vgl.:

Gdyby nie było świecy, nie byłoby świecznika.
Wenn es keine Kerze gäbe, gäbe es keinen Leuchter.

ACHTUNG! Im Polnischen gibt es keine uneingeleiteten konditionalen Nebensätze! Bei der deutschen Version des o. g. Satzes ‚Gäbe es keine Kerze, gäbe es keinen Leuchter' müßte für den polnischen Satz die fehlende Konjunktion ergänzt werden.

In polnischen Konditionalsatzgefügen können die Prädikate von Haupt- und Nebensatz — wie im Deutschen — die Form des Indikativs oder die des Konjunktivs haben:

Indikativ:

Jeżeli zobaczy pana mój byk, to zdąży pan na pociąg.
Wenn mein Bulle Sie sieht, dann schaffen Sie es zum Zug.

Die Konjunktion *gdy* gebraucht man in derartigen Gefügen nur, wenn eine temporale Bedeutungsnuance mitschwingt, z. B.:

Gdy wieczorem mamy czas, często oglądamy telewizję.
Wenn wir abends Zeit haben, sehen wir oft fern.

Im Indikativ können derartige Satzgefüge in allen grammatischen Zeiten gebildet werden.

Konjunktiv:
Gdybym Jana zobaczyła, zapytałabym go o adres.
Jeżelibym Jana zobaczyła, zapytałabym go o adres.
Wenn ich Jan sehen würde / gesehen hätte, würde ich ihn nach der Adresse fragen / hätte ich ihn nach der Adresse gefragt.

Hier sind *jeżeliby* und *gdyby*, seltener auch *żeby* (in 1. und 2. Pers. Sing. und Pl. alle mit Personalendung) gleichermaßen zu verwenden.

Übungen

I. Wiederholen Sie den Dialog und tauschen Sie die hervorgehobenen Elemente gegen die richtigen Pluralformen der eingerahmten Begriffe aus!

1.
A. Byłem wczoraj na wystawie.
B. Co to była za wystawa?
A. To była wystawa **starych zegarów**.
B. I ja muszę pójść na tę wystawę.

portret staropolski; piękny kwiat; stara lampa; znaczek pocztowy; nowa fotografia

2.
A. W jakim kierunku pan idzie?
B. Idę w kierunku **naszego uniwersytetu**.
A. Może pójdziemy razem. Ja też idę w tym kierunku.

dworzec kolejowy; Zamek Królewski; dom towarowy; plac Teatralny

3.
A. Dokąd się tak spieszysz?
B. Spieszę się **na wykład**.
A. Już nie zdążysz, **wykład** zaczyna się wcześnie.

lektorat; koncert; lekcja; ćwiczenia

4.
Na oder *do*?
A. Dokąd się tak spieszysz?
B. Spieszę się **na pociąg**.
A. Nie spiesz się. Jeszcze masz czas. Zdążysz.

autobus; kino; ślub; teatr

5.
A. Którą drogą pan pójdzie?
B. Pójdę **przez wieś**.
A. To długa droga.

łąka; miasto; plac; park

II. Vervollständigen Sie die folgenden Sätze nach dem unter 0. vorangestellten Beispiel!

0. Co to za pociąg?
   To pociąg, który odchodzi o godzinie 17.00.
1. Co to za autobus?
   To autobus, który . . . .
2. Co to za dziewczyna?
   To (jest) dziewczyna, którą spotkałem . . . .
3. Co to za fotografia?
   To fotografia, ...
4. Co to za obraz?
   To obraz, ...
5. Co to za student?
   To student, ...

III. Wandeln Sie die folgenden Sätze nach dem beigefügten Beispiel mit Hilfe der eingerahmten Begriffe ab!

A. Chciałabym **przejść przez ten ogród.**
B. Bardzo proszę, niech pani **przejdzie.**

> zobaczyć tę książkę; pójść do muzeum; kupić sobie bilety; skrócić sobie drogę

IV. Wandeln Sie die folgenden Sätze nach dem vorangestellten Muster ab!

0. Chciałbym pójść do teatru.
   Chciałbym, żebyś (ty) też poszła do teatru.
1. Chciałbym mieszkać w Toruniu.
   Chciałbym, żeby ona też . . . .
2. Chciałbym pić tylko mleko.
   Chciałbym, żeby on też . . . .
3. Chciałbym zdążyć na ich ślub.
   Chciałbym, żebyś też . . . .
4. Chciałbym dobrze pływać.
   Chciałbym, żeby mój syn też . . . .

V. Ergänzen Sie die folgenden Sätze!

1. Chciałbym pana zapytać, co . . . .
2. Chciałbym panią zapytać, gdzie . . . .
3. Chciałbym panią zapytać, kiedy . . . .
4. Chciałbym pana zapytać, jak . . . .

VI. Wandeln Sie die Sätze nach dem jeweils beigegebenen Beispiel ab!

1.
0. Chciałbym tam być, żeby zobaczyć ten film.
   Jeżeli tam będę, to zobaczę ten film.
1. Chciałbym tam być, żeby kupić tę książkę.
   . . . .
2. Chciałbym pojechać do Krakowa, żeby pójść do dobrego teatru.
   . . . .
3. Chciałbym mieć czas, żeby odpisać na list.
   . . . .

2.
0. Jeżeli tam pójdę, to spotkam koleżankę.
   Gdybym tam poszedł, spotkałbym koleżankę.
1. Jeżeli zdążę do domu, to zjem kolację.
   . . . .
2. Jeżeli skrócę sobie drogę, to zdążę.
   . . . .
3. Jeżeli tam będę, pójdę do galerii obrazów.
   . . . .
4. Jeżeli spotkam taką dziewczynę, to się ożenię.
   . . . .

VII. Ersetzen Sie in den folgenden Sätzen den Genitiv von *pan* durch die jeweils passende Form des Adjektivs *pański*!

0. Czy to pana żona?
1. Czy to pana dom?
2. Czy to pana psy?
3. Czy to pana dziecko?

0. — Czy to pańska żona?
1. — . . . .
2. — . . . .
3. — . . . .

26
Erläuterungen

AUSSPRACHE UND RECHTSCHREIBUNG

Im Verb *zmarznąć* sind -r- und -z- getrennt zu sprechen, da sie im Schriftbild dieses Wortes zwei selbständige Laute repräsentieren: *zmar--z-nąć*.

WORTARTEN

△ Zur **Komparation von Adjektiven** dienen die Suffixe *-sz-* und *-ejsz-*.

Steht vor der Kasusendung eines Adjektivs nur **ein Konsonant**, wird *-sz-* gebraucht, z. B.:

Positiv: *młody* (jung)   Komparativ: *młodszy* (jünger)
        stary (alt)   *starszy* (älter)
        nowy (neu)   *nowszy* (neuer)
        drogi (teuer)   *droższy* (teurer) ($g \to \dot{z}$)

Stehen vor der Kasusendung **mehrere Konsonanten**, wird *-ejsz-* gebraucht. Harte Themakonsonanten werden dabei erweicht, z. B.:

ładny   *ładniejszy*
piękny   *piękniejszy*
chłodny   *chłodniejszy*
późny   *późniejszy*
ciepły   *cieplejszy*

Endet der Stamm mit den Suffixen *-k-*, *-ok-* oder *-ek-*, werden diese Suffixe vor Anfügen des Komparationssuffixes abgelöst, z. B.:

brzydki   *brzydszy*
szybki   *szybszy*
krótki   *krótszy*
ciężki   *cięższy*
wysoki   *wyższy*   ($s \to \dot{z}$)
niski   *niższy*   ($s \to \dot{z}$)

Unregelmäßig werden die folgenden Adjektive gesteigert:

dobry   *lepszy*
zły   *gorszy* (nur in der Bedeutung ‚schlecht', ‚minderwertig' — nicht in der Bedeutung ‚zornig', ‚ärgerlich')
mały   *mniejszy*
duży   *większy*
wielki   *większy*
lekki   *lżejszy*
gorący   *gorętszy*

△ Zur **Komparation von Adverbien** dient das Suffix *-ej*. Auch dabei werden harte Themakonsonanten weich, z. B.:

ładnie	ładniej
pięknie	piękniej
chłodno	chłod**ni**ej
późno	póź**ni**ej
ciepło	cie**pl**ej
staro	sta**rz**ej
młodo	mło**dz**iej

-k-, *-ok-* und *-ek-* fallen auch hier vor Anfügen von *-ej* weg, z. B.:

brzydko	brzydziej	
ciężko	ciężej	
nisko	niżej	(s → ż)
wysoko	wyżej	(s → ż)

Unregelmäßig werden die folgenden Adverbien gesteigert:

dobrze	lepiej
źle	gorzej
mało	mniej
dużo	więcej
lekko	lżej
krótko	krócej
szybko	szybciej
gorąco	gorącej

Der **Superlativ** wird bei allen Adjektiven und Adverbien mit Hilfe des Präfixes *naj-* vom Komparativ gebildet, d.h. Komparativ mit Präfix *naj-* = Superlativ, z. B.:

piękny	— *piękniejszy*	— *najpiękniejszy*	
dobrze	— lepiej	— najlepiej	
mało	— mniej	— najmniej	
późno	— później	— najpóźniej	usw.

△ Der **Imperativ** für die **2. Person Plural** (ihr) wird gebildet, indem *-cie* an den Imperativ für die 2. Person Singular angefügt wird, z. B.:

Infinitiv	Imperativ 2. Pers. Sing.	Imperativ 2. Pers. Pl.
iść	*idź!*	*idźcie!*
włożyć	*włóż!*	*włóżcie!*
popatrzyć	*popatrz!*	*popatrzcie!*
mówić	*mów!*	*mówcie!*
czytać	*czytaj!*	*czytajcie!*
kupić	*kup!*	*kupcie!*

△ Von den polnischen Verben wird ganz regelmäßig ein **Adhortativ** gebildet — eine grammatische Form, die es im Deutschen so nicht gibt. Sie bedeutet eine Aufforderung des Sprechers an den Angesprochenen zu gemeinsamem Handeln. Im Deutschen wird diese Form auf verschiedene Weisen umschrieben, z. B. durch ‚Laß(t) uns (gehen)!', ‚Lassen Sie uns (gehen!)', ‚(Gehen) wir doch!' ‚Wollen wir nicht (gehen)?' u. ä.

Im Polnischen gibt es dafür den sog. Adhortativ (inklusiven Imperativ, Imperativ für die 1. Person Plural). Er wird auf die folgende Weise gebildet:

Imperativ für 2. Pers. Sing. + *my*, z. B.:

Infinitiv	Imperativ 2. Sing.	Adhortativ
włożyć	*włóż!*	*włóżmy!*
mówić	*mów!*	*mówmy!*
czytać	*czytaj!*	*czytajmy!*
chodzić	*chodź!*	*chodźmy!*

△ Das Verb *zmarznąć* gehört zu den Verben, deren Präteritum ohne das Suffix *-ną-* gebildet wird. Vgl.: *zmarznąć — zmarzłaś* (im Gedicht), *zmarzłam*, *zmarzł* usw. (Vgl. auch *wyschnąć* in Lektion 15.)

△ In dem Wort *ależ* ist das *-ż* eine verstärkende Partikel. Sie drückt Ungeduld bzw. Erstaunen des Sprechers aus oder dient zur allgemeinen Hervorhebung des betreffenden Begriffs. Mit dem vorangehenden Wort wird sie immer zusammen geschrieben. Nach Vokalen hat sie die Form *-ż* (vgl. *ależ*), nach Konsonanten die Gestalt *-że*, z. B.:

ależ — aber, aber! (o. ä.)
idźże! — nun geh doch (schon/endlich)
tenże — oben dieser, genau der(selbe)

△ Die in der vorliegenden Lektion eingeführte Konjunktion *jeśli* ist mit dem in Lektion 25 behandelten *jeżeliby* in jeder Hinsicht synonym und in derselben Weise zu gebrauchen.

SATZBAU

△ Dem deutschen **als** nach dem Komparativ entspricht im Polnischen *niż*, z. B.:
> *Ta sukienka jest piękniejsza niż tamta.* Dieses Kleid ist schöner als jenes.
> *Ojciec wie lepiej niż ty.* Vater weiß (es) besser als du.

In Sätzen, in denen die beiden so miteinander verglichenen Elemente bei Verwendung von *niż* im Nominativ stehen müßten, kann *niż* durch *od* ersetzt werden, wobei der darauffolgende Begriff d a n n im Genitiv erscheint, z. B.:
> *Ta sukienka jest piękniejsza od tamtej.*
> *Ojciec wie lepiej od ciebie.*

△ Das unbestimmte Numerale **kilka** funktioniert im Nominativ und im Akkusativ syntaktisch wie die Grundzahlwörter von 5 an aufwärts, d. h., das nachfolgende Substantiv steht im Genitiv Plural, z. B.:

Nom. *Kilka książek leżało na stole.*
  Mija kilka minut i ...
Akk. *Kupiła kilka bułek.*
  Mam już tylko kilka groszy.

Hierbei sind *kilka* und das im Genitiv (der Menge) stehende Substantiv gemeinsam das Subjekt (Nom.) bzw. das Objekt (Akk.) des betreffenden Satzes. Informationen zu den anderen Kasus folgen später. Zur Form des Prädikates solcher Sätze vgl.: Lektion 21, Satzbau.

ACHTUNG! In der Form *kilka* ist das Wort nur für die nicht--personalmaskuline Kategorie zu verwenden!

△ Auch *pół* (gleichfalls eine Mengenangabe) hat ein Substantiv im Genitiv nach sich, z. B.:
> *Czekała pół godziny.* Sie wartete eine halbe Stunde (lang).

Sind derartige Fügungen Subjekt eines Satzes, steht das Prädikat in der 3. Person Singular neutrum, z. B.:

Pół szklanki herbaty stało na stole.

Da *pół szklanki* als Einheit wiederum eine Mengenangabe ist, steht *herbata* hier gleichfalls im Genitiv der Menge.

Übungen

I. Wandeln Sie die folgenden Sätze nach dem jeweils vorangestellten Muster ab!

1.
0. Kasia bawi się grzecznie.
1. Kasia pisze pięknie.
2. Kasia czyta uważnie.
3. Kasia wygląda ładnie.
4. Kasia ubiera się gustownie.

0. Ewa bawi się grzeczniej.
1. . . . .
2. . . . .
3. . . . .
4. . . . .

2.
0. Dziś jest chłodno.
1. Dziś jest zimno.
2. Dziś jest słonecznie.
3. Dziś jest pogodnie.
4. Dziś jest pochmurno.

0. Wczoraj było chłodniej.
1. . . . .
2. . . . .
3. . . . .
4. . . . .

3.
0. Zofia wygląda ładnie.
1. Zofia ubiera się gustownie.
2. Ewa czyta uważnie.
3. Jacek bawi się grzecznie.
4. Jurek pisze pięknie.

0. Anna wygląda ładniej niż Zofia.
1. Anna . . . .
2. Kasia . . . .
3. Kasia . . . .
4. Romek . . . .

4.
0. Dziś jest chłodno.
1. Dziś jest pogodnie.
2. Dziś jest zimno.
3. Dziś jest słonecznie.
4. Dziś jest pochmurno.

0. Wczoraj było chłodniej niż dziś.
1. . . . .
2. . . . .
3. . . . .
4. . . . .

II. Beantworten Sie die Fragen nach dem jeweils vorgegebenen Muster!

1.
0. Czy Kasia dobrze czyta?   0. Tak, Kasia dobrze czyta.
1. Czy Jacek lepiej czyta?   1. Tak, ...
2. Czy Jurek źle pisze?   2. Tak, ...
3. Czy Romek gorzej pisze?   3. Tak, ...

2.
0. Czy Jacek czyta lepiej niż Kasia?
    Tak, Jacek czyta lepiej niż Kasia.
    Nie, Jacek nie czyta lepiej niż Kasia.
1. Czy Romek pisze gorzej niż Jacek?
    Tak, ...
    Nie, ...
2. Czy Anna wygląda lepiej niż Danuta?
    Tak, ...
    Nie, ...
3. Czy Zofia ubiera się gorzej niż Ewa?
    Tak, ...
    Nie, ...
4. Czy Kasia zna się na termometrze lepiej niż pani Anna?
    Tak, ...
    Nie, ...

3.
0. Czy pani Anna dobrze wygląda w wełnianej sukience?
    Nie, pani Anna lepiej wygląda w lekkiej sukience.
1. Czy Kasia źle wygląda w sukience w kratkę?
    Nie, … … … w sukience w paski.
2. Czy Danuta dobrze wygląda w sukience w grochy?
    Nie, … … … w sukience w kwiaty.
3. Czy Zofia źle wygląda w nowej sukience?
    Nie, … … … w starej sukience.

4.
0. Jacek jest chory. Czy Jacek wygląda źle?
    — Tak, Jacek wygląda źle.
    — Tak, źle.
    — Nie, Jacek nie wygląda źle.
1. Kasia jest bardzo chora. Czy Kasia wygląda gorzej?
    — Tak, ...
    — Tak, ...
    — Nie, ...

2. Jurek jest zdrowy. Czy Jurek wygląda dobrze?
— Tak, ...
— Tak, ...
— Nie, ...
3. Ewa jest już zdrowa. Czy Ewa wygląda lepiej?
— Tak, ...
— Tak, ...
— Nie, ...

5.
0. Kasia jest jeszcze mała. Czy Kasia jest mniejsza niż Jacek?
— Tak, Kasia jest mniejsza niż Jacek.
1. Jacek jest już duży. Czy Jacek jest większy niż Kasia?
— Tak, ...
2. Jurek jest wysoki. Czy Jurek jest wyższy niż Marta?
— Tak, ...
3. Dorota jest niska. Czy Dorota jest niższa niż Ewa?
— Tak, ...

III. Vervollständigen Sie die folgenden Dialoge durch die Komparativ-Formen der eingerahmten Adverbien!

1.
A. Romku, dlaczego włożyłeś tę marynarkę?
B. Włożyłem ją, bo dzisiaj jest ... niż wczoraj.

| ciepło; gorąco; zimno; chłodno; pogodnie |

2.
A. Ewo, znów włożyłaś inną sukienkę?
B. Tak, w tamtej było mi chyba ... niż w tej. Jak myślisz?

| źle; brzydko |

A. Myślę, że w tamtej wyglądałaś ....

| dobrze; ładnie |

IV. Bilden Sie nach den jeweils vorangestellten Mustern Sätze!

1.
0. Anna jest przystojna.

1. Zofia jest ładna.

0. Ewa jest przystojniejsza niż Anna.
   Ewa jest przystojniejsza od Anny.

1. Maria ....
   Maria ....

2. Pani Irena jest sympatyczna.
3. Maria jest zgrabna.
4. Kasia jest grzeczna.
5. Irena jest zdolna.

2. Pani Danuta ....
   Pani Danuta ....
3. Barbara ....
   Barbara ....
4. Halinka ....
   Halinka ....
5. Basia ....
   Basia ....

2.
0. Jurek jest przystojny.
1. Jacek jest posłuszny.
2. Leszek jest zdolny.
3. Adam jest sympatyczny.

0. Romek jest przystojniejszy niż Jurek.
   Romek jest przystojniejszy od Jurka.
1. Marek ....
   Marek ....
2. Janek ....
   Janek ....
3. Romek ....
   Romek ....

V. Vervollständigen Sie die folgenden Dialoge durch Einsetzen des Komparativs zu den nebenstehenden Adjektiven!

1.
A. Kasiu, co robisz?
B. Ubieram się.
A. Jaką sukienkę wkładasz?
B. Niebieską.
A. Włóż zieloną. Zielona sukienka jest ... ... niebieska.

ładna; ciepła

2.
A. Jacku, jak ci smakuje tort owocowy?
B. Jest bardzo smaczny, ale tort czekoladowy jest ... ... owocowy, bo jest ... .

smaczny
słodki

3.
A. Co ci podać na deser? Owoce czy tort?
B. Owoce. Owoce są ... ... tort.

smaczny; dobry; zdrowy

VI. Vervollständigen Sie den Dialog und verwenden Sie dazu von den vorgegebenen Verben ...

a) ... das Präteritum!
A. Janku, czy już ...?
B. Tak, już ... .
A. Jaką koszulę ...?
B. Białą.

| ubrać się |
| włożyć |

b) ... das Präsens!
A. Dlaczego wciąż ... w białej koszuli?
B. ... w białej koszuli, bo jest bardzo gorąco.

| chodzić |

VII. Vervollständigen Sie den folgenden Text!

Kasia idzie dziś __ imieniny __ koleżanki. Koleżanka __ na imię Halinka. Kasia zastanawia się, jak ___ _____, jaką sukienkę _____. Mija kilka minut i Kasia jest już pięknie _____. Ma __ _____ lekką niebieską sukienkę. — Kasiu, dlaczego _____ taką lekką sukienkę? — pyta mama. Dziś jest zimno, _____ niż wczoraj. Musisz ___ _____ i włożyć wełnianą sukienkę _ kratkę. W takiej lekkiej sukience _____ i się zaziębisz. — Spójrz, mamo, __ termometr! — odpowiada Kasia. Dziś jest 20° ciepła. Kasia ___ ___ na termometrze dobrze, ale mama zna się _____ i Kasia musi się szybko przebrać i _____ cieplejszą, wełnianą sukienkę. Wełniana sukienka nie jest _____ niż lekka i Kasia _____ w niej bardzo ładnie.

27
Erläuterungen

WORTARTEN

△ **Maskuline Substantive,** die **Personen** bezeichnen, haben im Akkusativ Singular und im Akkusativ Plural dieselbe Form wie in dem jeweiligen Genitiv. Diese Tatsache ist eine weitere Besonderheit der personalmaskulinen Kategorie.

Bei maskulinen Substantiven, die **Tiere** bezeichnen, stimmen Akkusativ und Genitiv nur im Singular überein. Im Plural dagegen ist der

Akkusativ dieser Substantive dem Nominativ gleich. Damit ist die Kategorie der sog. „belebten" maskulinen Substantive nur für den Singular relevant. Im Plural dagegen wird nach „personalmaskulin" und „nicht-personalmaskulin" unterschieden.

Singular

Nom.	chłopiec	kot	park
Gen.	chłopca	kota	parku
Dat.	chłopcu	kotu	parkowi
Akk.	chłopca	kota	park
Instr.	chłopcem	kotem	parkiem
Lok.	chłopcu	kocie	parku
Vok.	chłopcze![1]	kocie!	—[2]

Plural

Nom.	chłopcy[3]	koty	parki
Gen.	chłopców	kotów	parków
Dat.	chłopcom	kotom	parkom
Akk.	chłopców	koty	parki
Instr.	chłopcami	kotami	parkami
Lok.	chłopcach	kotach	parkach
Vok.	chłopcy!	koty!	—

Beispiele:
Sing. *Widzę chłopca (Akk. = Gen.), kota (Akk. = Gen.)*
aber:
Pl. *Widzę chłopców (Akk. = Gen.), koty (Akk. = Nom.!)*

△ Die Deklination der **neutralen Substantive,** deren Nominativ Singular auf *-o* oder *-e* auslautet, ist der der maskulinen Substan-

---

[1] Dieser Konsonantenwandel und diese Endung sind nur dann richtig, wenn das betreffende Substantiv auf *-ec* endet und eine Person bezeichnet. Ansonsten gilt die allgemeine Regel: Vok. = Lok.

[2] Im vorliegenden Lehrbuch werden die Formen des maskulinen Vok. nur bei Personenbezeichnungen und Bezeichnungen für Tiere angeführt. Wenn von einem Substantiv, das keine Person bezeichnet, einmal ein Vokativ gebraucht wird (z. B. in der Lyrik), gilt: Vok. = Lok.

[3] nur bei Substantiven, die auf *-ec* auslauten und Personen bezeichnen, ansonsten bei historisch weichem Themakonsonanten: *-e*!

tive sehr ähnlich. Eine Differenzierung nach „belebt" und „unbelebt" bzw. „personal" und „nicht-personal" gibt es in Neutrum jedoch nicht.

Singular

Nom.	okno	słońce	dziecko
Gen.	okna	słońca	dziecka
Dat.	oknu	słońcu	dziecku
Akk.	okno	słońce	dziecko
Instr.	oknem	słońcem	dzieckiem
Lok.	oknie	słońcu	dziecku

Plural

Nom.	okna	słońca	dzieci
Gen.	okien	słońc	dzieci
Dat.	oknom	słońcom	dzieciom
Akk.	okna	słońca	dzieci
Instr.	oknami	słońcami	dziećmi
Lok.	oknach	słońcach	dzieciach

ACHTUNG! Die Deklination des Substantivs *dziecko* ist unregelmäßig.

△ **Neutrale Substantive, die auf -ę auslauten,** haben eine besondere Deklination:

Singular

Nom.	zwierzę	niemowlę
Gen.	zwierzęcia	niemowlęcia
Dat.	zwierzęciu	niemowlęciu
Akk.	zwierzę	niemowlę
Instr.	zwierzęciem	niemowlęciem
Lok.	zwierzęciu	niemowlęciu

Plural

Nom.	zwierzęta	niemowlęta
Gen.	zwierząt	niemowląt
Dat.	zwierzętom	niemowlętom
Akk.	zwierzęta	niemowlęta
Instr.	zwierzętami	niemowlętami
Lok.	zwierzętach	niemowlętach

ACHTUNG! Diese Deklination gilt für andere Substantive auf -ę nur dann, wenn sie Bezeichnungen für noch nicht erwachsene Menschen oder Jungtiere sind. Sie ist nicht auf Substantive anzuwenden, die zwar auf -ę auslauten, aber etwas bezeichnen, das nicht zu einer der beiden genannten inhaltlichen Kategorien gehört.

△ Der **Vokativ** Singular der neutralen Substantive und der Vokativ Plural aller Substantive haben immer dieselbe Form wie der entsprechende Nominativ.

△ Das Wort *ludzie* ist der Norminativ/Vokativ Plural zu *człowiek* (vgl.: Mensch — Leute). Eine Pluralform zu dem Wort *człowiek* selbst gibt es nicht.

△ Das Wort *wszystkie* (= alle) ist Nom./Akk./Vok. Plural der nicht-personalmaskulinen Kategorie. Auf männliche Personen und Gruppen von Vertretern beider Geschlechter ist diese Form also nicht anzuwenden.

SATZBAU

△ Die Hauptbedeutung von *trzeba* + *Infinitiv* ist:

man muß + Infinitiv, es ist nötig, erforderlich, notwendig, zu + Infinitiv. Syntaktisch funktioniert das Wort so wie *można* (vgl. Lektion 12).

Der Konjunktiv der mit diesen Wörtern gebildeten subjektlosen Sätze ist:

trzeba by + *Infinitiv* — man müßte + Infinitiv, es wäre nötig (gewesen), zu + Infinitiv

można by + *Infinitiv* — man könnte + Infinitiv
man dürfte + Infinitiv
man hätte (Infinitiv) gekonnt/können
man hätte (Infinitiv) gedurft/dürfen

△ Bei der Verwendung der **Präposition** *z* + **Instrumental** eines „belebten" Substantivs in soziativer Funktion (s. Lektion 10, ‚mit + Dativ') ergeben sich besondere Konsequenzen für die Form des Prädikats:

Stehen mehrere Handlungsträger als Subjekte nebeneinander, hat das Prädikat die Form für die 3. Person Plural, z. B.:

Chłopak i dziewczyna idą na spacer.

Ist dagegen nur einer der an der Handlung Beteiligten Subjekt, der andere aber Präpositionalobjekt, hängt die Form des Prädikats von der Wortfolge ab:

a) Wenn das Prädikat direkt auf das Subjekt folgt, steht es in der 3. Person Singular, z. B.:

*Chłopak **idzie** z dziewczyną na spacer.*

b) Wenn Subjekt und Präpositionalobjekt hintereinander stehen und erst dann das Prädikat folgt, steht es in der 3. Person Plural, z. B.:

*Chłopak z dziewczyną **idą** na spacer.*

Durch die unter a) und b) demonstrierten Konstruktionen werden unterschiedliche inhaltliche Nuancen ausgedrückt:

Konstruktionen vom Typ a) bedeuten, daß die Initiative ganz vom Subjekt ausgeht und das als Präpositionalobjekt beigefügte Lebewesen vom Subjekt in die Handlung mit einbezogen wird, selbst aber relativ passiv ist.

Durch Konstruktionen vom Typ b) wird zum Ausdruck gebracht, daß ein Teil der Initiative von dem als Präpositionalobjekt angeschlossenen Lebewesen ausgeht, dieses Lebewesen sekundärer Handlungsträger, eine Art „Co-Subjekt" ist.

△ Das Verb *szukać* regiert den Genitiv, z. B.: ... *szuka wolnej ławki.* (Vgl. Lektion 15, Satzbau b), Heischeverben.)

△ Das Verb *znajdować* regiert dagegen (wie deutsch ‚finden') den Akkusativ, z. B.: ... *znajduje wolną ławkę.*

△ Das Verb *biegać* ist ein Doppel-Zeitwort. Es gehört zu den „nicht zielgerichteten", also in eine Gruppe mit *chodzić.* (Vgl. Lektion 13, *iść/chodzić.*)

△ Auf die Fügung *siadać na* folgt der Lokativ, nicht wie im Deutschen auf die Fügung ‚sich setzen auf' der Akkusativ, z. B.:

Ich setze mich auf die Bank. (Akk.) *Siadam na ławce.* (Lok.)

△ Die Präposition *pod* regiert in Wendungen, die auf die Frage Wo? antworten, den Instrumental. Auf die Frage Wohin? und in mehreren übertragenen Wendungen regiert sie den Akkusativ.
Beispiele:

Kot siedzi pod ławką. (Wo? — Instrumental)
Kot ucieka pod ławkę. (Wohin? — Akkusativ)

Übungen

I. Ergänzen Sie die folgenden Sätze durch die eingerahmten Wortpaare!

1.
Chłopiec obserwuje ... i spostrzega .... .

> 1. trawnik — wróbel; 2. park — doktor Rak; 3. dworzec — kiosk z gazetami; 4. akademik — wysoki student; 5. ogród — piękny kwiat; 6. obraz — czarny kot

2.
Pies goni ..., a potem ... .

> 1. samochód — inny pies; 2. tramwaj — mały wróbel; 3. pociąg — czarny kot

II. Verwandeln Sie die folgenden Sätze nach dem jeweils vorangestellten Muster in verneinte Aussagen!

1.
0. Jurek znajduje nowy dworzec.   0. Jurek nie może znaleźć nowego dworca.
1. Marek znajduje uniwersytet.   1. . . . .
2. Jacek znajduje ojca.   2. . . . .
3. Roman znajduje hotel.   3. . . . .

2.
0. Zofia patrzy na męża i widzi jego parasol.
   Zofia nie patrzy na męża i nie widzi jego parasola.
1. Anna patrzy na sąsiada i widzi jego samochód.
   . . . .
2. Ewa patrzy na kolegę i widzi jego okulary.
   . . . .
3. Student patrzy na profesora i widzi jego krawat.
   . . . .

III. Vervollständigen Sie die folgenden Dialoge nach dem Vorbild des ersten!

A. Syn Leszka ma na imię Jacek.
B. To Leszek ma syna?
A. Tak, mam fotografię Jacka.

16 Wir lernen Polnisch — Grammatik

1.
A. Brat Jurka ma na imię Roman.
B. . . . . ?
A. . . . .

2.
A. Dziadek Jacka ma na imię Bolesław.
B. . . . . ?
A. . . . .

IV. Wählen Sie unter den angebotenen Verbindungen von Präposition und Personalpronomen die jeweils richtige aus und vervollständigen Sie damit die folgenden Dialoge: *z nim, z nią, na nią, na nich, na nie, na niego!*

1.
A. Babcia siedzi z wnuczką.
B. Z Kasią?
A. Tak, właśnie ... .

2.
A. Profesor patrzy na studenta.
B. Na tego nowego studenta?
A. Tak, właśnie ... .

3.
A. Adam patrzy na siostrę.
B. Na małą Kasię?
A. Tak, właśnie ... .

4.
A. Staruszek patrzy na dziewczynki.
B. Na Hanię i Basię?
A. Tak, właśnie ... .

5.
A. Siostra wychodzi z kolegą.
B. Z tym przystojnym studentem?
A. Tak, właśnie ... .

6.
A. Pies bawi się z kotem.
B. Z moim czarnym kotem?
A. Tak, właśnie ... .

7.
A. Leszek patrzy na staruszka i na chłopaka.
B. Na pana Nowickiego i na Jacka?
A. Tak, właśnie ... .

V. Vervollständigen Sie die folgenden Sätze nach dem vorangestellten Muster durch die eingerahmten Begriffe!

0. W parku są **ludzie**.
   W parku jest dużo **ludzi**. | człowiek |
1. W parku są ... .
   W parku jest kilka ... . | pies |
2. W kasie są ... .
   W kasie jest dużo ... . | bilet |
3. W książce są ... .
   W książce jest mało ... . | fotografia |
4. W sklepie są ... .
   W sklepie jest dużo ... . | wędlina |
5. W akademiku są ... .
   W akademiku jest dużo ... . | studentka |

VI. Vervollständigen Sie die folgenden Sätze durch eine entsprechende Verbindung aus einer Präposition und dem Wort *drzewo*!
1. Leszek znajduje ławkę ...... (*pod czym?*)
2. Kot ucieka ...... (*na co?*)
3. Pies zatrzymuje się ...... (*pod czym?*)
4. Kot chłopca siedzi ...... (*na czym?*)
5. Jego kot lubi chodzić ...... (*po czym?*)

VII. Beantworten Sie die folgenden Fragen und gebrauchen Sie dabei die Wendung *robi się* zusammen mit den eingerahmten Begriffen!

1. Jaka jest pogoda?
   Robi się ....

   | chłodno; zimno; gorąco |

2. Jaka jest pora dnia?
   Robi się ....

   | jasno; ciemno |

VIII. Beantworten Sie die folgenden Fragen an Hand des Lesestückes aus Lektion 27!
1. Co robi w parku pan Leszek?
2. Co tam robi mały chłopiec?
3. Co chłopiec mówi o swoim kocie?

28
Erläuterungen

AUSSPRACHE UND RECHTSCHREIBUNG

Das Substantiv **Bóg** wird — unabhängig von der Weltanschauung des Schreibenden — mit großem Anfangsbuchstaben geschrieben, wenn damit der Gott einer monotheistischen Religion (also auch der Gott der Bibel) gemeint ist, da dieses Wort dann gleichzeitig als Eigenname des einzigen Gottes, an den geglaubt wird, fungiert. Als Bezeichnung für andere Götter (dann oft zusammen mit einem Eigennamen des betreffenden Gottes gebraucht) schreibt man *bóg* mit kleinem Anfangsbuchstaben. Es handelt sich hierbei um eine orthographische Festlegung, nicht um ein Glaubensbekenntnis des Schreibenden.

WORTARTEN

△ Das Substantiv **przechodzień** hat beinahe dieselbe Deklination wie *dzień*. Da es aber von seiner Bedeutung her der personalmaskulinen Kategorie angehört, ist der Akkusativ in beiden Numeri dem Genitiv gleich. Man achte darüber hinaus besonders auf die Unterschiede im Nominativ und im Genitiv Plural!

Singular

Nom.	*dzień*	*przechodzień*
Gen.	*dnia*	*przechodnia*
Dat.	*dniowi*	*przechodniowi*
Akk.	*dzień*	*przechodnia*
Instr.	*dniem*	*przechodniem*
Lok.	*dniu*	*przechodniu*
Vok.	(*dniu!*)	*przechodniu!*

Plural

Nom.	*dnie/dni*	*przechodnie*
Gen.	*dni*	*przechodniów*
Dat.	*dniom*	*przechodniom*
Akk.	*dnie/dni*	*przechodniów*
Instr.	*dniami*	*przechodniami*
Lok.	*dniach*	*przechodniach*
Vok.	(*dnie!/dni!*)	*przechodnie!*

△ Der Vokativ des Substantivs **Bóg** ist eine Ausnahme: *Boże!*

△ Wenn maskuline **Markennamen** (Namen von Fabrikaten) als Bezeichnung für ein Exemplar des betreffenden Erzeugnisses, also als Gattungsname, gebraucht werden, sind sie mit kleinem Anfangsbuchstaben zu schreiben. Obwohl diese Markennamen dann von ihrer Bedeutung her nicht der Kategorie der „belebten" Substantive angehören, hat ihr Akkusativ Singular (nur Sing.!) dieselbe Form wie der Genitiv Singular (und nicht wie der Nom. Sing.), z. B.:

Kupiłem samochód. (Akk. = Nom.), aber:
Kupiłem fiata, mercedesa, forda, trabanta usw. (Akk. = Gen.)
Vgl.:
Nie, rodzice mają jeszcze małego fiata.

△ Die Wortform *jadący* ist ein Aktivpartizip des Präsens (wörtl.: der fahrende ..., ein fahrender ...). Diese Art Partizip wird im Polnischen nur von imperfektiven Verben (Präsensbedeutung! — s. Lektion 11) gebildet. Dabei ist folgendermaßen zu verfahren:

Infinitiv →	3. Pers. Pl. Präs. →	Partizip Präsens Aktiv
jechać	*jad-ą*	*jad-ąc-y, -a, -e*
nieść	*nios-ą*	*nios-ąc-y*
stać	*stoj-ą*	*stoj-ąc-y*
mieć	*maj-ą*	*maj-ąc-y*
widzieć	*widz-ą*	*widz-ąc-y*
iść	*id-ą*	*id-ąc-y*
pytać	*pytaj-ą*	*pytaj-ąc-y*

Ein Partizip ist eine von einem Verb abgeleitete Wortform mit den syntaktischen Funktionen, der Stellung und den grammatischen Formen (Deklination) des Adjektivs.

Aktivpartizipien sind ihrer Bedeutung nach Attribute zum Agens (Handlungsträger) der Handlung, die von dem zugrundeliegenden Verb bezeichnet wird, z. B.:

jadący samochód — das fahrende Auto/ein fahrendes Auto

Auto/*samochód* = Agens (Handlungsträger)
fahrende(s)/*jadący* = Attribut zu Auto/*samochód*

Deklination:

w jadącym samochodzie — in einem/dem fahrenden Auto (s. a. Satzbau).

△ Die Wortform *skończony* ist ein Passivpartizip des Präteritums. Passivpartizipien sind ihrer Bedeutung nach Attribute zum Patiens (Objekt, auf das eine Handlung gerichtet ist) der Handlung, die von dem zugrunde liegenden Verb bezeichnet wird, z. B.:

skończony egzamin — eine/die abgeschlossene Prüfung.

‚Prüfung' bzw. *egzamin* ist zu der Handlung ‚abschließen' bzw. *skończyć* — nicht — wie bei einem Aktivpartizip (s. o.) — Agens, sondern Patiens.

Passivpartizipien können ohne Kontext in bezug auf ihr Tempus zweideutig sein.

Beispiele:

kupować (imperf.) — *kupowana książka*
 = gekauftes Buch
 = ein Buch
a) das gerade eben bzw. mehrfach (in der Gegenwart) gekauft **wird** (Präsens)
b) das in der Vergangenheit mehrfach gekauft **wurde** (Präteritum)
c) von dessen einmaligem, in der Vergangenheit getätigten Kauf gesprochen wird, wobei sich die Aussage aber auf einen Moment bezieht, der innerhalb des Kaufvorganges lag (Präteritum).

In allen drei Fällen wird die Handlung „kaufen" im Ablauf, als Vorgang dargestellt.

Passivpartizipien von perfektiven Verben bedeuten immer Präteritum:

kupić (perf.) — *kupiona książka*
 = gekauftes Buch
 = ein Buch, das bereits gekauft wurde, gekauft war, gekauft ist oder gekauft sein wird.

Hier ist die Handlung „kaufen" kein Vorgang mehr, wird nicht im Ablauf betrachtet, sondern das Partizip bezeichnet als Attribut zu einem Substantiv das Ergebnis der ausgeführten Handlung, eine Eigenschaft oder einen Zustand, die dem durch das Substantiv Bezeichneten eigen sind, weil die Handlung vorher ausgeführt wurde. Passivpartizipien werden nur von transitiven Verben gebildet, weil nur zu solchen Verben ein Patiens (als logisches Objekt) denkbar ist und die Funktion von Passivpartizipien eben darin besteht, ein Patiens zu der betreffenden Handlung näher zu bezeichnen.

Gebildet werden polnische Passivpartizipien mit Hilfe der folgenden drei Suffixe:

-n- (+ entsprechende Adjektivendung)
 zdać — zdany (egzamin) — gemachte, bestandene (Prüfung)
 czytać — czytana (gazeta) — gelesene (Zeitung)

-on- (+ entsprechende Adjektivendung)
 skończyć — skończony (kurs) — abgeschlossener, beendeter (Lehrgang)
 kupić — kupione (auto) — gekauftes (Auto)

-t- (+ entsprechende Adjektivendung)
zacząć — zaczęta (praca) — begonnene, angefangene, in Angriff genommene (Arbeit)
trzeć — (bułka) tarta — geriebene (Semmel)

SATZBAU

△ **Attributiv gebrauchte Partizipien** können im Polnischen — wie Adjektive — auch hinter dem Substantiv, zu dem sie Attribut sind, stehen. Letzteres ist besonders häufig der Fall, wenn zu der als Partizip ausgedrückten Handlung noch irgendwelche Ergänzungen hinzutreten, z. B.:

Jezdnia pełna s a m o c h o d ó w, jadących z wielką szybkością — Eine Fahrbahn voller mit großer Geschwindigkeit *fahrender A u t o s.*

Das Komma zwischen dem Substantiv und dem Partizip im polnischen Satz ist dabei fakultativ.

△ Das Verb *wyobrazić sobie + Akk.* wird immer mit dem Dativ des Reflexivpronomen (*sobie*) gebraucht. Vgl. dt.: ‚Ich stelle mir etwas vor'. Anders als z. B. beim Verb *kupować* kann *sobie* hier nicht gegen ein Objekt ausgetauscht werden, das mit dem Subjekt nicht identisch ist, z. B.:

Kupuję sobie książkę. Oder: *Kupuję (je)mu książkę.*

ACHTUNG! ‚Jemandem etwas bzw. jemanden vorstellen' im Sinne von ‚jemanden mit + Dativ bekannt machen' wird nicht mit *wyobrazić* übersetzt! Diesem ‚vorstellen' entspricht das Verb *przedstawiać* (s. Lektion 25), z. B.:

Przedstawiam ci nowego kolegę. — Ich stelle dir einen/den neuen Kollegen vor.

△ Das Verb *udać się* (in den Bedeutungen: gelingen, glücken,/.../ ausfallen, gedeihen) ist reflexiv, funktioniert syntaktisch aber wie sein deutsches Äquivalent ‚gelingen', z. B.:

Dieses Foto ist **d i r** gelungen. — *Ta fotografia c i* się udała.
Wird **i h m** das gelingen? — *Czy to m u się uda?*

Wenn dieses Verb in Verbindung mit einem Infinitiv gebraucht wird, enthält der polnische Satz kein Äquivalent zum deutschen formalen Subjekt ‚es', und der Infinitiv wird direkt angeschlossen (ohne ein Äquivalent für ‚zu' und ohne Komma).
Vgl.:
Jak się panu udało przejść na tamtą stronę? — Wie ist **es** Ihnen gelungen, auf die andere (dortige) Seite hinüber**zu**kommen?

△ Wenn das Modalverb **brauchen** verneint ist, wird es im Polnischen durch *musieć* (= müssen) wiedergegeben, z. B.:
(*Ja*) *nie musiałem przechodzić ...* — Ich mußte nicht hinübergehen ... / Ich brauchte nicht hinüberzugehen ...

△ Das Nebeneinander von *przejść* (perf.) und *przechodzić* (imperf.) in diesem Dialog muß später erläutert werden.

△ Die Präposition *mimo* regiert im modernen Polnisch den Genitiv, z. B.: mimo deszczu — trotz des Regens. Früher regierte sie auch den Akkusativ. Aus dieser Zeit hat sich die als Adverb funktionierende feste Wendung *mimo to* (= *Akk*.) = ‚trotzdem' erhalten.

Übungen

I. Wiederholen Sie die folgenden Dialoge und ersetzen Sie dabei die hervorgehobenen Elemente durch die richtigen Formen der eingerahmten Begriffe!

1.
A. Jurku, komu się kłaniasz?
B. Kłaniam się mojemu **profesorowi**.

| nauczyciel; lektor; przyjaciel; sąsiad; lekarz |

2.
A. Chciałabym dać **Jackowi** tę książkę.
B. Daj mu ją. To bardzo ciekawa książka.

| Jurek; Romek; Leszek; Janek; Marek |

3.
A. Jutro są imieniny **Anny**.
B. Co jej kupiłeś?
A. Kupiłem **Annie** samochód.

| Ewa; Krystyna; Irena; Halina; mama |

II. Wandeln Sie die folgenden Sätze entsprechend den jeweils vorangestellten Mustern ab!

1.
0. Marta lubi kwiaty.
1. Dorota lubi kwiaty.
2. Danuta lubi kwiaty.
3. Beata lubi kwiaty.
4. Małgorzata lubi kwiaty.

0. Kupiłem Marcie kwiaty.
1. Kupiłem . . . .
2. Kupiłem . . . .
3. Kupiłem . . . .
4. Kupiłem . . . .

2.
0. Babcia napisała do nas list.
1. Ciocia napisała do nas list.
2. Kasia napisała do nas list.
3. Ela napisała do nas list.
4. Ania napisała do nas list.
5. Maria napisała do nas list.

0. Musimy odpisać babci.
1. Musimy odpisać . . . . . .
2. Musimy odpisać . . . . . .
3. Musimy odpisać . . . . . .
4. Musimy odpisać . . . . . .
5. Musimy odpisać . . . . . .

3.
0. To jest sąsiadka Ewy.
1. To jest studentka pani Teresy.
2. To jest lektorka Zofii.
3. To jest nauczycielka Kasi.
4. To jest koleżanka Anny.
5. To jest córka Danuty.

0. Ewa pokazuje sąsiadce fotografię.
1. . . . .
2. . . . .
3. . . . .
4. . . . .
5. . . . .

4.
0. Pan Adam zamawia kawę.
1. Pan Henryk zamawia obiad.
2. Pani Nowak zamawia deser.
3. Pan Jan zamawia herbatę.
4. Pan Andrzej zamawia kolację.

0. Kelner podaje panu Adamowi kawę.
1. Kelner podaje . . . .
2. Kelner podaje . . . .
3. Kelner podaje . . . .
4. Kelner podaje . . . .

5.
0. Pani Kowalska nie pije kawy.

0. Pan Kowalski nie pije kawy.

1. Pani Wolska nie je kremu.
2. Pan Wolski nie je kremu.
3. Pani Lerska nie pije wina.
4. Pan Lerski nie pije wina.
5. Pani Nowicka nie je kolacji.
6. Pan Nowicki nie je kolacji.

0. Kawa może zaszkodzić pani Kowalskiej.

0. Kawa może zaszkodzić panu Kowalskiemu.

1. . . . .
2. . . . .
3. . . . .
4. . . . .
5. . . . .
6. . . . .

III. Wiederholen Sie die folgenden Dialoge und ersetzen Sie die hervorgehobenen Elemente durch die eingerahmten Begriffe!

1.
A. Kto leczy **twoje dziecko**?
B. Pan Nowak.
A. To jest świetny lekarz.
B. Tak. Zapisał **mojemu dziecku** bardzo dobre lekarstwo.

> twojego brata; twojego ojca; twojego męża; twojego dziadka
>
> mojemu bratu; mojemu ojcu; mojemu mężowi; mojemu dziadkowi

2.
A. Czy Zofia podoba się **kolegom**?
B. Oczywiście. Podoba się i **kolegom, i koleżankom**. Jest przecież bardzo przystojna i miła.

> mężczyznom; chłopcom; panom
>
> mężczyznom i kobietom; chłopcom i dziewczętom; panom i paniom

3.
A. Co robi teraz pani Anna?
B. Tłumaczy **uczniom** nową lekcję.

> dzieciom; uczennicom; studentom; studentkom

IV. Vervollständigen Sie die folgenden Dialoge, indem Sie die hervorgehobenen und die eingerahmten Begriffe in den Dativ setzen!

1.
A. **Ewa** ładnie dziś wygląda.
B. Tak, ... jest bardzo ładnie w tej sukni.

> Anna; Monika; twoja żona; twoja córka; Dorota; Maria; pani Kowalska; pani Nowakowa

2.
A. Czy podoba ci się **Adam**?
B. Bardzo mi się podoba, ale ja, niestety, nie podobam się .... .

> Henryk; Jurek; Leszek; pan Roman; Marek; pan Wolski; pan Nowak

3.
A. Czy **twój mąż** jest chory?
B. Tak, bardzo źle się czuje.
A. Co dolega ...?
B. Wciąż boli go serce i głowa.

> twój syn; twój brat; pani ojciec; pana syn; twój dziadek

4.
A. Kasiu, czy lubisz **ptaki**?
B. Lubię i dlatego zawsze daję ... jedzenie.

> wróble; koty; psy; zwierzęta

V. Beantworten Sie die folgenden Fragen, indem Sie den Inhalt der Anekdoten wiedergeben!

1.
1. Co kupiła sobie sąsiadka państwa Kowalskich?
2. Czy ta pani miała prawo jazdy?
3. Co musiała ona ukończyć?
4. Co musiała zdać?
5. O co zapytała egzaminatora?

2.
1. O co zapytała małego Jacka sąsiadka państwa Kowalskich?
2. Co odpowiedział jej Jacek?

3.
1. Kogo spotyka pan Kowalski?
2. Co pan Kowalski opowiada sąsiadce?
3. Dlaczego sąsiadka jest przerażona?

4.
1. Jaka jest ulica wielkiego miasta?
2. Co jest na jezdni?
3. Z jaką szybkością jadą samochody?
4. Gdzie stoi przechodzień?
5. Co usiłuje zrobić przechodzień?
6. Dlaczego przechodzień jest smutny?
7. Kogo przechodzień widzi po przeciwnej stronie ulicy?
8. Dlaczego inny przechodzień nie musiał przechodzić na drugą stronę ulicy?

29
Erläuterungen

WORTARTEN

DER ASPEKT DES POLNISCHEN VERBS

Bis auf ganz wenige Ausnahmen existiert jedes polnische Verb in zwei Varianten (einer perfektiven und einer imperfektiven), die zusammen ein Aspektpaar bilden. Dabei bezeichnen beide Aspekte ein und dieselbe Handlung, Tätigkeit bzw. ein und denselben Vorgang (im folgenden „Handlung" genannt). Sie unterscheiden sich also n i c h t inhaltlich voneinander, sondern haben nur unterschiedliche grammatische Funktionen.

Wollte man also alle Aussagen, in denen irgendein deutsches Verb vorkommen kann, ins Polnische übersetzen, brauchte man dazu unbedingt beide polnische Verben, das perfektive und das imperfektive. Erst das komplette Aspektpaar bietet alle Ausdrucksmöglichkeiten, die das entsprechende eine deutsche Verb haben kann.

Bereits aus dieser Tatsache läßt sich ableiten, daß die polnischen Verben die von ihnen bezeichneten Handlungen unter irgendeinem Gesichtspunkt („Aspekt"!) genauer charakterisieren müssen, als ihre deutschen Äquivalente das tun.

Zur Erläuterung dieses „Gesichtspunktes" ist es wohl am besten, zunächst einmal zu klären, worum es n i c h t geht:

Die Bezeichnungen „perfektiv" bzw. „vollendet" bedeuten hier nicht „Perfektion" oder „Vollendung" im Sinne von Qualität der betreffenden Handlung, sagen nichts darüber aus, mit welcher Güte bzw. Virtuosität das zu der betreffenden Handlung gehörige Subjekt seine Handlung ausführt.

„Perfektiv" bzw. „vollendet" sind hier auch nicht im Sinne von „vergangen" zu deuten. Letzteres ist sehr wichtig, denn die didaktische Erfahrung zeigt, daß der Anfänger oft dazu neigt, „vollendet" und „vergangen" gleichzusetzen, d. h. dem Aspekt Funktionen zuzuordnen, die nicht vom Aspekt, sondern von den Tempi, den grammatischen Zeiten des Verbs (Präteritum, Präsens und Futur), erfüllt werden.

Zur Differenzierung von Tempus und Aspekt sollte man sich erst noch einmal bewußt machen, was geschieht, wenn ein Verb in verschiedenen grammatischen Zeiten gebraucht wird. Man stelle sich dazu einmal vor, die Zeit laufe im Bewußtsein der Menschen entlang einer „Zeitachse" ab:

```
vor 10 Jahren                           in 10 Jahren ...
   vor 3 Wochen                      in 3 Wochen
         gestern                  morgen
                     jetzt
```

⎯⎯⎯⎯⎯⎯⎯⎯⎯⎯⎯⎯⎯⎯⎯⎯⎯⎯⎯⎯⎯⎯⎯⎯⎯⎯⎯⎯⎯⎯⎯⎯→

Dieser Zeitachse könnte man den Augenblick, in dem jemand eine Aussage formuliert (= Redemoment), doch in der folgenden Weise zuordnen:

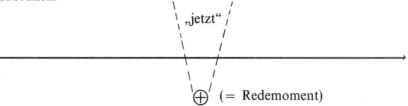

Die verschiedenen grammatischen Zeiten dienen nun dazu, eine durch ein Verb bezeichnete Handlung aus der Position des Redemomentes auf dieser Zeitachse zu lokalisieren:

In der Form „Präsens" stehen alle Verben zur Bezeichnung von Handlungen, die nach dem Vorstellungswillen des Sprechers auf der Zeitachse neben dem Redemoment, im „Jetzt" (= Gegenwart), liegen.

Dabei kann diese Gegenwart natürlich ganz unterschiedlich breit aufgefaßt werden. Sie kann gleichbedeutend sein mit „in diesem Moment", mit „heute", „in dieser Woche", „zu meinen Lebzeiten", „in diesem Jahrhundert" usw. Diese Gegenwart ist also auf der Zeitachse immer die Strecke, die neben dem (meist viel kürzeren) Redemoment liegt, wobei sich diese Strecke in Wirklichkeit immer aus einem Stück Vergangenheit und einem Stück Zukunft zusammensetzt, da sich ja Gegenwart in ganz engem Sinne (nur als Parallele zum Rede m o m e n t) gar nicht wahrnehmen läßt und immer schon wieder vorüber ist, wenn der Sprecher mit seiner Aussage fertig ist. Die Verbform Präsens aber signalisiert die eben beschriebene „Strecke" auf der Zeitachse in allen denkbaren Varianten.

Alles, was auf der Zeitasche links der Gegenwart liegt, wird dort durch die Form des Präteritums lokalisiert (= vorher).

Alles, was als Handlung rechts von der Gegenwart liegend charakterisiert werden soll, wird grammatisch durch das Futur gekennzeichnet (= nachher).

Darin besteht die Hauptfunktion der grammatischen Zeiten des Verbs, und das ist in beiden Sprachen gleich:

Präteritum	Präsens	Futur
Jurek wartete.	Jurek wartet.	Jurek wird warten.
Jurek hat gewartet.		
Jurek czekał o d e r	*Jurek czeka.*	*Jurek poczeka* o d e r
Jurek poczekał.		*Jurek będzie czekać.*

Aus dem vorliegenden Schema ist zunächst einmal abzulesen:

△ Präsens wird im Polnischen durch den imperfektiven Aspekt ausgedrückt.

△ Im Präteritum können beide Aspekte auftreten.

△ Im Futur gibt es ebenfalls beide Aspekte, wobei das Futur des perfektiven Aspektes durch die konjugierte, wie Präsens aussehende Form allein ausgedrückt wird (daher auch „einfaches" bzw. „synthetisches" Futur genannt, weil nicht aus mehreren Wörtern zusammengesetzt, sondern durch ein Wort bezeichnet, von dem sowohl die inhaltliche wie die grammatische Bedeutung abzulesen sind).

Das imperfektive Futur kann — wie das deutsche Futur I — durch die Futurform von *być* und den Infinitiv des jeweiligen imperfektiven Verbs gebildet werden.

M e r k e also: Futurform von *być* + *perfektiven Infinitiv* gibt es n i c h t !

Nun ist zu fragen, wie sich im Präteritum und im Futur die dort jeweils verzeichneten zwei Formen (perfektiv und imperfektiv) zueinander verhalten bzw. voneinander unterscheiden.

Durch die Kategorie Aspekt verfügt das polnische Verb über eine zusätzliche Ausdrucksmöglichkeit, einen Mitteilungs**gesichtspunkt,** den das deutsche Verb nicht hat. — Der Sprecher hat mit dem Aspekt im Polnischen die Möglichkeit, seinem Kommunikationspartner (dem Empfänger seiner Mitteilung) allein durch die Wahl des entsprechenden Aspektes (ohne Verwendung weiterer Wörter) zu signalisieren, in welchem S t a d i u m der Partner sich die bezeichnete Handlung nach dem Wunsch des Sprechers vorstellen soll, d. h., in welchem Stadium der Sprecher die Handlung darstellen möchte.

In diesem Sinne sind „perfektiv" (vollendet) und „imperfektiv" (unvollendet) zu verstehen. Und im Signalisieren dieser Differenzierung besteht die wichtigste grammatische Leistung des Aspektes.

Innerhalb dieser Aufgabenteilung zwischen den beiden Aspekten eines Verbs bezeichnet der **imperfektive Aspekt** Handlungen als „im Ablauf befindlich", „mittendarin gesehen". Wird also der imperfektive Aspekt gebraucht, soll der Kommunikationspartner nach dem Willen des Sprechers mitten in die Handlung hineinsehen.

Sehr deutlich wird das am Präsens. Eine durch das Präsens bezeichnete Handlung wird mitten im Ablauf gesehen; Beginn und Abschluß spielen bei dieser Darstellung keine Rolle. Bezeichnet wird nur die Handlung an sich, und zwar mitten im Ablauf.

Beispiel dafür kann der folgende Dialog sein:

A: *Co tu robisz?* — B: *Czekam na Ewę.*

B. will dem Partner folgende Sicht der Handlung „warten" suggerieren:

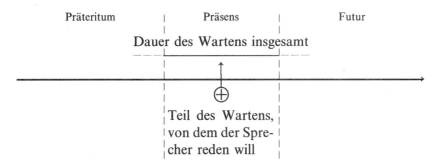

Der Pfeil symbolisiert hier und in den folgenden Darstellungen die Blickrichtung, die „Sicht" des Sprechers.

Er verwendet das Präsens, weil er die Handlung neben dem Redemoment lokalisieren, als Gegenwart kennzeichnen will, und gebraucht das imperfektive *czekać*, weil er die Handlung mitten im Ablauf darstellen will. In diesem Sinne decken sich Präsens und imperfektiver Aspekt. Natürlich weiß der Sprecher dabei um Anfang und Abschluß der Handlung (unterbrochene Linie), aber darüber will er nichts mitteilen.

Hier im Präsens ist also noch kein Unterschied zwischen dem Deutschen und dem Polnischen zu erkennen, denn die Sicht ist dieselbe, und auf der Zeitachse oben standen sich für beide Sprachen in diesem Abschnitt auch nur je ein Verb gegenüber. Inzwischen ist sicher auch verständlicher, warum der perfektive Aspekt kein Präsens hat. Er gewährt als „vollendet" gesehene Handlung die Sicht „mitten hinein" eben nicht.

Präteritum: Auch diesmal muß von einer Situation ausgegangen werden, denn an Aussagen, die aus ihrem Zusammenhang gelöst sind, läßt sich über den Aspekt nichts erläutern:

A: Gestern habe ich Jurek vor der Universität getroffen.

B: Was hat er dort gemacht?

A: Er hat da auf Ewa gewartet. = *Czekał tam na Ewę.*

Hier ist das imperfektive *czekać* gebraucht, weil der Sprecher von einem Zeitpunkt reden will (sein Zusammentreffen mit Jurek), zu dem das Warten noch andauerte, noch „unvollendet" war, obwohl das Warten insgesamt jetzt, wo diese Aussage formuliert wird, bereits zu Ende ist. Das aber wird durch die Form Präteritum (-*ł*) ausgedrückt. Hieran wird das Zusammenspiel von Tempus und Aspekt deutlich: Von der Form Präteritum läßt sich ablesen, daß die bezeichnete Handlung auf der Zeitachse vor „Gegenwart" (Redemoment) liegt, also von einer Handlung die Rede ist, die der Partner sich als inzwischen vergangen vorstellen soll. Mit dem imperfektiven Aspekt aber wird angezeigt, über welchen Zeitpunkt des Geschehens gesprochen wird, in welchem S t a d i u m die Handlung beschrieben werden soll.

Schematisch könnte diese Situation so dargestellt werden:

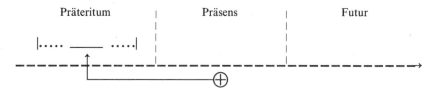

Der Pfeil signalisiert den Moment, in dem A mit Jurek zusammengetroffen ist, den Moment des Geschehens, von dem berichtet werden soll, und damit das Stadium, in dem sich B die Handlung „warten" vorstellen soll. Beginn und Abschluß der Handlung werden damit natürlich nicht geleugnet, spielen aber in der Kommunikationsabsicht des Sprechers keine Rolle. Demnach charakterisiert der imperfektive Aspekt eine Handlung nicht von vorn herein als nicht zu Ende gebracht, sondern bezeichnet sie nur in einem Stadium, im dem sie noch nicht zu Ende war, ist oder sein wird.

Da im Deutschen nur das eine Verb ‚warten' zur Verfügung steht, müßte die durch den Aspekt im Polnischen gebotene größere Genauigkeit der Darstellung, wenn das für die Verständigung unerläßlich sein sollte, mit Hilfe von mehr Wortgut (mehr sprachlichem Aufwand) wiedergegeben werden, z. B.:
Er wartete dort g e r a d e auf Ewa. Er hat da z u d i e s e r Z e i t g e r a d e auf Ewa gewartet u. ä.

Im Deutschen wird der Sprecher so viel nur dann aufwenden, wenn das zur exakten Verständigung unerläßlich ist. Da im Polnischen aber zwei Verben zur Bezeichnung der einen Tätigkeit zur Verfügung stehen, muß der richtige Aspekt gebraucht werden. Andernfalls ergibt sich auch dann, wenn bei Verwendung des anderen Aspektes die Verständigung nicht gefährdet wäre, ein Verstoß gegen den Sprachusus, der als Fehler empfunden wird.

Der imperfektive Charakter einer Handlung braucht nicht immer darin zu bestehen, daß sie — wie in dem oben gegebenen Beispiel — als einmalige Handlung mitten im Ablauf gesehen wird.

Als imperfektiv kann eine Handlung auch infolge ihrer mehrfachen Wiederholung gesehen werden. Dabei spielt dann keine Rolle, daß innerhalb dieser Wiederholung jeder Einzelfall als abgeschlossen, als vollendet gesehen werden könnte. Für den Aspekt ist wichtig, wie über die betreffende Handlung berichtet werden soll.

Bezeichnet der imperfektive Aspekt eine mehrfach wiederholte Handlung, könnte das schematisch so dargestellt werden:

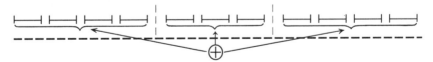

Beispiele hierfür:
Präsens:
A: Ich sehe Jurek jetzt oft vor der Universität stehen.
B: Ja, er wartet dort (immer/oft/jedes Mal) auf Ewa.
 = *Tak, c z e k a tam na Ewę.*

Was in diesem deutschen Satz bei Bedarf durch die eingeklammerten Begriffe hervorgehoben werden müßte, drückt im Polnischen der imperfektive Aspekt „automatisch" mit aus (obgleich hier im Präsens ohnehin nur der imperfektive Aspekt stehen kann).

Präteritum:
Ich habe mich damals oft mit ihm unterhalten, wenn er bei mir auf Ewa wartete. = ..., *kiedy u mnie czekał* ...

Hier ist mit ‚wartete' eine in der Vergangenheit mehrfach wiederholte Handlung gemeint, und darum ist im Polnischen der imperfektive Aspekt zu verwenden. Noch einmal: Die Tatsache, daß das Warten jetzt, zur Zeit des Redemomentes, nicht mehr andauert, wird durch das grammatische Mittel Tempus angezeigt.

Futur:
Die Möglichkeiten, den imperfektiven Aspekt im Futur zu verwenden, nehmen sich auf der Zeitachse so aus, als habe man die darauf eingezeichneten Symbole für Handlungen nur vom Präteritum nach rechts in den Futurbereich verschoben. Beim Ausdruck von Einzelhandlungen gewährt der imperfektive Aspekt wiederum die Sicht mitten in die Handlung hinein. Als Beispiel wiederum eine sprachliche Situation:

Anna bittet Danuta, ihr etwas zu erklären. Danuta hat im Moment keine Zeit, hofft aber, mit Anna über die Sache reden zu können, wenn sie am Nachmittag gemeinsam auf Ewa warten werden, mit der sie verabredet sind. Sie will die Wartezeit nutzen, um der Freundin die gewünschte Erklärung zu geben. Und so sagt sie:

„Im Moment habe ich keine Zeit, aber ich erkläre dir die Sache, wenn wir am Nachmittag auf Ewa warten (werden) (= beim Warten)".

Polnisch hieße das: ..., *kiedy po południu będziemy czekać na Ewę* (imperfektives Futur)

Die Verwendung des imperfektiven Aspektes wirkt hier so, als halte die Sprecherin eine Lupe über den Vorgang warten, der dadurch vor dem inneren Auge der Gesprächspartnerin so lang wird, daß das Erklären darin unterzubringen, zeitlich innerhalb des Wartens anzusiedeln ist.

Damit wird nichts über die objektive Dauer des Wartens gesagt! Es kann lang oder kurz sein. Hier geht es nur darum, zu signalisieren, daß die von der Freundin gewünschte Erklärung gegeben werden soll, wenn das Warten noch andauern, noch „unvollendet" sein wird (Stadium der Handlung ‚warten'):

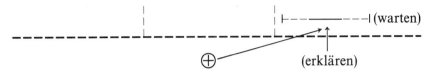

Hieran wird deutlich, daß der Aspekt auch zum Ausdruck der zeitlichen Abfolge mehrerer Handlungen dienen kann, weil sich bei so aufeinander bezogenen Handlungen am Aspekt erkennen läßt, in welchem Stadium die eine Handlung war, ist oder sein wird, wenn die andere geschieht. Es sei jedoch ausdrücklich davor gewarnt, hieraus den Schluß zu ziehen, eine der drei deutschen Vergangenheitsformen bzw. eine der beiden deutschen Zukunftsformen entspreche immer dem einen oder dem anderen Aspekt!

Auch im Futur kann der imperfektive Charakter einer Handlung in ihrer mehrfachen Wiederholung bestehen. Beschließen z. B. zwei Freundinnen, künftig gemeinsam zur Schule zu fahren, kann die eine zur anderen sagen, sie werde (regelmäßig, immer wieder, an den dafür in Frage kommenden Tagen usw.) an der Haltestelle Mickiewicz-Str. warten, indem sie das so formuliert:

Będę na ciebie czekać na przystanku przy ulicy Mickiewicza.

Eine weitere Funktion des imperfektiven Aspektes besteht darin, daß er eine Handlung nur als die betreffende Tätigkeit an sich bezeichnet (nur im Gegensatz zu anderen Handlungen), wobei sie in bezug auf Dauer, Begrenzung, Maß, Zweck, Ziel usw. — also eigentlich auch vom Aspekt her — gar nicht näher charakterisiert wird. Diese Funktion erfüllen imperfektive Verben besonders häufig im Infinitiv, der die jeweilige Handlung — im Gegensatz zu den finiten Formen — häufig ja auch im Deutschen nur ganz allgemein, als Tätigkeit an sich, bezeichnet, z. B. in Verbindung mit Modalverben und ohne Angabe einer Begrenzung, eines Maßes usw. für die betreffende Handlung, z. B.:

Lubię czytać. Musimy pracować. Chcę teraz spać.

Der imperfektive Charakter von Handlungen, der bereits durch die Verwendung imperfektiver Verben signalisiert wird, kann (besonders, wenn es um wiederholte Handlungen geht) zusätzlich durch entsprechende Adverbialangaben (meist temporaler Art) unterstrichen werden, z. B. durch:

zwykle (gewöhnlich), zawsze (immer), *pięć minut* (fünf Minuten lang) usw. — *Wstawałem zwykle bardzo wcześnie. Wychodziłem zawsze późno.*

Der p e r f e k t i v e A s p e k t dient zur Bezeichnung von Handlungen, die **in dem betreffenden Zusammenhang** — nicht absolut —

a) als Einzelhandlungen aufgefaßt werden und

b) nicht in ihrem Ablauf, sondern als Ganzes, als etwas Komplettes mit Anfang, Abschluß, Ergebnis oder anders gearteter Begrenzung dargestellt werden sollen. Diese Vorstellung ist mit dem Begriff „perfektiv" bzw. „vollendet" gemeint. Durch perfektive Verben werden Handlungen so bezeichnet, daß nichts daran fehlt — im Gegensatz zur Darstellung durch imperfektive Verben, bei der z. B. Beginn und Abschluß unberücksichtigt bleiben.

Sagt z. B. jemand *Proszę tu chwilę poczekać!* (Warten Sie, bitte, hier einen Augenblick!), dann verwendet er das perfektive Verb *poczekać*, weil er

a) von einer als einmalig aufgefaßten Handlung spricht und

b) zum Ausdruck bringen will, der so angesprochene Partner solle den mit *chwila* bezeichneten Zeitabschnitt ganz und gar abwarten. Zur o. g. „Vollständigkeit" perfektiv gesehener Handlungen gehört auch das Erreichen ihres Zieles bzw. einer in der betreffenden Aussage direkt oder indirekt mit bezeichneten Begrenzung (Teilergebnis, Maß, Grad u. ä.).

Erklärt sich also jemand bereit, einen Moment zu warten, indem er sagt: *Dobrze, poczekam chwilę*, verwendet er den perfektiven Aspekt, weil er eine einzelne Handlung (ohne Wiederholung) im Futur zu bezeichnen wünscht und gleichzeitig versichern will, er werde tatsächlich ganz bis zum Ende der genannten Frist warten (vgl. o. g. Maß, Begrenzung).

Ebenso verhält es sich mit dem perfektiven *ożenić się*. Will jemand nur feststellen, daß Kowalski dann und dann heiraten werde, wobei ihn ja einzelne Phasen bzw. der Ablauf oder die Dauer dieses Vorgangs nicht interessieren, sondern vielmehr das Faktum als ganzes und das Ergebnis, sagt er polnisch: *Kowalski się ożeni.*

Graphisch ließe sich das so darstellen:

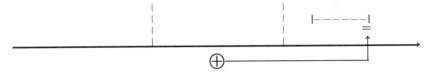

Im Präteritum entscheiden dieselben Bedingungen über die Verwendung des perfektiven Aspektes:

Kowalski się ożenił.

Wie sehr Aspekt „Sicht" bedeutet, sei zum Abschluß an den folgenden Beispielen veranschaulicht:

Der Sprecher des Satzes ‚Kowalski heiratet heute' kann ‚heute' als aktuelle Gegewart auffassen und dann polnisch formulieren: *Kowalski się dzisiaj żeni* (imperfektiv, weil Präsens), obwohl er, während er davon spricht, vielleicht weiß, daß die Trauung erst in ein paar Stunden stattfinden wird.

Der Sprecher des Satzes ‚Kowalski heiratet in diesem Jahr' kann Wert darauf legen, den Zukunftscharakter seiner Aussage hervorzuheben, und von dem in der Zukunft liegenden E r e i g n i s sprechen. Dann verwendet er das perfektive Verb:

Kowalski w tym roku się ożeni.

Sieht er dagegen ‚dieses Jahr' als den von ihm betrachteten Abschnitt „Gegenwart" an und will nicht von dem Ereignis sprechen, sondern zum Ausdruck bringen, daß Kowalski bereits jetzt die Absicht hat, sich noch in diesem Jahr zu verheiraten, kann das imperfektive Verb gebraucht werden:

Kowalski w tym roku się żeni.

Bereits diese knappen Beispiele lassen den Lernenden sicher ahnen, daß der jeweils zu verwendende Aspekt sehr von Begleitumständen der Handlung als weiteren Inhaltskomponenten der Aussage (meist auch mit ausgesprochen, häufig als Adverbialbestimmung) abhängt. Für den

Ausdruck als einmalig dargestellter Handlungen im Präteritum und im Futur (wo ja zwischen den beiden Aspekten zu wählen ist) merke sich der Lernende als Orientierungshilfe: Wenn das betreffende Verb im Präteritum oder im Futur durch die Wendungen ‚dabei sein, das und das zu tun' oder ‚mit der und der Handlung beschäftigt sein' zu ersetzen ist, dann ist der imperfektive Aspekt zu verwenden. Stehen dagegen der (erfolgreiche) Abschluß, das Ergebnis (Ziel, Zweck) oder ein Maß im Vordergrund, ist der perfektive Aspekt zu gebrauchen.

Oben wurde gesagt, die Tatsache ‚Kowalski hat geheiratet' werde durch *Kowalski się ożenił* wiedergegeben (perfektiv, weil einmaliges Präteritum mit Abschluß). Spricht nun aber jemand davon, an dem und dem Tage habe man Kowalski mit der und der Sache nicht belästigen können, weil er an diesem Tag seine Hochzeit gefeiert habe, wenn der Sprecher also sagen will, Kowalski sei den ganzen Tag über mit dem Heiraten beschäftigt gewesen, kann dieselbe Aussage imperfektiv ausgedrückt werden: ..., *bo się żenił*. Diesmal interessieren nämlich nicht Abschluß und Ergebnis der Handlung, sondern das Andauern des Vorgangs.

Nun läßt sich auch das Nebeneinander von *przejść* und *przechodzić* in Abschnitt 4 der Lektion 28 erklären. Der Frager *(Jak się panu udało przejść na tamtą stronę?)* spricht von einer Handlung, die — seiner Meinung nach — einmalig und mit Ergebnis ausgeführt wurde. (Daß sich hinterher etwas anderes herausstellt, ist dabei unwichtig. Er formuliert den Satz aus seiner Sicht, unter seinem Aspekt.) Darum gebraucht er den perfektiven Aspekt.

Der Gesprächspartner *(Ja nie musiałem **przechodzić** ...)* gebraucht den imperfektiven Aspekt, weil er nicht von einem Vorgang spricht, der tatsächlich stattgefunden hat, bei dem also eine exakte Darstellung der Umstände keine Rolle spielt. Er braucht das Verb nur dazu, die Handlung, die hätte stattfinden können, an sich zu bezeichnen.

Zum Ausdruck verneinter Handlungen, die nicht durch die Angabe eines Maßes, eines Zwecks, eines Ergebnisses u. ä. näher gekennzeichnet sind, wird in dieser Weise meist der imperfektive Aspekt verwandt.

Zum Nebeneinander von imperfektivem und perfektivem Aspekt noch folgende Beispiele:

Sagt jemand *Nie mam czasu, muszę **pisać***, gebraucht er den imperfektiven Aspekt, weil er die Tätigkeit an sich (im Gegensatz zu einer vom Partner vorgeschlagenen Beschäftigung) angeben will und nichts über das Maß, Ergebnis oder Ziel seiner Handlung mitzuteilen wünscht. Heißt es dagegen *Nie mam czasu, muszę **napisać** list*, will er mit dem perfektiven Aspekt zum Ausdruck bringen, der Brief (= Ergebnis der Handlung) müsse erst ganz und gar zu Ende geschrieben werden, bevor er wieder Zeit für etwas anderes hat. Hierbei markiert der Brief die Begrenzung der Handlung, die die Verwendung des perfektiven Aspektes bedingt. Möglich ist aber auch die Formulierung *Nie mam czasu, muszę **pisać** list*. Hierbei kann der Gebrauch des imperfektiven Aspektes auf zweierlei Weise motiviert sein: Entweder der Sprecher ist bereits beim Schreiben und meint mit *pisać* soviel wie ‚weiter an dem Brief schreiben', ‚die begonnene Handlung, die noch unvollendet ist, fortsetzen', wobei offen bleibt, ob bzw. wann diese Handlung abgeschlossen wird, oder der Sprecher will zum Ausdruck bringen, er werde sich jetzt eine Zeit lang mit dem Schreiben des Briefes beschäftigen, wobei er wiederum — bewußt oder unbewußt — alles andere offen läßt.

Hier konnten zunächst nur die allerwichtigsten Funktionen der beiden Aspekte beschrieben werden. Es geht darum, daß der Lernende erst einmal das Prinzip begreift, denn für jemanden, der als Muttersprache das Deutsche spricht, ist der Aspekt vermutlich das komplizierteste Problem der polnischen Grammatik, da er in der Muttersprache dazu tatsächlich keine vergleichbare Erscheinung vorfindet. Deshalb wird es über eine lange Zeit erforderlich sein, sich immer wieder mit dem Aspekt auseinanderzusetzen. Als erstes Stadium dieser Auseinandersetzung wird empfohlen, daß der Lernende beim Durcharbeiten der folgenden Lektionen (in denen der Aspekt ja richtig gebraucht wird) für sich selbst aus den vorstehenden Ausführungen immer wieder die Begründung für den Gebrauch des einen oder des anderen Aspektes abzuleiten versucht.

Außerdem sollte er sich von nun an beim Lernen von Vokabeln, die Verben sind, immer bewußt beide Aspekte einprägen, soweit sie ihm zugänglich sind, denn ein polnisches Verb kennt er erst dann wirklich als Vokabel, wenn ihm beide Aspekte bekannt sind.

Hier sei daran erinnert, daß in guten Wörterbüchern beide Aspekte angegeben werden oder aber bei jedem darin enthaltenen Verb auf den anderen Aspekt verwiesen wird.

Das **imperfektive Futur** (das analytische Futur der imperfektiven Verben) kann auf zweierlei Weise gebildet werden:

a) Futurform des Hilfsverbs *być* + *Infinitiv* des betreffenden Verbs, z. B.: *będę czytać, będziesz pracować, będzie leżeć* usw.

b) Futurform des Hilfsverbs *być* + *3. Pers. Sing.* bzw. *Pl.* des betreffenden Verbs (ohne Personalendung, da die Person ja bereits durch die Futurform von *być* signalisiert wird), z. B.:
będę czytał (mask.) bzw. *będę czytała (fem.)*
będziesz pracował (mask.) bzw. *będziesz pracowała (fem.)*
będzie leżał (mask.) bzw. *będzie leżała (fem.)* bzw. *będzie leżało (neutr.)*

In diesen Verbindungen mit Futurformen von *być* haben die mit *-ł-* gebildeten Formen der imperfektiven Verben heute keine Vergangenheitsbedeutung mehr. Als Futurformen sind die unter a) und die unter b) beschriebenen Varianten völlig gleichwertig, solange es um Vollverben geht. Bei Modalverben wird die unter a) genannte Variante jedoch nicht gebraucht, da auf ein Modalverb normalerweise noch der Infinitiv eines anderen Verbs folgt, so daß bei der Variante a) dann zwei Infinitive hintereinander stünden, was aus stilistischen Gründen vermieden wird, indem man bei der Bildung des Futurs von Modalverben eben nur die Variante b) verwendet. So heißt ‚Du wirst kaufen wollen ...' n i c h t *Będziesz chcieć kupić ...*, sondern: *Będziesz chciał(a) kupić...*

△ Zur Illustration hier eine Übersicht über die bisher behandelten Verbformen am Beispiel der Aspektpaare *dawać/dać* und *wstawać/wstać*:

	imperfektiv		perfektiv	
Indikativ				
Präsens	*wstaję*	*daję*	—	—
Präteritum	*wstawałem*	*dawałem*	*wstałem*	*dałem*
Futur imperfektiv	*będę wstawać, będę wstawał,*	*dawać dawał*	—	—
Futur perfektiv	—	—	*wstanę*	*dam*
Infinitiv	*wstawać*	*dawać*	*wstać*	*dać*
Imperativ	*wstawaj!*	*dawaj!*	*wstań!*	*daj!*
Konjunktiv	*wstawałbym*	*dawałbym*	*wstałbym*	*dałbym*

	(Präsens)		(Präteritum)	
Partizipien				
aktiv	*wstający*	*dający*	—	—
passiv	—[1)]	*dawany*	—[1)]	*dany*

Die Formantien (Bildungselemente) bzw. Exponenten (äußeren Merkmale) für den einen oder den anderen Aspekt sind sehr vielfältig und müssen für das einzelne Aspektpaar gelernt werden, ohne daß Regeln gegeben werden könnten, die es dem Lernenden ermöglichten, bei einem ihm noch fremden Verb vorauszusagen, wie der dazugehörige Aspektpartner aussehen muß. Auch das ist ein Grund, bei neuen Verben bewußt beide Aspektpartner zu lernen!

Beispiele für Exponenten des Aspektes:

imperfektiv	perfektiv
a) Präfixe:	
dzwonić	— *za-dzwonić*
budzić się	— *o-budzić się*
słyszeć	— *u-słyszeć*, (seltener) *po-słyszeć*
myśleć	— *po-myśleć*
jeść	— *z-jeść*
b) Suffixe:	
wsta-wa-ć	— *wstać*
nastawi-a-ć	— *nastawić*
spóźni-a-ć się	— *spóźnić się*

c) Stammalternanz (zwei verschiedene Varianten ein und desselben Wortstammes):

zaczynać się	— *zacząć się*
zasypiać	— *zasnąć*
spotykać	— *spotkać*
ubierać się	— *ubrać się*

△ Für die **Bildung des Präteritums von Verben, deren Infinitiv auf -ąć auslautet**, ist zu beachten:
Das -ą- steht nur in der maskulinen Variante des Präteritums und in den davon abgeleiteten Formen. In den übrigen Formen steht statt

---

[1)] Da es sich um ein intransitives Verb handelt.

dessen ein -ę- (-ą- und -ę- verhalten sich hier zueinander wie -ó- und -o-, z. B. in *mój* und *moja*). Beispiele:

mask.:	on zasnął →	ja zasnąłem →	ty zasnąłeś
fem.:	ona zasnęła →	ja zasnęłam →	ty zasnęłaś
neutr.:	ono zasnęło		

(Vgl. auch Präteritum zu *wyschnąć* in Lektion 15 und zu *zmarznąć* in Lektion 26.)

SATZBAU

△ Die Wendung **nie chce mi się** + **Infinitiv** (ich habe keine Lust, ... zu + Infinitiv) ist ein subjektloser Satz, in dem das „logische Subjekt" durch ein Dativobjekt (*mi*) vertreten wird. Dabei ist dieser Dativ der Person austauschbar, z. B.:

nie chce im się — **sie** haben keine Lust
nie chce mu się — **er** hat keine Lust
nie chce nam się — **wir** haben keine Lust

chce się ist die 3. Pers. Sing. Neutr. (= unpersönlich), da der Satz ja kein Subjekt enthält, von dem die Form des Prädikats abhängen könnte. Das wird am Präteritum deutlich:

nie chciało jej się — **sie** hatte keine Lust

Futur:

nie będzie im się chciało — **sie** werden keine Lust haben

△ *Możesz na mnie nie czekać* (du brauchst nicht auf mich zu warten) — diese Konstruktion veranschaulicht eine weitere Möglichkeit, das negierte ‚brauchen' polnisch wiederzugeben. (Vgl. Lektion 28, unter *musieć*) Dabei ist die Wortfolge besonders wichtig:

a) *mogę/możesz/może* usw. + *nie* + *Infinitiv* =
ich brauche / du brauchst / er, sie, es braucht + nicht + zu + Infinitiv

(Vgl. deutsch: Ich kann gehen und nicht gehen.)

Das Modalverb bezeichnet hier eine Möglichkeit, die dann durch ‚tun' oder ‚nicht tun' spezifiziert wird. Damit sind *możesz czekać* und *możesz nie czekać* syntaktisch ein und dieselbe Struktur.

b) **nie** *mogę/możesz/*(usw.) + *Infinitiv* dagegen heißt:
Ich kann / du kannst / (usw.) + **nicht** + Infinitiv.

Beispiele:
a) *Mogę nie zadzwonić.* — Es kann (auch) sein, daß ich nicht anrufe. / Vielleicht rufe ich auch nicht an.
Móc ist hier nicht verneint. Es signalisiert (positiv) eine grundsätzliche Möglichkeit, die dann durch ‚nicht anrufen' spezifiziert wird.
b) *Nie mogę (za)dzwonić.* — Ich kann nicht anrufen.
Hier ist *móc* (also die Möglichkeit überhaupt) verneint, so daß die positive Variante ausgeschlossen ist.

△ *Mogłem zdążyć* (ich hätte es schaffen können) — hier kommt das Polnische ohne den Konjunktiv aus. *Móc* bedeutet ja ‚die Möglichkeit haben'. Demnach:

mogłem = ich hatte die Möglichkeit
mogłem zdążyć = ich hatte die Möglichkeit, es zu schaffen = ich war in der Lage, es zu schaffen = ich hätte es schaffen können = ich hätte es geschafft

Der Indikativ in dieser Bedeutung ist dem von Hause aus Deutsch Sprechenden nur dadurch etwas fremd, daß die direkte Übersetzung (Ich konnte es schaffen) im Deutschen zufällig mit einer anderen Bedeutung phraseologisiert ist. (Vgl.: Ich konnte es — gerade noch — schaffen. = Ich habe es — trotz aller Hindernisse — noch geschafft.)

△ In dem Satz **To dzwonił Marek** — entspricht *to* dem deutschen Adverb ‚da', das sowohl temporale wie lokale Bedeutungsnuance hat und zur Anknüpfung an einen vorangehenden Satz dient.

△ Auf Wiedersehen ⟨ *do widzenia*
do zobaczenia

Im Polnischen ist der Verbalaspekt auch dann noch relevant, wenn Verben in Verbalsubstantive verwandelt werden. So ist *widzenie* das Verbalsubstantiv zu *widzieć* (imperfektiv); *zobaczenie* ist die substantivierte Form zu *zobaczyć* (perfektiv). Die beiden Verben sind ein Aspektpaar (Suppletivformen).

Die o. g. Abschiedsfloskeln mit den beiden verschiedenen Verbalsubstantiven unterscheiden sich folgendermaßen:
Do widzenia ist die neutrale, nicht besonders nuancierte Variante und darum überall zu verwenden (wie deutsch ‚Auf Wiedersehen').

Do zobaczenia dagegen ist (als Verbalsubstantiv des perfektiven Aspektes!) auf ein bestimmtes einzelnes Wiedersehen bezogen. Darum ist diese Floskel (fakultativ) zu gebrauchen, wenn die Beteiligten zuvor gerade eine erneute Zusammenkunft vereinbart haben und die Person, die sich verabschiedet, noch einmal daran erinnern bzw. freundlich darauf anspielen will. Damit entspricht es dem deutschen ‚Nun, dann auf ein (baldiges) Wiedersehen', ‚Na dann bis bald (wie verabredet)' u. ä.

Übungen

I. Ergänzen Sie die folgenden Sätze nach dem jeweils vorangestellten Muster!

1.
0. Zawsze **wstaję** wcześnie i dzisiaj też **wstanę** wcześnie. (*wstawać — wstać*)
1. Zawsze ... do ciebie rano i jutro też .... (*dzwonić — zadzwonić*)
2. Zawsze ... o tobie i dzisiaj też o tobie .... (*myśleć — pomyśleć*)
3. Zawsze ... go w parku i dzisiaj też go tam .... (*spotykać — spotkać*)

2.
0. Zwykle ja go **budzę** sam, a dzisiaj **obudził** go telefon. (*budzić — obudzić*)
1. Zwykle dzień ... dobrze, a wczoraj ... pechowo. (*zaczynać się — zacząć się*)
2. Zwykle ... budzik na godzinę siódmą, a wczoraj ... na szóstą. (*nastawiać — nastawić*)
3. Zwykle ... obiad o pierwszej, a wczoraj ... o trzeciej. (*jeść — zjeść*)

3.
0. Nigdy nie **piszę** listów, ale dzisiaj **napisałem.** (*pisać — napisać*)
1. Nigdy nie ... szybko, ale wczoraj .... (*zasypiać — zasnąć*)
2. Nigdy nie ..., co oni mówią, ale dzisiaj .... (*słyszeć — usłyszeć*)
3. Nigdy nie ... rano, ale dzisiaj .... (*budzić się — obudzić się*)

II. Ersetzen Sie in den folgenden Sätzen entsprechend den vorangestellten Mustern die imperfektiven Verbformen durch das Präteritum der perfektiven Verben!

0. — Która godzina? — pyta Jurek.
— Która godzina? — zapytał Jurek.
1. — Piąta. — odpowiada Marek.
— Piąta. — ... Marek.

2. Budzik budzi Jurka.
   Budzik ... Jurka.
3. Jurek myśli: — Jeszcze wcześnie.
   Jurek ...: — Jeszcze wcześnie.
4. Marek nigdy nie spóźnia się na wykłady.
   Marek nie ... się dziś na wykład.
5. Marek czeka na Jurka.
   Marek ... na Jurka.

III. Wandeln Sie die folgenden Sätze nach dem vorangestellten Beispiel ab (Austausch der perfektiven Verbform durch die imperfektive)!

0. Musisz odpowiedzieć na pytanie.   0. Możesz nie odpowiadać na pytanie.
1. Musisz wstać zaraz.   1. . . . .
2. Musisz zacząć wykład.   2. . . . .
3. Musisz zadzwonić do mnie.   3. . . . .
4. Musisz nastawić budzik.   4. . . . .
5. Musisz się szybko ubrać.   5. . . . .

IV. Wiederholen Sie den folgenden Dialog und ergänzen Sie dabei die Antwort nacheinander durch die eingerahmten Elemente!

A. Dlaczego się spóźniłeś? Co się stało?
B. Nic się nie stało, tylko ... .

| zaspałem; wstałem późno; spotkałem dziewczynę; obudziłem się za późno |

V. Vervollständigen Sie den folgenden Satz durch die eingerahmten Wendungen!

Najlepiej w ogóle ... .

| nie wstawać z łóżka; nie jeść mięsa; nie czekać na autobus; nie odpowiadać na takie pytania |

VI. Vervollständigen Sie die folgenden Sätze!

1. Obudziłem się, kiedy ... .
2. Zadzwonił do mnie, kiedy ... .
3. Kiedy spotkałem go, ...
4. Spieszę się, kiedy ... .
5. Kiedy idziemy na uniwersytet, ...

VII. Beantworten Sie die folgenden Fragen an Hand des Lesestückes aus Lektion 29!

1. Dlaczego Jurek zaspał?
2. Kto dzwonił do Jurka? Po co?
3. Proszę powtórzyć rozmowę Jurka z Markiem.

30
Erläuterungen

WORTARTEN

△ In Lektion 28 wurde einiges zum attributiven Gebrauch der polnischen **Passivpartizipien** gesagt. Wie ihre deutschen Äquivalente können sie aber auch in prädikativer Stellung, d. h. als Bestandteil des Prädikates (als Prädikatsnomen) auftreten.

Als Hilfsverb für derartige Passivkonstruktionen (Kopula) steht das Aspektpaar

być (imperfektiv) / *zostać* (perfektiv)

zur Verfügung.

Im Zusammenhang mit diesen polnischen Passivkonstruktionen ist besonders sorgfältig zu beachten, daß sowohl das Partizip wie das Hilfsverb einen Aspekt repräsentieren, so daß alles bisher über den Aspekt Mitgeteilte auch hier gilt.

Die aus dieser Tatsache resultierenden Wechselwirkungen und Ausdrucksmöglichkeiten sollen nun an den polnischen Passivpartizipien zu dem Verbpaar mit der Bedeutung ‚lesen' demonstriert werden.

Zur Verfügung stehen:

przeczytać (perfektiv), Passivpartizip: *przeczytan/y*, *-a*, *-e* und
czytać (imperfektiv), Passivpartizip: *czytan/y*, *-a*, *-e*.

Steht in einem Satz als Prädikatsnomen das Passivpartizip des perfektiven Verbs, also *przeczytany*, so kommt darin — da es um eine perfektiv (vollendet!) gesehene Handlung geht — keine im Ablauf befindliche Handlung zum Ausdruck, sondern dieses Partizip bezeichnet gewissermaßen das Ergebnis einer Handlung, die zu diesem Ergebnis geführt hat.

Für das perfektive Kopulaverb *zostać* gilt, was bereits in mehreren Lektionen in bezug auf alle perfektiven Verben gesagt wurde: Präsens kann durch dieses Verb nicht ausgedrückt werden, die wie Präsens aussehenden Formen bedeuten ein einmaliges Futur.

Werden die beiden genannten Elemente nun zu einem Prädikat verbunden, ergibt sich daraus eine passivische Aussage mit der Bedeutung eines einmaligen Futurs, z. B.:

Książka zostanie przeczytana. Ein/Das Buch wird (einmalig, ganz und gar zu Ende) gelesen werden.

Mit diesem Satz wird der gesamte Vorgang des Lesens — ohne Berücksichtigung seiner Dauer — bezeichnet, wobei der Abschluß, die Vollendung der Handlung (in der Zukunft) im Vordergrund steht.

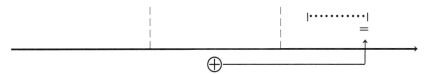

Das Präteritum mutet auch hier wieder wie eine bloße Verschiebung auf der Zeitachse an:

Książka została przeczytana. Ein/Das Buch ist gelesen worden./ Ein/Das Buch ... wurde (einmal ganz und gar bis zu Ende) gelesen.

Damit sind die Verwendungsmöglichkeiten von *zostać* als Kopulaverb innerhalb von Passivkonstruktionen bereits erschöpft, denn mit dem Passivpartizip des imperfektiven Aspektes verbindet es sich nicht. Solche Verbindungen wären widersinnig, denn das Kopulaverb *zostać* bezeichnet den einmaligen Abschluß der als Passivpartizip genannten Handlung, der nur vom perfektiven Partizip ausgedrückt wird. Das imperfektive Passivpartizip dagegen bezeichnet die Handlung als einen in Gang befindlichen Prozeß, von dem mit Hilfe von *zostać* eben nicht gesagt werden kann, er werde in der Zukunft in dem und dem Moment zu Ende gebracht bzw. sei in der Vergangenheit zum Abschluß gebracht worden. Aber gerade dieser Moment der Handlung wird von den oben besprochenen Konstruktionen beschrieben. M e r k e also: Die Verbindung von *zostać* und imperfektivem Passivpartizip gibt es nicht.

Das imperfektive Kopulaverb *być* kann mit beiden Passivpartizipien zu einem Prädikat verbunden werden. Dabei ergeben sich folgende Konstruktionen:

mit dem perfektiven Passivpartizip:

Präsens:
Książka jest przeczytana. — ... ist (einmalig ganz und gar zu Ende) gelesen.

Präteritum:
Książka była przeczytana. — ... war (zu einem bestimmten Zeitpunkt bereits ganz und gar bis zu Ende) gelesen.

Futur:
Książka będzie przeczytana. — ... wird (zu einem bestimmten Zeitpunkt ganz und gar bis zu Ende) gelesen sein.

Diese Konstruktionen entsprechen dem deutschen Zustandspassiv. Dabei bezeichnet das perfektive Passivpartizip gewissermaßen ein durch die Handlung *przeczytać* erreichtes Ergebnis, und das ganze Prädikat meint den Zustand, der vom Abschluß der Handlung an vorliegt, vorlag bzw. vorliegen wird.

Darin besteht der Unterschied zwischen den Verbindungen aus *zostać* und perfektivem Passivpartizip einerseits und *być* und demselben Patrizip andererseits:

Die Prädikate mit *zostać* bezeichnen Zeitpunkte, in denen die Handlung ihren Abschluß erreichte bzw. erreichen wird. Sie sind perfektives Vorgangspassiv.

Die Prädikate aus *być* und perfektivem Passivpartizip beziehen sich auf Zeitphasen, die auf die Ausführung der Handlung folgen, in denen das Ergebnis vorlag, vorliegt oder vorliegen wird. Sie sagen nichts über die Phasen der Ausführung aus, sind also Zustandspassiv. Schematisch wäre das so darzustellen:

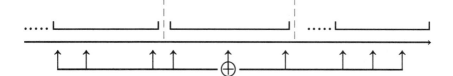

(Die Klammern umfassen in Vergangenheit, Gegenwart oder Zukunft jeweils die Phasen, innerhalb derer jeder beliebige Moment mit den hier besprochenen Aussagen gemeint sein kann — daher jeweils mehrere Pfeile als Symbole für die mögliche Sicht des Sprechers. Die unterbrochenen Linien markieren die Handlungen, die zwar ausgeführt wurden, die aber als einzelne Vorgänge diesmal in keinem ihrer Stadien betrachtet werden, da nur von dem Zustand die Rede ist, der sich durch ihre Ausführung ergeben hat (Zustandspassiv).

Das Kopulaverb *być* verbindet sich außerdem mit dem imperfektiven Passivpartizip. Die dabei entstehenden Prädikate sind die imperfektiven Entsprechungen zu den Verbindungen aus *zostać* und perfektivem Passivpartizip, also imperfektives Vorgangspassiv:

Präsens:
Książka jest czytana. — Das Buch wird gelesen. (jetzt — einmalig oder mehrfach)

Präteritum:
Książka była czytana. — Das Buch wurde gelesen. (irgendwann in der Vergangenheit einmalig oder mehrfach, wobei die Handlung hier zu einem Zeitpunkt betrachtet wird, in dem sie noch in Gang war)

Futur:
Książka będzie czytana. — Das Buch wird gelesen werden. (irgendwann in der Zukunft einmalig oder mehrfach, wobei die Handlung zu einem Zeitpunkt betrachtet wird, in dem sie noch in Gang sein wird).

Schematische Darstellung der so einmalig gesehenen Handlung in jeweils allen drei Zeiten:

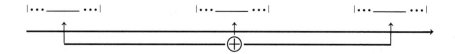

Schematische Darstellung wiederholter Handlungen:

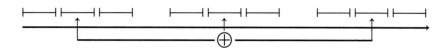

ACHTUNG! Bei der Gegenüberstellung der polnischen und der deutschen Passivkonstruktionen sind die folgenden beiden Dinge besonders wichtig:

1) Der Nutzer des Lehrbuches hat unabhängig von den Passivkonstruktionen gelernt, *być* heiße ‚sein'. Das sollte ihn nicht verführen, Formen von *być* in Passivkonstruktionen immer mit Formen von ‚sein' zu übersetzen! In Verbindungen mit dem imperfektiven Passivpartizip entspricht das polnische Kopulaverb *być* dem deutschen ‚werden' in der genannten Funktion.

Beispiele:

*Książka **jest** przeczytana.* (**perfektiv!**)	— Das Buch **ist** gelesen. (Zustandspassiv)
*Książka **jest** czytana.* (**imperfektiv!**)	— Das Buch **wird** gelesen. (Vorgangspassiv)
*Książka **była** przeczytana.* (**perfektiv!**)	— Das Buch **war** gelesen. (Zustandspassiv)
Książka ***była*** czytana. (**imperfektiv!**)	— Das Buch **wurde** gelesen. (Vorgangspassiv)

Ob es um Vorgangs- oder Zustandspassiv geht, wird bei diesen polnischen Konstruktionen also nicht durch die Verwendung unterschiedlicher Kopulaverben, sondern durch den Aspekt des Passivpartizips entschieden.

2) Wie beim Aktiv sind auch beim Passiv viele deutsche Aussagen ihrem Tempus nach mehrdeutig, so daß vor Übersetzung ins Polnische vom Zusammenhang abgelesen werden muß, welche der möglichen Tempusbedeutungen gemeint ist, z. B.:

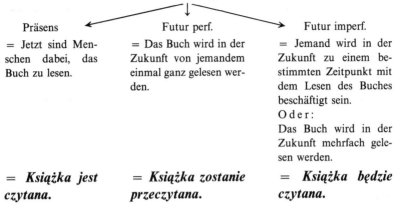

Wer also das polnische Passiv richtig gebrauchen will, sollte nicht versuchen, sich irgendwelche Einzelbeispiele von Sätzen einzuprägen und dann schematisch nach diesen Vorbildern neue Sätze zu bilden! Er sollte vielmehr anhand des hier Gesagten ganz bewußt die Funktionen der Kopulaverben und der Passivpartizipien sowie das Zusammenspiel dieser beiden Prädikatsbestandteile im Polnischen erlernen und im Deutschen immer zunächst aus dem Kontext ableiten:
a) Welche Zeit ist gemeint?
b) Geht es um eine einmalige oder eine wiederholte Handlung?
c) In welchem Stadium wird die Handlung betrachtet?

Erst dann wird er in der Lage sein, für Kopulaverb und Prädikatsnomen den richtigen Aspekt zu wählen und für beide Bestandteile des Prädikats die richtigen Formen zu verwenden.

△ Manche **Aspektpaare** bestehen aus Suppletivstämmen, aus zwei Verben mit ganz verschiedenen Stämmen, die ihrer Bedeutung nach aber doch als Aspektpartner zusammengehören.
Solche Paare sind:

brać (imperf.) — *wziąć* (perf.) = nehmen
kłaść (imperf.) — *położyć* (perf.) = (hin-, nieder-, ab-)legen

Präsens		Futur (perf.)	
biorę	*bierzemy*	*wezmę*	*weźmiemy*
bierzesz	*bierzecie*	*weźmiesz*	*weźmiecie*
bierze	*biorą*	*weźmie*	*wezmą*

Hierbei ist besonders auf den Wechsel o → e vor dem Themakonsonanten zu achten (-o- vor dem harten, -e- vor dem historisch weichen, also ursprünglich weich gewesenen Konsonanten). Zur Erweichung des *z* in den Formen mit weichem Themakonsonanten vgl. Lektion 11 (*list — w liście*) und Lektion 18 (Dativ von *mężczyzna*).

Futur analytisch (imperfektiv)
będę brać oder: *będę brał(a)*

Präteritum imperfektiv	Präteritum perfektiv
brałem, brałam	*wziąłem, wzięłam*

Zum Wechsel von *ą* und *ę* im Präteritum von *wziąć* vgl. Lektion 29 — Bildung des Präteritums von Verben, deren Infinitiv auf *-ąć* auslautet.

Imperativ

—	*bierzmy!*	—	*weźmy!*
bierz!	*bierzcie!*	*weź!*[1]	*weźcie!*
niech bierze!	*niech biorą!*	*niech weźmie!*	*niech wezmą!*

Partizipien

Aktiv Präsens: *biorący*
Passiv: *brany, wzięty*

Präsens		Futur (perf.)	
kładę	*kładziemy*	*położę*	*położymy*
kładziesz	*kładziecie*	*położysz*	*położycie*
kładzie	*kładą*	*położy*	*położą*

Futur analytisch (imperfektiv)
będę kłaść oder: *będę kładł(a)*

Präteritum imperfektiv	Präteritum perfektiv
kładłem, kładłam	*położyłem, położyłam*

---

[1] Die Bildung dieser Form weicht von der Grundregel ab.

Imperativ

— *kładźmy!* — *połóżmy!*
kładź! *kładźcie!* *połóż!* *połóżcie!*
niech kładzie! niech kładą! niech położy! niech położą!

Partizipien

Aktiv Präsens: *kładący*
Passiv: *kładziony, położony*

△ Das Verb *lecieć* ist ein zielgerichtetes Doppel-Zeitwort, gehört also in die Gruppe *iść, jechać, nieść, płynąć* usw. (vgl. Lektion 13).

△ Das Substantiv *targi* ist in der Bedeutung ‚(Handels-)Messe' ein Pluraletantum (vgl. *schody, drzwi* u. ä.). Der Singular (*targ*) bedeutet ‚Markt' und ‚das Handeln' (im Sinne von ‚Feilschen um den Preis').

△ In der Verbindung *co roku* ist *co* eine Partikel mit der Bedeutung ‚jeden, jede, jedes ...' bzw. ‚alle(r) ...' vor Wörtern, die sich vielfach wiederholende Dinge bezeichnen, z. B.:

co roku — jedes Jahr, alle Jahre (wieder)
co drugi — jeder zweite
kupuje co drugą książkę, którą widzi — er kauft jedes zweite Buch, das er sieht

Verbindungen aus *co* und Substantiven, die Zeitphasen bezeichnen, sind Temporalbestimmungen zur Beantwortung der Frage: Wann (immer wieder)? bzw. In welchen Abständen? — Dabei steht das Substantiv nach *co* im Nominativ (*co godzina, co chwila*) oder im Akkusativ (*co godzinę, co chwilę*), in einigen Fügungen auch im Genitiv (*co roku*).

In dieser Bedeutung gehört *co* (als Partikel) zu den nicht deklinierten Wörtern.

SATZBAU

△ Die Präposition *do* kann in relativ festen Wendungen die folgenden Verbindungen herstellen:
a) Gegenstand + Tätigkeit (Zweck), die mit Hilfe dieses Gegenstandes ausgeführt wird (dt. $\simeq$ zum), z. B.:

maszynka do golenia — Rasierapparat
książka do czytania — ein Buch zum Lesen, ein Buch zur Lektüre/als Lektüre

b) Mittel/Instrument + Objekt, an dem mit Hilfe dieses Mittels eine Tätigkeit ausgeführt wird (dt. ≃ für), z. B.:
szczotka do zębów — Zahnbürste (Bürste für die Zähne)
szampon do włosów — Shampoo, Haarwaschmittel (Shampoo für die Haare)

△ Das Adverb **wiadomo** (**nie wiadomo**) ist ein Hauptsatzäquivalent im Präsens, das sich mit Nebensätzen des folgenden Inhalts verbindet:

a) Feststellungssätze (Konjunktion *że* oder *iż*), z. B.:
Wiadomo tylko, że mieszkają w Warszawie.
Es ist nur bekannt, daß sie in Warschau wohnen. / Man weiß nur, daß sie in Warschau wohnen.

Wiadomo, że samochód jest drogi.
Es ist bekannt, daß ein Auto teuer ist. / Daß ein Auto teuer ist, weiß man. / Ein Auto ist bekanntlich teuer.

b) Fragesätze (Anschluß des Nebensatzes durch alle Interrogativpronomen), z. B.:
Nie wiadomo, gdzie mieszkają.
Es ist nicht bekannt, wo sie wohnen. / Man weiß nicht, wo sie wohnen.

Czy wiadomo już, gdzie to było?
Ist schon bekannt, wo das war? / Weiß man schon, wo das war?

Wiadomo, z kim się tam spotykasz.
Es ist bekannt, mit wem du dich dort triffst. / Man weiß, mit wem du dich dort triffst.

Zur Bildung des Präteritums und des Futurs dient das Hilfsverb *być*:
Wiadomo było, ... — Man wußte, ... / Es war bekannt, ...
Wiadomo będzie, ... — Man wird wissen, ... / Es wird bekannt sein, ...

△ Das Verb **zapomieć** hat — je nach Bedeutung — verschiedene Rektionen:

a) ‚vergessen' = sich nicht mehr erinnern (können), aus dem Gedächtnis verlieren — Akkusativ, z. B.:

Zapomniałam nazwisko (Akk.) tego pana.
Ich habe den Namen dieses Herrn vergessen.
Datę zapomniałam.
Das Datum habe ich vergessen.

b) ‚vergessen' = irrtümlicherweise, infolge von Zerstreutheit nicht mitnehmen, nicht mitbringen, liegenlassen — Genitiv, z. B.:

Zapomniałem swetra.
Ich habe den Pullover vergessen, nicht mitgebracht, liegenlassen.

Czy znów zapomniałeś książki?
Hast du wieder das Buch vergessen?

c) ‚vergessen' = nicht im rechten Moment daran denken und darum nicht das Nötige tun — o + Lokativ, z. B.:

Zapomniał o imieninach koleżanki.
Er hat den Namenstag der Freundin vergessen. (nicht das Datum vergessen, sondern versäumt, zu gratulieren)

ACHTUNG! Ambiguität (mehrdeutiger Satz):

Ich habe die Brötchen vergessen.
/ \

= Ich habe vergessen, Brötchen zu kaufen, wie mir aufgetragen war.
= Ich habe die Brötchen, die ich schon hatte, nun doch nicht mitgebracht, sie irgendwo liegenlassen.

↓
= *Zapomniałem o bułkach.*

↓
= *Zapomniałem bułek.*

d) Außerdem kann *zapomnieć* mit dem Infinitiv eines anderen Verbs stehen, das die versäumte Tätigkeit bezeichnet, z. B.:

Zapomniałem wziąć sweter.
Ich habe vergessen, den Pullover mitzunehmen.

Zapomniała zadzwonić.
Sie hat vergessen anzurufen.

Übungen

I. Wandeln Sie die Sätze nach den vorangestellten Mustern ab!

1.
0. Pan Kowalski zawsze bierze w podróż walizkę.
   Dzisiaj pan Kowalski też weźmie walizkę.
1. Adam zawsze bierze w podróż przybory toaletowe.
   Dzisiaj Adam też . . . .
2. Leszek zawsze bierze w podróż płaszcz nieprzemakalny.
   Dzisiaj Leszek też . . . .
3. Pan Jan zawsze bierze w podróż książkę do czytania.
   Dzisiaj pan Jan też . . . .
4. Pani Anna zawsze bierze w podróż ciepły sweter.
   Dzisiaj pani Anna też . . . .

2.
0. Pani Anna kładzie do walizki dwie koszule.
   Pani Anna już włożyła do walizki dwie koszule.
1. Pani Anna kładzie do walizki przybory toaletowe.
   . . . .
2. Pani Danuta kładzie do walizki ciepły sweter.
   . . . .
3. Jurek kładzie do walizki piżamę.
   . . . .
4. Kasia kładzie do walizki ręcznik.
   . . . .

3.
0. Pani Anna długo przygotowuje dla męża kanapki.
   Zaraz pani Anna przygotuje kanapki.
1. Pani Anna dwie godziny przygotowuje dla męża obiad.
   . . . .
2. Pani Danuta całą godzinę przygotowuje dla męża kolację.
   . . . .
3. Pan Leszek pół godziny przygotowuje dla żony śniadanie.
   . . . .
4. Jurek trzy godziny przygotowuje dla Zofii podwieczorek.
   . . . .

4.

0. Kanapki są już gotowe.   0. Pani Anna przygotowała kanapki.
1. Obiad jest już gotowy.   1. Pani Anna . . . .
2. Kolacja jest już gotowa.   2. Pani Danuta . . . .
3. Śniadanie jest już gotowe.   3. Pan Leszek . . . .
4. Podwieczorek jest już gotowy.   4. Leszek . . . .

II. Beantworten Sie die folgenden Fragen nach dem vorangestellten Muster!

0. Jakie mydło chcesz kupić?   0. Zawsze kupuję bardzo dobre mydło.
1. Jaki krem chcesz kupić?   1. . . . .
2. Jaką wodę kolońską chcesz kupić?   2. . . . .
3. Jaki szampon chcesz kupić?   3. . . . .
4. Jaką pastę do zębów chcesz kupić?   4. . . . .

III. Vervollständigen Sie die folgenden Dialoge durch entsprechende Konstruktionen mit den eingerahmten Begriffen!

1.
A. Danusiu, kupiłem ci ... .

B. A ja kupiłam dla ciebie ... .
A. Dziękuję! Jesteś bardzo miła.

> szampon — włosy;
> pasta i szczoteczka — zęby
>
> maszynka — golenie;
> krem — golenie

2.
A. Podróż do Krakowa jest długa. Weź ... .
B. Tak zaraz wezmę.

> książka albo gazety — czytanie

IV. Ergänzen Sie die folgenden Dialoge durch passende Formen der richtigen Verben!

1.
A. Janku, co ... do walizki?
B. Przybory toaletowe.
A. Czy ... już ręcznik i piżamę?
B. Tak, już ... .

> kłaść; włożyć

2.
A. Czy Anna ... teraz kanapki dla męża?
B. Anna już je ... .

przygotowywać; przygotować

3.
A. Czy Ewa ... ładny prezent dla Kasi?
B. Ewa zawsze ... Kasi ładne prezenty.

kupować; kupić

4.
A. Codziennie ... budzik na szóstą.
B. Czy dziś też ... budzik na szóstą?
A. Tak. Jutro muszę wstać wcześnie.

nastawiać; nastawić

5.
A. Czy Jurek codziennie ... o szóstej rano?
B. Nie, czasami ... później. Jutro nie idzie na wykład i ... o dziewiątej.

wstawać; wstać

6.
A. Romek nigdy nie ... na wykłady, ale dziś na pewno ..., bo zaspał.
B. Pewnie nie ... budzika.

spóźniać się; spóźnić się
nastawiać; nastawić

7.
A. Czy ... jutro o ósmej?
B. Oczywiście. Przecież zawsze ... o tej godzinie.

spotykać się; spotkać się

8.
A. Pani Danuta ... w podróż. Co pani Danuta musi ...?
B. Musi ... bardzo dużą walizkę

wybierać się; wybrać się
brać; wziąć

9.
A. Kasiu, pada deszcz. Musisz ... płaszcz nieprzemakalny.
B. Mamo, wolę ... parasol. Mój płaszcz nieprzemakalny jest brzydki.

wkładać; włożyć
brać; wziąć

V. Beantworten Sie die folgenden Fragen!

1. Dokąd wybiera się pan Kowalski? 2. Co pan Kowalski kładzie do walizki? 3. Co przygotowuje dla niego żona? 4. Czym jedzie pan Kowalski? 5. Ile czasu trwa podróż do Poznania? 6. Co żona radzi panu Kowalskiemu wziąć? 7. Dlaczego pan Kowalski nie leci samolotem? 8. Kiedy pan Kowalski wróci do Warszawy? 9. Czym pan Kowalski wróci do Warszawy?

VI. Bilden Sie zu den vorgegebenen Sätzen Fragen!

1. . . . . ?	1. Pan Kowalski wybiera się w podróż.
2. . . . . ?	2. Pan Kowalski jedzie do Poznania na Targi.
3. . . . . ?	3. Pan Kowalski jedzie pociągiem.
4. . . . . ?	4. Na Targi przyjeżdżają handlowcy z całego świata.
5. . . . . ?	5. Pan Kowalski będzie reprezentować na Targach zakłady, w których pracuje.

VII. Vervollständigen Sie den folgenden Text!

Pan Kowalski wybiera się ... służbową. Jedzie ... Poznania ... Międzynarodowe Targi Poznańskie. Targi te ... co roku. Przyjeżdżają na nie handlowcy ..., wystawiają różne towary, ... umowy ... . Pan Kowalski będzie ... na Targach ..., w których pracuje.

31

Erläuterungen

WORTARTEN

△ Das Substantiv *rok* hat für den Plural den Suppletivstamm *lat-*. Seine komplette Deklination ist daher:

	Singular	Plural
Nom.	*rok*	*lata*
Gen.	*roku*	*lat*
Dat.	*rokowi*	*latom*
Akk.	*rok*	*lata*
Instr.	*rokiem*	*latami/laty*
Lok.	*roku*	*latach*

△ Die Substantive *nauczyciel* und *przyjaciel* haben im Singular dieselbe Deklination. Im Plural wird *przyjaciel* unregelmäßig dekliniert (Stammalternanz zwischen Singular und Plural).

Singular

Nom.	*nauczyciel*	*przyjaciel*
Gen.	*nauczyciela*	*przyjaciela*
Dat.	*nauczycielowi*	*przyjacielowi*
Akk.	*nauczyciela*	*przyjaciela*
Instr.	*nauczycielem*	*przyjacielem*
Lok.	*nauczycielu*	*przyjacielu*
Vok.	*nauczycielu!*	*przyjacielu!*

Plural

Nom.	*nauczyciele*	*przyjaciele*
Gen.	*nauczycieli*	*przyjaciół*
Dat.	*nauczycielom*	*przyjaciołom*
Akk.	*nauczycieli*	*przyjaciół*
Instr.	*nauczycielami*	*przyjaciółmi*
Lok.	*nauczycielach*	*przyjaciołach*
Vok.	*nauczyciele!*	*przyjaciele!*

△ Die Substantive *zając* und *pieniądz* haben die folgende Deklination:

	Singular		Plural	
Nom.	zając	pieniądz	zające	pieniądze
Gen.	zająca	pieniądza	zajęcy	pieniędzy
Dat.	zającowi	pieniądzowi	zającom	pieniądzom
Akk.	zająca	pieniądz	zające	pieniądze
Instr.	zającem	pieniądzem	zającami	pieniędzmi
Lok.	zającu	pieniądzu	zającach	pieniądzach
Vok.	zającu!	—	zające!	—

Zum Instrumental Plural von *pieniądz* vgl. Lektion 8, Instrumental Plural. Zu Bedeutung und Anwendung von *pieniądz/pieniądze* s. Lektion 20.

△ Das Grundzahlwort ‚tausend' heißt im Polnischen *tysiąc*. Es ist ein Substantiv und wird dekliniert wie *zając*. (Vgl. unter: Satzbau.)

△ Von polnischen Verben lassen sich sehr regelmäßig **Verbalsubstantive** (substantivierte Formen des Verbs) bilden. Das gilt für beide Aspekte. Von ihrer Bedeutung her entsprechen die Verbalsubstantive in jedem Fall dem deutschen Infinitiv in substantivischer Funktion. Oft stehen aber auch andere Substantive als Äquivalente zur Verfügung, z. B.:

czytać → *czytanie* = das Lesen oder: die Lektüre
zaprosić → *zaproszenie* = das Einladen oder: die Einladung (Akt und Schriftstück)

Viele Verbalsubstantive erfahren im Laufe der Geschichte eine Bedeutungskonkretisierung oder Bedeutungsspezifikation, so daß sie dann neben der betreffenden Tätigkeit auch Dinge, Gegenstände, bezeichnen können, z. B.:

mieszkanie w Warszawie = das Wohnen in Warschau oder: eine/die Wohnung in Warschau

Zur Bildung der Verbalsubstantive dienen die folgenden drei Suffixe:

-anie	kupować	— kupowanie
	prać	— pranie
-enie	skończyć	— skończenie
	mówić	— mówienie

-cie	zająć	— zajęcie
	pić	— picie
	żyć	— życie
	myć	— mycie

△ Die Präposition *o* entspricht häufig dem deutschen ‚um', wenn es zum Anschluß von erheischten oder begehrten Objekten (im weitesten Sinne) dient, bzw. deutschen Präpositionen mit ähnlichen Bedeutungen. In dieser Funktion steht das auf *o* folgende Substantiv im Akkusativ, z. B.:

prosić + *Akk.* + *o* + *Akk.* — jmdn. **um** etwas bitten (s. Lektion 20)
kłócić się + *z* + *Instr.* + *o* + *Akk.* — sich mit jmdm. **um** etwas zanken bzw. **wegen** einer Sache zanken (s. Lektion 22)
zapytać + *Akk.* + *o* + *Akk.* — jmdn. **nach** etwas/jmdm. fragen

Vgl.: *To zapytaj o to żonę!* — Dann frag (doch deine) Frau danach (= nach diesem)!

Es sei noch einmal daran erinnert, daß *o* in der Bedeutung (reden, lesen usw.) ‚über/von' den Lokativ regiert, z. B.:

Mówimy o nowym koledze. — Wir reden von dem neuen Kollegen/über den neuen Kollegen.

△ Der **Nominativ/Akkusativ/Vokativ Plural der Adjektive** hat in der **nicht-personalmaskulinen Kategorie** die Endung *-e* (also dieselbe Endung wie der Nom./Akk./Vok. Sing. Neutr.), z. B.:

Sing. Neutr.	Pl. nicht-personalmaskulin
małe okno	*małe okna*
nowe kino	*nowe kina*
miłe dziecko	*miłe dzieci*

Vgl.: *W pociągu rozmawiają dwie przygodne znajome.*
Im Zug unterhalten sich zwei Zufallsbekannte
(Frauen, die sich zufällig kennengelernt haben).

Daß es sich hier um weibliche Personen (Bekannte) handelt, ist vom polnischen Satz an den folgenden grammatischen Merkmalen eindeutig abzulesen:
a) *dwie* — nur für feminine Substantive zu verwenden,
b) *przygodne znajome* — beide Wörter im Nom. Pl. der nicht--personalmaskulinen Kategorie.

Bei *znajoma* (Nom. Sing. zu ‚die Bekannte') ist diese Endung damit zu erklären, daß *znajomy* und *znajoma* Passivpartizipien (eines alten, heute nicht mehr gebräuchlichen Typs) sind und darum adjektivisch dekliniert werden:

Maskulinum	Femininum
znajomy	*znajoma*
znajomego	*znajomej*
znajomemu	*znajomej* usw.

△ Das Verb ***zdjąć*** ist in der Bedeutung ‚ausziehen' nur dann zu gebrauchen, wenn das dazugehörige Akkusativobjekt keine Person, sondern ein Kleidungsstück (o. ä.) ist, z. B.:

zdjąć koszulę, suknię, sweter usw.

Dieselbe Einschränkung gilt für das Verb *włożyć* in der Bedeutung ‚anziehen' (s. Vokabelverzeichnis zu Lektion 15, 2/), also n i c h t ‚eine Person anziehen', aber:

włożyć sweter, płaszcz, koszulę usw.

Ist das Objekt eine Person, wird für ‚anziehen' das Verb *ubierać/ubrać* gebraucht, das in seiner reflexiven Form ja bereits bekannt ist (vgl. Lektion 23 und 26), z. B.: *Mama ubiera małą Ewę*.

Dem deutschen ‚ausziehen' entspricht für den Gebrauch mit einer Person als Objekt das polnische *rozbierać/rozebrać (rozbiorę, rozbierzesz ...)*.

△ Das Präteritum des Verbs ***iść*** und seiner präfigierten Varianten *(-jść)* wird nicht vom Infinitivstamm, sondern unregelmäßig gebildet:

mask.	*(−)szedł,*	*(−)szedłem,*	*(−)szedłeś*
fem.	*(−)szła,*	*(−)szłam,*	*(−)szłaś*
neutr.	*(−)szło*		

Wenn ein Präfix zu *iść* (∼*jść*) auf einen Konsonanten auslautet, wird zwischen dem Präfix und den Formen von ∼*jść* sowie zwischen dem Präfix und der femininen bzw. neutralen Variante des Präteritums zur Auflösung der dort entstehenden Konsonantenhäufung ein -*e*- eingefügt, z. B.:

w + iść = wejść — wejdę, wejdziesz ...; weszła, weszło
od + iść = odejść — odejdę, odejdziesz ...; odeszła, odeszło
aber: (mask.) *wszedł, odszedł*.

SATZBAU

△ Das Verb *widać* ist (wie *słychać*, vgl. Lektion 24, Satzbau) ein Satzäquivalent im Präsens.

Bedeutung:

Widać + *Akkusativ* = (Nom.) ist sichtbar/zu sehen/erkennbar. Man kann (Akk.) sehen.

Präteritum und Futur werden auch bei diesem Satztyp unter Verwendung des Hilfsverbs *być* gebildet.

Präteritum: *Widać było* + *Akk.* bzw. *Było widać* + *Akk.*
Futur: *Widać będzie* + *Akk.* bzw. *Będzie widać* + *Akk.*

Das Akkusativobjekt solcher Sätze kann auch ein Objektsatz sein, der dann durch die Konjunktion *że/iż* angeschlossen wird, z. B.:

Widać, że jedzie pociąg. — Man sieht, daß der Zug kommt. / Es ist zu sehen, daß der Zug kommt. / Man sieht den Zug kommen.

In dem Satz *Dlaczego nie widać cię ostatnio z tą miłą blondynką,...* ist *cię* nicht der Akkusativ, sondern der Genitiv, da *widać* in diesem Satz verneint ist. Vgl. Lektion 14, unter Satzbau. Die dort verzeichnete Regel für den Kasus des präpositionslosen Objektes von transitiven Verben gilt auch in Verbindung mit *widać* und *słychać*, z. B.:

Widać było pociąg. (Akk.), aber: *Pociągu (Gen.) nie było widać.*
Słychać głos. (Akk.), aber: *Nie słychać głosu. (Gen.)*

△ Nach der Wendung *mieć zamiar* steht der Infinitiv, z. B.:

Mam zamiar się ożenić. Mamy zamiar kupić nowy stół.

△ *Ile* ist seiner Bedeutung nach ein Interrogativpronomen (= Wieviel?). Grammatisch funktioniert es wie die Grundzahlwörter von 5 an aufwärts (vgl. Lektion 21 und 22, Satzbau sowie *kilka* in Lektion 26). Die Form *ile* kann Nominativ oder Akkusativ (nicht-personalmaskulin!) bedeuten, das nachfolgende Substantiv steht dabei im Genitiv. Ein von solcher Konstruktion abhängiges Prädikat steht in der 3. Pers. Sing. (Neutr.). Beispiele:

Ile domów było? — Wieviel/Wie viele Häuser waren da?
Ile samochodów stało na parkingu? — Wieviel/Wie viele Autos standen auf dem Parkplatz?
(als Akk.obj.) *Ile cukru kupiłaś?* — Wieviel Zucker hast du gekauft?

In derselben Weise funktioniert *tyle* (soviel/so viele), z. B.: *tyle pieniędzy, tyle czasu.*

△ Die Wendung *ile masz lat* setzt sich aus den folgenden Bestandteilen zusammen:

Subjekt = Person, nach deren Alter gefragt wird (hier: *ty*) — ist durch jedes andere Subjekt zu ersetzen

Prädikat = konjugierte Form von *mieć* in der Bedeutung ‚haben'

Akkusativobjekt = *ile lat*, bestehend aus dem Akk. (= Nom.) *ile* und dem Gen. zu *rok* (= *lat*)

Wörtlich heißt die Wendung also: Wie viele Jahre hast du? = Wie alt bist du?

Beispiele für den Austausch von Elementen:
Ile macie lat? — Wie alt seid ihr?
Ile miała lat? — Wie alt war sie?

Zur Beantwortung dieser Frage dient das Schema: Subj. + Präd. (konjugierte Form von *mieć*) + Akk. eines Grundzahlwortes + entsprechender Kasus von *rok, miesiąc* u. ä., z. B.:

Jurek ma dwadzieścia lat. Mam teraz czterdzieści lat. Jej syn miał wtedy dwa lata. Córka ma (jeden) rok.

△ Das Grundzahlwort *tysiąc* ist ein Substantiv mit kompletter substantivischer Deklination. Syntaktisch funktioniert es wie z. B. ‚Korb' in der Konstruktion ‚ein Korb schöner Äpfel', z. B.:

tysiąc nowych samochodów — tausend neue Autos
przed tysiącem lat — vor tausend Jahren
po tysiącu lat — nach tausend Jahren
w tysiącach mieszkań — in tausenden Wohnungen

△ Die Wendung *wyjść/wychodzić za mąż* ist nur auf weibliche Personen anzuwenden. Das Element *za mąż* ist eine unveränderliche feste Einheit, *wyjść* (perf.) bzw. *wychodzić* (imperf.) sind das Prädikat zu der Person, die heiratet, dem Subjekt des Satzes, z. B.:

Jego córka w zeszłym roku wyszła za mąż.
Seine Tochter hat im vorigen Jahr geheiratet.

Der Mann, den die betreffende Frau heiratet, kann durch die Präposition za im Akkusativ angeschlossen werden, z. B.:
Zosia wyjdzie za mąż za młodego lekarza.
Zosia wird einen jungen Arzt heiraten.
In allen Fällen wird *za* (nicht *mąż*) betont. Wird der Mann mit genannt, kann *za mąż* wegfallen.

Übungen

I. Wandeln Sie die Sätze in den folgenden Dialogen ab, indem Sie die hervorgehobenen Elemente durch die eingerahmten Begriffe ersetzen und das Personalpronomen in der jeweils passenden Form gebrauchen!

1.
A. Gdzie *poznałeś* **tę przystojną blondynkę?**
B. Chodziłem z nią do szkoły.

ten przystojny blondyn

2.
A. Czy *kupiłeś* **żonie** prezent na imieniny?
B. Kupiłem jej nowy zegarek. *Ona* zawsze się spóźnia.

mąż

3.
A. Czy *zauważyłeś* w kinie **moją koleżankę?**
B. Zauważyłem. Kupowała razem ze mną bilety.

mój kolega

4.
A. Czy *dzwoniłaś* już do **syna?**
B. Dzwoniłam do niego przed chwilą.

córka

II. Beantworten Sie die folgenden Fragen, indem Sie die hervorgehobenen Elemente durch die eingerahmten Begriffe ersetzen und die darunterstehenden Zahlen verwenden!

1.
A. Ile lat ma **pan Nowak?**
B. **Pan Nowak** ma ... .

pani Nowakowa; Adam Szacki; Maciej Maliniak
47; 35; 59; 23

2.
A. Ile lat mają dzieci państwa **Nowaków?**
B. Syn ma ..., a córka ....

Jankowskich; Antkowiaków; Raczyńskich
19; 16; 14; 12;   8; 7; 4; 10

III. Wandeln Sie die folgenden Sätze nach dem vorangestellten Muster ab!

0. Anna wyszła za mąż za Jana.
1. Jerzy ożenił się z Barbarą.
2. Krystyna wyszła za mąż za doktora Pawlaka.
3. Inżynier Rosiewicz ożenił się z doktor Ewą Pawlicką.
4. Aktorka Zofia Pawlak wyszła za mąż za profesora Jerzego Tokarskiego.

0. Jan ożenił się z Anną.
1. ....
2. ....
   ....
3. ....
   ....
4. ....
   ....
   ....

IV. Wiederholen Sie den folgenden Dialog nach dem vorgegebenen Muster und ersetzen Sie dabei die hervorgehobenen Elemente durch die eingerahmten Begriffe!

A. Kogo zaprosiłeś do nas?
B. Zaprosiłem **przyjaciela**.
A. Na kiedy go zaprosiłeś?
B. Na dzisiaj **na obiad**.
A. A ja nic nie kupiłam **na obiad!**

nauczyciel; kolega; znajomy

kolacja; śniadanie; imieniny

V. Vervollständigen Sie den folgenden Dialog mit Hilfe der eingerahmten Wendungen!

1.
A. Zapomniałem ....
B. Ja też nie ....

zrobić ćwiczenie na jutro; kupić żonie prezent; włożyć ciepły sweter

2.
A. Mam zamiar ....
B. Co za pomysł! A ja nie ....

ożenić się w tym roku; szybko wyjść za mąż; wyjechać z Warszawy

3.
A. Chciałem ....

A. | zobaczyć ten film; pojechać na wycieczkę; napisać list do kolegi; spotkać się z koleżanką |
|---|

B. Ja też chciałam, ale ... .

B. nie mogłam kupić biletów; miałam chore dziecko; nie mam adresu; nie miałam czasu

VI. Vervollständigen Sie die folgenden Sätze!

1. Zupełnie nie wiem, co . . . .
   jak . . . .
   gdzie . . . .
   skąd . . . .
   z kim . . . .
2. Wyobraź sobie, że . . . .
3. Mój przyjaciel mówi, że . . . .

32
Erläuterungen

AUSSPRACHE UND RECHTSCHREIBUNG

Die Wendung *tak zwan/y, -a, -e* wird als *tzw.* abgekürzt nur geschrieben, nie so gesprochen.

WORTARTEN

△ Das in der o. g. Wendung enthaltene Adjektiv (Partizip) ist beim Lesen/Sprechen der Wendung zu deklinieren, d. h. *zwany* ist immer in der grammatischen Form zu gebrauchen, die es hätte, wenn die Wendung ausgeschrieben — und nicht abgekürzt — im Text stünde, z. B.:

(geschrieben)   (ausgesprochen)
tzw. kryminał   *tak zwany kryminał*
tzw. lekturę „do poduszki"   *tak zwana lektura ...*
kupuje tzw. lekturę „do poduszki"   *tak zwaną lekturę ...*

△ **Feminine Substantive**, deren **Nominativ Singular auf** *-a* auslautet, haben die folgende Deklination:

Singular

Nom.	księgarnia	historia	niedziela	książka	żona
Gen.	księgarni	historii	niedzieli	książki	żony
Dat.	księgarni	historii	niedzieli	książce	żonie
Akk.	księgarnię	historię	niedzielę	książkę	żonę
Instr.	księgarnią	historią	niedzielą	książką	żoną
Lok.	księgarni	historii	niedzieli	książce	żonie
Vok.	księgarnio!	historio!	niedzielo!	książko!	żono!

Plural

Nom.	księgarnie	historie	niedziele	książki	żony
Gen.	księgarń(-ni)	historii	niedziel	książek	żon
Dat.	księgarniom	historiom	niedzielom	książkom	żonom
Akk.	= Nominativ Plural				
Instr.	księgarniami	historiami	niedzielami	książkami	żonami
Lok.	księgarniach	historiach	niedzielach	książkach	żonach
Vok.	= Nominativ Plural				

Zur Deklination der femininen Substantive, die im Nominativ Singular auf einen harten Themakonsonanten und -a auslauten, vgl. noch einmal Erläuterungen zu Lektion 13. (Dabei sollte besonders auf den Dativ und den Lokativ des Singular geachtet werden.)

Bei den femininen Substantiven mit einem weichen Themakonsonanten und dem Vokal -a im Auslaut des Nominativ Singular ist die folgende Differenzierung zu beachten:

Bei Wörtern slavischer Herkunft bedeuten -i- und -a nur die Endung -a vor weichem Themakonsonanten, z. B.: *księgarnia* [= ...ń+a]. In diesen Fällen repräsentiert -i- im Schriftbild des betreffenden Wortes keinen Laut, sondern ist nur Zeichen für die Weichheit des vorangehenden Themakonsonanten. Darum heißt der Genitiv *księgarni* (mit einem -i, das sowohl den Laut i im Schriftbild repräsentiert wie die Weichheit des Themakonsonanten anzeigt). Somit liegen bei *księgarnia* dieselben Verhältnisse wie bei *niedziela* vor (nur mit dem Unterschied, daß beim Themakonsonanten -l- die Weichheit vor anderen Vokalen als -i (z. B. beim Nominativ *niedziela*) nicht durch ein -i- angezeigt zu werden braucht).

Bei Wörtern fremder Herkunft (vgl. *historia*) handelt es sich um die Endung -i-a, in der beide Zeichen Laute repräsentieren. Daher endet der Gen./Dat./Lok. Sing. bzw. der Gen. Pl. dieser Wörter auf -ii, wobei auch das erste -i- (wenn auch stark reduziert, unsilbisch) gesprochen wird.

Wenn der Themakonsonant solcher Fremdwörter *-c-*, *-s-* oder *-z-* ist, steht statt des *-i-* vor dem Auslaut *-a* ein *-j-*, z. B.: *rewolucja* (Revolution), *sesja* (Sitzung), *okazja* (Gelegenheit). Dieses *-j-* bleibt auch dann stehen, wenn ein *-i* folgt. Vgl.:

Nom.	*nadzieja*, aber:	*rewolucja*,	*sesja*,	*okazja*
Gen.	*nadziei*,	*rewolucji*,	*sesji*,	*okazji*

Feminine Substantive, deren **Nominativ Singular auf** *-i* auslautet (z. B.: *sprzedawczyni*, *gospodyni*), werden wie *księgarnia* dekliniert. Die einzige Ausnahme hiervon ist der Akkusativ Singular zu *pani* : *panią*.

Feminine Substantive, deren **Nominativ Singular auf einen** (weichen bzw. historisch weichen) **Konsonanten** auslautet, haben die folgende Deklination:

Singular

Nom.	*powieść*	*wieś*	*rzecz*	*twarz*
Gen.	*powieści*	*wsi*	*rzeczy*	*twarzy*
Dat.	*powieści*	*wsi*	*rzeczy*	*twarzy*
Akk.	*powieść*	*wieś*	*rzecz*	*twarz*
Instr.	*powieścią*	*wsią*	*rzeczą*	*twarzą*
Lok.	*powieści*	*wsi*	*rzeczy*	*twarzy*
Vok.	*powieści!*	*wsi!*	*rzeczy!*	*twarzy!*

Plural

Nom.	*powieści*	*wsie*	*rzeczy*	*twarze*
Gen.	*powieści*	*wsi*	*rzeczy*	*twarzy*
Dat.	*powieściom*	*wsiom*	*rzeczom*	*twarzom*
Akk.	= Nominativ Plural			
Instr.	*powieściami*	*wsiami*	*rzeczami*	*twarzami*
Lok.	*powieściach*	*wsiach*	*rzeczach*	*twarzach*
Vok.	= Nominativ Plural			

Für die Form des Nominativ/Akkusativ Plural dieser Substantive gibt es keine Regel. Dieser Kasus kann die Endung *-i/-y* oder *-e* haben. Das muß also mit der betreffenden Vokabel zusammen gelernt werden.

Der Genitiv Plural dieser Substantive hat die Endung *-i/-y*. Damit gleicht er dem Genitiv Singular. Wo diese Tatsache eine eindeutige Verständigung gefährden könnte, wird Mißverständnissen durch ein entsprechendes Formulieren vorgebeugt, z. B. durch Vorsetzen eines entsprechenden Adjektivs oder Pronomens, von denen der Kasus dann eindeutig signalisiert wird, z. B.:

Gen. Sing. *tej wsi, jednej wsi, naszej wsi* u. ä.
Gen. Pl. *tych wsi, wszystkich wsi, naszych wsi* u. ä.

Auch bei diesem Deklinationstyp kann -*e*- vor dem Themakonsonanten ausfallen, wie das Beispiel *wieś* zeigt.

Zum Akkusativ Singular der femininen Substantive insgesamt noch folgende Hilfestellung:
Steht im Nominativ Singular als Endung ein Vokal (-*a* bzw. -*i*), endet der Akkusativ Singular auf -*ę* (einzige Ausnahme: *panią*).
Ist der Nominativ Singular dagegen endungslos, hat der Akkusativ Singular dieselbe Form wie der Nominativ.

Zum Dativ Singular der femininen Substantive:
Dativ und Lokativ stimmen immer überein. Die Endung -*e* haben sie nur bei den femininen Substantiven, deren Nominativ Singular auf harten Themakonsonanten und -*a* auslautet. Bei allen anderen femininen Deklinationstypen stimmen Dativ und Lokativ Singular auch noch mit dem Genitiv überein. (Der Lernende sollte sich das vielleicht mit Hilfe von entsprechenden Verbindungslinien in den vorstehenden Deklinationsmustern hervorheben.)

△ Das Substantiv **album** gehört dem maskulinen Genus an und wird entsprechend dekliniert (*album, albumu, albumowi* usw.).

SATZBAU

△ Ein **adjektivisches Attribut** (s. auch Erläut. zu Lektion 1, Stellung des Adjektives beim Substantiv) steht v o r dem dadurch näher bestimmten Substantiv, wenn es eine von mehreren, etwa gleich wichtigen Eigenschaften bezeichnet, die der Sprecher beliebig wählen kann, um das betreffende Substantiv genauer zu bezeichnen, z. B.:

mała Kasia, zielony sweter, długa ulica usw.

Handelt es sich dagegen um eine Eigenschaft, durch die der vom Substantiv bezeichnete Begriff, Gegenstand usw. einer anderen Kategorie zugeordnet wird, wenn also Adjektiv und Substantiv eine neue Sinneinheit bilden, steht das Adjektiv h i n t e r dem Substantiv, z. B.:

język polski, malarstwo współczesne, ulica Długa (als Eigenname einer Straße)

In diesen Fällen ist das deutsche Äquivalent sehr oft ein zusammengesetztes Substantiv oder ein ganz anderes Substantiv, das den Inhalt der polnischen Einheit aus Substantiv und Adjektiv in einem Wort bezeichnet, z. B.:

sztuka ludowa — Volkskunst; *literatura piękna* — schöngeistige Literatur, Belletristik

Ein besonders anschauliches Beispiel ist:

młody pan — ein junger Herr, der junge Herr

pan młody — Bräutigam (während der Hochzeitszeremonie, am Tage seiner Hochzeit)

Das Adjektiv kann aber auch nachgestellt werden, wenn es um die in Abs. 1 dargestellte Relation zwischen beiden Elementen geht, das Attribut aber besonders hervorgehoben werden soll, z. B.:

Był to człowiek (jeszcze bardzo) **młody**.

Das war ein (noch sehr) **junger** Mann.

Enthält eine solche sprachliche Einheit zwei adjektivische Attribute, steht eines vor und eines hinter dem Substantiv, z. B.:

polskie malarstwo współczesne, polska sztuka ludowa ...

Dabei wird wiederum das Adjektiv nachgestellt, dessen Bindung an das Substantiv die engere ist. Beispiele:

polska literatura współczesna — polnische Gegenwartsliteratur (= der polnische Teil der modernen Literatur, im Gegensatz zur Gegenwartsliteratur anderer Völker)

współczesna literatura polska — moderne polnische Literatur/zeitgenössische polnische Literatur (= der zeitgenössische, moderne Teil der polnischen Literatur, im Gegensatz zur älteren polnischen Literatur)

△ **Attribute aus Präposition und Substantiv** stehen immer hinter dem Substantiv, das sie näher bestimmen, z. B.:

herbata **z cukrem**, *książka* **o architekturze**, *szczotka* **do zębów**.

△ *wiele* ist ein unbestimmtes Zahlwort mit der Bedeutung ‚viel(e)‘. Es funktioniert syntaktisch wie *ile* (s. Lektion 31), z. B.:

Ostatnio ukazuje się wiele interesujących nowości literackich.
Ostatnio ukazało się wiele nowości.

△ In der Wendung *słucham panią* steht bei *słuchać* ein Objekt im A k k u s a t i v. (Vgl. dazu Erläuterungen zu Lektion 15, Satzbau, b/.) Mit einem Akkusativobjekt steht dieses Verb nur dann, wenn es n i c h t ‚zuhören‘ oder ‚auf jemanden hören‘ bedeutet, sondern im Sinne von ‚jemandem zur Verfügung stehen‘, ‚bereit sein, jemanden zu bedienen / abzufertigen‘ gebraucht wird, z. B.:

Słucham pani. (Gen.) = Ich höre Ihnen zu. / Ich höre auf Sie / Ihren Rat.

Aber:

(Kellner, Verkäuferin u. ä. zu einer Dame:)
Słucham panią. (Akk.) = Bitte, was wünschen Sie? / Womit kann ich dienen? / Was kann ich für Sie tun?

Übungen

I. Wandeln Sie die Sätze entsprechend den jeweils vorangestellten Mustern ab!

1.
0. Pan Nowak chciałby wybrać książkę.
   Pan Nowak wybrał książkę.

1. Sprzedawca chce zapakować książkę.
   . . . .

2. Pan Nowak chce zapłacić za książkę.
   . . . .

3. Pan Nowak chciałby kupić nowe książki.
   . . . .

4. Pan Leszek chciałby wręczyć żonie prezent.
   . . . .

5. Pan Leszek chciałby też dać prezent synowi.
   . . . .

2.
0. Pani Anna musi dziś wcześnie wstać.
   Pani Anna wstała dziś wcześnie.
1. Pani Anna musi zrobić zakupy.
   . . . .
2. Pani Anna nie może się spóźnić.
   . . . .
3. Pani Anna chciałaby przygotować dobry obiad.
   . . . .
4. Pani Anna chce zaprosić na obiad Ewę.
   . . . .
5. Pani Anna musi się ładnie ubrać.
   . . . .

3.
0. Leszek musi wziąć dużą walizkę.
   Leszek wziął dużą walizkę.
1. Jacek musi zasnąć wcześnie.
   . . . .
2. Jurek chce zdjąć z półki wszystkie książki.
   . . . .
3. Romek musi skończyć studia.
   . . . .
4. Adam chce wziąć większą paczkę.
   . . . .
5. Jurek chciałby pojechać do Krakowa.
   . . . .

4.
0. Kasia chciałaby wziąć ładniejszą lalkę.
   Kasia wzięła ładniejszą lalkę.
1. Pani Danuta chce zdjąć firanki z okien.
   . . . .
2. Ewa musi wziąć w podróż pieniądze.
   . . . .
3. Anna musi dziś zacząć nową pracę.
   . . . .
4. Kasia chce zasnąć o godzinie dziewiątej.
   . . . .
5. Marta chciałaby wyjść za mąż.
   . . . .

II. Wiederholen Sie die folgenden Dialoge, ersetzen Sie dabei die hervorgehobenen Elemente durch die eingerahmten Begriffe und wandeln Sie dementsprechend die Form der in den Dialogen gebrauchten Verben ab!

1.
A. **Leszku**, jaką książkę *kupiłeś*?
B. *Kupiłem* dla ciebie tom wierszy.
A. Dziękuję!

| Ewo; Janku; Mario; Aniu |

2.
A. **Pani Danuto**, czy **pani** *zaprosiła* Romka na imieniny?
B. Nie, nie *mogłam* go zaprosić. Romek wyjechał z Warszawy.

| panie Janku — pan; pani Marto — pani; panie Jurku — pan; pani Aniu — pani |

3.
A. **Jurku**, wyglądasz dziś niedobrze. Może źle się czujesz?
B. Boli mnie głowa. Bardzo późno wczoraj *zasnąłem*.
A. Czy *wziąłeś* proszek od bólu głowy?
B. Nie, jeszcze nie *wziąłem*.
A. To weź. Od razu poczujesz się lepiej.

| Aniu; Marto; Basiu; Romku; Leszku; Ewo |

III. Vervollständigen Sie die folgenden Dialoge und gebrauchen Sie dazu die eingerahmten Verben in der entsprechenden Form des Präteritums!

1.
A. Romku, jak ... wolne popołudnie?
B. ... .

| spędzić |

| dużo czytać i odpoczywać; pisać listy; spotkać się z Jurkiem; być z Ewą na spacerze; pojechać za miasto |

2.
A. Marto, kiedy ... ze Szczecina?
B. Dziś rano.
A. Czy długo ...?
B. ... całą noc.

| wrócić |

| (trwać) podróż |

| jechać |

3.
A. Co się stało, że wracasz tak wcześnie? Czy ... na film?
B. Tak, ... Kiedy ..., film już ..., i w dodatku nie ... ze sobą biletu.
A. Jesteś niepunktualny i roztargniony.

spóźnić się
spóźnić się; przyjść; zacząć się; wziąć

4.
A. Czy Kasia znów ma katar?
B. Tak, ... na spacerze płaszcz i ..., bo zrobiło się zimno.

zdjąć, zmarznąć

IV. Wandeln Sie die folgenden Sätze nach dem vorangestellten Muster ab!

0. Adam nie może lecieć do Krakowa samolotem.
0. Marta nie może lecieć do Krakowa samolotem.
1. Jurek nie chce myśleć o Zofii.
   Anna nie chce myśleć o Zofii.
2. Jacek nie chce spojrzeć na kolegę.
   Kasia nie chce spojrzeć na kolegę.
3. Romek nie może widzieć Marty.
   Marta nie może widzieć Romka.

0. Adam nie leciał do Krakowa samolotem.
0. Marta nie leciała do Krakowa samolotem.
1. . . . .
   . . . .
2. . . . .
   . . . .
3. . . . .
   . . . .

V. Vervollständigen Sie den Dialog durch die entsprechenden Formen der eingerahmten Verben!

A. Czy Janek jest w Poznaniu na Targach?
B. Tak.
A. ... pociągiem, czy ... samolotem?

pojechać — polecieć

B. Janek co roku ... do Poznania samolotem, ale wczoraj ... pojechać pociągiem.
A. Dlaczego?
B. ... mgła i lot został odwołany.

latać
musieć

być

VI. Vervollständigen Sie die folgenden Dialoge durch das Präteritum des jeweils passenden Aspektpartners der vorgegebenen Verbpaare!

1.
A. Jacku, ... ci ciekawą książkę.
B. Dziękuję. Co to za książka?
A. Opowiadania fantastycznonaukowe! Długo ... i ..., aż wreszcie ... właśnie tę.

| kupować — kupić |
| wybierać — wybrać; zastanawiać się — zastanowić się; brać — wziąć |

2.
A. Czy byłaś już w Wilanowie?
B. Tak, ... tam wczoraj z rana. ... cały pałac. Jest piękny. Potem ... Wystawę Plakatu i długo spacerowałam po parku. Późno wieczorem ... do domu.

| jechać — pojechać; zwiedzać — zwiedzić; oglądać — obejrzeć |
| wracać — wrócić |

VII. Vervollständigen Sie den folgenden Dialog und ersetzen Sie die hervorgehobenen Elemente durch die entsprechenden Formen der eingerahmten Begriffe!

A. Już wiem, co kupię Ewie na gwiazdkę! Anna mi ... .
B. I co chcesz jej kupić?
A. Jakąś dobrą książkę. Ostatnio ukazało się wiele nowości **z literatury pięknej**.

| radzić — poradzić |
| historia sztuki; historia malarstwa; współczesna literatura; malarstwo polskie |

VIII. Vervollständigen Sie den folgenden Text, indem Sie das jeweils passende der beiden angebotenen Verben in der Form des Präteritums einsetzen!

Pan Nowak ... (*wchodzić — wejść*) do księgarni i ... (*zaczynać — zacząć*) przeglądać nowości z literatury pięknej. ... (*zastanawiać się — zastanowić się*), co kupić na gwiazdkę żonie i dzieciom. Wreszcie ... (*wybierać — wybrać*) tom wierszy dla żony, opowiadania młodzieżowe dla dzieci, a dla siebie — powieść kryminalną. Sprzedawczyni ... (*pakować — zapakować*) książki. Pan Nowak ... (*płacić — zapłacić*) w kasie, ... (*brać — wziąć*) paczkę, ... (*dziękować — podziękować*) i ... (*wychodzić — wyjść*) z księgarni. Do domu pan Nowak ... (*wracać — wrócić*) bardzo zadowolony z zakupów.

33

Erläuterungen

AUSSPRACHE UND RECHTSCHREIBUNG

Das Substantiv *klient* ist zweisilbig, das Wort *klientka* dreisilbig. Aussprache: [kli-jent], [kli-jent-ka].

WORTARTEN

△ **Plural der personalmaskulinen Substantive**
Der **Nominativ Plural** der personalmaskulinen Substantive kann folgende Endungen haben: *-owie, -y, -i* oder *-e*. Diese Endungen sind zum Teil in Abhängigkeit von phonetischen Kriterien (Art des Themakonsonanten) und zum Teil unter Berücksichtigung semantischer Merkmale (je nach Wortbedeutung) zu verwenden:

1) Substantive mit weichem und historisch weichem Themakonsonanten haben im Prinzip die Endung *-e*, z. B.:

nauczyciel   *nauczyciele*
przyjaciel   *przyjaciele*
lekarz   *lekarze* (Vgl. Erläut. zu Lektion 4.)

Dabei kommt es nicht zu Veränderungen des Themakonsonanten.

ACHTUNG! Ausnahmen hiervon sind die Substantive auf *-ec*. Innerhalb dieser Gruppe ist nach personalmaskulin und nicht-personalmaskulin zu differenzieren:
Nicht-personalmaskuline Substantive haben in Nominativ Plural (wie maskuline Substantive mit anderen historisch weichen Themakonsonanten überhaupt) die Endung *-e* (*widelec — widelce; palec — palce*).
Personalmaskuline Substantive auf *-ec* haben dagegen die Endung *-y*, z. B.:

chłopiec   *chłopcy*
handlowiec   *handlowcy* (Vgl. Lektion 27, Deklination von *chłopiec*.)

2) Für personalmaskuline Substantive mit hartem Themakonsonanten gilt:
Im Nominativ Plural (nur im Nom.!) wird der Themakonsonant erweicht. Die Endung ist -*i*, z. B.:

klient	— *klienci* (*ci* = *ć*+*i* = *t* weich+*i*!)
student	— *studenci*
pacjent	— *pacjenci*
sąsiad	— *sąsiedzi* (*dzi* = *dź*+*i* = *d* weich+*i*!)
artysta	— *artyści*
mężczyzna	— *mężczyźni*

In den bereits bekannten Fällen ist aus dem so erweichten Themakonsonanten später wieder ein historisch weicher (also heute harter) Konsonant geworden, nach dem -*y* geschrieben wird, z. B.:

aktor	— *aktorzy*
fryzjer	— *fryzjerzy*
kelner	— *kelnerzy*
Polak	— *Polacy*
rolnik	— *rolnicy*
kolega	— *koledzy*

ACHTUNG! Ist der Themakonsonant solcher Substantive der personalmaskulinen Kategorie ein -*ch*, wird dieses -*ch* durch die Erweichung im Nom. Pl. nicht — wie in Lektion 13 angegeben — zu -*sz*-, sondern zu -*ś*- (-*si*), z. B.:

mnich	(Mönch)	— *mnisi*
Czech	(Tscheche)	— *Czesi*

Es sei noch einmal darauf hingewiesen, daß die hier besprochene Besonderheit der personalmaskulinen Kategorie nur für den Nominativ/Vokativ Plural gilt. (Vgl. Lektion 19, unter *one* und *oni*.) In allen anderen Kasus des Plural steht bei diesen Substantiven wieder der harte Themakonsonant, den man im Nom. Sing. vorfindet.

3) Die Endung -*owie* tritt unabhängig von der Art des Themakonsonanten auf. Hierfür gibt es also keine Regel. Sehr häufig ist diese Endung bei Bezeichnungen für Personen, die in der Gesellschaft ein besonderes Ansehen genießen, eine besonders achtunggebietende Stellung einnehmen. Da es sich hierbei um ein rein semantisches (inhalt-

liches) Kriterium handelt, kommt diese Endung bei Substantiven mit allen drei Arten von Themakonsonanten vor, z. B.:

pan	(hart)	— *panowie*
profesor		— *profesorowie*
inżynier		— *inżynierowie*
wuj	(weich)	— *wujowie*
uczeń		— *uczniowie*
król		— *królowie*
mąż	(hist. weich)	— *mężowie*
ojciec		— *ojcowie*

(Vgl. Lektion 7, substantivische Familiennamen, z. B.: *Nowak — Nowakowie.*)

Es gibt auch Substantive, deren Nominativ Plural mit *-owie* (ältere Form) oder der entsprechenden oben erläuterten Endung (neuere Form) gebildet werden kann, z. B.:

dyrektor	— *dyrektorowie*	oder:	*dyrektorzy*
inżynier	— *inżynierowie*	oder:	*inżynierzy*

Da die Endung *-owie* ausschließlich auf männliche Personen anzuwenden ist, kommt sie in der nicht-personalmaskulinen Kategorie überhaupt nicht vor.

4) Infolge des Nebeneinanders von personalmaskuliner und nicht--personalmaskuliner Kategorie können mehrdeutige maskuline Substantive — je nach der jeweils aktuellen Bedeutung — im Nominativ Plural verschiedene Formen haben, z. B.:

przewodnik	= Reiseführer	(= Buch)	— *przewodniki*
przewodnik	= Reiseführer	(= Mensch)	— *przewodnicy*
grafik (*Gen. Pl.*)	= Graphik	(= Kunstblatt)	— *grafiki*
grafik	= Graphiker	(= Mensch)	— *graficy*
arab	= Araber	(= Pferd)	— *araby*
Arab	= Araber	(= Mensch)	— *Arabowie*
krakowiak	= Krakowiak	(= Tanz)	— *krakowiaki*
krakowiak	= Krakauer	(= Mensch)	— *krakowiacy*

△ **Deklination der maskulinen Substantive der personalmaskulinen Kategorie**

	Singular		Plural	
Nom.	aktor	student	aktorzy	studenci
Gen.	aktora	studenta	aktorów	studentów
Dat.	aktorowi	studentowi	aktorom	studentom
Akk.	= Genitiv		= Genitiv Pl.	
Instr.	aktorem	studentem	aktorami	studentami
Lok.	aktorze	studencie	aktorach	studentach
Vok.	= Lokativ		= Nominativ Pl.	

Bezeichnungen für männliche Personen, die im Nominativ Singular auf -a auslauten, werden im Singular nach der femininen Deklination abgewandelt. Im Plural werden sie als Maskulina dekliniert, was sich im Nominativ Pl. und in der Übereinstimmung des Akkusativ Pl. mit dem Genitiv Pl. äußert.

Das Substantiv *mężczyzna* ist im Genitiv Plural endungslos!

Deklinationsmuster:

	Singular		Plural	
Nom.	mężczyzna	dentysta	mężczyźni	dentyści
Gen.	mężczyzny	dentysty	mężczyzn	dentystów
Dat.	mężczyźnie	dentyście	mężczyznom	dentystom
Akk.	mężczyznę	dentystę	mężczyzn	dentystów
Instr.	mężczyzną	dentystą	mężczyznami	dentystami
Lok.	mężczyźnie	dentyście	mężczyznach	dentystach
Vok.	mężczyzno!	dentysto!	mężczyźni!	dentyści!

△ Die neutralen Substantive *oko* ‚Auge' und *ucho* ‚Ohr' haben im Plural eine besondere Deklination:

	Singular		Plural	
Nom.	oko	ucho	oczy	uszy
Gen.	oka	ucha	oczu	uszu
Dat.	oku	uchu	oczom	uszom
Akk.	oko	ucho	oczy	uszy
Instr.	okiem	uchem	oczami/oczyma	uszami
Lok.	oku	uchu	oczach	uszach
Vok.	= Nom.		= Nom.	

ACHTUNG! Diese beiden Vokabeln können in anderen Zusammenhängen andere Bedeutungen haben:
oko — Masche (im Netz), Fettauge (auf der Brühe)
ucho — Henkel (am Topf), Öhr (der Nadel)
In diesen Bedeutungen haben diese Substantive die Pluralformen *oka* bzw. *ucha* und werden wie andere regelmäßige Substantive des Neutrums dekliniert.

△ Das Substantiv **grzebień** ist maskulin, und das vor dem Themakonsonanten stehende *-e-* fällt nicht aus (*grzebień, grzebienia, grzebieniowi* usw.).

SATZBAU

△ Wird die von einem transitiven Verb bezeichnete Tätigkeit als Verbalsubstantiv ausgedrückt, kann das (präpositionslose) Akkusativobjekt zu dieser Tätigkeit als Genitivattribut an das Verbalsubstantiv angefügt werden, z. B.:

strzyc włosy (Akk.obj.) (die) Haare schneiden	— *strzyżenie włosów* (Gen.attr.) das Schneiden der Haare, das Haareschneiden, der Haarschnitt
myć głowę einen/den Kopf waschen	— *mycie głowy* das Waschen des Kopfes, das Kopfwaschen, die Kopfwäsche
czesać klientkę eine/die Kundin kämmen	— *czesanie klientki* das Kämmen einer/der Kundin
czyścić ubranie (die) Garderobe reinigen	— *czyszczenie ubrania* Reinigung/Reinigen der/von Garderobe
skrócić grzywkę einen/den Pony stutzen/kürzen	— *skrócenie grzywki* Stutzen/Kürzen eines/des Ponys

pisać list
einen/den Brief schreiben

— *pisanie listu*
das Schreiben eines/des Briefes, das Briefschreiben, das Abfassen eines/des Briefes

pisać listy (Pl.)
(die) Briefe schreiben

— *pisanie listów*
das Schreiben von Briefen/der Briefe, das Briefeschreiben

△ Die Verbindungen aus der Präposition *z* und dem Genitiv der Substantive *tył, przód* und *bok* sind Adverbialbestimmungen, die auch auf die Frage Wo? antworten (anders als z. B. bei der Konstruktion *z parku* ,aus dem Park', die nur auf die Frage Woher? antwortet). Vgl. Redewendungen.

△ In dem Satz **Proszę mnie ostrzyc**... ist *mnie* der Akkusativ. Das Verb *(o)strzyc* kann also auch eine Person als präpositionsloses Akkusativobjekt nach sich haben, z. B.:

Der Friseur hat **ihm** (= Dat.) die Haare geschnitten. *Fryzjer go* (= *Akk.*) *(o)strzygł.*

(Vgl. deutsch: jemanden/ein Tier [= Akk.] scheren.)

Übungen

I. Ersetzen Sie (wie in dem vorangestellten Beispiel) Singular durch Plural!

0. Klient ma tylko stary banknot.
1. Student je smaczny kotlet.
2. Blondyn kupuje jasny krawat.
3. Mężczyzna kupuje piękny kwiat.
4. Fryzjer goli klienta.
5. Profesor pyta studenta.

0. Klienci mają tylko stare banknoty.
1. . . . .
2. . . . .
3. . . . .
4. . . . .
5. . . . .

II. Wandeln Sie die Sätze nach dem vorangestellten Muster ab!

0. To jest klientka.

0. Fryzjer myje włosy klientce.
Fryzjerzy myją włosy klientkom.

1. To jest ładna kobieta.
2. To jest pacjentka.
3. To jest młody pacjent.

1. Mężczyzna kupuje kwiaty . . .
2. Dentysta leczy . . . .
3. Lekarz zapisuje lekarstwo . . . .

III. Wandeln Sie diese Sätze nach dem folgenden Muster ab!

0. *A*. Niech mi pani umyje włosy.
   B. Już pani myję.
1. *A*. Niech mi pani rozjaśni włosy.
   B. . . . .
2. *A*. Niech mnie pani ostrzyże.
   B. . . . .
3. *A*. Niech mnie pani uczesze.
   B. . . . .
4. *A*. Niech mi pani zrobi przedziałek.
   B. . . . .

IV. Bilden Sie nach den jeweils vorangestellten Beispielen Verbalsubstantive!

1.
0. strzyc włosy — (strzyże)   — strzyżenie włosów
1. czyścić ubranie — (czyszczę)   — . . . .
2. leczyć pacjentkę — (leczę)   — . . . .
3. budzić dziecko — (budzę)   — . . . .

2.
0. pisać list — pisanie listu
1. czytać książkę   — . . . .
2. oglądać telewizję   — . . . .
3. czesać włosy   — . . . .

3.
0. myć głowę — mycie głowy
1. pić wodę   — . . . .
2. prowadzić psa   — . . . .
3. pójść na spacer   — . . . .

V. Wandeln Sie die folgenden Aussagen entsprechend dem Muster ab!

0. Fryzjer umyje włosy, a potem je ostrzyże.
   Po umyciu włosów fryzjer je ostrzyże.
1. Fryzjer ostrzyże klienta, a potem go uczesze.
   . . . .
2. Adam zwiedzi miasto, a potem pójdzie do kawiarni.
   . . . .
3. Roman oczyści ubranie, a potem wyjdzie.
   . . . .

34
Erläuterungen

AUSSPRACHE UND RECHTSCHREIBUNG

Die Substantive *farmaceuta* und *farmaceutka* werden viersilbig ausgesprochen — [far-ma-ceu-ta], [far-ma-ceut-ka]. Dabei wird *-eu-* als p o l n i s c h e r Diphthong gesprochen (= kurzes offenes *e* + *ł* als unsilbisches *u*). Vgl. dazu noch einmal die Hinweise zur Aussprache der polnischen Diphthonge in Lektion 1 und die Aussprachehinweise in Lektion 9.

WORTARTEN

△ Das Grundzahlwort *jeden, jedna, jedno* wird adjektivisch dekliniert (*jednego, jednemu* usw.) und funktioniert auch syntaktisch wie ein Adjektiv (vgl. Erläuterungen zu Lektion 20).

△ Zur Deklination und zum Gebrauch des Grundzahlwortes *tysiąc* s. Erläuterungen zu Lektion 31 (Wortarten und Satzbau).

△ **Deklination der Äquivalente zum Grundzahlwort** *zwei*

	maskulin und neutral personalmaskulin	nicht-personalmaskulin	feminin	
Nom.	*dwaj*	*dwa*	*dwie*	
Gen.	*dwu* oder *dwóch*		*dwu*	oder *dwóch*
Dat.	*dwu* oder *dwom*		*dwu*	oder *dwom*
Akk.	*dwóch*	*dwa*	*dwie*	
Instr.	*dwu* oder *dwoma*		*dwiema*	oder *dwoma*
Lok.	*dwu* oder *dwóch*		*dwu*	oder *dwóch*
Vok.	= Nominativ			

△ **Deklination der Äquivalente zu den Grundzahlwörtern** *drei* **und** *vier*

Nom.	*trzy*	*cztery*
Gen.	*trzech*	*czterech*
Dat.	*trzem*	*czterem*
Akk.	*trzy*	*cztery*
Instr.	*trzema*	*czterema*
Lok.	*trzech*	*czterech*
Vok.	= Nom.	= Nom.

Diese Grundzahlwörter sind nur für die nicht-personalmaskuline Kategorie, im Femininum und im Neutrum zu verwenden!

Für die personalmaskuline Kategorie sind folgende Formen zu gebrauchen:

	drei	*vier*
Nom./Vok.	*trzej*	*czterej*
Akk.	*trzech*	*czterech*

Zur Gegenüberstellung:

Nom.	*dwa koty*	*dwie dziewczyny*	*dwaj koledzy*
Akk.	*dwa koty*	*dwie dziewczyny*	**dwóch kolegów**

In allen anderen Kasus gleichen die personalmaskulinen Formen auch hier den nicht-personalmaskulinen (vgl. *dwaj*).

ACHTUNG! Die Zahlwörter *dwaj*, *trzej* und *czterej* sind nicht als Einer mehrstelliger Grundzahlwörter zu verwenden!

△ Die **Grundzahlwörter** von *pięć* bis *dziesięć* sind folgendermaßen zu deklinieren:

Nom./Akk.	pięć	sześć	siedem	osiem	dziewięć dziesięć
Gen./Dat./Lok.	pięciu	sześciu	siedmiu	ośmiu	dziewięciu dziesięciu
Instr.	pięciu oder pięcioma usw.				

△ Die **Grundzahlwörter** von *jedenaście* bis *dziewiętnaście* haben dieselben Kasusendungen wie die Grundzahlwörter für 5—10. Dabei sind aber der Themakonsonant und der vor ihm stehende Konsonant in allen Kasus außer dem Nominativ und dem Akkusativ hart, z. B.:

Nom./Akk. *jedenaście piętnaście dziewiętnaście* usw.
alle anderen Kasus: *jedenastu piętnastu dziewiętnastu*

Die Endung für den Instrumental ist auch hier -*u* oder -*oma*.

ACHTUNG! Bei *dwanaście* wird der erste Wortbestandteil quasi mit dekliniert. Darum heißen alle Kasus außer dem Nom./Akk. *dwunastu*.

△ **Die Grundzahlwörter für die Zehner** von *dwadzieścia* bis *dziewięćdziesiąt* werden gleichfalls nach der hier besprochenen Deklination abgewandelt. Dabei sind aber folgende Besonderheiten zu beachten:

20:	dwadzieścia	— dwudziestu usw.
30/40:	trzydzieści	— trzydziestu usw.
	czterdzieści	— czterdziestu usw.
50—90:	pięćdziesiąt	— pięćdziesięciu usw.
	sześćdziesiąt	— sześćdziesięciu usw.

Die Instrumental-Endung ist auch bei diesen Grundzahlwörtern -*u* oder -*oma*.

SATZBAU

△ Die Präposition *bez* steht immer mit dem Genitiv und entspricht dem deutschen ‚ohne'.
Vgl.:
herbata z cukrem — Tee mit Zucker, gezuckerter Tee
herbata bez cukru — Tee ohne Zucker
chleb z masłem — Brot mit Butter, Butterbrot
chleb bez masła — Brot ohne Butter, trocken(es) Brot

lekarstwo na receptę — Medikament auf Rezept, rezeptpflichtiges Medikament
lekarstwo bez recepty — rezeptfreies Medikament, ohne Rezept
patrzeć przez okulary — durch die Brille sehen, eine Brille (auf)haben, Brillenträger sein, eine Brille benutzen
widzieć bez okularów — ohne Brille sehen (können)
chodzić w płaszczu — im/mit Mantel gehen, einen Mantel anhaben
chodzić bez płaszcza — ohne Mantel gehen/sein, keinen Mantel anhaben

Präpositionale Wendungen als **Temporalbestimmungen:**
Przyjadę za dwie godziny. (Akk. Pl.) Ich komme in zwei Stunden.
Czeka od dwóch godzin. (Gen. Pl.) Ich warte seit zwei Stunden.

△ Zum Anschluß des **Finalsatzes** (Absichts- oder Zwecksatzes) an den Hauptsatz dient im Polnischen u. a. die Konjunktion *żeby*. Dabei steht das Prädikat immer in der vom Nebensatzsubjekt abhängigen Form des Präteritum, wobei aber die dazugehörige Personalendung (s. 1. und 2. Person Singular und Plural) nie am Verb bleibt, sondern mit der Konjunktion *żeby* zu einem Wort verschmilzt.

In dieser Funktion entspricht *żeby* (+ *Personalendung*) den deutschen Konjunktionen ‚damit' und ‚daß' in derartigen Sätzen, z. B.:

Pomagam ci, żebyś się nie spóźnił(a). Ich helfe dir, **damit** du nicht zu spät kommst.
Chciałabym, żebyśmy zaprosili też Ewę. Ich möchte, **daß** wir Ewa auch einladen.

Aber:

Ewa mówi, że możemy już iść. (kein Finalsatz) Ewa sagt, **daß** wir schon gehen können. (auch ‚daß')

Vgl. im Lesestück der vorliegenden Lektion:
... *żebym mógł patrzeć przez szkło.* ... **damit** ich durch das Glas schauen/gucken/sehen **kann.** (Das deutsche Prädikat steht dabei im Indikativ).

△ *Świat stanie się różowy ...* — Die Welt wird (dann) rosarot (werden). Das Verb *stać się* wurde in Lektion 29 als Äquivalent zu ‚passieren'/‚geschehen' gebraucht. In dieser Bedeutung erfordert es kein weiteres Element als Bestandteil des Prädikats, z. B.: *Co się stało?* ‚Was ist passiert?'

Der imperfektive Aspekt zu *stać się* in dieser Bedeutung ist *dziać się* (3. Pers. Sing.: *dzieje się*; 3. Pers. Pl.: *dzieją się*).

Eine andere Bedeutung dieses Verbs ist:
werden zu (+ Substantiv), werden (+ Adjektiv oder Adverb)
sich entwickeln zu ..., sich verwandeln in ...

Dabei ist zu beachten:
a) Folgt auf *stać się* (als Prädikatsnomen) ein Substantiv, steht es im Instrumental.
b) Folgt ein Adjektiv allein, steht es im Nominativ.
(Vgl.: *Jurek jest nauczycielem.*, aber: *Jurek jest młody.* — Erläuterungen zu Lektion 6).

Beispiel:
Karol stał się naszym dobrym przyjacielem.
Mała Ewa stała się bardzo grzeczna.

In dieser Bedeutung drückt *stać się* immer einen deutlichen Qualitätswandel des Subjektes aus.

Der imperfektive Partner zu *stać się* in dieser Bedeutung ist *stawać się* (*staję się, stajesz się* usw.).

Wenn die Nuance des Qualitätswandels fehlt, das deutsche ‚werden' also z. B. das Erlernen eines Berufes bzw. die Übernahme einer Funktion oder Ähnliches bezeichnet (‚werden' dann immer ohne ‚zu' und das substantivische Prädikatsnomen ohne den unbestimmten Artikel), dann ist dieses Verbpaar nicht zur Übersetzung zu verwenden (z. B.: Sein Sohn ist Arzt geworden. Kowalski ist Direktor geworden. u. ä.). Diesem ‚werden' entspricht im Polnischen das bereits als Kopulaverb für die Passivkonstruktionen eingeführte *zostać*, z. B.:

Jego syn został lekarzem. Kowalski został dyrektorem.

In dieser Bedeutung ist nicht *być*, sondern *zostawać* (*zostaję, zostajesz* usw.) die imperfektive Variante zu *zostać*. (Vgl. Erläuterungen zu Lektion 12 *zostawać* in der Bedeutung ‚(—)bleiben'.)

Zum Vergleich:
Jan został nauczycielem. Jan ist Lehrer geworden. (= hat diesen Beruf ergriffen)
Jan stał się dobrym nauczycielem. Jan ist zu einem guten Lehrer geworden. Jan ist ein guter Lehrer geworden. (= hat sich zu einem guten Lehrer entwickelt)

In Abhängigkeit von der Bedeutung ergeben sich also die folgenden Aspektpaare, die zur besseren Übersicht hier noch einmal zusammengefaßt sind:

stać się	dziać się	— passieren
stać się + Prädikatsnomen	stawać się	— werden zu
zostać + Prädikatsnomen	zostawać	— (etwas) werden
zostać	zostawać	— (-)bleiben
zostać	być	— Kopulaverb für Passivkonstruktion

△ Das Wort *magister* ist ein Titel, den man in Polen durch den Abschluß eines Hochschulstudiums erwirbt. Das betreffende Fachgebiet kann im Genitiv angefügt werden, z. B.: *magister farmacji*. Eine feminine Form dieses Titels gibt es nicht; er ist auf männliche und auf weibliche Personen anzuwenden, z. B.:

Pan Kowalski jest magistrem germanistyki.
Pani Kowalska jest magistrem farmacji.

In Verbindung mit *pan* wird *magister* mit dekliniert (*-e-* fällt aus), in Verbindung mit *pani* nicht. (Vgl. Lektion 4, Erläut. zu *pokój pani Nowak*, und Lektion 13, *pałac króla Jana Sobieskiego*.) Beispiel:

pan magister Kowalski	*pani magister Kowalska*
pana magistra Kowalskiego	*pani magister Kowalskiej*
panu magistrowi Kowalskiemu	*pani magister Kowalskiej*
pana magistra Kowalskiego	*panią magister Kowalską*
panem magistrem Kowalskim	*panią magister Kowalską*
panu magistrze Kowalskim	*pani magister Kowalskiej*
panie magistrze Kowalski!	*pani magister Kowalska!*

Abgekürzt wird dieser Titel *mgr* (ohne Punkt) geschrieben.

Übungen

I. Wandeln Sie die Sätze nach den jeweils vorangestellten Mustern um!

1.
0. Marek jest magistrem farmacji już dwa lata.
Marek jest magistrem farmacji od dwóch (dwu) lat.

1. Romek jest magistrem prawa już 3 lata.
   ....
2. Maria jest magistrem historii już 4 lata.
   ....
3. Jurek jest magistrem filologii już 2 lata.
   ....

2.
0. Mieszkam w Polsce już pięć lat.
   Mieszkam w Polsce od pięciu lat.
1. Mieszkam w Warszawie już 6 lat.
   ....
2. Krystyna mieszka w Krakowie już 8 lat.
   ....
3. Pani Maria mieszka w Poznaniu już 10 lat.
   ....
4. Pan Henryk mieszka w Londynie już 12 lat.
   ....
5. Państwo Dąbrowscy mieszkają w Paryżu już 16 lat.
   ....

3.
0. Basia ma dwa lata.
1. Dorotka ma 3 lata.
2. Tadek ma 4 lata.
3. Ania ma 8 lat.
4. Jacek ma 12 lat.
5. Jurek ma 20 lat.

0. Jej brat nie ma jeszcze dwóch (dwu) lat.
1. Jej siostra nie ma jeszcze . . . . .
2. Jego siostra . . . .
3. Jej koleżanka . . . .
4. Jego siostra . . . .
5. Jego kolega . . . .

4.
0. Adam kupił kwiaty dla (2) dwóch koleżanek.
   Adam wręczył kwiaty dwóm koleżankom.
1. Jurek kupił kwiaty dla (4) ... koleżanek.
   ....
2. Janek kupił kwiaty dla (5) ... koleżanek.
   ....
3. Paweł kupił kwiaty dla (6) ... nauczycielek.
   ....
4. Jacek kupił kwiaty dla (8) ... lektorek.
   ....
5. Robert kupił kwiaty dla (3) ... sióstr.
   ....

5.
0. Anna ma (2) dwie koleżanki.
   Anna poszła na spacer z dwiema koleżankami.
1. Marek ma (3) ... siostry.
2. Ewa ma (4) ... przyjaciółki.
3. Adam ma (5) ... córek.
4. Krystyna ma (8) ... studentek.
5. Henryk ma (10) ... uczennic.

6.
0. Kasia ma (2) dwa psy.
   Kasia bawi się z dwoma psami.
1. Jacek ma (4) ... koty.
2. Dorotka ma (5) ... psów.
3. Jurek ma (3) ... pieski.
4. Ania ma (6) ... kotów.

7.
0. Anna poznała (2) dwie sąsiadki.
   Anna opowiada nam o dwóch (dwu) sąsiadkach.
1. Anna poznała (3) ... studentki.
2. Anna poznała (4) ... aktorki.
3. Anna poznała (2) ... nauczycielki.
4. Anna poznała (3) ... śpiewaczki.

8.
0. Jacek przeczytał (5) pięć książek.
   Jacek rozmawia z kolegą o pięciu książkach.
1. Leszek kupił (6) ... albumów.

2. Ewa otrzymała (7) ... listów.
3. Anna obejrzała (10) ... fotografii.
4. Romek dostał na gwiazdkę (8) ... prezentów.
5. Kasia dostała na gwiazdkę (12) ... lalek.

II. Wiederholen Sie die folgenden Dialoge und tauschen Sie dann die hervorgehobenen Elemente durch die eingerahmten Wendungen aus!

1.
A. Jacek ma katar i kaszel. Kiedy mu to minie?
B. **Za dwa dni** na pewno minie. Daj mu jakieś krople do nosa i tabletki.

| 6 dni; 3 dni; 5 dni; 4 dni; tydzień |

2.
A. Kiedy znów przyjedziesz do Polski?
B. **Za rok.** Wcześniej nie mogę.
A. Tak rzadko nas odwiedzasz!

| 2 lata; 3 lata; 5 lat; półtora roku; miesiąc; 2 miesiące; 5 miesięcy |

III. Bilden Sie zur Vervollständigung der nachstehenden Dialoge die richtigen Formen der eingerahmten Begriffe bzw. passende Verbindungen aus einer Präposition und einem der genannten Begriffe!

1.
A. Co Romek studiuje?
B. Prawo.
A. Od dawna?
B. ... .

| rok; 2 lata; 3 lata; 4 lata; 5 lat |

2.
A. Kiedy Romek ukończy studia?
B. ... .
A. Romek jest bardzo zdolny. Na pewno ukończy studia z wyróżnieniem.

| 4 lata; 3 lata; 2 lata; rok |

317

3.
A. Czy Adam jest w domu?
B. Nie, nie ma go. Wyjechał do Poznania.
A. Jak on często wyjeżdża!
A. A kiedy wróci?
B. Wróci dopiero ... .

| tydzień; miesiąc; 4 (miesiąc); 5 (miesiąc); rok |

4.
A. Dla kogo kupiłaś te piękne albumy?
B. Kupiłam je dla ... .

| 2 (koleżanka); 3 (dziewczynka); 5 (nauczycielka); 7 (lektorka) |

5.
A. Czy mogę prosić cię o ...? Zapomniałam kupić w kiosku.
B. Proszę bardzo. Mogę ci dać nawet więcej niż ... .

| 3 (koperta); 2 (widokówka); 5 (znaczek); 4 (zeszyt) |

6.
A. Z kim pani Maria pojechała na wycieczkę do Krakowa?
B. Pojechała z ... .

| 4 (koleżanka); 2 (przyjaciółka); 16 (studentka); 15 (uczennica); 20 (dziewczynka) |

7.
A. Pani Orłowska ma ... .
B. Tak, one są rzeczywiście piękne.
C. O kim panie rozmawiają?
A. Rozmawiamy o ... pani Orłowskiej.

| 4 (piękna córka); 3 (piękna siostra); 6 (piękna uczennica); 2 (piękna przyjaciółka) |

IV. Beantworten Sie die folgenden Fragen!

1.
1. Czy pani farmaceutka jest magistrem?
2. Od jak dawna?
3. Gdzie pani farmaceutka ukończyła studia?
4. Z jakim wynikiem?
5. Jaki dyplom otrzymała pani farmaceutka?
6. O jakie lekarstwo poprosiła panią farmaceutkę klientka?

2.
1. Co można dostać w aptece na katar?
2. Czy te lekarstwa trzeba zażywać regularnie?
3. Czy szybko one działają?

V. Vervollständigen Sie den folgenden Text!

Pani Marta ... (*kończyć* — *ukończyć*) studia w Warszawie. Od ... (*10 lat*) jest magistrem farmacji. ... (*otrzymywać* — *otrzymać*) dyplom z wyróżnieniem. Pani Marta ... (*przygotowywać* — *przygotować*) i ... (*sprzedawać* — *sprzedać*) doskonałe lekarstwa. Jeśli chory ... (*zażywać* — *zażyć*) je regularnie, to choroba minie bardzo szybko, a jeśli nieregularnie, to chory może wyzdrowieć dopiero ... miesiąc albo ... dwa miesiące.

35
Erläuterungen

WORTARTEN

△ Formen des Präteritums zum Verb *iść* und zu seinen präfigierten Varianten:

		maskulin	feminin	neutral
iść (imperf.)	1. Pers.	*szedłem*	*szłam*	—
	2. Pers.	*szedłeś*	*szłaś*	—
	3. Pers.	*szedł*	*szła*	*szło*
pójść (perf.)[1]	1. Pers.	*poszedłem*	*poszłam*	—
	2. Pers.	*poszedłeś*	*poszłaś*	—
	3. Pers.	*poszedł*	*poszła*	*poszło*

(Singular)

△ Die Aspektpaarigkeit ist bei den polnischen Äquivalenten zu ‚gehen' (vgl. Lektion 13 und 14) ein wenig kompliziert. Dem deutschen ‚(hin-, los-)gehen' ohne weitere Bedeutungsspezifikation entspricht das Aspektpaar:

(imperfektiv)   (perfektiv)
iść   *pójść*

Dabei hat das Präfix *po-* von *pójść* hier keine bedeutungsspezifizierende Funktion. Es dient nur zur Bildung der perfektiven Form zu *iść*.

---

[1] entstanden aus *iść* und Präfix *po-*.

Andere präfigierte Varianten von *iść*, wie sie der Lernende bereits kennt (*wyjść, przejść, wejść*), sind nicht als Aspektpartner zu *iść* zu betrachten, denn ihre Präfixe spezifizieren die Bedeutung von *iść*, schaffen also nicht perfektive Formen zu diesem Verb, sondern quasi neue (perfektive) Verben, deren Semantik (inhaltliche Bedeutung) sich nicht mehr ganz mit der von *iść* deckt.

Die imperfektiven Formen zu diesen neuen perfektiven Verben werden mit Hilfe der jeweils selben Präfixe von -*chodzić* gebildet, wobei die jeweils gleiche Präfigierung die semantische Identität zwischen dem perfektiven und dem imperfektiven Aspekt innerhalb eines jeden Paares sichert.

Das hier Gesagte läßt sich zu folgender Übersicht ordnen:

„nicht zielgerichtet"		„zielgerichtet"	
(imperfektiv)	(perfektiv)	(imperfektiv)	(perfektiv)
a) *chodzić*	—	*iść*	*pójść*
(= hingehen und zurückkommen)		(= los-, hingehen)	
b) *chodzić*	*pochodzić*		
(= auf- und ab-, umhergehen)			

mit Bedeutungsspezifikation durch Präfixe:

	(imperfektiv)	(perfektiv)
	Aspektpaar	
	-*chodzić*	— + *iść* = -*jść*
(hin)ausgehen, herauskommen, fortgehen (u. ä.)	*wychodzić*	*wyjść*
(an)kommen	*przychodzić*	*przyjść*
hinüber-, herüber-, (hin)durch-, vorbeigehen, -kommen (u. ä.)	*przechodzić*	*przejść*
hineingehen, -kommen, eintreten (u. ä.)	*wchodzić*	*wejść*
abgehen, -treten, kommen, davongehen (u. ä.)	*odchodzić*	*odejść*

Das hier dargestellte Prinzip für die Bildung von Aspektpaaren ist auf alle im weiteren als „Doppel-Zeitwörter" oder „Verben der Fortbewegung" bezeichnete Verben anzuwenden.

ACHTUNG! Es gibt im Polnischen zwei verschiedene *pochodzić*. Das eine ist das in der vorstehenden Übersicht aufgeführte, also die perfektive Variante zu *chodzić* in der Bedeutung b), das andere bedeutet ‚(ab)stammen, herstammen, kommen (aus/von), sein (aus/von)'. Dieses *pochodzić* ist imperfektiv und hat keine perfektive Variante. (Siehe in Lektion 13: *Pałac pochodzi z drugiej połowy siedemnastego wieku.*)

Innerhalb seines nun ständig wachsenden polnischen Wortschatzes wird der Lernende künftig auch immer mehr Verben zu speichern haben. Dabei sollte er versuchen, alle ihm bereits bekannten Verben in Übersichten wie der vorstehenden (im folgenden „Aspektpaar-Reihen" genannt) zu ordnen, soweit ihm das irgend möglich ist. In den folgenden Lektionen werden vielerlei Ansätze dazu gegeben, d. h. Grundstöcke für solche Reihen angeboten, die der Lernende sich aneignen und später systematisch ausbauen sollte. Dieses Verfahren bietet beim Lernen manchen Vorteil: Dem Lernenden wird relativ schnell bewußt, wo sich Konjugationsmuster wiederholen, denn alle Verben, die innerhalb einer solchen Reihe auf ein und derselben Seite stehen, haben dieselbe Konjugation. Hat der Lernende sich also möglichst viele, anfangs nur aus wenigen Verbpaaren bestehende Reihen eingeprägt, lassen sich neu hinzukommende Verben, die in eine der bereits bekannten Reihen gehören, von ihren Formen her rasch zuordnen, und der Lernende gelangt relativ schnell dahin, daß er diese neuen Vokabeln aktiv gebrauchen kann, da ihm die Konjugation, die Zeitformen usw. ja bereits von den früher gelernten Verben der betreffenden Reihe her bekannt sind. Begegnet ihm als neue Vokabel nur der eine Aspekt, kann er dann nach dem Vorbild eines anderen Paares aus der betreffenden Reihe den zu dem neuen Verb gehörenden Aspektpartner schon selbst bilden. In sehr vielen Fällen hilft eine noch erkennbare Beziehung zwischen den Bedeutungen der einzelnen Stufen innerhalb einer Reihe auch beim Speichern der Bedeutung neuer Vokabeln. Diese Vorteile sind um so größer, als sich sehr viele Verben solchen Reihen zuordnen lassen.

Oft ist für die Bildung der präfigierten imperfektiven Verben ein dritter Stamm hinzulernen, z. B.:

	(imperfektiv)	(perfektiv)
nehmen =	*brać*	*wziąć*
mit-, wegnehmen	*zabierać*	*zabrać*

Ist der Schritt von der Grundform zur ersten bedeutungsspezifizierenden Form dann aber getan, bleibt das so gefundene Schema über viele Paare hinweg erhalten, z. B.:

(aus)wählen, aussuchen	*wybierać*	*wybrać*
(sich) umziehen	*przebierać (się)*	*przebrać (się)*
(sich) anziehen	*ubierać (się)*	*ubrać (się)*
(sich) ausziehen	*rozbierać (się)*	*rozebrać (się)*

Auch diese Reihe ließe sich noch viele Zeilen lang fortsetzen.

△ Der Komparativ zu *stary — starszy* kann ebenso relativierenden Charakter wie sein deutsches Äquivalent haben:

starszy pan = ein/der ältere(r) Herr = ein nicht mehr junger, aber auch noch nicht ganz alter Herr

Der uralte Gag „Eine ältere Dame ist jünger als eine alte" läßt sich also auch ins Polnische übertragen: *Starsza pani jest młodsza niż stara.*

Eine weitere Bedeutung von *starszy* ist ‚Ober-', ‚höherer ...', ‚-ältester', z. B.:

kelner	= Kellner
starszy (kelner)	= Ober(kellner), aber natürlich auch ‚ein/der ältere(r) Kellner'
szeregowiec	= einfacher/gemeiner Soldat, der Gemeine
starszy szeregowiec	= Gefreite(r)

△ Von **imperfektiven** Verben läßt sich ein sog. **Adverbialpartizip der Gleichzeitigkeit** bilden.

Die Bedeutung dieser Formen entspricht den deutschen **adverbiell** gebrauchten (Kurz-)Formen des Partizips I auf ‚-end', z. B.: gehend, schlafend usw. — n i c h t den adjektivischen Formen wie ‚ein gehen**der** ...', ‚der gehen**de** ...' oder ‚Dieser Faktor war entscheid**end**.'!

Dieses polnische Adverbialpartizip ist auf die folgende Weise zu bilden:

imperfektives Verb, z. B.:	*chodzić,*	*mieć,*	*czytać*
3. Pers. Pl. Präsens:	*chodz-ą,*	*maj-ą,*	*czytaj-ą*
Adverbialpart. der Gleichzeitigkeit:	*chodz-ąc,*	*maj-ąc,*	*czytaj-ąc*

ACHTUNG! Das Adverbialpartizip zu *być* wird n i c h t von der 3. Pers. Pl. des Präsens gebildet (*są*)! Es heißt *będąc,* unterscheidet sich aber in seinen Funktionen nicht von dem der anderen Verben.

Weitere Beispiele: *wyglądając (wyglądać), mówiąc (mówić), idąc (iść), siedząc (siedzieć)* usw.

SATZBAU

△ Das **Adverbialpartizip der Gleichzeitigkeit** bezeichnet im Satz eine zweite Handlung (neben der vom Prädikat genannten), die vom Subjekt des betreffenden Satzes gleichzeitig mit der als Prädikat fungierenden Handlung ausgeführt wurde, wird oder werden wird. Das Adverbialpartizip hat also wie die Partizipien (s. dort) keine Tempusbedeutung, die auf den Redemoment bezogen werden könnte. Es signalisiert nur die Gleichzeitigkeit mit der als Prädikat fungierenden Handlung (unabhängig davon, in welcher Zeitform es steht) und die Tatsache, daß diese Handlung auch vom Subjekt des betreffenden Satzes ausgeführt wird.

Damit vertritt das Adverbialpartizip ein Adverb, eine Adverbialbestimmung, einen adverbiellen Nebensatz oder ein zweites Prädikat, denn die als Adverbialpartizip fungierende Handlung dient gewissermaßen zur Angabe der Umstände, unter denen das Subjekt des Satzes die als Prädikat ausgedrückte Handlung ausführt. Es bezeichnet einen Zusammenhang, in dem das Prädikat geschieht, d. h., die Zeit, den Grund u. ä. Beispiel:

Idąc do Ewy spotkałem Jurka.

Schematisch wäre dieser Satz so zu übersetzen:
Zu Ewa gehend traf ich Jurek. = Ich ging zu Ewa und traf **dabei** Jurek./**Auf dem Weg zu Ewa** traf ich Jurek./**Als ich zu Ewa unterwegs war**, traf ich Jurek u.ä.

„Jurek treffen" wird quasi zeitlich in „zu Ewa gehen" eingebettet. Schematische Übersetzungen solcher Konstruktionen ergeben meist kein gutes Deutsch. Deshalb sind andere Übersetzungsvarianten zu nutzen, die dasselbe besagen, aber mit dem deutschen Sprachusus im Einklang stehen. Wird das Adverbialpartizip dabei durch einen Nebensatz wiedergegeben, muß aus dem Kontext erschlossen werden, welche Art Nebensatz im polnischen Text vom Adverbialpartizip vertreten wird, da nur so die richtige Konjunktion zum Anschluß des deutschen Nebensatzes zu finden ist, z. B.:

Czytając tę powieść notowałem sobie ... = (wörtl.) Diesen Roman **lesend** notierte ich mir ...

Aber als Nebensatz:

Als ich diesen Roman las, ... / **Solange** ich ... / **Weil** ich ... / **Da** ich ... / **Indem** ich ... / **Während** ich ... / **Obwohl** ich ... / **Obgleich** ich ... /**Sobald** ich ...

Die Wahl dieser Konjunktion hängt von dem vorher Gesagten und von der Fortführung des Gedankens ab. Das Adverbialpartizip selbst (das ja immer dieselbe Form hat) gibt darüber keine Auskunft. Es signalisiert nur die Gleichzeitigkeit und eine Hierarchie zwischen den beiden im Satz genannten Handlungen. (Hauptanliegen des Sprechers ist, das mitzuteilen, was vom Prädikat des Satzes ausgesagt wird. Das Adverbialpartizip bezeichnet Begleitumstände in Gestalt einer zweiten Handlung — meist von längerer Dauer —, die die übergeordnete zeitlich umspannt oder parallel zu ihr abläuft.)

Verneinte Adverbialpartizipien der Gleichzeitigkeit lassen sich oft (nicht immer!) recht gut mit „ohne zu + Infinitiv" übersetzen, z. B.:

Nie znając tego człowieka ... **Ohne** diesen / den Mann /Menschen **zu kennen,** ...
Nie wiedząc ... **Ohne** (...) **zu wissen** ...

△ Präpositionale Wendungen des Typs *w+Lokativ* können wie ihre deutschen Entsprechungen als Attribut funktionieren, z. B.:

chłopak w kurtce — ein/der Junge in einer/der Jacke
pani w futrze — eine/die Dame in einem/im Pelz
pan w (!) kapeluszu — ein/der Herr mit (!) Hut

△ ... *stanął przed okienkiem* ...

Lokalbestimmungen zu *stanąć* in der Bedeutung ‚sich (hin)stellen' haben die Form, in der sie auf die Frage Wo? antworten (nicht, wie deutsch, Wohin?), z. B.:

przed + *Instrumental* (nicht *Akk.*) — *stanął przede mną* stellte sich vor mich (hin)/stellte sich vor mir auf/trat vor mich (hin)
na + *Lokativ* (nicht *Akk.*) — *stanął na krześle* stellte sich auf den Stuhl/kletterte auf den Stuhl
w + *Lokativ* (nicht *w* + *Akk.* oder *do* + *Gen.*) — *stanął w kolejce* stellte sich in die Schlange/stellte sich (mit) an/reihte sich (mit) ein

Eine Gedächtnisstütze zur Vermeidung von Fehlern an dieser Stelle hat der Lernende sicher, wenn er sich daran erinnert, daß *stanąć* ja auch ‚stehenbleiben/anhalten' (Wo? — deutsch und polnisch!) heißt.

Übungen

I. Wandeln Sie die folgenden Sätze den Mustern entsprechend ab!

1.
0. Idę do kina i spotykam kolegów.
0. Szedłem do kina i spotykałem kolegów.

1. Idę na spacer i rozmyślam.
2. Idę do parku i rozmawiam z Wandą.
3. Idę na lektorat i uczę się nowej lekcji.
4. Idę na spotkanie i kupuję kwiaty.

1. . . . .
2. . . . .
3. . . . .
4. . . . .

2.
0. Idę ulicą i oglądam wystawy.
0. Szłam ulicą i oglądałam wystawy.

1. Idę do domu i robię zakupy.
2. Idę na spacer i biorę ze sobą Kasię.
3. Idę przez park i bawię się z psem.
4. Idę na egzamin i powtarzam ostatni wykład.

1. . . . .
2. . . . .
3. . . . .
4. . . . .

3.
0. Pan Leszek chce pójść do kina. Pani Danuta też chce pójść do kina.
0. Pan Leszek poszedł do kina. Pani Danuta też poszła do kina.

1. Jacek chce wyjść na spacer.
   Kasia też chce wyjść na spacer.
2. Adam musi dziś przyjść do Jurka.
   Zofia też musi dziś przyjść do Jurka.
3. Marek usiłuje przejść na drugą stronę jezdni.
   Halinka też usiłuje przejść na drugą stronę jezdni.
4. Jurek chciałby wejść do pałacu.
   Ewa też chciałaby wejść do pałacu.

1. . . . .
   . . . .
2. . . . .
   . . . .
3. . . . .
   . . . .
4. . . . .
   . . . .

II. Wiederholen Sie die folgenden Dialoge, ersetzen Sie die hervorgehobenen Elemente durch die eingerahmten Begriffe und wandeln Sie dementsprechend die Formen der in den Dialogen gebrauchten Verben ab!

1.
A. Gdzie jest **pan Leszek?**
B. *Wyszedł* do parku.
A. Czy *wziął* ze sobą psa?
B. Tak, *wziął*.

| pani Danuta; Jacek; Kasia |

2.
A. Czy **Jurek** *poszedł* do kina?

| Ewa |

B. Nie, nie *poszedł*. Ogląda **nowy film telewizyjny.**

| nowa sztuka telewizyjna |

A. Czy dawno *zaczął się* **ten film?**
B. Niedawno.

| ta sztuka |

III. Vervollständigen Sie die folgenden Dialoge durch das Präteritum der eingerahmten Verben!

1.
A. Czy Zofia ... ?

| wyjść za mąż |

B. Nie, nie ..., bo Jurek nie ... ożenić się z Zofią.

| wyjść; chcieć |

2.
A. Ewo, czy masz czas? Chciałabym pójść z Tobą na kawę.
B. Mam czas. Przed południem ... .

| skończyć pracę; zdać egzamin; ugotować obiad |

3.
A. Aniu, co roku ... na imieniny Romka. Dlaczego teraz go nie ... ?
B. ... , ale Romek nie ... , bo ... wyjechać do rodziców.

> zapraszać
> zaprosić
> zaprosić; przyjść; musieć

IV. Ergänzen Sie die folgenden Sätze gemäß den vorangestellten Mustern!

1.
0. Pani odpowiedziała, ale pan nie odpowiedział.
1. Pani tam siedziała, ale ....
2. Pani tak powiedziała, ale ....
3. Pani o tym zapomniała, ale ....
4. Pani to widziała, ale ....

2.
0. Córka zaczęła pisać, ale syn nie zaczął.
1. Córka zasnęła zaraz, ale ....
2. Córka wzięła proszek, ale ....
3. Córka stanęła w kolejce, ale ....

V. Ergänzen Sie die folgenden Sätze!

Przepraszam pana (panią), czy ....?
jak ....?
dokąd ....?
gdzie ....?
kto ....?
dlaczego ....?

VI. Vervollständigen Sie den folgenden Text durch passende Präpositionen!

Jurek Nowak poszedł ... pocztę. Wszedł ... budynku i stanął ... okienkiem ... napisem TELEFON. Potem Jurek zamówił rozmowę ... Warszawą. Czekał ... połączenie krótko. Pan ... kapeluszu kupował znaczki ... okienku, a pani ... futrze płaciła rachunki ... mieszkanie i ... światło. Starsza, siwa pani ... brązowym płaszczu siedziała ... stoliku. ... chwili wstała i spytała Jurka: — Czy pan stoi ... kolejce ... tego okienka? — Jurek odpowiedział uprzejmie: — Nie, ja czekam ... rozmowę telefoniczną. ... tej chwili urzędniczka zawołała Jurka. Jurek wszedł ... kabiny, żeby porozmawiać ... rodzicami ... telefon.

VII. Beantworten Sie die folgenden Fragen an Hand des Lesestückes aus Lektion 35!
1. Dokąd wybrał się Jurek Nowak?
2. Gdzie stanął Jurek?
3. Co robił wysoki pan w kapeluszu?
4. A pani w futrze?
5. Czy starsza pani w brązowym płaszczu wpłacała pieniądze?
6. Dlaczego Jurek zamówił rozmowę z Warszawą?

VIII. Sprechen Sie die folgenden Telefonnummern aus! Welche anderen Fernsprechnummern kennen Sie? Wessen Anschlüsse sind das?

26-60-81
26-54-16
926

36
Erläuterungen

AUSSPRACHE UND RECHTSCHREIBUNG

In dem Substantiv *nauka* sind *a* und *u* kein Diphthong. Zwischen den beiden Lauten liegt eine Morphem- bzw. Silbengrenze: [na-u-ka]. (Vgl. *nauczyciel/ka/*.)

WORTARTEN

△ Das Substantiv *ręka* wird unregelmäßig dekliniert:

	Singular	Plural
Nom.	ręka	ręce
Gen.	ręki	rąk
Dat.	ręce	rękom
Akk.	rękę	ręce
Instr.	ręką	rękami oder: rękoma
Lok.	ręce oder: ręku	rękach, selten: ręku
Vok.	ręko!	ręce!

△ *dłuższy*, der Komparativ des Adjektivs *długi*, braucht — wie sein deutsches Äquivalent — nicht immer komparative Bedeutung zu haben. Er kann auch ‚recht/relativ/ziemlich lang' bedeuten, z. B.:

dłuższy czas — (eine) längere Zeit
dłuższa chwila — (eine) längere Weile

(Vgl. *starszy* in Lektion 35.)

△ Von den **Grundzahlwörtern** lassen sich mit Hilfe des Suffixes *-ka* Substantive zur Bezeichnung der entsprechenden Ziffern bzw. numerierter Dinge bilden (z. B.: Linien von Nahverkehrsmitteln):

jeden	⟶	*jedynka*	=	eine/die Eins
dwa	⟶	*dwójka*	=	—„— Zwei
trzy	⟶	*trójka*	=	—„— Drei
cztery	⟶	*czwórka*	=	—„— Vier

Von 5 an werden diese Substantive relativ regelmäßig von den entsprechenden Ordnungszahlen gebildet:

piąty — piątka, szósty — szóstka, siódmy — siódemka, ósmy — ósemka, dziewiąty — dziewiątka, dziesiąty — dziesiątka jedenastka, dwudziestka, pięćdziesiątka, setka, pięćsetka ...

Von zusammengesetzten Zahlwörtern (die aus separaten Wörtern für die betreffenden Einer, Zehner usw. bestehen) werden derartige Substantive nicht gebildet, vor allem dann nicht, wenn es um größere Ziffern geht. Man sagt also:

Jadę piątką/trójką/siedemnastką. — Ich fahre mit der ...

Aber:

Jadę autobusem/tramwajem sto siedemdziesiąt jeden. (= Nominativ des Grundzahlwortes)

△ Das Suffix *-kolwiek* dient (wie *-ś*, vgl. Lektion 20 *jakieś*) zur Bildung von Indefinitpronomen aus Interrogativpronomen.

Die beiden genannten Suffixe unterscheiden sich jedoch durch eine recht deutliche Bedeutungsnuance. Der durch *-kolwiek* ausgedrückte Grad der Ungenauigkeit ist deutlich größer als bei *-ś*. Es hat die Bedeutung ‚beliebig ... / ganz gleich, ... / völlig gleichgültig, ...'.

Beispiele:

ktoś = jemand
ktokolwiek = irgend jemand; ganz gleich, wer

któryś = einer, ein bestimmter aus einem begrenzten Kreis
którykolwiek = irgendein(er)

(Der Sprecher könnte jeden in Frage Kommenden selbst benennen oder ist davon überzeugt, daß der Betreffende anderen bekannt ist.)
(Der Sprecher signalisiert deutlich, daß ihm gleichgültig ist, welcher.)

Die so gebildeten (deklinierbaren) Indefinitpronomen werden wie die ihnen zu Grunde liegenden Interrogativpronomen abgewandelt. Die Indefinitsuffixe werden dabei unverändert an alle Kasusformen angefügt, z. B.:

Nom.	*którykolwiek*	*jakikolwiek*
Gen.	*któregokolwiek*	*jakiegokolwiek*
Dat.	*któremukolwiek*	*jakiemukolwiek*
Akk.	N o m i n a t i v bzw. G e n i t i v	
Instr.	*którymkolwiek*	*jakimkolwiek*
Lok.	*którymkolwiek*	*jakimkolwiek*

△ Die **Aspektpaare für „sehen (wahrnehmen)" und „sagen":**

(imperfektiv)	(perfektiv)
widzieć	*zobaczyć*
mówić	*powiedzieć*

ACHTUNG! Das Verb *zobaczyć* kann auch das perfektive Pendant zu *patrzyć/patrzeć* (/hin-, nach-/sehen, -schauen, -gucken) sein!

Das Verb *powiedzieć* ist nur in der Bedeutung von „sagen" der perfektive Partner zu *mówić*, nicht in der Bedeutung ‚reden/sprechen'! Da *mówić* so viele verschiedene Bedeutungen und in Abhängigkeit davon jeweils andere Aspektpartner hat, sei hier zur Differenzierung die folgende kleine Übersicht gegeben:

(imperfektiv)	(perfektiv)
mówić	*powiedzieć* + Akk. (*do* + Gen.) = (etwas) sagen (zu jemandem)

mówić	*pomówić z* + *Instr.* (*o* + *Lok.*)	= mit jemandem (über etwas) reden/sprechen (= etwas ab-, besprechen, zu einer Absprache gelangen)
mówić	*przemówić* (*do* + *Gen.*)	= überhaupt sprechen, etwas sagen (im Gegensatz zu ‚schweigen', ‚nichts sagen')
przemawiać	*przemówić* (*do* + *Gen.*)	= sprechen (im Sinne von ‚eine Rede/Ansprache halten')

Die letzte Zeile dieser Übersicht sollte sich der Lernende als Basis für eine Aspektpaar-Reihe einprägen, denn die darin enthaltenen beiden Grundformen -*mawiać* und -*mówić* kehren in vielen Verbpaaren wieder, z. B.:

(imperfektiv)	(perfektiv)	
zamawiać	*zamówić*	= bestellen, in Auftrag geben, anfordern
namawiać	*namówić*	= zu-, überreden
umawiać się	*umówić się*	= sich verabreden
omawiać	*omówić*	= bereden, -sprechen, absprechen usw.

△ Die in die Rede eines Sprechers eingefügten Elemente *widzisz* bzw. *widzi pan(i)* (siehst du/sehen Sie) haben dieselben Funktionen wie ihre deutschen Entsprechungen (hinweisende, hervorhebende Funktion, Überbrückung von Denkpausen, gewisse Vertraulichkeitsnuance usw.).

SATZBAU

△ Die subjektlosen Satzkonstruktionen vom Typ *lepiej pojechać ..., najlepiej wziąć taksówkę* werden im Präsens ohne Kopula (*jest*) gebraucht. Die Varianten für Präteritum und Futur enthalten die entsprechenden Formen von *być*: *Lepiej było pojechać .../Najlepiej będzie wziąć taksówkę.*

△ Die Präposition *koło* (+ Gen.) dient zur Bildung von Lokalbestimmungen, z. B.:

koło pałacu ⎫ in der Nähe (+ Gen.), in der Gegend um (+ Akk.)
koło księgarni ⎭ (herum), an (+ Dat.)

Von *przy* (+ Lok.) unterscheidet sich *koło* dadurch, daß es ein weniger enges Beieinander bezeichnet, einen größeren Raum erfaßt. Es entspricht in dieser Funktion auch dem deutschen ‚bei' in geographischen und postalischen Angaben vom Typ ‚(Ort) bei Berlin', ‚... liegt bei Warschau': *koło Berlina, koło Warszawy.*

△ Mit dem Akkusativ von Substantiven, die Zeitphasen bezeichnen, entspricht die Präposition *przez* dem deutschen ‚(Akk.) lang', ‚(Akk.) hindurch' bzw. ‚(Akk.) über', z. B.:

przez chwilę myślałem — einen Moment (lang) dachte ich
przez dwa miesiące byłem chory — zwei Monate (lang) war ich krank

△ Adjektive und Passivpartizipien können im Polnischen als sog. **Adverbialattribute** fungieren, z. B.:

(on) szedł zamyślony — er ging in Gedanken versunken ...
(ona) wychodzi zadowolona — sie geht zufrieden hinaus /weg/davon

ACHTUNG! Da diese Adverbialattribute im Deutschen dieselbe Form wie von Adjektiven gebildete Adverbien haben, wird es dem Lernenden in der ersten Zeit beim Formulieren polnischer Sätze schwerfallen, die richtige Form zu wählen. Dazu folgende Hilfestellung:

Kommentiert das betreffende Wort die Art und Weise, in der die als Prädikat fungierende Handlung ausgeführt wird, ist ein Adverb zu verwenden, z. B.:

śpiewała wesoło — sie sang fröhlich.

Bezeichnet das betreffende Wort eine „Eigenschaft", die dem Subjekt bei der Ausführung der als Prädikat fungierenden Handlung eigen ist, bzw. einen „Zustand", in dem sich das Subjekt befindet (also eigentlich Attribut zum Subjekt), ist ein Adjektiv im Nominativ zu verwenden (das natürlich nach Genus und Numerus abzuwandeln ist), z. B.:

wróciła wesoła i zadowolona — sie kam fröhlich und zufrieden zurück.

An dieser und an ähnlichen Stellen sollte der Lernende im Bedarfsfalle nicht die Mühe scheuen, sich vor der Auseinandersetzung mit den betreffenden Problemen des Polnischen anhand einer guten Grammatik des Deutschen erst einmal über die Verhältnisse in der Muttersprache zu informieren. Das Verständnis und die Aneignung der entsprechenden sprachlichen Mittel des Polnischen fallen dann meist viel leichter.

△ *Wsiądzie pani w autobus 171* .../*Tam wsiądzie pani w jakikolwiek tramwaj* ...

Das Verb *wsiąść/wsiadać* wird mit zwei verschiedenen Präpositionen gebraucht, die im Deutschen beide mit ‚in' wiedergegeben werden:

$$wsiadać/wsiąść \begin{cases} do + Gen. \\ w + Akk. \end{cases}$$

Zwischen diesen beiden Möglichkeiten ist folgendermaßen zu differenzieren:

Die Verbindung *do* + *Gen.* wird gebraucht, wenn es um ein bestimmtes Exemplar von Fahrzeug bzw. Verkehrsmittel geht — also, z. B., die Straßenbahn, das Auto, den Zug usw., die der Sprecher bzw. der Angsprochene tatsächlich für seine Fahrt nutzt.

*Ewa wsiadła **do** tego autobusu.* — Ewa ist in diesen Bus gestiegen.

Die Verbindung *w* + *Akk.* ist zu gebrauchen, wenn eine entsprechende Aussage abstrakten Charakter hat, d. h., wenn nur von der betreffenden **Art** Fahrzeug bzw. von der jeweiligen Bus- oder Straßenbahn**linie** gesprochen wird, so daß jedes beliebige Einzelfahrzeug, das in Frage kommt, gemeint sein kann (s. die Beispiele im Lesestück der vorliegenden Lektion).

Aspekt und Usus

Der Lernende sollte sich das Lesestück der vorliegenden Lektion auch einmal unter dem folgenden Gesichtspunkt genau ansehen:

Wenn *pani Anna* der älteren Dame den Weg zum Flugplatz erläutert, bezeichnet sie alle von der Dame auszuführenden Handlungen durch perfektive Verben (im Futur), d. h., die Informantin sagt gewissermaßen voraus, was die um Auskunft bittende Gesprächspartnerin tun w i r d, wenn sie den Empfehlungen der Informantin folgt. In diesem Fall gebraucht man im Polnischen also weder den Imperativ, noch das Präsens (imperfektiver Aspekt). Der Lernende sollte dieses Verfahren für Situationen wie die in der Lektion dargestellte bewußt übernehmen.

Übungen

I. Vervollständigen Sie die folgenden Sätze entsprechend dem vorangestellten Muster durch die passende Form des imperfektiven bzw. des perfektiven Verbs!

1.

iść — dojść

Jurek **będzie szedł** na uniwersytet dwadzieścia minut.
Za dwadzieścia minut Jurek **dojdzie** do uniwersytetu.

a) iść — dojść

Zofia będzie ... do kawiarni pół godziny.
Za pół godziny Zofia ... do kawiarni.
Romek będzie ... do restauracji dziesięć minut.
Za dziesięć minut Romek ... do restauracji.

b) jechać — dojechać

Starsza pani będzie ... taksówką na lotnisko piętnaście minut.
Za piętnaście minut starsza pani ... taksówką do lotniska.
Pan Nowak będzie ... tramwajem do domu siedem minut.
Za siedem minut pan Nowak ... tramwajem do domu.

c) chodzić — pójść

W tym miesiącu Ewa będzie często ... do teatru.
W tym miesiącu Ewa ... pięć razy do teatru.
W tym miesiącu Romek będzie rzadko ... na koncerty.
W tym miesiącu Romek ... na koncert tylko raz.

d) iść — przyjść

Dorota będzie ... do koleżanki bardzo krótko.
O godzinie drugiej Dorota ... do koleżanki.
Adam będzie ... do przyjaciela dwie godziny.
O godzinie szóstej Adam ... do przyjaciela.

e) jechać — przyjechać

Anna będzie długo ... do Poznania.
Wieczorem Anna ... do Poznania.
Pan Jan będzie krótko ... do Wilanowa.
W południe pan Jan ... do Wilanowa.

2.
gotować — ugotować

Anna zawsze **będzie gotowała** obiady, ale dziś jeszcze nie **ugotuje**.
Janek zawsze **będzie gotował** kolacje, ale dziś jeszcze nie **ugotuje**.

a) wstawać — wstać
Adam codziennie będzie ... wcześnie, ale dziś jeszcze ... późno.
Ewa codziennie będzie ... wcześnie, ale dziś jeszcze ... późno.

b) spotykać się — spotkać się
Zofia często będzie się ... z tobą, ale jutro jeszcze się nie ....
Jurek często będzie się ... z tobą, ale jutro jeszcze się nie ....

c) wpłacać — wpłacić
Jurek co miesiąc będzie ... pieniądze na PKO, ale teraz jeszcze nie ....
Dorota co miesiąc będzie ... pieniądze na PKO, ale teraz jeszcze nie ....

d) zamawiać — zamówić
Romek co tydzień będzie ... rozmowę telefoniczną z rodzicami, ale dziś jeszcze nie ....
Maria co tydzień będzie ... rozmowę telefoniczną z rodzicami, ale dziś jeszcze nie ....

e) czesać się — uczesać się
Pani Danuta co tydzień będzie się ... u fryzjera, ale pojutrze jeszcze się nie ....

f) strzyc się — ostrzyc się
Jacek co miesiąc będzie się ..., ale dziś jeszcze się nie ....

g) rozjaśniać — rozjaśnić
Marta co miesiąc będzie ... włosy, ale teraz jeszcze nie ....

3.
czytać — przeczytać

Teraz Ewa **będzie czytała** książkę. Ewa zaraz **przeczyta** tę książkę.
Teraz Adam **będzie czytał** książkę. Adam zaraz **przeczyta** tę książkę.

a) oglądać — obejrzeć
Teraz Anna będzie ... film. Zaraz Anna ... ten film.
Teraz Janek będzie ... film. Zaraz Janek ... ten film.

b) pakować — spakować
Teraz Jurek będzie ... walizkę. Zaraz Jurek ... tę walizkę.
Teraz Zofia będzie ... walizkę. Zaraz Zofia ... tę walizkę.

c) pisać — napisać
Teraz Jacek będzie ... list. Zaraz Jacek ... ten list.
Teraz Kasia będzie ... list. Zaraz Kasia ... ten list.

d) dzwonić — zadzwonić
Teraz Romek będzie ... do rodziców. Zaraz Romek ... do rodziców.
Teraz Ewa będzie ... do rodziców. Zaraz Ewa ... do rodziców.

II. Vervollständigen Sie die folgenden Dialoge durch das jeweils passende Verb in der richtigen Präsens- bzw. Futurform!

1.
A. Przepraszam, jak ... stąd na lotnisko?
B. ... pani w autobus 175 i ... pani tym autobusem do lotniska.
A. Dziękuję pani.
B. Proszę.

| jechać — dojechać; wsiadać — wsiąść |

2.
A. Pan Jan co roku ... na Międzynarodowe Targi Poznańskie.
B. A pani Anna?
A. Pani Anna ... w tym roku po raz pierwszy.

| jeździć — pojechać |

3.
A. Latem pani Anna co dzień ... na plażę albo ... za miasto.
B. Czy pan Jan też co dzień ... na plażę i ... za miasto?
A. Nie. Pan Jan ... na plażę i ... za miasto tylko parę razy, bo ma krótki urlop.

| chodzić — pójść; jeździć — pojechać |

4.
A. Ewo, ty całą zimę ... na wykłady, a ja ... cię ... .
B. Jesteś miły. A kiedy ... mnie po raz pierwszy?
A. Wtedy, kiedy ty ... po raz pierwszy na wykład.

| chodzić — pójść; odprowadzać — odprowadzić |

5.
A. Janku, wybierasz się w bardzo długą podróż. Czy często ... do mnie?
B. ... bardzo często. Jak tylko ..., od razu ...!

| pisać — napisać; jechać — przyjechać |

6.
A. Marku, kiedy do mnie ...?
B. Jutro. ... do ciebie co wieczór.
A. Dziękuję ci.

| dzwonić — zadzwonić; pisać — napisać; przychodzić — przyjść |

7.
A. Jeśli regularnie ... to lekarstwo, na pewno będziesz zdrowy.
B. Chcę być zdrowy. ... je bardzo regularnie.

| zażywać — zażyć |

8.
A. Gdzie Janek ... w czasie urlopu?
B. ... w Bułgarii.
A. Tam na pewno dobrze ... .

| odpoczywać — odpocząć |

9.
A. Jeśli co tydzień ... u fryzjera, na pewno ... ładnie.
B. Masz rację. Zaraz ... do fryzjera i ... .

| czesać się — uczesać się; wyglądać; iść — pójść |

10.
A. Jurku, jeśli ... tak późno, to wreszcie stracisz zdrowie.
B. Dziś postaram się ... wcześnie, a jutro ... o siódmej. Teraz zawsze ... wcześnie i ... o siódmej albo o szóstej.

| zasypiać — zasnąć; wstawać — wstać; budzić się — obudzić się |

III. Wiederholen Sie die folgenden Dialoge und ersetzen Sie dabei die hervorgehobenen Elemente durch die richtigen Formen der nebenstehenden Begriffe!

1.
A. Przepraszam, czy może mi pani powiedzieć, jak dojechać stąd na Nowy Świat?
B. To jest dosyć daleko. Proszę wsiąść w **autobus 125**.
A. Dziękuję pani.
B. Proszę bardzo.

tramwaj 25; autobus 144; tramwaj 14, a potem w autobus 116; ósemka; dziewiątka; czternastka; trzynastka, a potem w autobus 122; setka

2.
A. Pan Nowak codziennie jeździ do pracy **dwójką**.
B. A pani Danuta zawsze jeździ taksówką, bo ma za mało czasu.

4; 8; 9; 10; 11; 14; 15; 16; 100

3.
A. Ewo, gdzie teraz będziesz pracowała?
B. W szkole na ulicy Miodowej.
A. Którędy będziesz chodziła do pracy?
B. **Krakowskim Przedmieściem.**

Nowy Świat; ulica Długa; Senatorska; ulica Piwna

IV. Vervollständigen Sie diesen Text!

Pani Kowalska szła Krakowskim Przedmieściem. ... (*podchodzić — podejść*) do niej starsza pani ... walizeczką w ręku i ... (*pytać — zapytać*), jak ... (*jechać — dojechać*) z Krakowskiego Przedmieścia na lotnisko. Pani Kowalska zastanowiła się przez chwilę i ... (*tłumaczyć — wytłumaczyć*) starszej pani, gdzie jest ... autobusowy i jakim ... trzeba jechać. Ale starsza pani nie ... (*jechać — pojechać*) autobusem. ... (*iść — pójść*) na ... taksówek i ... (*jechać — pojechać*) na lotnisko ... . Tak było wygodniej, szybciej i przyjemniej.

37
Erläuterungen

WORTARTEN

△ **Konjugation der Verben in allen drei Zeiten und beiden Aspekten im Singular**

	(imperfektiv) *ubierać się*	(perfektiv) *ubrać się*
	Präsens	
1. Pers.	*ubieram się*	—
2. Pers.	*ubierasz się*	—
3. Pers.	*ubiera się*	—
	Präteritum	
1. Pers.	*ubierałem(-am) się*	*ubrałem(-am) się*
2. Pers.	*ubierałeś(-aś) się*	*ubrałeś(-aś) się*
3. Pers.	*ubierał(-a, -o) się*	*ubrał(-a, -o) się*
	Futur	
1. Pers.	*będę ubierać się* *będę ubierał(a) się*	*ubiorę się*
2. Pers.	*będziesz ubierać się* *będziesz ubierał(a) się*	*ubierzesz się*
3. Pers.	*będzie ubierać się* *będzie ubierał(-a, -o) się*	*ubierze się*
	Imperativ	
	ubieraj się!	*ubierz się!*
	Passivpartizip	
	ubierany, -a, -e	*ubrany, -a, -e*

Partizip Präsens Aktiv

ubierający, -a, -e się —

Adverbialpartizip der Gleichzeitigkeit

ubierając się —

(imperfektiv)	(perfektiv)
zdejmować	*zdjąć*

Präsens

1. Pers. *zdejmuję* —
2. Pers. *zdejmujesz* —
3. Pers. *zdejmuje* —

Präteritum

1. Pers. *zdejmowałem(-am)* *zdjąłem, zdjęłam*
2. Pers. *zdejmowałeś(-aś)* *zdjąłeś, zdjęłaś*
3. Pers. *zdejmował(-a, -o)* *zdjął, zdjęła, zdjęło*

Futur

1. Pers. *będę zdejmować* *zdejmę*
   będę zdejmował(-a)
2. Pers. *będziesz zdejmować* *zdejmiesz*
   będziesz zdejmował(-a)
3. Pers. *będzie zdejmować* *zdejmie*
   będzie zdejmował(-a, -o)

Imperativ

zdejmuj! *zdejmij!*

Passivpartizip

zdejmowany, -a, -e *zdjęty, -a, -e*

Partizip Präsens Aktiv

zdejmujący, -a, -e —

Adverbialpartizip der Gleichzeitigkeit

zdejmując —

Ähnlich wie *zdejmować* und *zdjąć* werden viele mit ihnen verwandte Verben konjugiert, so daß sich folgende Aspektpaar-Reihe aufstellen läßt:

(imperfektiv)	(perfektiv)	
(-jmować)	*(-jąć)*	
zdejmować	*zdjąć*	= 1) herunter-, abnehmen; 2) ausziehen
wyjmować	*wyjąć*	= herausnehmen
zajmować	*zająć*	= besetzen, belegen, beschäftigen
zajmować się	*zająć się*	= sich beschäftigen, sich (+Gen.) annehmen
przejmować	*przejąć*	= übernehmen usw.

△ Bei dem **Aspektpaar *jeść* (imperfektiv)** / ***zjeść* (perfektiv)** unterscheiden sich die Formen des perfektiven Aspektes von denen des imperfektiven nur durch das Präfix *z-*:

(z)jem		*(z)jesz*	*(z)je*
(z)jadł	*(z)jadła*	*(z)jadło*	
(z)jadłem	*(z)jadłam*		
(z)jadłeś	*(z)jadłaś*		

△ Das reflexive Possessivpronomen *swój/swoja/swoje* wird wie *mój...* und *twój...* dekliniert.

SATZBAU

△ Für den **Gebrauch des reflexiven Possessivpronomens *swój*** gilt:

Wenn in einem Satz das Subjekt und der „Besitzer" des durch das Possessivpronomen näher bestimmten Elementes n i c h t identisch sind, werden die in den Lektionen 8 (*mój, twój, nasz, wasz*) und 23 (*jego, jej, jego, ich*) behandelten Possessivpronomen gebraucht (= wie im Deutschen), z. B.:

Znam jego adres. — Subjekt = *ja*; Besitzer = *on*
Czy masz moją książkę? — Subjekt = *ty*; Besitzer = *ja*
Widziała mojego syna. — Subjekt = *ona*; Besitzer = *ja*
Lubimy twoją siostrę. — Subjekt = *my*; Besitzer = *ty*

Wenn aber in einem Satz das Subjekt und der „Besitzer" des durch das Possessivpronomen näher bestimmten Elements identisch sind, wird statt der o. g. Possessivpronomen das reflexive Possessivpronomen *swój...* gebraucht, z. B.:

(ja) Lubię swoją pracę. — **Ich** mag **meine** Arbeit.
(ty) Lubisz swoją pracę. — **Du** magst **deine** Arbeit.
(on) Lubi swoją pracę. — **Er** mag **seine** Arbeit.
(ona) Lubi swoją pracę. — **Sie** mag **ihre** Arbeit.
(ono) Lubi swoją pracę. — **Es** mag **seine** Arbeit.
(my) Lubimy swoją pracę. — **Wir** mögen **unsere** Arbeit.
(wy) Lubicie swoją pracę. — **Ihr** mögt **eure** Arbeit.
(one/oni) Lubią swoją pracę. — **Sie** mögen **ihre** Arbeit.

} Subjekt = Besitzer

(Vgl. auch Ausführungen zu *siebie, sobie...* in Lektion 15.)

Zur weiteren Illustration:
Gdzie jest moja teczka? — *Gdzie położyłam swoją teczkę?*
Wo ist **meine** Tasche? — Wo habe ich **meine** Tasche hingelegt?
Tu leżą twoje książki! — *(ty) Weź swoje książki!*
Hier liegen **deine** Bücher! — Nimm (du) **deine** Bücher!
Do Romka przyszła jego matka. — *Romek rozmawia ze swoją matką.*
(Zu Romek ist **seine** Mutter gekommen.) — Romek unterhält sich mit **seiner** Mutter.
(ty) Powiedz Danucie, że tu jest jej płaszcz. — *Danuta włożyła swój płaszcz.*
Sag Danuta, daß **ihr** Mantel hier ist. — Danuta hat **ihren** (eigenen) Mantel angezogen.
Tam stoją nasze walizki. — *Weźmiemy swoje walizki.*
Dort stehen **unsere** Koffer. — Wir werden **unsere** Koffer nehmen.
Mam ich klucze. — *Państwo Nowakowie mają swoje klucze.*
Ich habe **ihre** Schlüssel. — Nowaks haben **ihre** (eigenen) Schlüssel.

△ Nach „*Phasenverben*" (Verben, die keine Tätigkeit bezeichnen, sondern Beginn, Abschluß, Fortsetzung oder Unterbrechung im Infinitiv genannter Tätigkeiten signalisieren) steht immer der i m p e r f e k t i v e Aspekt, z. B.:

Zacząłem pisać. — Ich habe angefangen zu schreiben. / Ich habe mit dem Schreiben angefangen.

Zaczęła się ubierać. — Sie hat angefangen, sich anzuziehen.
Skończył jeść. — Er ist mit dem Essen fertig (geworden).
Skończyłam pisać. — Ich bin mit dem Schreiben fertig (geworden).

Verbindungen aus dem Präteritum des Verbs *skończyć* und dem Infinitiv eines imperfektiven Verbs sind gleichbedeutend mit dem Präteritum des perfektiven Aspektes dieses Verbs, z. B.:

skończył pisać = *napisał*
skończył się ubierać = *ubrał się*
skończył jeść = *zjadł*

Nach *(s)kończyć* kann ein Akkusativobjekt (*Jurek skończył swoją pracę*) oder der Infinitiv eines (imperfektiven) Verbs (*Jurek skończył pisać swoją pracę*) stehen.

△ Das Verb *pamiętać* hat je nach Bedeutung verschiedene Rektionen:

a) *pamiętać* + *Akk.*	= sich erinnern (können), noch wissen
Pamiętam ją.	= Ich kann mich an sie erinnern. / Ich erinnere mich an sie.
Pamiętamy ten dzień.	= Wir können uns an diesen/den Tag erinnern. / Wir erinnern uns an diesen/den Tag. / Wir wissen diesen/den Tag (noch).
b) *pamiętać o* + *Lok.*	= denken an (+Akk.) (im Sinne von ‚sich erinnern und entsprechend handeln, reagieren')
Będę pamiętać o Twojej książce.	= Ich werde an Dein Buch denken (und nicht vergessen, es mitbringen, es für Dich kaufen, es lesen und Dir dann zurückgeben, ... u. ä.).
Pamięta o chorej koleżance.	= Er/sie denkt an die kranke Kollegin/ /Freundin (indem er/sie ihr hilft, sie besucht, ihr etwas mitbringt, ... u. ä.).

Zu *pamiętać* gibt es keine perfektive Variante!

Übungen

I. Vervollständigen Sie die Dialoge entsprechend dem Muster!

0. *A.* Czy musiałeś iść na spacer?
   B. Brat szedł i siostra szła, więc ja też poszedłem.
1. *A.* Czy musiałeś przejść przez ulicę?
   B. ....
2. *A.* Czy musiałaś wczoraj pójść do teatru?
   B. ....
3. *A.* Czy musiałeś przyjść do wujka na imieniny?
   B. ....

II. Vervollständigen Sie die folgenden Sätze entsprechend dem Muster!

0. Czekam na ciebie i jeszcze długo będę czekał.
1. Jem obiad i jeszcze długo będę ... .
2. Pakuję książki i jeszcze długo będę ... .
3. Piszę list i jeszcze długo będę ... .

III. Vervollständigen Sie die folgenden Dialoge entsprechend dem Muster!

0. *A.* Czy zaczeka pan na kolegę?
   B. Nie, nie będę na niego czekał.
1. *A.* Czy zadzwoni pan do koleżanki?
   B. Nie, ...
2. *A.* Czy zapyta pan o to profesora?
   B. Nie, ...
3. *A.* Czy zapłaci pan za mnie rachunek?
   B. Nie, ...
4. *A.* Czy zapakuje pani tę książkę?
   B. Nie, ...

IV. Wiederholen Sie gemäß dem Muster die folgenden Dialoge und ersetzen Sie dabei die hervorgehobenen Elemente durch die eingerahmten Begriffe bzw. durch Pronomen in der entsprechenden Form!

1.
A. Dzisiaj włożę *stary* **płaszcz**.
B. Bardzo często *go* wkładasz.
   Wczoraj też *go* włożyłeś.

| ubranie; koszula; buty; krawat |

2.
A. Czy to ty położyłeś **teczkę** na stoliku?
B. Ja *jej* tam nie kładłem.

pióro; książka; parasol; gazeta

V. Wiederholen Sie den folgenden Dialog und ersetzen Sie dabei die hervorgehobenen Elemente durch die eingerahmten Begriffe!

A. W **płaszczu** jest mi za ciepło.

kurtka; futro; buty

B. A w **bluzce** będzie mi za zimno.

sweter; palto; pantofle

VI. Vervollständigen Sie die folgenden Sätze dem Muster entsprechend durch die richtige Form des passenden Possessivpronomens!

0. To była teczka Jurka. — Jurek szuka *swojej* teczki.
0. To była teczka Leszka. — Jurek szuka *jego* teczki.
1. To jest suknia Danuty. — Danuta wkłada ... suknię.
2. To jest spódnica Anny. — Anna wkłada ... spódnicę.
3. To są twoje książki. — Wiesz teraz, gdzie położyłeś ... książki.
4. To są berety Zofii i Marii. — Czy już wiesz, gdzie leżą ... berety.
5. To nie jest zegarek matki. — Matka wzięła ... zegarek.

VII. Beantworten Sie die folgenden Fragen!

1. Gdzie jest teczka Leszka Nowaka?
2. Co mówi pani Danuta o swoim mężu?
3. Co robi pan Nowak, kiedy rano wychodzi do pracy? A pani Danuta?
4. Co pan (pani) robi, kiedy rano wychodzi z domu?

38

Erläuterungen

WORTARTEN

△ Für die **Bildung mehrstelliger Ordnungszahlen** gilt: (s. Zusatztafel 10, nach Lektion 22)

a) Der Einer und der Zehner haben die Form von Ordnungszahlen und werden beide dekliniert (adjektivisch):
21. — *dwudziesty pierwszy (dzień), dwudziesta pierwsza (lampa), dwudzieste pierwsze (okno)*
57. — *pięćdziesiąty siódmy,* ...
30. — *trzydziesty* —

b) Bei Ordnungszahlen, die mit mehr als zwei Ziffern geschrieben werden, haben — sofern vorhanden — nur die Einer und die Zehner die Form von Ordnungszahlen. Alle anderen Elemente sind — solange nicht in der Position des Einers u n d des Zehners Nullen stehen — Grundzahlwörter:

138. — *sto trzydziesty ósmy*
1939. — *tysiąc dziewięćset trzydziesty dziewiąty*
1001. — *tysiąc* — — *pierwszy*
1020. — *tysiąc* — *dwudziesty* —
1818. — *tysiąc osiemset osiemnasty*
1011. — *tysiąc jedenasty*
1905. — *tysiąc dziewięćset piąty*

c) Wenn in den Positionen des Einers und des Zehners Nullen stehen, werden die Hunderter (als letzte ausgesprochene Stelle) zur Ordnungszahl. Alle anderen Positionen sind Grundzwahlwörter:

100. — *setny*
300. — *trzechsetny*
1200. — *tysiąc dwusetny*

d) Für die Ordnungszahlen 2.000., 3.000. und 4.000. (ohne Einer, Zehner und Hunderter) sind neu zu lernen:

2 000. — *dwutysięczny*
3 000. — *trzytysięczny*
4 000. — *czterotysięczny*

e) Sind die letzten drei Stellen Nullen, werden die Ziffern, die angeben, um wie viele Tausender es geht, auf die eben beschriebene Weise mit -*tysięczny* zu e i n e m (adjektivischen) Ordnungszahlwort zusammengefügt, z. B.:

25 000. — *dwudziestopięciotysięczny*
59 000. — *pięćdziesięciodziewięciotysięczny*
43 000. — *czterdziestotrzytysięczny* (s. unter d — 3000!)

f) Auch die glatten Hunderttausender sind Einwortvokabeln:

100 000. — *stotysięczny* oder: *stutysięczny*
200 000. — *dwustutysięczny*

Von 300 000 an wird der Nominativ der **Grund**zahl für den jeweiligen Hunderter unverändert mit dem Element -*tysięczny* zu einem Adjektiv zusammengefügt:

300 000. — *trzystatysięczny*
400 000. — *czterystatysięczny*
700 000. — *siedemsettysięczny* usw.

Mit dem Substantiv *milion* und dem Adjektiv *milionowy* ist ebenso wie mit dem Substantiv *tysiąc* bzw. dem Adjektiv *tysięczny* zu verfahren.

△ Die unbestimmten Zahlwörter **kilka, kilkanaście, kilkadziesiąt** werden wie die Grundzahlwörter von 5 an aufwärts dekliniert, also:

Nom./Akk.	*kilka*
Gen./Dat./Lok.	*kilku*
Instr.	*kilku* oder: *kilkoma*

Bei *kilkanaście* und *kilkadziesiąt* werden beide Bestandteile dekliniert:

Nom./Akk.	*kilkanaście*	*kilkadziesiąt*
Gen./Dat./Lok.	*kilkunastu*	*kilkudziesięciu*
Instr.	*kilkunastu* oder: *kilkunastoma*	*kilkudziesięciu* oder: *kilkudziesięcioma*

ACHTUNG! Die hier angegebenen Nom./Akk.-Formen sind nicht auf die personalmaskuline Kategorie anzuwenden!

Zu **kilkanaście** und **kilkadziesiąt** gibt es im Deutschen keine direkten Äquivalente. Ihre Bedeutung ist:

kilkanaście — eine nicht genau bezeichnete Anzahl zwischen 10 und 20 (vgl. *jedenaście, dwanaście* usw.)

kilkadziesiąt — eine nicht genau bezeichnete Anzahl zwischen 20 und 90 (vgl. *pięćdziesiąt, sześćdziesiąt* usw.)

Beim Übersetzen müssen also je nach Zusammenhang und Nuance verschiedene Mittel des Deutschen genutzt werden, z. B.:

kilkanaście — gute zehn ..., über zehn ..., ein gutes Dutzend ..., beinahe zwanzig ...

kilkadziesiąt — -zig ..., dutzende ..., Dutzende von ...

Oft genügt als Übersetzung für beide auch ‚(sehr) viele'.

SATZBAU

△ Für das auf **kilka, kilkanaście** oder **kilkadziesiąt** folgende Substantiv gilt:

a) Beim Nom./Akk. steht es im Genitiv Plural, z. B.:

Kilka książek leżało .../Mam kilka książek.
Kilkanaście domów stoi .../Widzimy kilkanaście domów.
Kilkadziesiąt złotych będzie .../Wydałem kilkadziesiąt złotych.

b) In allen anderen Kasus steht das nachfolgende Substantiv in dem Kasus, den die ganze Fügung bedeutet, z. B.:

Gen. *od kilku lat_, od kilkunastu lat_/dni/godzin_* usw.
Lok. *w kilku miastach, po kilkunastu latach/dniach/godzinach*

△ **naprzeciw** kann verschiedene Bedeutungen haben:

a) gegenüber (Adverb), z. B.:

Jurek mieszka naprzeciw. — Jurek wohnt gegenüber.

b) gegenüber (Präposition — In dieser Bedeutung verlangt es den Genitiv.), z. B.:

Mieszkam naprzeciw szkoły. — Ich wohne gegenüber einer Schule.
Naprzeciw naszego domu rośnie drzewo. — Gegenüber unserem Haus wächst ein Baum.

ACHTUNG! Dem deutschen (meist nachgestellten) ‚gegenüber' in den Bedeutungen ‚im Vergleich zu'/‚im Gegensatz zu' und ‚in bezug auf' entspricht *naprzeciw* n i c h t. In beiden o. g. Bedeutungen kann statt *naprzeciw* auch *naprzeciwko* stehen.

△ Auf die Frage *Na jak długo ...?* (Für wie lange ...?) antwortet die Konstruktion *na* + *Akkusativ* (für + Akk.), z. B.:

na godzinę — für eine **Stunde**
na jedną godzinę — für **eine** Stunde
na chwilę — für eine Weile/für ein Weilchen/für ein Moment/für einen Augenblick
na (jeden) rok — für ein Jahr
na miesiąc — für einen Monat

Vgl.:

Przyjadę do was na tydzień. = *Będę u was (przez) tydzień.*
Ich komme (= Fut.) für eine Woche zu euch. = Ich werde eine Woche (lang) bei euch sein/bleiben.

△ *W przedziale siedzi jakaś pani z małym synkiem ...* — Im Abteil sitzt **eine** Dame ...

An diesem Satz und seiner Übersetzung wird wieder deutlich, wie *jakiś* dem deutschen unbestimmten Artikel entsprechen kann. (Vgl. Erläuterungen zu Lektion 20 — *jakieś*.)

Übungen

I. Beantworten Sie die folgenden Fragen, wie im Muster vorgeführt!

0. *A*. Kto jest starszy, Ewa czy Zofia?
   B. Zofia jest starsza, ma dwadzieścia jeden lat.
1. *A*. Kto jest starszy, Zofia czy Henryk?
   B. Henryk ... ..., ... 31 ... .
2. *A*. Kto jest starszy, pan Henryk czy pan Marek?
   B. Pan Marek ... ..., ... 41 ... .

3. *A.* Kto jest starszy, pan Marek czy pani Barbara?
   B. Pani Barbara ... ..., ... 51 ... .
4. *A.* Kto jest starszy, pani Barbara czy pan Majewski?
   B. Pan Majewski ... ..., ... 61 ... .

2.
0. *A.* Kto jest młodszy, Krystyna czy Ewa?
   B. Ewa jest młodsza od Krystyny. Ewa nie ma jeszcze dwudziestu jeden lat.
1. *A.* Kto jest młodszy, Zofia czy Henryk?
   B. Zofia ... ... 31 ... .
2. *A.* Kto jest młodszy, pan Henryk czy pan Marek?
   B. Pan Henryk ... ... 41 ... .
3. *A.* Kto jest młodszy, pan Marek czy pani Barbara?
   B. Pan Marek ... ... 51 ... .
4. *A.* Kto jest młodszy, pani Barbara, czy pan Majewski?
   B. Pani Barbara ... ... 61 ... .

3.
0. Państwo Orłowscy mieszkają w Warszawie dwadzieścia dwa lata.
   Państwo Orłowscy mieszkają w Warszawie od dwudziestu dwu lat.
1. Państwo Majewscy mieszkają w Krakowie dwadzieścia trzy lata.
   ....
2. Państwo Malinowscy mieszkają w Poznaniu dwadzieścia cztery lata.
   ....
3. Państwo Wolscy mieszkają w Toruniu dwadzieścia pięć lat.
   ....
4. Państwo Lipowscy mieszkają w Gdańsku trzydzieści sześć lat.
   ....
5. Państwo Mileccy mieszkają w Lublinie czterdzieści siedem lat.
   ....
6. Państwo Dąbrowscy mieszkają we Wrocławiu pięćdziesiąt osiem lat.
   ....

4.
0. Profesor Górski przeczytał dwadzieścia jeden wierszy młodego poety.
   Profesor Górski rozmawia z poetą o dwudziestu jeden wierszach.
   (dwadzieścia dwa wiersze → o dwudziestu dwu wierszach)
1. Profesor Górski przeczytał trzydzieści jeden wierszy młodego poety.
   ....
2. Profesor Górski przeczytał dwadzieścia trzy wiersze młodego poety.
   ....
3. Profesor Górski przeczytał czterdzieści pięć wierszy młodego poety.
   ....

4. Profesor Górski przeczytał dwadzieścia sześć wierszy młodego poety.
....
5. Profesor Górski przeczytał trzydzieści osiem wierszy młodego poety.
....

II. Vervollständigen Sie die folgenden Dialoge durch die ausgeschriebenen Zahlenangaben in der richtigen grammatischen Form!

1.
A. Adam ożenił się z kobietą, która ma ... .
B. A ile lat ma Adam?
A. Nie więcej niż ... .
B. Jak można wyjść za mąż za młodszego mężczyznę!

| 28 lat — 25 lat; 30 lat — 27 lat |
| 31 lat — 29 lat; 42 lata — 40 lat |
| 43 lata — 41 lat; 45 lat — 42 lata |

2.
A. Ile lat ma pani Maria?
B. Dokładnie nie wiem, ale wydaje mi się, że nie ma jeszcze ... .

| 21 lat; 25 lat; 31 lat; 33 lata; 42 lata; 57 lat |

3.
A. Chciałabym dziś przeczytać tę książkę. Jest bardzo ciekawa!
B. Ile stron ma ta książka?
A. ... .
B. Nie zdążysz dziś przeczytać ... stron.

| 80 stron; 85 stron; 91 stron; 92 strony; |
| 100 stron; 103 strony; 200 stron; |
| 204 strony; 286 stron; 301 stron |

4.
A. Czy miałeś dziś lekcję języka polskiego?
B. Miałem i jutro też będę miał. Muszę się nauczyć na jutro ... .

| 21 nowych słówek; 25 nowych słówek; |
| 31 nowych słówek; 44 nowe słówka; |
| 22 nowe słówka; 53 nowe słówka |

III. Wiederholen Sie die folgenden Dialoge und verwenden Sie statt der hervorgehobenen Elemente die ausgeschriebenen Varianten der eingerahmten Zahlenangaben!

1.
A. Ilu studentów pojedzie w tym roku na studia zagraniczne?
B. **Pięćdziesięciu** studentów.

| 70; 80; 100; 98 |

A. Kto z nimi pojedzie?
B. Z **dwudziestoma trzema** studentami pojedzie profesor Orłowski, a z **dwudziestoma siedmioma** — profesor Rudnicki.

30 — 40; 45 — 35; 56 — 44; 61 — 37

2.
A. W którym roku urodziła się Dorota?
B. W tysiąc **dziewięćset czterdziestym szóstym** roku.

1951; 1939; 1965; 1972; 1958; 1944

3.
A. Anno, kiedy idziesz do teatru?
B. Za dwa dni.
A. Czy masz dobre miejsce?
B. W **pierwszym** rzędzie.

4 rząd; 5 rząd; 7 rząd; 12 rząd; 19 rząd; 22 rząd

IV. Vervollständigen Sie die folgenden Fragen durch das Präteritum des jeweils passenden Verbs und beantworten Sie die Fragen!

1.
1. Jaki był temat konkursu czasopisma kobiecego?
2. Kto ... (*otrzymywać — otrzymać*) pierwszą nagrodę?
3. Co ... (*odpowiadać — odpowiedzieć*) mężczyzna?

2.
1. O co lekarz ... (*pytać — zapytać*) pacjentkę?
2. Co ... (*odpowiadać — odpowiedzieć*) pacjentka?
3. Czy lekarz ... (*wierzyć — uwierzyć*) pacjentce?

3.
1. O co dyrektor ... (*prosić — poprosić*) sekretarkę?
2. Dlaczego sekretarka ... (*musieć*) wysłać telegram do domu dyrektora?
3. Z kim dyrektor ... (*chcieć*) rozmawiać?

4.
1. Z kim ... (*jechać — pojechać*) pewna pani pociągiem?
2. Kto ... (*siedzieć — posiedzieć*) naprzeciwko nich?
3. Co ... (*robić — zrobić*) mały synek?
4. O co mały synek wciąż ... (*pytać — zapytać*) pana?
5. Czy mama ... (*chcieć*), żeby synek zadawał panu różne pytania?

5.
1. Ile lat po ślubie jest pani X?
2. Czy pani X często ... (*kłócić się — pokłócić się*) z mężem?
3. Dlaczego pani X ani razu nie ... (*kłócić się — pokłócić się*) z mężem?
4. Czy zdarzyło się, że mąż pani X ... (*mieć*) rację?

39
Erläuterungen

AUSSPRACHE UND RECHTSCHREIBUNG

△ Die im Polnischen übliche **Abkürzung für „Fernsehen"** TV wird [tiwi], mit Betonung auf der zweiten Silbe, ausgesprochen.

△ Vor dem Üben der richtigen Aussprache von *film* sollte der Lernende sich noch einmal ansehen, was in den Erläuterungen zu Lektion 1 unter „Die Vokale y und i" zur Klangqualität des polnischen *i* und zu den weichen Konsonanten gesagt ist.

WORTARTEN

△ **Adjektive, Partizipien und Ordnungszahlwörter** werden nach den folgenden Deklinationsmustern abgewandelt:

Singular

bei hartem Themakonsonanten

	maskulin	feminin	neutral
Nom.	*nowy*	*nowa*	*nowe*
Gen.	*nowego*	*nowej*	*nowego*
Dat.	*nowemu*	*nowej*	*nowemu*
Akk.	Nom./Gen.	*nową*	Nom.
Instr.	*nowym*	*nową*	*nowym*
Lok.	*nowym*	*nowej*	*nowym*
Vok.	= Nom.	= Nom.	= Nom.

bei weichem Themakonsonanten

	maskulin	feminin	neutral
Nom.	*ostatni*	*ostatnia*	*ostatnie*
Gen.	*ostatniego*	*ostatniej*	*ostatniego*
Dat.	*ostatniemu*	*ostatniej*	*ostatniemu*
Akk.	Nom./Gen.	*ostatnią*	Nom.
Instr.	*ostatnim*	*ostatnią*	*ostatnim*
Lok.	*ostatnim*	*ostatniej*	*ostatnim*
Vok.	= Nom.	= Nom.	= Nom.

bei historisch weichem Themakonsonanten

	maskulin	feminin	neutral
Nom.	*obcy*	*obca*	*obce*
Gen.	*obcego*	*obcej*	*obcego*
Dat.	*obcemu*	*obcej*	*obcemu*
Akk.	Nom./Gen.	*obcą*	Nom.
Instr.	*obcym*	*obcą*	*obcym*
Lok.	*obcym*	*obcej*	*obcym*
Vok.	= Nom.	= Nom.	= Nom.

Im Plural ist wieder auf die Differenzierung zwischen der nicht--personalmaskulinen und der personalmaskulinen Kategorie zu achten! Dafür gilt:

a) Der Nominativ Pl. hat in der nicht-personalmaskulinen Kategorie dieselbe Form wie der Nominativ Sing. des Neutrums:

nowe okno — nowe domy, koty, książki, koleżanki, okna, dzieci

b) Der Akkusativ Pl. hat in der nicht-personalmaskulinen Kategorie dieselbe Form wie der Nominativ Pl.:

(Nom.) *Tam są nowe domy* ...
(Akk.) *Widzę nowe domy* ...

c) Der Akkusativ Pl. der personalmaskulinen Kategorie hat dieselbe Form wie der Genitiv Pl.:

Widzę nowych nauczycieli.

d) Merkmal des Nominativ Pl. der personalmaskulinen Kategorie ist auch hier (wie bei den entsprechenden Substantiven, s. Erläuterungen zu Lektion 33) ein erweichter Themakonsonant.

Die Endung für den Nominativ Pl. der personalmaskulinen Kategorie ist dann -*i* oder -*y* — je nachdem, was in Abhängigkeit von dem bereits im Singular weichem Konsonanten oder vom Ergebnis der Erweichung eines in den übrigen Kasus harten Konsonanten zu schreiben ist. (Es wäre also falsch, sich merken zu wollen, die Endung für den hier besprochenen Kasus sei immer -*i* oder immer -*y*.) Das bedeutet: Bei bereits im Singular weichem Themakonsonanten gleichen sich der Nominativ Pl. für die personalmaskuline Kategorie und der Nominativ Sing. des betreffenden Adjektivs, denn in beiden Fällen ist -*i* zu schreiben:

ostatni gość (Sing.) *ostatni goście* (Pl.)

Harte Themakonsonanten werden erweicht:

nowy sąsiad nowi sąsiedzi

Dabei kommt es zu dem bereits bekannten Lautwandel (s. Erläuterungen zu Lektion 13):

Singular
młody pan
mały chłopiec
wesoły student
stary kolega
wysoki urzędnik
polski aktor
drogi przyjaciel
głuchy człowiek

żonaty syn
dorosły mężczyzna

Plural
*mło**dzi** panowie*
*ma**li** chłopcy*
*wes**eli** studenci*
*sta**rzy** koledzy*
*wyso**cy** urzędnicy*
*pols**cy** aktorzy*
*dro**dzy** przyjaciele*
*(!) głu**si** ludzie*
(Vgl. Lektion 33: *Czech* — *Czesi*.)
*żona**ci** synowie*
*doroś**li** mężczyźni*
(Vgl. *list* — *w liście*.)

Bei den Adjektiven tritt der Wechsel o → e (s. *wesoły*) unregelmäßig auf; er muß also mit der betreffenden Vokabel mit gelernt werden. Dagegen tritt er bei den mit dem Suffix -*on*- gebildeten Passivpartizipien ganz regelmäßig auf, z. B.:

zadowolony pan zadowoleni panowie
zmęczony człowiek zmęczeni ludzie

Auch die bereits in Lektion 7 (Wortarten) erwähnten adjektivischen Familiennamen auf -*ki* gehören hierher. Sind mit „(die) Kowalskis"

Angehörige der betreffenden Familie gemeint, unter denen sich auch männliche Personen befinden, ist die personalmaskuline Form des Nominativ Pl. zu verwenden — *Kowalscy* (= Frau und Mann; Mutter und Sohn; Tochter und Vater; Schwester und Bruder; Frau, Tochter und Mann oder ähnlich).

Sind dagegen nur weibliche Personen gemeint, ist die nicht-personalmaskuline Form zu gebrauchen: *Kowals**kie***, z. B.: *małe Kowals**kie*** (= die kleinen Töchter der Kowalskis); *panny Kowalskie* (= die großen oder schon erwachsenen Töchter); *panie Kowalskie* (= erwachsene Töchter; Mutter und Tochter bzw. Töchter u. ä.).

e) Bei historisch weichem Themakonsonanten gleicht der Nominativ Plural der personalmaskulinen Kategorie (wiederum wie bei den weichen) im Prinzip dem Nominativ Singular, z. B.:

uroczy chłopiec — uroczy chłopcy

Seines historisch weichem Themakonsonanten wegen (-*c*-) gehört auch das Partizip Präsens Aktiv aller Verben hierher:

pracujący człowiek — pracujący ludzie
czekający gość — czekający goście

ACHTUNG! Unter diesem Punkt sind folgende Ausnahmen zu merken:

a) das Adjektiv *duży* — Nom. Pl. pers. mask.: *du**zi***, z. B.:

*duży chłopiec — du**zi** chłopcy*

b) alle Adjektive mit dem (historisch weichen) Themakonsonanten -*sz*-. Dieser Konsonant wird — obwohl er ein historisch weicher ist — im Nominativ Pl. der pers.mask. Kategorie immer zu -*ś*- (-*s-i*), z. B.:

*wczoraj**szy** gość — wczoraj**si** goście*

Hierher gehören vor allem der Komparativ und der Superlativ sämtlicher Adjektive (sofern die Bildung der pers.mask. Form vom Inhalt her sinnvoll ist), z. B.:

*mło**dszy** pan — mło**dsi** panowie*
*star**szy** kolega — star**si** koledzy*
*najdroż**szy** **przyjaciel** — najdroż**si** przyjaciele*
*najmniej**szy** chłopiec — najmniej**si** chłopcy*

Bei dem Wort *duży* und bei den Adjektiven mit dem Themakonsonanten -*sz*- tritt also eine (Wieder-)Erweichung ein, obwohl historisch weiche Konsonanten von der aktuellen Erweichung ansonsten nicht betroffen sind.

Hier sei noch einmal daran erinnert, daß die personalmaskuline Kategorie nur im Nominativ Pl. und im Akkusativ Pl. andere Formen als in der nicht-personalmaskulinen Kategorie zur Folge hat. In allen anderen Pl.-Kasus unterscheiden sich die beiden genannten Kategorien nicht. (Vgl. das folgende Deklinationsmuster.)

Deklination der Adjektive im Plural:

	nicht-personalmaskuline Kategorie		personalmaskuline Kategorie	
Nom.	*nowe*	*ostatnie*	*nowi*	*ostatni*
Gen.	*nowych*	*ostatnich*	*nowych*	*ostatnich*
Dat.	*nowym*	*ostatnim*	*nowym*	*ostatnim*
Akk.	= Nominativ		= Genitiv	
Instr.	*nowymi*	*ostatnimi*	*nowymi*	*ostatnimi*
Lok.	*nowych*	*ostatnich*	*nowych*	*ostatnich*
Vok.	= Nominativ		= Nominativ	

Zu Akkusativ Sing. und Pl. der Adjektive (die ja immer von den durch sie näher bestimmten Substantiven abhängen) vgl. noch einmal, was in den Erläuterungen zu Lektion 27 (unter: Wortarten) dazu gesagt ist.

△ Zu dem perfektiven Verb *obejrzeć* gehört das imperfektive Pendant *oglądać*. Auch hier bietet sich eine Aspektpaar-Reihe an:

(imperfektiv)	(perfektiv)	
(-glądać)	*(-jrzeć)*	(OhnePräfix gibt es diese Verben nicht.)
wyglądać	*wyjrzeć*	= heraus-, hinaussehen, -schauen
przeglądać	*przejrzeć*	= durchsehen, -gucken
zaglądać	*zajrzeć*	= hinein-, vorbeisehen, -schauen
oglądać	*obejrzeć*	= betrachten, besehen, beschauen, (sich etwas) ansehen, -gucken

(Der Einschub von -*b*- bei *obejrzeć* hat historische Gründe.)

SATZBAU

△ Zu der Form *jedząc* vgl. Lektion 35, unter: Adverbialpartizip der Gleichzeitigkeit.

△ Das Verb *pozwalać (imperf.)/pozwolić (perf.)* hat andere Rektionen als sein deutsches Äquivalent:

dt.: erlauben jemandem (= Dat.) etwas (= Akk.)
poln.: *pozwolić komuś* (= Dat.) *na coś* (= Akk.), z. B.:

Die Eltern erlauben dem Sohn die Reise.
Rodzice pozwalają synowi **na** (tę) podróż.

△ Zu der Form ... *nadawane są* ... (Abs. 3 des Lesestücks, vgl. noch einmal Erläuterungen zu Lektion 30, unter: Achtung! Punkt 1).

Übungen

I. Wiederholen Sie den folgenden Dialog mit den eingeklammerten Begriffen und wandeln Sie die Form der Personalpronomen entsprechend ab!

A. Proszę obejrzeć dzisiaj **program telewizyjny**.

B. Zawsze **go** oglądam, ale dzisiaj **go** nie obejrzę. Nie mam czasu.

filmy rysunkowe; informacje kulturalne; dziennik telewizyjny; wiadomości ze świata
je; ich; go

II. Wandeln Sie die folgenden Sätze nach dem vorgegebenen Muster ab!

0. Czy ma pan czas czytać prasę?
1. Czy ma pan czas oglądać filmy?
2. Czy ma pani czas gotować obiady?
3. Czy ma pan czas kupić bilety?
4. Czy ma pani czas oglądać teatr telewizji?
5. Czy masz czas dzisiaj obejrzeć dziennik telewizyjny?

0. Czy ma pan czas na czytanie prasy?
1. . . . .
2. . . . .
3. . . . .
4. . . . .
5. . . . .

III. Geben Sie nach *państwo* die jeweils richtige Form des Familiennamens an!

0. Pan Kowalski i pani Kowalska — państwo Kowalscy
0. Pan Nowak i pani Nowak — państwo Nowakowie
1. pan Robak i pani Robak — państwo ...
2. pan Nowakowski i pani Nowakowska — państwo ...
3. pan Kowal i pani Kowal — państwo ...
4. pan Janikowski i pani Janikowska — państwo ...
5. pan Janik i pani Janik — państwo ...

IV. Wandeln Sie die Satzkonstruktion nach dem vorangestellten Muster ab!

0. Kiedy Jurek jedzie na uniwersytet, czyta gazetę.
   Jadąc na uniwersytet, Jurek czyta gazetę.
1. Kiedy Janek je obiad, rozmawia z rodzicami.
   . . . .
2. Kiedy Romek czeka na dziewczynę, obserwuje ludzi.
   . . . .
3. Kiedy Agata uczy się polskiego, słucha muzyki.
   . . . .
4. Kiedy Anna wraca do domu, kupuje chleb.
   . . . .
5. Kiedy Barbara ogląda telewizję, myśli o pracy.
   . . . .

V. Wiederholen Sie den folgenden Dialog und ersetzen Sie die hervorgehobenen Begriffe durch die eingerahmten!

A. To jest **program dla dzieci.**

B. Chętnie **go** obejrzę.

film — chłopcy; reportaż — dorośli; teatr — kobiety; książka — rodzice
go; ją

VI. Vervollständigen Sie die folgenden Wendungen und Sätze durch entsprechende Präpositionen!

1. program ... dzieci; 2. reportaż ... dalekich krajów; 3. czas ... czytanie; 4. informacje ... wydarzeniach; 5. wiadomości ... całego świata; 6. jem kolację ... rodzicami; 7. Jacek patrzy ... kolorowy ekran; 8. prognoza pogody ... jutro; 9. film dozwolony tylko ... dorosłych.

VII. Beantworten Sie die folgenden Fragen!
1. Czy państwo Kowalscy mają telewizor?
2. Co Jacek ogląda w telewizji?
3. A państwo Kowalscy?
4. Czy Jacek ogląda dziennik telewizyjny?
5. Co jest w dzienniku?
6. Co w dzienniku interesuje Jacka najbardziej?

40
Erläuterungen

AUSSPRACHE UND RECHTSCHREIBUNG

△ Zur Aussprache von *schab* s. Erläuterungen zu Lektion 5: Hinweise für die Aussprache von *schody*.

WORTARTEN

△ **Deklination von Pluraliatantum** (Vgl. Erläuterungen zu Lektion 5: Ausführungen zu *schody* und *drzwi*.)

	Treppe	Brille	Namenstag	Tür	Hose(n)
Nom.	schody	okulary	imieniny	drzwi	spodnie
Gen.	schodów	okularów	imienin	drzwi	spodni
Dat.	schodom	okularom	imieninom	drzwiom	spodniom
Akk.	= Nom.	= Nom.	= Nom.	= Nom.	= Nom.
Instr.	schodami	okularami	imieninami	drzwiami	spodniami
Lok.	schodach	okularach	imieninach	drzwiach	spodniach
Vok.	= Nom.	= Nom.	Nom.	= Nom.	= Nom.

Wie die hier aufgeführten Beispiele erkennen lassen, ist beim Lernen neuer Vokabeln dieser Art besonders auf den Genitiv zu achten, da weder vom Nominativ abzulesen, noch durch eine Regel zu erfassen ist, wie dieser Kasus gebildet wird.

△ Zur Bildung des Nominativ Plural zu *gość* (*goście*) s. Erläuterungen zu Lektion 33, Wortarten, Punkt 1.

ACHTUNG! Der Instrumental Plural dieses Substantivs hat nicht die am weitesten verbreitete Endung *-ami*, sondern die seltener auftretende Endung *-mi*: (*z*) *gośćmi* (vgl.: *dziećmi, ludźmi*).
Zu *gość* gibt es — wie zu deutsch ‚Gast' — kein feminines Pendant. Das Wort wird auf weibliche und männliche Personen gleichermaßen angewandt, bleibt aber in beiden Funktionen ein maskulines Substantiv, z. B.:

pierwszy gość — ciocia Józia
Pierwszym gościem była ciocia Józia.

△ Zum **Nominativ Plural der Passivpartizipien**, s. noch einmal Erläuterungen zu Lektion 39. Vgl.:

Singular	Plural
pokrojona wędlina	*pokrojone wędliny*
aber:	
zaproszony gość	*zaproszeni g o ś c i e*
zmęczony pasażer	*zmęczeni p a s a ż e r o w i e*
niespodziewany gość	*niespodziewani g o ś c i e*
umyty chłopiec	*umyci c h ł o p c y*

△ Die Interrogativpronomen *kto* und *co*, die ihnen entsprechenden Negationspronomen *nikt* und *nic* sowie die Indefinitpronomen *ktoś* und *coś* sind nicht nach Genus und Numerus differenziert, werden aber dekliniert:

	wer	jemand	niemand	was	etwas	nichts
Nom.	*kto*	*ktoś*	*nikt*	*co*	*coś*	*nic*
Gen.	*kogo*	*kogoś*	*nikogo*	*czego*	*czegoś*	*niczego/nic*
Dat.	*komu*	*komuś*	*nikomu*	*czemu*	*czemuś*	*niczemu*
Akk.	*kogo*	*kogoś*	*nikogo*	*co*	*coś*	*nic*
Instr.	*kim*	*kimś*	*nikim*	*czym*	*czymś*	*niczym*
Lok.	*kim*	*kimś*	*nikim*	*czym*	*czymś*	*niczym*

Zum Gebrauch der Negationspronomen *nikt* und *nic* s. noch einmal Erläuterungen zu Lektion 12, Doppelte Verneinung.

△ Zur Deklination von *kurczę*, vgl. Erläuterungen zu Lektion 27, Deklination von *zwierzę* und *niemowlę*.

Das *s-* in *składać* entspricht dem Präfix *z-* von *złożyć*. Dieses Präfix wird vor stimmlosen Konsonanten (mit Ausnahme *s-, ś-* und *sz-*) nicht nur stimmlos gesprochen (regressive Assimilation!), sondern auch als *s-*, geschrieben. (Vgl. *skończyć, składać* u. ä.) Das gilt nur dann nicht, wenn dieses Präfix vor den stimmlosen Konsonanten *s-, ś-* oder *sz-* steht. In diesen Fällen ist — wie vor stimmhaften Konsonanten — *z-* zu schreiben, z. B.: *zszyć* (ver-, zusammennähen).

SATZBAU

△ In dem Satz

W piecyku ***pieką się*** *kurczęta.*
In der Bratröhre braten Hähnchen.

steht als Prädikat das reflexive Verb *piec się* als Äquivalent zum deutschen (nicht reflexiven) intransitiven Verb ‚braten' (= gar werden, auf dem Feuer stehen u. ä.) — im Gegensatz zum transitiven ‚braten' (wen oder was?).

Bei dem genannten polnischen Verb wird die Intransitivität also durch die Reflexivität ausgedrückt. Dieses Mittel der grammatischen Differenzierung ist im Polnischen recht verbreitet. Vgl.:

transitiv und nicht reflexiv	**intransitiv und reflexiv**
piec (+ Akk.obj.)	*piec się*
Widzę, że pieczesz kaczkę.	*W piecyku piecze się kaczka.*
Ich sehe, daß du eine Ente brätst.	In der Röhre brät eine Ente.
gotować (+ Akk.obj.); L. 10	*gotować się*
Pani K. gotuje zupę.	*Zupa się gotuje.*
Frau K. kocht (eine) Suppe.	Die Suppe kocht.
suszyć (+ Akk.obj.); L. 15	*suszyć się*
Suszymy bieliznę.	*Bielizna się suszy.*
Wir trocknen (die) Wäsche.	Die Wäsche trocknet.

△ ***powinien*** (mask.), ***powinna*** (fem.), ***powinno*** (neutr.), ***powinny*** (Pl. nicht pers.mask.) und ***powinni*** (Pl. pers.mask.) ist ein prädikatsbildendes Adjektiv, d. h., es wird nur als Prädikatsnomen (nicht in attributiver Stellung) gebraucht. Daher hat es auch keine Deklination (keine weiteren Kasus), sondern existiert nur in dem hier verzeichneten Nominativ.

Seine prädikatsbildende Funktion erfüllt es immer gemeinsam mit dem Infinitiv eines Verbs.

Semantisch entspricht es verschiedenen deutschen Verben:

‚**sollen**' im Konjunktiv

‚**müssen**' (im Indikativ und im Konjunktiv), wenn nicht ein Zwang von außen her, sondern eine ethisch-moralische Verpflichtung, eine Hoffnung oder Erwartung ausgedrückt wird

‚**sich gehören**' ‚**sich (ge)ziemen**'

‚**dürfen**' im Konjunktiv, wenn keine Erlaubnis, sondern eine Erwartung ausgedrückt wird.

Beispiele:

Pasażer powinien mieć bilet. — Ein Fahrgast sollte/müßte/muß eine Fahrkarte haben. / Für einen Fahrgast gehört es sich, daß er eine Fahrkarte hat.

Klient powinien zapłacić za towar. — Der Kunde sollte die Ware (auch/immer) bezahlen. / Es gehört sich so, daß der Kunde die Ware (auch) bezahlt.

Kasia powinna iść do szkoły. — Kasia sollte/müßte (jetzt) in die Schule gehen. / Für Kasia ist/wäre es (jetzt) Zeit, zur Schule zu gehen.

Dziecko powinno kochać rodziców. — Das/Ein Kind sollte/ /muß/müßte seine Eltern (eigentlich) lieben/liebhaben.

Dzieci powinny zaraz wrócić. — Die Kinder müssen/müßten/dürften (vermutlich/wohl) gleich (zurück)kommen.

Koledzy powinni ci pomóc. — Die/Deine Kollegen müßten/sollten dir helfen. / Die Pflicht der Kollegen wäre es, dir zu helfen.

Wie diese Beispiele zeigen, wird der besprochene Prädikatstyp im Präsens für die 3. Person (Sing. und Pl.) immer ohne Hilfsverb als Kopula (*jest/są*) gebildet.

Die 1. und die 2. Person (Sing. und Pl.) werden durch Anfügen der entsprechenden Personalendungen an die jeweils vom Subjekt bedingte Form dieses Adjektivs gebildet:

	maskulin	feminin	
(ich)	*powinien*	*powinnam*	ich sollte/müßte …
(du)	*powinieneś*	*powinnaś*	du solltest/müßtest …

	nicht-personal- maskulin	personalmaskulin	
(wir)	*powinnyśmy*	*powinniśmy*	wir sollten/müßten ...
(ihr)	*powinnyście*	*powinniście*	ihr solltet/müßtet ...

Das Präteritum wird mit den entsprechenden Vergangenheistformen von *być* (*był*, *była*, *było* usw.) gebildet. Abweichend von Sätzen mit einem anderen Adjektiv als Prädikatsnomen wird das Hilfsverb dabei jedoch nachgestellt, also zwischen *powinien* und den nachfolgenden Infinitiv gesetzt, z. B.:

Koleżanka była wesoła.

aber:

Koleżanka powinna była zadzwonić.
(Die Kollegin/Freundin hätte anrufen sollen/müssen.)

Die Personalendungen für die 1. und die 2. Person (Sing. und Pl.) stehen auch im Präteritum am Adjektiv, nicht am Kopulaverb, z. B.:

Powinnam była ... — Ich (fem.) hätte ... müssen/sollen.
Powinieneś był ... — Du (mask.) hättest ... müssen/sollen.
Powinniśmy byli ... — Wir (pers.mask.) hätten ... müssen/sollen.
Powinnyście były — Ihr (nicht-pers.mask.) hättet ... müssen/sollen.

Ein Futur gibt es von diesem Satztyp nicht.

△ In der Fügung **reszta gości** ist *gość* im Genitiv Pl. gebraucht, denn es steht als Genitivattribut zu *reszta* (vgl. Hinweise zum genetivus partitivus in den Erläuterungen zu Lektion 15). Damit ist *reszta* (als fem. Substantiv im Sing.) das Subjekt im engeren Sinne und bestimmt die grammatische Form des Prädikats (Sing. fem.), obwohl es dem Sinne nach um ‚Gäste' (im Pl.) geht, also:

Reszta gości zaraz przyjdzie.
Reszta gości już przyszła.

(Vgl. deutsch: Ein Korb schöner Äpfel **stand** ...)

△ Von Adjektiven, die zur Bezeichnung von Nationalitäten dienen, lassen sich Adverbien bilden, indem man die Adjektivendung durch das Suffix *-u* ersetzt und die Präposition *po* voranstellt, z. B.:

polski	— *po polsku*
niemiecki	— *po niemiecku*
rosyjski	— *po rosyjsku*

angielski — *po angielsku*
francuski — *po francusku*

Diese Wendungen bedeuten (im weitesten Sinne) „auf die und die Art". Daher gebraucht man sie auch, um zu bezeichnen, in welcher Sprache jemand spricht. So bedeutet *mówić po polsku* eigentlich ‚auf polnische Art reden' (eben ‚reden wie die Polen') = polnisch sprechen. Weitere Beispiele:

rozmawiać po niemiecku — sich deutsch unterhalten
pisać po angielsku — englisch schreiben

In Verbindung mit Substantiven können diese Fügungen aber auch attributive Funktion haben, z. B.:

grecki — griechisch — *ryba po grecku* — Fisch auf griechische Art (zubereitet, serviert u. ä.)
japoński — japanisch — *śledź po japońsku* — Hering auf japanische Art (angerichtet, verarbeitet u. ä.)
włoski — italienisch — *kawa po włosku* — Kaffee auf italienisch (auf italienische Art)

(Vgl. auch Übersetzungsmöglichkeiten mit Hilfe der Konstruktion „... à la ...".)

△ In dem Satz ..., *które (= Akk.!) pani Anna poda gościom* **na gorąco** ... (..., die Frau Anna den Gästen heiß/warm servieren wird) begegnet der Lernende noch einem weiteren Typ adverbieller Fügung, der gleichfalls von Adjektiven gebildet wird:

gorący (= heiß) → *na gorąco*, z. B.: *podać/podawać (+ Akk.objekt) na gorąco* = (etwas) heiß/warm servieren
zimny (= kalt) → *na zimno*, z. B.: *zjeść/jeść (+ Akk.objekt) na zimno* = (etwas) kalt essen

In Verbindung mit einem Verb und einem dazugehörigen Objekt geben diese Fügungen an, welche zeitweilige Eigenschaft dieses Objekt hat, wenn die vom Verb bezeichnete Handlung ausgeführt wird. In bezug auf das Verb haben sie also adverbielle, in bezug auf Objekt attributive Funktion. Attributive Funktion haben diese Fügungen auch dann, wenn sie einem Substantiv allein beigefügt sind, z. B.:

kolacja na gorąco — warmes Abendbrot
kolacja na zimno — kaltes Abendbrot

Weitere Beispiele:

miękki (= weich) — *jajko na miękko* — weich gekochtes Ei
twardy (= hart) — *jajko na twardo* — hart gekochtes Ei

△ In dem Satz *To wchodzi pierwszy gość*... entspricht *to* wieder dem deutschen Adverb ‚da' mit lokaler und temporaler Nuance. (Vgl. in Lektion 29 — *To dzwonił Marek.*)

△ Das Verb *dostać/dostawać* hat je nach Bedeutungsnuance (s. Vokabelverzeichnis) verschiedene Rektionen:

a) Das dazugehörige Objekt steht im Akkusativ, wenn das Subjekt dieses Objekt ganz und gar erhält, z. B.:

dostać/dostawać nagrodę, prezent, książkę, kwiaty ...

b) Bezeichnet das Objekt einen „Stoff" (im weitesten Sinne), von dem man ja immer nur einen Teil erhält, steht das Objekt im partitiven Genitiv, z. B.:

dostać/dostawać wody, soli, cukru, chleba ...

c) Im Genitiv steht das Objekt auch dann, wenn es eine Krankheit, ein Leiden, ein negatives Merkmal bezeichnet, z. B.:

dostać/dostawać grypy, kataru, gorączki (= Fieber)

d) In der Bedeutung ‚(hin)langen (können), (hin)reichen (bis), erreichen (können)' hat dieses Verb ein Präpositionalobjekt, nämlich *do* + *Genitiv*, nach sich, z. B.:

dostać/dostawać do sufitu, do półki, do lampy ...

Außerdem ist es Bestandteil vieler fester Wendungen, in denen es den Genitiv oder den Akkusativ regiert. Das läßt sich nicht in Regeln fassen und muß daher innerhalb der Wendungen gelernt werden.

△ Das Verb *spodziewać się* unterscheidet sich in seinen Rektionen von allen seinen deutschen Äquivalenten, was folgende syntaktische Konsequenzen hat:

a) Wie viele polnische Heischeverben (s. Erläuterungen zu Lektion 15) kann es mit einem präpositionslosen Genitivobjekt stehen, z. B.:

Wieczorem pani Anna spodziewa się zaproszonych gości. — Am Abend erwartet Frau Anna geladene Gäste/die eingeladenen Gäste.

b) Von wem oder wovon das Subjekt etwas erwartet bzw. sich erhofft, kann durch *po* + *Lokativ* angefügt werden, z. B.:
Spodziewałam się tego po tobie. — Das habe ich von Dir erwartet.

△ Das **Datum** wird im Polnischen folgendermaßen formuliert:
... am ... (Beantwortung der Frage ‚An welchem Tag?')
Genitiv des Ordnungszahlwortes für den Tag + Genitiv der Bezeichnung für den Monat, z. B.:
Imieniny Anny wypadają dwudziestego szóstego lipca. — Annas Namenstag ist am/fällt auf den 26. Juli.
Ósmego marca jest Dzień Kobiet. — Am 8. März ist (der) Frauentag.

Dieselbe Konstruktion wird heute auch schon vielfach zur Beantwortung der Frage ‚Der wievielte ist heute/war gestern ...?' gebraucht:
Którego jest dzisiaj? — *Dziś jest siódmego czerwca.*
Dziś jest trzydziestego stycznia.

In Frage und Antwort dieses Typs ist das Zahlwort für den **Tag** aber auch noch im Nominativ zu gebrauchen:
Który jest dzisiaj? — *Dzisiaj jest czwarty października.*
Dziś jest dwudziesty szósty kwietnia.

Übungen

I. Wandeln Sie die folgenden Sätze entsprechend dem jeweils vorangestellten Muster ab!

1.
0. Dziś jest pierwszy stycznia.
0. Pierwszego stycznia zaczyna się nowy rok.

1. Dziś jest dwudziesty pierwszy marca.
2. Dziś jest piąty kwietnia.
3. Dziś jest czwarty maja.
4. Dziś jest szósty czerwca.
5. Dziś jest dwudziesty siódmy lipca.
6. Dziś jest dwudziesty drugi sierpnia.
7. Dziś jest trzydziesty września.

1. ... jest pierwszy dzień wiosny.
2. ... są imieniny Ireny.
3. ... są imieniny Moniki.
4. ... mam egzamin.
5. ... jedziemy na wycieczkę.
6. ... wyjeżdżamy z Polski.
7. ... jest ślub Zofii.

8. Dziś jest pierwszy października. 8. ... zaczyna się rok akademicki.
9. Dziś jest dwudziesty dziewiąty listopada. 9. ... są urodziny Jurka.
10. Dziś jest szesnasty grudnia. 10. ... przyjeżdża do nas Adam.

2.
0. Pani Anna czeka na gości i nakrywa do stołu.
Pani Anna czeka na gości, nakrywając do stołu.
1. Pani Anna przegląda się w lustrze i poprawia fryzurę.
. . . .
2. Wchodzi pierwszy gość i wręcza pani Annie kwiaty.
. . . .
3. Pani Anna uśmiecha się i wita gości.
. . . .
4. Inni goście też wręczają solenizantce kwiaty i życzą jej zdrowia.
. . . .
5. Ciocia Józia całuje solenizantkę i składa jej życzenia.
. . . .
6. Pani Anna dziękuje za życzenia i śmieje się wesoło.
. . . .

3.
0. Jurek czyta wiersz i spaceruje po parku.
Jurek będzie czytał wiersz, spacerując po parku.
1. Adam odpoczywa i pije kawę.
. . . .
2. Jacek ogląda telewizję i je kolację.
. . . .
3. Pan Jan pakuje walizkę i rozmawia z żoną.
. . . .
4. Ciocia robi szalik na drutach i słucha radia.
. . . .
5. Pani Anna nakrywa do stołu i czeka na gości.
. . . .
6. Pani Danuta wręcza kwiaty i składa życzenia.
. . . .

II. Wiederholen Sie die folgenden Dialoge und ersetzen Sie die hervorgehobenen Elemente durch die entsprechenden Formen der eingerahmten!

1.
A. Którego jest dzisiaj?
B. Dzisiaj jest **pierwszego lutego**.

18 X; 7 III; 26 V; 19 XII; 30 IV; 12 IX;
22 VI; 31 X; 8 I; 10 VIII; 24 VII

2.
A. Kiedy przyjdą do nas goście?
B. **Drugiego sierpnia.** Za pięć dni.

> 3 V; 1 XII; 29 II; 16 IX; 30 III; 11 VI; 25 VII; 31 X; 23 VIII; 13 IV; 6 I

3.
A. Kiedy urodził się twój syn?
B. **Ósmego października tysiąc dziewięćset sześćdziesiątego trzeciego roku.**

> 16 VIII 1958 r.; 27 XI 1970 r.; 31 XII 1946 r.; 22 IV 1965 r.; 10 II 1959 r.

III. Vervollständigen Sie die folgenden Dialoge durch die richtigen Formen der eingerahmten Elemente!

1.
A. Kiedy są twoje urodziny?
B. .... A dlaczego pytasz?
A. Chciałbym ci złożyć życzenia.

> 24 III; 15 VI; 4 I; 8 XII; 23 V; 30 X; 7 II; 18 IV; 29 IX

2.
A. Kiedy są imieniny ...?
B. .... Za parę dni.
A. Musimy złożyć życzenia ... .

> Ewa — 24 XII — Ewa; Danuta — 16 II — Danuta; pani Maria — 5 VIII — pani Maria; Jacek — 17 VII — Jacek; pan Jan — 26 VI — pan Jan

3.
A. Janku, spójrz, ... od Ireny piękną kartkę z życzeniami imieninowymi!
B. Zaraz muszę do niej ... i ... za życzenia.

> dostawać — dostać

> dzwonić — zadzwonić; dziękować — podziękować

4.
A. Anno, co teraz będziesz robiła?
B. ... stół obrusem i ... zimne zakąski.

> nakrywać — nakryć; ustawiać — ustawić

A. Czy mogę ci ...?

> pomagać — pomóc

B. Dziękuję. Lubię wszystko ... sama.

> robić — zrobić

5.
A. Kasiu, dziś są ... imieniny. Czy ... już ... życzenia?

B. Tak, ... życzenia.

> babcia; ciocia; tatuś; mamusia; wujek; dziadek
>
> składać — złożyć, ona — on

IV. Suchen Sie die Wendungen heraus, in denen imperfektive Verben enthalten sind; bilden Sie von diesen Verben das analytische Futur und das Adverbialpartizip der Gleichzeitigkeit (-*ąc*)!

składać życzenia; rozumieć film dla dorosłych; pozwalać oglądać film; złożyć życzenia; włączyć telewizor; przyjeżdżać do rodziców; wystawiać różne towary; wziąć książkę do czytania; włączać radio; reprezentować zakłady; przyjść do Zofii; zasypiać o jedenastej wieczorem; poleżeć dłużej; budzić się późno; spodziewać się gości; dostać kwiaty.

V. Vervollständigen Sie den folgenden Text; bilden Sie dazu von den entsprechenden Verben die richtigen Futurformen!

... (*26 VII*) są imieniny pani Anny. Rano ... (*składać — złożyć*) jej życzenia mąż i syn. A potem pani Anna ... (*przygotowywać — przygotować*) przyjęcie imieninowe i ... (*czekać*) na zaproszonych gości. Pani Anna ... (*nakrywać — nakryć*) stół białym obrusem i ... (*ustawiać — ustawić*) na nim zimne zakąski. Pierwszym gościem ... (*być*) na pewno ciocia. Ciocia jak zawsze ... (*wręczać — wręczyć*) solenizantce kwiaty i jakiś praktyczny prezent, na przykład szalik. Potem ... (*przychodzić — przyjść*) następni goście i ... (*składać — złożyć*) pani Annie życzenia zdrowia, szczęścia i wszelkiej pomyślności. Pani Anna ... (*dziękować — podziękować*) za życzenia, uśmiechając się radośnie.

41
Erläuterungen

WORTARTEN

△ Die **Demonstrativpronomen** *ten, ta, to* (dieser, diese, dieses) und *taki, taka, takie* (solch ein, solch eine, solch ein) werden auf die folgende Weise dekliniert:

	Singular			Plural	
	mask.	fem.	neutr.	pers.mask.	nicht-pers.-mask.
Nom.	ten	ta	to	ci[2]	te[2]
Gen.	tego	tej	tego	tych	
Dat.	temu	tej	temu	tym	
Akk.	ten/tego[1]	tę[3]	to	tych[1]	te[1]
Instr.	tym	tą	tym	tymi	
Lok.	tym	tej	tym	tych	
Nom.	taki	taka	takie	tacy[2]	takie[2]
Gen.	takiego	takiej	takiego	takich	
Dat.	takiemu	takiej	takiemu	takim	
Akk.	taki/takiego[1]	taką	takie	takich[1]	takie[1]
Instr.	takim	taką	takim	takimi	
Lok.	takim	takiej	takim	takich	

---

[1] Da diese Demonstrativpronomen in Genus, Numerus und Kasus ja immer als Attribute von den durch sie näher bestimmten Substantiven abhängen, gilt hier wieder, was in den Erläuterungen zu Lektion 27 (Wortarten) über den Akkusativ der mask. Substantive gesagt ist:
a) **im Singular**
  Akk. = Nom., wenn es sich um die Kategorie „nicht belebt" handelt
  Akk. = Gen., wenn es sich um die Kategorie „belebt" handelt
b) **im Plural**
  Akk. = Nom. in der Kategorie „nicht-personalmaskulin"
  Akk. = Gen. in der Kategorie „personalmaskulin"
[2] Zum Nebeneinander von *ci* und *te* bzw. *tacy* und *takie* vgl. noch einmal „Die Pluralkategorien des Polnischen" in den Erläuterungen zu den Lektionen 4 und 19. Zum Wandel von -k- zu -c- (*takie/tacy*) s. noch einmal Erläuterungen zu Lektion 13 (Wortarten).
[3] in der Umgangssprache auch: *tą*.

△ Das **Interrogativpronomen** *jaki, jaka, jakie* (was für ein, was für eine, was für ein) wird ebenso wie *taki* usw. dekliniert.

△ Die **Grundzahlwörter für die vollen Hunderter** haben die folgende Deklination:

Nom./Akk.	*sto*	*dwieście*	*trzysta*	*czterysta*
Gen./Dat./Instr./Lok.	*stu*	*dwustu*	*trzystu*	*czterystu*
Nom./Akk.	*pięćset*	*sześćset*	*siedemset*	
Gen./Dat./Instr./Lok.	*pięciuset*	*sześciuset*	*siedmiuset*	
Nom./Akk.	*osiemset*	*dziewięćset*		
Gen./Dat./Instr./Lok.	*ośmiuset*	*dziewięciuset*		

Hier ist zu beachten, daß einige dieser Wortformen anders betont werden, als die Grundregel für den polnischen Wortakzent es vorschreibt. Die hier angegebenen Formen für den Nominativ und den Akkusativ gelten nur für die nicht-personalmaskuline Kategorie!

△ Aus *-letni, -letnia, -letnie* und Grundzahlwörtern lassen sich Adjektive mit der Bedeutung ‚-jährig' bilden. Dafür gelten die in den Erläuterungen zu Lektion 38 (Punkt d) gegebenen Regeln zur Bildung von Zusammensetzungen mit *-tysięczny*:

dwuletni — zweijährig, *trzyletni* — dreijährig, *czteroletni* — vierjährig, *pięcioletni* — fünfjährig usw. (s. Lektion 38)

Als Äquivalent zu ‚einjährig' gibt es innerhalb dieser Reihe das Wort *jednoroczny* (oder auch einfach *roczny*).

Beispiele:

ośmioletni koń — achtjähriges Pferd

siedmioletnia dziewczynka — siebenjähriges Mädchen, ein Mädchen von sieben Jahren

dwudziestojednoletni mężczyzna — einundzwanzigjähriger Mann

czteroletnie studia (Pl.!) — vierjähriges Studium

Dieses Prinzip gilt für die Bildung aller zusammengesetzten Adjektive aus Grundzahlwort und adjektivischem Element. — Weitere Beispiele sind:

-piętrowy = -stöckig, von *piętro* = Etage, Stockwerk, z. B.:
  pięciopiętrowy dom

-osobowy = -köpfig, von *osoba* = Person, z. B.: *piętnastoosobowa grupa turystów*

△ zu *przynieść*

Im Polnischen gibt es kein direktes Äquivalent zu den deutschen Verben ‚(–)bringen' und ‚(–)holen'. Die vielen Bedeutungen dieser deutschen Verben werden polnisch durch mehrere Vokabeln wiedergegeben, die wörtlich als ‚(–)tragen', ‚(–)fahren' (transitiv!) bzw. ‚(–)führen' zu deuten wären. Wie diese Wortbedeutungen bereits erkennen lassen, ist bei der Verwendung der polnischen Äquivalente zu beachten, auf welche Weise das Bringen bzw. Holen geschieht. Wird das gebrachte bzw. geholte Objekt vom Ausführenden der Handlung getragen, ist das polnische Verb für ‚(–)tragen' ((–)*nosić* — (–)*nieść*) zu gebrauchen. Wenn das Objekt dabei mit einem Fahrzeug transportiert wird, verwendet man das polnische Verb für das transitive ‚(–)fahren' ((–)*wozić* — (–)*wieźć*) im Sinne von ‚transportieren, befördern'. Bewegt sich das gebrachte bzw. geholte Objekt bei diesem Vorgang selbst fort, ist das polnische Verb für ‚(–)führen' ((–)*prowadzać* — (–)*prowadzić*) zu gebrauchen (z. B. eine Person, die vom Ausführenden der Handlung dabei nur begleitet wird, oder ein von ihm geführtes bzw. getriebenes Tier). Eine durch verschiedene Vokabeln realisierte Differenzierung zwischen ‚bringen' und ‚holen' wie im Deutschen gibt es darüber hinaus im Polnischen nicht.

Die polnischen Äquivalente zu ‚(–)bringen/(–)holen':

	(imperfektiv)	(perfektiv)
(–)tragen	*(–)nosić*	*(–)nieść*
(–)fahren (transitiv)	*(–)wozić*	*(–)wieźć*
(–)führen	*(–)prowadzać*	*(–)prowadzić*

ACHTUNG! Die hier jeweils in einer Zeile stehenden Verben sind nur dann ein Aspektpaar, wenn sie mit ein und demselben b e d e u t u n g s m o d i f i z i e r e n d e n Präfix versehen sind! Ansonsten sind die Paare *(po)nosić* — *(po)nieść* und *(po)wozić* — *(po)wieźć* Doppel--Zeitwort-Paare, d. h., *nieść* und *nosić* verhalten sich zueinander wie *iść* und *chodzić* (vgl. Verben der Fortbewegung in Erläuterungen zu Lektionen 13, 14 und 35). Dasselbe gilt für *wieźć* und *wozić*.

Hier bietet sich wiederum eine umfangreiche Aspektpaar-Reihe an:

(„nicht zielgerichtet")		(„zielgerichtet")	
(imperfektiv)	(perfektiv)	(imperfektiv)	(perfektiv)
nosić	—	*nieść*	*ponieść*
nosić	*ponosić*		

durch bedeutungsmodifizierende Präfixe gebildete Varianten:

	(imperfektiv) *(−)nosić*	(perfektiv) *(−)nieść*
hinaustragen, -bringen, herausbringen, -holen	*wynosić*	*wynieść*
(wieder) hintragen, zurücktragen, -bringen	*odnosić*	*odnieść*
hin-, vorbeibringen	*zanosić*	*zanieść*
hinüber-, herüber-, (hin)durch-, vorbeitragen, -bringen, -holen	*przenosić*	*przenieść*
her(bei)tragen, -holen, -bringen, bringen, ergeben	*przynosić*	*przynieść*

Konjugation:

	(−)nosić	*(−)nieść*
(ja)	*(−)noszę*	*(−)niosę*
(ty)	*(−)nosisz*	*(−)niesiesz*
(one/oni)	*(−)noszą*	*(−)niosą*

(Präteritum)

mask.:	*(−)nosił*	*(−)niósł*
	(−)nosiłem	*(−)niosłem*
	(−)nosiłeś	*(−)niosłeś*
fem.:	*(−)nosiła*	*(−)niosła*
	(−)nosiłam	*(−)niosłam*
	(−)nosiłaś	*(−)niosłaś*
neutr.:	*(−)nosiło*	*(−)niosło*
Pl. nicht-pers.mask.:	*(−)nosiły*	*(−)niosły*
	(−)nosiłyśmy	*(−)niosłyśmy*
	(−)nosiłyście	*(−)niosłyście*
Pl. pers.mask.:	*(−)nosili*	*(−)nieśli*
	(−)nosiliśmy	*(−)nieśliśmy*
	(−)nosiliście	*(−)nieśliście*

Ebenso lassen sich die Formen von *(–)wieźć* und *(–)wozić* ordnen:

	(–)wozić	*(–)wieźć*
(ja)	*(–)wożę*	*(–)wiozę*
(ty)	*(–)wozisz*	*(–)wieziesz*
(one/oni)	*(–)wożą*	*(–)wiozą*
mask.:	*(–)woził*	*(–)wiózł*
	(–)woziłem	*(–)wiozłem*
	(–)woziłeś	*(–)wiozłeś*
fem.:	*(–)woziła*	*(–)wiozła*
	(–)woziłam	*(–)wiozłam*
	(–)woziłaś	*(–)wiozłaś*
neutr.:	*(–)woziło*	*(–)wiozło*
Pl. nicht-pers.mask.:	*(–)woziły*	*(–)wiozły*
	(–)woziłyśmy	*(–)wiozłyśmy*
	(–)woziłyście	*(–)wiozłyście*
Pl. pers.mask.:	*(–)wozili*	*(–)wieźli*
	(–)woziliśmy	*(–)wieźliśmy*
	(–)woziliście	*(–)wieźliście*

Der Lernende sollte an dieser Stelle einmal versuchen, nach dem Vorbild der oben dargestellten Aspektpaar-Reihe zu *(–)nosić/(–)nieść* selbständig eine zu *(–)wozić/(–)wieźć* anzulegen, und dann von ihm selbst mit bereits bekannten Präfixen gebildete Verbformen in einem guten polnisch-deutschen Wörterbuch nachschlagen. Er wird dabei feststellen, daß sich die Formen sehr regelmäßig bilden lassen und bei allen präfigierten Varianten die Grundbedeutung ‚fahren = mit einem Fahrzeug transportieren, befördern' erhalten bleibt — unabhängig davon, welche deutschen Verben als Äquivalente zu den polnischen Vokabeln üblich sind. Auch die dabei gebrauchten Präfixe werden dem Lernenden bei diesem Versuch in den ihm bereits bekannten Bedeutungen wieder begegnen.

Eine Aspektpaar-Reihe zu dem dritten der o.g. Verben ist folgendermaßen anzulegen:

(imperfektiv)	(perfektiv)
prowadzić	*poprowadzić*
(−)prowadzać	*(−)prowadzić*
wyprowadzać się	*wyprowadzić się* (vgl. Lektion 19)
(Konjugation wie *czytać*)	(Konjugation wie *chodzić*)

Beispielsätze zur Veranschaulichung:

Czy ktoś może mi przynieść gazetę? — Kann mir (mal) jemand eine/die Zeitung (mit-/her-)bringen/(her-)holen?

Jurek swoim samochodem przywiózł telewizor. — Den Fernsehapparat hat Jurek mit seinem Auto gebracht/(her-)geholt. / Jurek hat mit seinem Auto einen Fernsehapparat gebracht/(her-)geholt.

Proszę przyprowadzić psa do mnie! — Bringen Sie/Bring(t) einen/den Hund (mal) bitte zu mir! / Holen Sie/Hol(t) (mal) bitte einen/den Hund (/hier/her).

△ zu **wysunąć**

Auch dieses Verb gehört zu den sog. Doppel-Zeitwörtern!
Innerhalb dieser Wortfamilie verteilen sich die Verben heute jedoch etwas anders, als es in den bisher hier dargestellten Schemata war:

(„nicht zielgerichtet")		(„zielgerichtet")	
(imperfektiv)	(perfektiv)	(imperfektiv)	(perfektiv)
suwać	—	*sunąć*	—

durch bedeutungsmodifizierende Präfixe gebildete Varianten:

(imperfektiv)	(perfektiv)
(−)suwać	*(−)sunąć*

(Vgl. *wysunąć* im Vokabelverzeichnis zur vorliegenden Lektion.)

SATZBAU

△ zu **usłyszano**

Verbformen auf **-no** bzw. **-to** sind subjektlose, unpersönliche Satzkernäquivalente, die immer Präteritum bedeuten, d. h. eine Handlung in der

Vergangenheit bezeichnen, ohne daß dieses Tempus durch ein Kopulaverb oder ein anderes (grammatisches) Mittel signalisiert wird, z. B.: *Przyniesiono nową książkę.* — Man hat ein neues Buch gebracht. / / Ein neues Buch wurde gebracht. / Ein neues Buch ist gebracht worden. / Es ist ein neues Buch gebracht worden.
Dabei behalten die so gebrauchten Verben alle ihre Rektionen, z. B.: mit Subjekt und finitem Verb:

Nauczyciel pochwalił w szkole Iwonkę;

unpersönlich, subjektlos:

Iwonkę pochwalono w szkole. — Man hat Iwonka in der Schule gelobt. / Iwonka wurde in der Schule gelobt. / Iwonka ist in der Schule gelobt worden.

ACHTUNG! Da es sich hier um eine subjektlose, unpersönliche Konstruktion handelt, kann der Ausführende der Handlung (Agens) weder als Subjekt, noch als Präpositionalobjekt, noch in einer anderen syntaktischen Funktion darin untergebracht werden. Dadurch unterscheidet sich diese Konstruktion von den in den Erläuterungen zu Lektion 30 behandelten Passivkonstruktionen, obgleich beide ein und dasselbe bedeuten können, wenn eben kein Agens in der Aussage enthalten ist und die Handlung im Präteritum steht, z. B.:

Przyniesiono już książkę. = Książka już została przyniesiona.

Die Formen auf *-no* bzw. *-to* werden daher nur dann gebraucht, wenn der Sprecher kein Agens angeben will oder kann. Bei der Bildung dieser Formen ist von den in den Erläuterungen zu Lektion 28 behandelten Passivpartizipien auszugehen (obgleich die Formen auf *-no* bzw. *-to* keine passivische, sondern aktivische Bedeutung haben, weshalb das Patiens, das direkte Objekt der Handlung, ja auch Akkusativobjekt bleibt und nicht — wie bei der Passivkonstruktion — zum Subjekt wird). Die Adjektivendung des Passivpartizips wird dabei durch *-o* ersetzt, z. B.:

(Infinitiv)	(Passivpartizip)	(unpersönliche Form)
usłyszeć	*usłyszany*	*usłyszano*
przynieść	*przyniesiony*	*przyniesiono*
zgłosić	*zgłoszony*	*zgłoszono*
pochwalić	*pochwalony*	*pochwalono*

złapać	*złapany*	*złapano*
odpowiedzieć	*(odpowiedziany)*	*odpowiedziano*
wysunąć	*wysunięty*	*wysunięto*
zacząć	*zaczęty*	*zaczęto*

Die Formen auf *-no* bzw. *-to* können von Verben beider Aspekte gebildet werden, z. B.:

(perfektiv)

Zbudowano tam nową szkołę. — Dort ist eine neue Schule gebaut worden. / Dort hat man eine neue Schule gebaut.

(imperfektiv)

Tam budowano wówczas nową szkołę. — Dort wurde damals (gerade) eine neue Schule gebaut. / Man hat dort damals (gerade) eine neue Schule gebaut. / Man war dort damals mit dem Bau einer neuen Schule beschäftigt. / Dort baute man damals gerade an einer neuen Schule.

Bei der späteren selbständigen Lektüre komplizierterer Texte wird der Lernende feststellen, daß die Formen auf *-no* bzw. *-to* auch von vielen Verben gebildet werden, zu denen gar kein Passivpartizip existiert, d. h. auch von intransitiven und reflexiven Verben, z. B.:

Interesowano się tą sprawą w całej Polsce. — Man interessierte sich in ganz Polen für diese Angelegenheit.

(Vgl. auch die Zeile *odpowiedzieć* in der oben gegebenen Aufstellung von Beispielen.)

Von solchen Verben sollte der Ausländer die Form auf *-no* bzw. *-to* nicht selbständig bilden, sondern sie nur gebrauchen, wenn er den Usus kennt, d. h., wenn ihm die Form bei Muttersprachlern tatsächlich begegnet ist, weil für den Ausländer eben nicht vorauszusehen ist, ob es die Form zu dem betreffenden Verb auch wirklich gibt.

△ Die Verben *(po)chwalić* und *zgłaszać/zgłosić* sind transitiv und reflexiv zu gebrauchen:

(po)chwalić + *Akk.obj.* — jmdn./etw. loben, rühmen
(po)chwalić się — sich loben, sich rühmen, sich brüsten
zgłaszać/zgłosić + *Akk.obj.* — jmdn./etw. (an)melden
zgłaszać się/zgłosić się — sich melden

△ **Temporalbestimmungen,** die **aus Grundzahlwort und Substantiv** bestehen, können — wie im Deutschen — die Funktion von direkten, präpositionslosen Akkusativobjekten haben, z. B.:

czekać jedną godzinę
żyć sto lat
mieszkać ... dwa lata
pracować trzy miesiące

Die folgenden Wendungen sind im Präsens ohne Kopula zu gebrauchen:

To prawda, że ... Es ist wahr, daß ... / Wahr ist, daß ... / Es stimmt, daß ...

To nieprawda, że ... Es ist nicht wahr, daß ... / Es stimmt nicht, daß ... / Es ist gelogen, daß ... / Es ist Lüge, daß ...

Czy to prawda, że ...? Ist (es) wahr, daß ... / Stimmt es, daß ... / Ist es die Wahrheit, daß ...

Übungen

I. Wandeln Sie die folgenden Sätze in unpersönliche Konstruktionen um!

1.
0. Dzieci czytały książkę.
1. Koleżanki oglądały telewizję.
2. Dzieci nazywały go nauczycielem.
3. Siostry opowiadały mi ten film.

0. Czytano książkę.
1. ... telewizję.
2. ... go nauczycielem.
3. ... mi ten film.

2.
0. Nauczyciel pochwalił dziś nowego ucznia.
1. Właściciel zgłosił tego konia do pierwszego wyścigu.
2. Brat poprosił go do telefonu.
3. Ktoś dzwonił do mnie wczoraj.

0. Pochwalono dziś nowego ucznia.
1. ... tego konia do pierwszego wyścigu.
2. ... go do telefonu.
3. ... do mnie wczoraj.

3.
0. Samochód zabił na ulicy psa.
1. Ktoś umył mi samochód.

0. Zabito na ulicy psa.
1. ... mi samochód.

II. Vervollständigen Sie die folgenden Sätze durch die entsprechenden Pluralformen des Wortes *zwierzę* und der in Klammern beigefügten Attribute!

1. Kot to zwierzę. Koń i pies to ... .
2. Lubię tylko (*duży*) ... ..., nie lubię (*mały*) ... .
3. Często rozmawiamy o (*wasz*) ... .
4. Od niedawna interesuję się (*to*) ... .
5. Zwykle ja daję jeść (*nasz*) ... .

III. Wandeln Sie die folgenden Sätze entsprechend dem Muster um!

0. a) Teraz można wygrać wyścigi.
   b) Wczoraj można było wygrać wyścigi.
   c) Jutro będzie można wygrać wyścigi.
1. a) Teraz można brać udział w wyścigach.
   b) Wczoraj ...
   c) Jutro ...
2. a) Teraz można pochwalić tego ucznia.
   b) Wczoraj ...
   c) Jutro ...

IV. Wandeln Sie die folgenden Sätze entsprechend dem Muster um!

0. Napisałem bratu adres na fotografii, żeby nie zapomniał.
   Napisałem bratu adres na fotografii, żeby nie mógł zapomnieć.
1. Zabieram ci książkę, żebyś nie podpowiadał.
   . . . .
2. Uczyłem się polskiego, żeby Polak mnie zrozumiał.
   . . . .
3. Jechałem szybko, żeby kolega zdążył na pociąg.
   . . . .

V. Wandeln Sie die folgenden Sätze entsprechend den vorangestellten Mustern um!

1.
0. Ten koń ma sześć lat.
1. Ten koń ma dziesięć lat.
2. To drzewo ma cztery lata.
3. To dziecko ma pięć lat.
4. Ten uczeń ma osiem lat.
5. Ta uczennica ma siedem lat.

0. To sześcioletni koń.
1. . . . .
2. . . . .
3. . . . .
4. . . . .
5. . . . .

2.
0. Chłopiec ma dwa lata.   0. To dwuletni chłopiec.
1. Dziewczynka ma dwa lata.   1. . . . .
2. Wino ma sto lat.   2. . . . .
3. Dziewczyna ma dwadzieścia lat.   3. . . . .

VI. Wiederholen Sie den folgenden Dialog und ersetzen Sie die hervorgehobenen Elemente durch die eingerahmten!

A. Jak długo będzie pan (pani) **w Chinach?**

Paryż; Anglia; Berlin; Niemcy; Stany Zjednoczone

B. Będę tam **trzy lata.**

dziesięć; dwa; pięć; cztery; dziewięć

42
Erläuterungen

AUSSPRACHE UND RECHTSCHREIBUNG

△ In *zoo* und *zoologiczny* ist *-oo-* als zwei kurze offene ‚o' zu sprechen, die so miteinander verschmelzen, daß zwischen ihnen keine Silbengrenze entsteht. Das erste dieser beiden *o* wird etwas stärker als das zweite akzentuiert.

△ *Trasa W-Z* wird *Trasa Wu-Zet* ausgesprochen.

WORTARTEN

△ Das **Präteritum der Verben für die 3. Person Plural** endet innerhalb der nicht-personalmaskulinen Kategorie bei allen drei Genera auf **-ły**, z. B.:
*Żubry dawniej ży***ły** *na wolności.*
*Małpy by***ły** *w dobrym humorze.*
*Dzieci się śmia***ły.**

*Lekarstwa by**ł**y w szafce.*
*Kobiety czeka**ł**y na przystanku.*
*Listy już by**ł**y na poczcie.*
*Książki sta**ł**y na półce.*

Wenn das Subjekt des Satzes der personalmaskulinen Kategorie angehört, endet das Präteritum der Verben für die 3. Person Plural auf *-li*. Merkmal der grammatischen Form für die personalmaskuline Kategorie ist also auch hier wieder die Erweichung eines ansonsten harten Konsonanten (*-ł-* → *-l-*). (Vgl. Erläuterungen zu Lektion 33, Wortarten, 2).

Beispiele:

*Panowie wróci**li** do domu.*
*Chłopcy się śmia**li**.*
*Państwo Kowalscy kupi**li** bilety.*
*Rodzice postanowi**li** pójść do zoo.*

Bei Verben, deren Infinitiv auf *-eć* auslautet, kommt es in Abhängigkeit von Härte bzw. Weichheit des nachfolgenden Konsonanten wieder zu dem bereits besprochenen Wechsel zwischen *-a-* und *-e-*. Das *-ć* im Infinitiv und das *-l-* im Präteritum für die 3. Pers. Pl. der personalmaskulinen Kategorie sind weich, und darum steht in diesen Formen *-e-* (s. unten links). Das *-ł-* im Präteritum für die 3. Pers. Pl. der nicht-personalmaskulinen Kategorie ist hart; darum steht *-a-* (s. unten rechts):

chcieć	— *chłopcy chcieli*	— *dziewczynki chciały*
powiedzieć	— *rodzice powiedzieli*	— *mamusie powiedziały*
obejrzeć	— *panowie obejrzeli*	— *dzieci obejrzały*
słyszeć	— *państwo słyszeli*	— *panie słyszały*
widzieć	— *mężczyźni widzieli*	— *kobiety widziały*

(Vgl. *wykipieć* und *wykipiało* in den Erläuterungen zu Lektion 22.)

△ **państwo Kowalscy**

Innerhalb derartiger Fügungen werden beide Elemente dekliniert und stehen dabei in dem Kasus, den die ganze Fügung ausdrücken soll:

Nom.	*Państwo Kowalscy poszli do zoo.*
Gen.	*Jest list do państwa Kowalskich.*
Dat.	*Pomagam państwu Kowalskim.*
Akk.	*Znamy państwa Kowalskich.*
Instr.	*Rozmawiamy z państwem Kowalskimi.*
Lok.	*Mówimy o państwu Kowalskich.*
Vok.	*Szanowni Państwo Kowalscy!* (Anrede)

Analog dazu in Verbindung mit einem substantivisch deklinierten Familiennamen:

Nom.	*państwo Nowakowie*
Gen.	*państwa Nowaków*
Dat.	*państwu Nowakom*
Akk.	*państwa Nowaków*
Instr.	*państwem Nowakami*
Lok.	*państwu Nowakach*
Vok.	*... Państwo Nowakowie!*

SATZBAU

△ Mit dem **Inifinitiv eines zweiten Verbs** können im Polnischen nicht nur Modalverben (z. B. *chcieć, musieć*), sondern — ähnlich wie im Deutschen — auch viele andere Verben stehen, z. B.:

Nowakowie poszli obejrzeć ... — Nowaks sind sich ... ansehen gegangen.
Kowalscy postanowili pójść ... — Kowalskis haben beschlossen, ... zu gehen. (Zum deutschen ‚zu' in diesem Beispiel vgl. Erläuterungen zu Lektion 18, Satzbau).

△ Das Adverb ***wolno*** kann — wie *można* in Lektion 12 und *trzeba* in Lektion 27 — in prädikativer Funktion gebraucht werden. Es bedeutet (zusammen mit einem Infinitiv) ‚Man darf ... (+ Infinitiv)', z. B.: *Tu wolno palić.* = Hier darf man rauchen. / Hier darf geraucht werden. (Vgl. auch die deutsche Wendung ‚Es steht jemandem frei ... + Infinitiv'.)

Ohne Kopulaverb hat die Verbindung aus *wolno* und dem Infinitiv Präsensbedeutung. Die anderen beiden Zeitformen werden — wie bei *można* und *trzeba* — durch die entsprechenden Formen von *być* gebildet.

Präteritum:
Wolno było tam oglądać ... = Man durfte sich dort ... ansehen.
Futur:
Wolno będzie też pójść ... = Man wird auch ... gehen dürfen.

In Lektion 12 wurde als Äquivalent zu den Konstruktionen mit **można** nicht nur ‚können', sondern auch ‚dürfen' angegeben. In der Bedeutung ‚dürfen' unterscheiden sich *można* und *wolno* folgendermaßen:

Konstruktionen mit *można* sind zu verwenden, wenn es um ‚dürfen' von den Umständen her, aus moralischer Sicht bzw. vom Standpunkt des guten Benehmens geht. (*Czy można o to poprosić nauczyciela?* = Kann man/Darf man den Lehrer darum bitten?)

Wolno ist dagegen zu gebrauchen, wenn es um eine (ausdrückliche) Erlaubnis, eine Genehmigung geht. Dementsprechend wird *nie wolno* + *Infinitiv* gebraucht, wenn ein (von Menschen gegebenes) Verbot vorliegt. (*Teraz wolno wszystko oglądać.* = ‚Jetzt darf man sich alles ansehen. — Das hat jetzt jemand erlaubt'.)

Personen, denen etwas erlaubt oder untersagt ist, können im Dativ hinzugefügt werden, z. B.:
Nie wolno nam tego pić! = Wir dürfen das nicht trinken.
Czy wolno nam oglądać telewizję? = Dürfen wir fernsehen?

ACHTUNG! Das Adjektiv *wolny* kann sowohl ‚frei' wie ‚langsam' bedeuten. Und die Wortform *wolno* kann — neben der hier besprochenen Funktion des modalen Impersonale zum Ausdruck von ‚dürfen' — auch die Bedeutung ‚langsam' als Adverb zu dem Adjektiv *wolny* in dieser Bedeutung haben, z. B.:
Proszę jechać wolno! ⎫ Bitte langsam fahren! / Fahr(t) bitte
Proszę wolno jechać! ⎭ langsam! / Fahren Sie bitte langsam!
aber:
Proszę, wolno jechać! = Bitte, wir/Sie können fahren. / Bitte, wir/Sie dürfen fahren. / Bitte, du darfst/Ihr dürft fahren.

In tatsächlich zweideutigen Fällen ist also aus dem Gesamtzusammenhang bzw. aus der Intonation zu entnehmen, was gemeint ist, z. B.:
*Wolno **jechać!*** (mit Betonung auf *jechać*) = Es darf gefahren werden. / Du darfst/wir dürfen/Ihr dürft/Sie dürfen fahren.

Wolno jechać! (mit Betonung auf *wolno*) = Langsam fahren!/ /Fahr/Fahrt (usw.) langsam!
Hat allerdings gerade kurz vorher jemand behauptet, es dürfe noch nicht gefahren werden, dann kann die Verbindung aus den genannten beiden Wörtern auch bei Betonung von *wolno* bedeuten: ‚(Nein, nein) es **darf** gefahren werden'.

Ein **direktes Objekt** (präpositionsloses Akkusativobjekt) wird nicht nur dann zu einem Genitivobjekt, wenn das dazugehörige transitive Verb in finiter Form verneint wird (*nie mam czasu, nie kupiłem butów*), sondern auch dann, wenn eine Modalkonstruktion verneint wird, die ein transitives Verb im Infinitiv enthält, z. B.:

Wolno karmić zwierzęta (Akk.), aber: *Nie wolno karmić zwierząt. (Gen.)*
Żubry (Akk.) można spotkać..., aber: *Żubrów (Gen.) nie można spotkać...*
Chciał obejrzeć niedźwiedzie (Akk.), aber: *Nie chciał obejrzeć niedźwiedzi.* (Gen.)

(Vgl. Erläuterungen zu Lektion 14 und *Nie mogę jeść tej zupy* in Lektion 16.)

△ Der deutschen Wendung ‚lachen über + Akk.' (auch ‚jmdn. auslachen' ‚sich über jmdn./etwas lustig machen') entspricht die polnische Konstruktion *śmiać się z* + ***Gen.***, z. B.:

Dzieci śmieją się z małp. = Die Kinder lachen über die Affen.
Dzieci rozmawiają o małpach. = Die Kinder unterhalten sich über die Affen.

△ Während das deutsche Adjektiv ‚ähnlich' sich mit dem präpositionslosen Dativ verbindet (jmdm. bzw. einem Ding ähnlich sein), steht nach dem polnischen Äquivalent ***podobny*** die Präposition ***do*** + ***Gen.***, z. B.:

*Ewa jest bardzo podobna **do** matki.* = Ewa ist (ihrer) Mutter sehr ähnlich.

△ In der Fügung ***podobny do swojej kuzynki krowy*** besteht zwischen *kuzynka* und *krowa* eine appositionelle Beziehung, d. h., beide Elemente bezeichnen ein und dasselbe, sind als Einheit aufzufassen und stehen immer beide im selben Kasus. (Vgl. *pałac króla Jana Sobieskiego*, Erläuterungen zu Lektion 13, Satzbau).

Übungen

I. Üben Sie entsprechend den vorangestellten Mustern!

1.
0. Rodzice chcieli pójść z dziećmi do zoo.
1. Rodzice mieli bilety do zoo.
2. Rodzice chcieli pokazać dzieciom żubry.
3. Rodzice musieli długo spacerować po zoo.
4. Rodzice musieli opowiadać dzieciom o żubrach.
5. Rodzice widzieli małpy.
6. Rodzice opowiedzieli dzieciom o żubrach.
7. Rodzice usłyszeli głos słonia.
8. Rodzice wiedzieli, że zwierząt karmić nie wolno.
9. Rodzice rozumieli, że zwierząt karmić nie wolno.

0. Dzieci chciały pójść do zoo.
1. Dzieci ... bilety do zoo.
2. Dzieci ... zobaczyć żubry.
3. Dzieci ... zobaczyć wszystkie zwierzęta.
4. Dzieci ... wszystko wiedzieć o żubrach.
5. Dzieci też ... małpy.
6. Dzieci ... rodzicom o lisach.
7. Dzieci też ... głos słonia.
8. Dzieci tego ... .
9. Dzieci tego nie ... .

2.
0. *A.* Czy dzieci chciały pójść do zoo?
   B. Tak, bardzo chciały.
   A. A rodzice?
   B. Rodzice też chcieli.
1. *A.* Czy dzieci cieszyły się, że idą do zoo?
   B. Tak, bardzo się ... .
   A. A rodzice?
   B. Rodzice też się ... .
2. *A.* Czy dzieci obejrzały wszystkie dzikie zwierzęta?
   B. Tak, ...
   A. A rodzice?
   B. Rodzice też ... .
3. *A.* Czy dzieci widziały lwy?
   B. Tak, ...
   A. A rodzice?
   B. Rodzice też ... .
4. *A.* Czy dzieci wróciły do domu późno?
   B. Tak, ... późno.
   A. A rodzice?
   B. Rodzice też ... późno.

3.
0. A. Co dzieci robiły w zoo?
   B. Oglądały żubry.
   A. Czy dorośli też oglądali żubry?
   B. Tak, dorośli też oglądali żubry.
1. A. Co dzieci robiły w zoo?
   B. ... (szukać) klatki z lisami.
   A. Czy dorośli też ... klatki z lisami?
   B. Tak, ...
2. A. Co dzieci robiły w zoo?
   B. ... (śmiać się), bo małe tygrysy bawiły się wesoło.
   A. Czy dorośli też ...?
   B. Tak, ...
3. A. Co dzieci robiły w zoo?
   B. ... (cieszyć się), bo małpy skakały wesoło.
   A. Czy dorośli też się ...?
   B. Nie, ...

4.
0. Dziewczynki spacerowały po zoo. A chłopcy?   0. Chłopcy też spacerowali po zoo.
1. Dziewczynki chciały karmić zwierzęta. A chłopcy?   1. . . . .
2. Dziewczynki zachwycały się słoniami. A chłopcy?   2. . . . .
3. Dziewczynki śmiały się, patrząc na małpy. A chłopcy?   3. . . . .
4. Dziewczynki obejrzały wszystkie zwierzęta i ptaki. A chłopcy?   4. . . . .
5. Dziewczynki widziały żubry. A chłopcy?   5. . . . .
6. Dziewczynki musiały wracać do domu. A chłopcy?   6. . . . .

5.
0. Żubr to wielkie zwierzę.   0. Żubry to wielkie zwierzęta.
1. Lis to piękne zwierzę.   1. . . . .
2. Tygrys to dzikie zwierzę.   2. . . . .
3. Wielbłąd to sympatyczne zwierzę.   3. . . . .
4. Małpa to wesołe zwierzę.   4. . . . .

6.
0. Co robiły lwy w zoo?
1. Co robiły tygrysy w zoo?
2. Co robiły lisy w zoo?
3. Co robiły małpy w zoo?
4. Co robiły wilki w zoo?
5. Co robiły niedźwiedzie w zoo?
6. Co robiły słonie w zoo?

0. — Leżały na skałach.
1. — ... (*spać*) w klatkach.
2. — ... (*biegać*) po klatkach.
3. — ... (*skakać*) wesoło.
4. — ... (*spacerować i nie zwracać uwagi*) na ludzi.
5. — ... (*chodzić*) po skałach.
6. — ... (*prosić*) o coś do jedzenia.

7.
0. Dzieci chciały karmić zwierzęta.
1. Dziewczynki chciały karmić słonie.
2. Chłopcy chcieli karmić niedźwiedzie.
3. Panie chciały karmić tygrysy.
4. Panowie chcieli karmić lwy.
5. Rodzice chcieli karmić wilki i lisy.

0. Zwierząt karmić nie wolno.
1. . . . .
2. . . . .
3. . . . .
4. . . . .
5. . . . .

8.
0. Kasia chce pójść do zoo, żeby zobaczyć dzikie zwierzęta i ptaki.
   Jeśli Kasia nie pójdzie do zoo, to nie zobaczy dzikich zwierząt i ptaków.
1. Kasia chce pójść do zoo, żeby zobaczyć żubry i słonie.
   Jeśli Kasia nie pójdzie do zoo, ...
2. Jacek chce pójść do zoo, żeby zobaczyć lwy i tygrysy.
   Jeśli . . . .
3. Kasia chce pójść do zoo, żeby zobaczyć niedźwiedzie i wilki.
   . . . .
4. Jacek chce pójść do zoo, żeby zobaczyć małpy i lisy.
   . . . .

II. Wiederholen Sie den folgenden Dialog und ersetzen Sie dabei die hervorgehobenen Elemente durch die entsprechenden Formen der eingerahmten!

1.
A. Jacku, czy **żubry** to ładne zwierzęta?
B. Bardzo ładne.
A. Gdzie je widziałeś?
B. W zoo.
A. A ja jeszcze nie byłam w zoo i nie widziałam **żubrów**.

tygrys; lew; wielbłąd; żyrafa; foka; małpa; słoń; niedźwiedź

2.
A. Dlaczego Jacek lubi wieś?
B. Lubi wieś, bo są tam **krowy i kury**. Jacek lubi zwierzęta i ptaki domowe.

> koń i gęś; owca i kaczka; baran i kogut

3.
A. Jacek nie lubi miasta, bo w mieście nie ma **krów i koni**.
B. Ale w mieście są psy i koty.
A. Jacek nie lubi ani psów, ani kotów.

> owca i baran; kaczka i gęś; kura i kogut

4.
A. Kupiłem Jackowi nową zabawkę.
B. Jaką?
A. Kupiłem mu **konia**. Jacek lubi **konie**.

> owca i baran; kogut i kura; gęś i kaczka; krowa i byk

III. Vervollständigen Sie die folgenden Dialoge durch die entsprechenden Pluralformen der nebenstehenden Begriffe!

1.
A. Co robi Jacek?
B. Karmi swoje zabawki: ...
   ....

> koń, krowa, owca, kura, kogut, gęś, i kaczka

A. A co robi Kasia?
B. Karmi ... i ....

> pies — kot

2.
A. W niedzielę musimy pójść do zoo, bo Kasia chce zobaczyć ...
   ....
B. Nie widziała jeszcze .....
   ....
A. Widziała je tylko w telewizji.

> lew, żubr, tygrys, słoń, niedźwiedź, małpa i żyrafa

IV. Beantworten Sie die folgenden Fragen!

1. Dokąd postanowili pójść państwo Kowalscy?
2. Gdzie państwo Kowalscy kupili bilety?
3. Czy w warszawskim zoo są żubry?
4. Czy żubry żyją w Polsce na wolności?

5. Gdzie można je zobaczyć?
6. Jak wygląda żubr?
7. Jakie dzikie zwierzęta obejrzeli państwo Kowalscy w zoo?
8. Czy w zoo wolno karmić zwierzęta?
9. Co jeszcze chciał zobaczyć Jacek?

V. Vervollständigen Sie den folgenden Text, indem Sie von den in Klammern eingefügten Verben die entsprechenden Pluralformen des Präteritums bilden!

Państwo Kowalscy i państwo Nowakowie już od dawna ... (*wybierać się*) do zoo. Wreszcie w niedzielę ... (*wybrać się*) do zoo, oczywiście razem z dziećmi. Dzieci bardzo ... (*chcieć*) zobaczyć zwierzęta i z radością ... (*pójść*) do zoo. Rodzice ... (*kupić*) w kasie bilety i po chwili ... (*oglądać*) razem z dziećmi żubry, słonie, lwy, tygrysy i małpy. Dzieci ... (*mieć*) ochotę karmić zwierzęta, ale rodzice ... (*wytłumaczyć*) im, że zwierząt karmić nie wolno. Rodzice i dzieci długo ... (*spacerować*) po zoo i ... (*obejrzeć*) wszystkie zwierzęta i ptaki. Dzieci ... (*wrócić*) do domu bardzo zadowolone z wycieczki.

43
Erläuterungen

AUSSPRACHE UND RECHTSCHREIBUNG

△ In den **Vergangenheitsformen der Verben** für die 1. und die 2. Person Plural wird die drittletzte Silbe betont, z. B.:

byliśmy, byliście
chodziliśmy, chodziliście

Für die Betonung der **Formen des Konditionals** gilt:

a) In den Formen für den Singular und in denen für die 3. Person Plural ist die drittletzte Silbe zu betonen, z. B.:

chodziłbym, chodziłabyś, chodziłoby
chodziliby, chodziłyby

b) In den Formen für die 1. und 2. Person Plural wird die viertletzte Silbe betont, z. B.:

chodziłybyśmy, chodzilibyście

Geht man davon aus, daß im Prinzip die vorletzte Silbe polnischer Wörter betont wird, lassen sich die vorstehenden Regeln zu dem folgenden Hinweis zusammenfassen:

Die Konjunktivpartikel *-by* sowie die Personalendungen *-śmy* und *-ście* zählen bei der Ermittlung der zu betonenden Silbe nicht mit (s. a. Erläuterungen zu Lektion 25).

WORTARTEN

△ **Formen des Präteritums** (vgl. Erläuterungen zu Lektion 8, Wortarten — das Präteritum zu *być* und Lektion 42)

	Singular			Plural	
	maskulin	feminin	neutral	nicht-pers.mask.	pers.mask.
1.	*spotkałem*	*spotkałam*	—	*spotkałyśmy*	*spotkaliśmy*
2.	*spotkałeś*	*spotkałaś*	—	*spotkałyście*	*spotkaliście*
3.	*spotkał*	*spotkała*	*spotkało*	*spotkały*	*spotkali*

△ **Formen des Konjunktivs** (vgl. Erläuterungen zu Lektion 25)

	Singular			Plural	
	maskulin	feminin	neutral	nicht-pers.mask.	pers.mask.
1.	*spotkałbym*	*spotkałabym*	—	*spotkałybyśmy*	*spotkalibyśmy*
2.	*spotkałbyś*	*spotkałabyś*	—	*spotkałybyście*	*spotkalibyście*
3.	*spotkałby*	*spotkałaby*	*spotkałoby*	*spotkałyby*	*spotkaliby*

Bei den Formen des Präteritums und denen des Konjunktivs ist besonders auf die Differenzierung zu achten, die es im Deutschen nicht gibt:
— im Singular nach dem Genus
— im Plural nach der personalmaskulinen und der nicht-personalmaskulinen Kategorie.

Für die selbständige Bildung solcher Formen ist zu merken: Man geht von den entsprechenden Formen des Präteritums aus und fügt die Partikel *by-* zwischen dem Signal für Genus bzw. Numerus und der Personalendung ein, z. B.:

Indikativ Präteritum	Konjunktiv
spotka-ł-a-m ↑	spotka-ł-a-**by**-m
zasta-l-i-śmy ↑	zasta-l-i-**by**-śmy
powiedzia-ł-(e)ś ↑	powiedzia-ł-**by**-ś
czyta-ł-y-ø ↑	czyta-ł-y-**by**

△ Zur Verwendung des Adjektivs *zmęczony* in dem Satz ... *i wraca do domu bardzo zmęczony* vgl. noch einmal die Erläuterungen zu Lektion 36, Adverbialattribute — Achtung!

△ Die vorliegende Lektion enthält mehrere Verben, die sich in bereits angebotene Aspektpaar-Reihen einfügen lassen. Ein Zuordnen dieser Verben zu den entsprechenden Reihen wird es dem Lernenden sicher erleichtern, sich die Bedeutungen und die Formen der neuen Verben zu merken:

zu *zajrzeć* s. (*-glądać*) (*-jrzeć*) in den Erläuterungen zu Lektion 39,
zu *przyjmować* s. (*-jmować*) (*-jąć*) in den Erläuterungen zu Lektion 37,
zu *umówić się* s. (*-mawiać*) (*-mówić*) in den Erläuterungen zu Lektion 36.

SATZBAU

△ Wenn man von sich selbst spricht, sich jemandem vorstellt oder sich am Telefon meldet, nennt man seinen Namen, ohne davor die Begriffe *pan, pani* bzw. *panna* zu gebrauchen, z. B.:

Jestem Nowak. — Ich bin/heiße Nowak. / Nowak mein Name. /
/ Mein Name ist Nowak.
(am Telefon)
Tu mówi Nowakowa. — Hier ist/spricht Nowak. / Nowak (hier).

△ Zur Beantwortung der Frage Wann? werden die Bezeichnungen für die **Monate** und die der **Wochentage** verschieden gebraucht:

Monate: *w* + *Lokativ*, z. B.:
w listopadzie — im November
w lipcu — im Juli

Wochentage: *w* + *Akkusativ*, z. B.:
w czwartek — am Donnerstag
w sobotę — am Sonnabend

Den im Deutschen klein geschriebenen Formen der Bezeichnungen für die Wochentage auf -s entspricht im Polonischen die Konstruktion *w* + *Akkusativ Plural*, z. B.:
w środy — mittwochs
w piątki — freitags

Es handelt sich hier um dieselbe Struktur wie im Singular — *w piątek* = am Freitag; *w piątki* = an (den) Freitagen = freitags.

ACHTUNG! Vor einigen Substantiven, die mit mehreren Konsonanten beginnen, wird *w* auch hier zu *we* erweitert, z. B.:
we wtorek, we wrześniu

△ zu **zastać** am Telefon

Nach dem polnischen Sprachusus kann man auch per Telefon jemanden „antreffen" (= erreichen), so daß das Verb *zastać* auch für die Frage nach der Anwesenheit oder Erreichbarkeit von Personen, die man am Telefon zu sprechen wünscht, gebraucht wird. Das Schema dafür ist: *Czy zastałem (mask.) bzw. Czy zastałam (fem.)* + *Akkusativ der Person*, die man zu sprechen wünscht, z. B.:
Czy zastałem panią Kowalską? = (wörtl.) Habe ich Frau K. erreicht? = Ist Frau K. da / zu sprechen? = Könnte ich Frau K. einmal sprechen?
Czy zastałam pana doktora Nowaka? = Könnte ich Herrn Dr. N. bitte einmal sprechen?

△ **wpaść do** + Gen.

In der Bedeutung 'vorbeischauen bei/hineinsehen zu/einen kurzen Besuch machen bei ...' verbindet sich *wpaść* mit der Präposition *do* + Gen., z. B.:
Muszę dziś wpaść do Ewy. — Ich muß heute (mal) bei Ewa (mit) vorbeischauen.
Wpadnę jutro do ciebie. — Ich komme (= Futur) morgen mal bei dir vorbei.
Chciałabym jeszcze wpaść do szkoły. — Ich möchte noch (schnell mal) in der Schule vorbeischauen.

△ *cieszyć się*

Dieses Verb geht je nach Bedeutung verschiedene Verbindungen ein:
a) sich freuen, daß ... — *cieszyć się, że* ...
b) sich freuen über (+Akk.) — *cieszyć się z (+Gen.)*
c) *sich erfreuen an (+* Dat.) = genießen (z. B. Musik) — *cieszyć się + Instr.*
d) sich erfreuen (+ Gen.) (z. B. eines guten Rufes, großer Autorität, großen Ansehens) — *cieszyć się + Instr.*

Der perfektive Aspekt ist *ucieszyć się*. Dieses Verb ist (wie *chwalić* und *głosić* in Lektion 41) transitiv und reflexiv zu gebrauchen, z. B.:

(reflexiv)
Cieszę się, że przyszłaś. — Ich freue mich, daß du gekommen bist.

(transitiv)
Cieszy nas (= Akk.) bardzo, że pani przyszła. — Uns freut sehr, daß Sie gekommen sind.

Übungen

I. Vervollständigen Sie die folgenden Sätze entsprechend den vorangestellten Mustern!

1.
0. To można było zrobić.

1. Można było tam spotkać profesora.
2. Można było zostać w górach dłużej.
3. Można było porozmawiać z tym aktorem.

0. Oni to zrobili, ale one tego nie zrobiły.

1. Oni go ..., ale one go nie ... .
2. One ..., ale oni nie ... .
3. Oni z nim ..., ale one nie ... .

2.
0. Można było wziąć inną książkę.

1. Można było zacząć nową pracę.
2. Można było zaraz zasnąć.
3. Można było stanąć bliżej.

0. Oni wzięli i one też wzięły.

1. Oni ... i one też ... .
2. One ... i oni też ... .
3. Oni ... i one też ... .

3.
0. Trzeba było mieć więcej czasu.
1. Trzeba było o tym powiedzieć profesorowi.
2. Trzeba było patrzeć na prawo.
3. Trzeba było umieć liczyć.

0. Oni mieli, ale one nie miały.
1. Oni ..., ale one nie ....
2. One ..., ale oni nie ....
3. One ..., ale oni nie ....

II. Vervollständigen Sie dem Muster entsprechend die folgenden Sätze; verwenden Sie dazu die entsprechenden Formen der hervorgehobenen Elemente und der eingeklammerten Verben!

0. **Mąż** już **wyjechał.**
1. **Syn spał** wieczorem.
2. **Pasażer czekał** na przystanku.
3. **Uczeń zachorował.**

0. **Mężowie** już **wyjechali.** Żony spotkały się bez **mężów.**
1. ...... wieczorem.
   Matki ... (*spacerować*) bez ....
2. ...... na przystanku.
   Autobusy ... (*pojechać*) bez ....
3. ....
   W klasie nie było ....

III. Wandeln Sie die folgenden Sätze entsprechend dem Muster um!

0. Może wpadniecie do nas?
1. Może spotkamy się przed kinem?
2. Może umówimy się w parku?
3. Może obejrzymy film w telewizji?

0. Może wpadlibyście do nas?
1. . . . . ?
2. . . . . ?
3. . . . . ?

IV. Wandeln Sie die folgenden Sätze entsprechend dem Muster um!

0. Czy spotkamy się jutro?
1. Czy przyjdziecie do nas wieczorem?
2. Czy napiszecie do nas list?
3. Czy kupimy mu tę książkę?
4. Czy włożymy nowe ubrania?

0. Czy możemy się spotkać jutro?
   Czy moglibyśmy się spotkać jutro?
1. . . . . ?
   . . . . ?
2. . . . . ?
   . . . . ?
3. . . . . ?
   . . . . ?
4. . . . . ?
   . . . . ?

V. Bilden Sie nach dem vorangestellten Muster Sätze!

0. a. Słuchaj, co ona mówi!
   b. My też słuchajmy!
   c. I wy słuchajcie!
1. a. Ciesz się, że tam będziesz!
   b. . . . . !
   c. . . . . !
2. a. Spotkaj się z kolegami!
   b. . . . . !
   c. . . . . !
3. a. Zajrzyj do księgarni!
   b. . . . . !
   c. . . . . !
4. a. Gotuj razem z nami!
   b. . . . . !
   c. . . . . !

VI. Wiederholen Sie den folgenden Dialog mit den nebenstehenden Angaben!

A. Którego dzisiaj mamy?
B. Dzisiaj jest **siódmego maja 1992** roku.
A. A jaki jest dzisiaj dzień?
B. Dzisiaj jest **sobota**.

11 XI 1918; 15 II 1993; 22 VIII 1994; 9 V 1945; 1 IX 1939

poniedziałek; czwartek; piątek; środa; niedziela; wtorek

VII. Geben Sie das Lesestück aus Lektion 43 (mündlich oder schriftlich) wieder, ohne die Form des Dialogs zu verwenden!

Muster: Jacek powiedział mamie, że dzwoni do niej mama Kasi.

VIII. Vervollständigen Sie die folgenden Sätze durch die richtigen Präpositionen und Formen der Bezeichnungen für die Wochentage!

1. Przyjdę do ciebie . . . .
2. Spotkamy się . . . .
3. Czy masz czas . . . . . . ?
4. Gdzie byłeś . . . . . . ?
5. . . . . . . idziemy do teatru.
6. . . . . . . będzie koncert w Filharmonii.
7. . . . . . . wyjeżdżamy na wakacje.

w, we	poniedziałek wtorek środa czwartek piątek sobota niedziela

44
Erläuterungen

AUSSPRACHE UND RECHTSCHREIBUNG

△ Die **Bezeichnungen für die Feste und Feiertage** gelten als Eigennamen und werden daher mit großem Anfangsbuchstaben geschrieben, z. B.:

Boże Narodzenie	— Weihnacht(en)
Wielkanoc	— Ostern
Zielone Świątki	— Pfingsten
Nowy Rok	— Neujahr(stag) — im Gegensatz zu *nowy rok* = ein neues/das neue Jahr

△ In den Fügungen *na wieś, na wsi* und *we wsi* (s. unter Syntax) werden Präposition und Substantiv jeweils als Einheit artikuliert, wobei der Wortakzent immer auf der Präposition liegt.

WORTARTEN

△ Die Substantive *wakacje, ferie* und *wczasy* sind Pluraliatantum (mit allen syntaktischen Konsequenzen — vgl. Erläuterungen zu Lektion 5, Wortarten). Sie werden folgendermaßen dekliniert:

Nom.	*wakacje*	*ferie*	*wczasy*
Gen.	*wakacji*	*ferii*	*wczasów*
Dat.	*wakacjom*	*feriom*	*wczasom*
Akk.	*wakacje*	*ferie*	*wczasy*
Instr.	*wakacjami*	*feriami*	*wczasami*
Lok.	*wakacjach*	*feriach*	*wczasach*
Vok.	=Nominativ		

△ Zur Deklination der o. g. **Bezeichnungen für Feste und Feiertage**

Nom.	*Boże* (Adj. neutr.)	*Narodzenie* (Subst. neutr.)
Gen.	*Bożego*	*Narodzenia* usw.

Bei *Wielkanoc* sind Adjektiv und Substantiv (fem.) miteinander verschmolzen:

Nom.	*Wielkanoc*
Gen.	*Wielkanocy* oder: *Wielkiejnocy*

Das polnische Äquivalent zu 'Pfingsten' ist eine Pluralform:

Nom.	*Zielone Świątki*
Gen.	*Zielonych Świątek* usw.
Nom.	*Nowy Rok*
Gen.	*Nowego Roku* usw.

△ In der Bedeutung 'Fußgänger' ist **pieszy** ein substantiviertes Adjektiv, das auch in dieser Funktion adjektivisch dekliniert wird. (Vgl. *znajomy* in Erläuterungen zu Lektion 31.)

SATZBAU

△ Bildung von **Lokalbestimmungen** mit Hilfe von Substantiven aus der vorliegenden Lektion und verschiedenen Präpositionen:

(Wohin?)	(Wo?)	(Woher?)
jechać na + Akk.	**być na** + Lok.	**wracać z** + Gen.
na wczasy	*na wczasach*	*z wczasów*
na ferie	—[3]	*z ferii*
na wakacje	*na wakacjach*	*z wakacji*
na święta	—[4]	*ze świąt*
na narty[1]/[2]	*na nartach*[2]	*z nart*[2]
na wycieczkę	*na wycieczce*	*z wycieczki*
na wieś	*na wsi*	*ze wsi*
na urlop	*na urlopie*	*z urlopu*

---

[1] *Merke:*
jechać/pojechać na narty — in einen/den Ski-Urlaub fahren / zu einem Ski-Urlaub irgendwohin fahren / zum Ski-Laufen irgendwohin fahren
jechać/pojechać na nartach ... — auf Skiern irgendwohin fahren
jeździć/pojeździć na nartach — Ski laufen/fahren (können)
jeździć/ — na nartach ... — immer wieder/oft/ab und an/regelmäßig auf Skiern irgendwohin fahren (und zurückkommen)
(Vgl. *iść* und *chodzić* in Lektionen 13 und 14.) Eine Aspektpaar-Reihe der polnischen Äquivalente zu ‚(-)fahren' folgt in den Erläuterungen zu Lektion 45.
[2] Nur in der Bedeutung ‚Ski-Urlaub, -Aufenthalt'.
[3] Ersatzform: *na wakacjach.*
[4] Ersatzformen: *spędzać święta* + Ortsangabe / *pojechał* (*-a* usw.) *na święta* + Ortsangabe.

aber:

jechać w góry	*być w górach*	*wracać z gór*
nad morze	*nad morzem*	*znad morza*[1]
(= Akk.)	*nad jeziorem*	*znad jeziora*
jechać/iść	*nad rzeką*	*znad rzeki*
nad jezioro		
nad rzekę		

△ Zur Verwendung der **Adjektive bzw. Partizipien als Adverbialattribute** in den Sätzen *Wróciłyśmy zadowolone i wypoczęte* und *Wrócili też zadowoleni i wypoczęci* siehe Erläuterungen zu Lektion 36 (Adverbialattribute) und Lektion 39 (Nom. Pl. der Adjektive).

Übungen

I. Bilden Sie nach den vorangestellten Mustern Sätze!

1.
0. Pani Anna chce pojechać nad morze.
Pani Anna pojedzie nad morze.

1. Państwo Nowakowie chcą pojechać ... (*jezioro*)
   ....
2. Dzieci chciałyby pojechać ... (*Wisła*)
   ....
3. Chłopcy chcieliby pojechać ... (*Morze Czarne*)
   ....
4. Ewa i Marta chciałyby pojechać ... (*Bałtyk*)
   ....
5. Dorota i Marek chcieliby pojechać ... (*rzeka*)
   ....

---

[1] Es gibt im Polnischen mehrere Verschmelzungen von jeweils zwei Präpositionen, z. B.: *znad* (eigentlich: von oberhalb ... her/ab/), *spod* (von unter ... hervor), *zza* (von hinter ... hervor) usw. Derartige Kombinationen regieren immer den Kasus, mit dem die erste der beiden verschmolzenen Präpositionen einzeln steht. In dem vorliegenden Beispiel handelt es sich um die Präposition *z* + Gen. in der Bedeutung ‚von ... herunter', ‚aus ... heraus'.

2.
0. A. Czy pojedziemy w tym roku nad morze?
   B. Tak. Będziemy nad morzem całe lato.
1. A. Czy pojedziemy w tym roku nad jezioro?
   B. Tak. Będziemy ... dwa miesiące.
2. A. Czy pojedziemy jutro nad Wisłę?
   B. Tak. Będziemy ... cały dzień.
3. A. Czy pojedziemy latem nad Morze Czarne?
   B. Tak. Będziemy ... cały miesiąc.
4. A. Czy pojedziemy w sierpniu nad jeziora?
   B. Tak. Będziemy ... dwa tygodnie.

3.
0. Państwo Nowakowie spędzają urlop nad jeziorem.
   Urlop nad jeziorem jest bardzo przyjemny.
1. Państwo Kowalscy spędzają urlop ... (*góry*)
   . . . .
2. Dzieci spędzają wakacje ... (*wieś*)
   . . . .
3. Chłopcy spędzają niedzielę ... (*wycieczka*)
   . . . .
4. Studenci spędzają wakacje ... (*morze*)
   . . . .
5. Dziewczęta spędzają popołudnie ... (*Wisła*)
   . . . .

4.
0. A. Czy moglibyśmy pojechać zimą w góry?
   B. Chętnie. Dawno nie byłam w górach.
1. A. Czy moglibyście pojechać z nami w tym roku na narty?
   B. . . . .
2. A. Czy mogłabyś pójść ze mną w góry?
   B. . . . .
3. A. Czy mógłbyś wybrać się ze mną na wycieczkę?
   B. . . . .
4. A. Czy moglibyście pojechać z nami w Tatry?
   B. . . . .

5.
0. Zimą wybieramy się w góry. Chcemy pojeździć na nartach.
   Zimą wybieramy się w góry, żeby pojeździć na nartach.
1. Latem wybieramy się w góry. Chcemy robić piesze wycieczki po górach.
   . . . .

2. W lipcu wybieramy się nad jezioro. Chcemy popływać kajakiem.
   . . . .
3. Zimą wybieramy się w Tatry. Chcemy pojeździć na sankach.
   . . . .
4. Latem wybieramy się nad morze. Chcemy się kąpać i opalać.
   . . . .
5. W niedzielę wybieramy się nad Wisłę. Chcemy popływać łódką.
   . . . .

6.
0. Pani Anna chce spędzić urlop nad morzem.
   Pani Anna pojedzie na urlop nad morze.
1. Basia chce spędzić wakacje nad jeziorem.
   . . . .
2. Jurek chce spędzić ferie zimowe w górach.
   . . . .
3. Pani Danuta chce spędzić Wielkanoc w Zakopanem.
   . . . .
4. Pan Leszek chce spędzić Boże Narodzenie w Karpaczu.
   . . . .
5. Dzieci chcą spędzić niedzielę za miastem nad rzeką.
   . . . .

7.
0. Państwo Nowakowie są na urlopie.   0. Państwo Nowakowie wrócą z urlopu za parę dni.
1. Dzieci są na wakacjach.   1. . . . .
2. Jurek jest na wczasach.   2. . . . .
3. Kasia jest na wycieczce.   3. . . . .
4. Anna jest na nartach.   4. . . . .

II. Beantworten Sie die Fragen und vervollständigen Sie die Dialoge durch entsprechende Formen der eingerahmten Elemente bzw. passende Verbindungen mit diesen Elementen!

1.
A. Dokąd chciałby pan pojechać latem?
B. . . . .   morze; Morze Czarne; jezioro; jeziora

2.
A. Gdzie chciałaby pani spędzić lato?
B. . . . .

> morze; Morze Czarne; Bałtyk; jezioro; jeziora

3.
A. Gdzie spędziłeś urlop?
B. Byłem dwa tygodnie ... .
A. Bardzo ładnie się opaliłeś.

> góry; Tatry

4.
A. Chciałabym, żebyś się nauczyła jeździć ... .
B. Na pewno się nauczę. Przecież jedziemy zimą ...! Kupię sobie ... i będę się uczyła jeździć.

> narty
>
> góry — narty

5.
A. Może państwo pojechaliby z nami na wakacje?
B. A dokąd się państwo wybierają?
A. Wybieramy się ... .

> morze; góry; jeziora; Tatry; Bałtyk

6.
A. Dokąd wybierzemy się na święta?
B. Chciałabym pojechać ... . Dawno nie byłam ... .

> góry — narty; góry

7.
A. Czy moglibyśmy w tym roku kupić kajak albo łódź?
B. Na pewno kupimy. Przecież mamy spędzić urlop ... albo ... , albo ... .
A. Będziemy całymi dniami pływali ... albo ... po morzu.
B. Albo ... .

> morze — jezioro — rzeka
>
> kajak — łódka; jezioro

III. Wiederholen Sie die folgenden Dialoge und ersetzen Sie die hervorgehobenen Elemente durch die entsprechenden Formen der eingerahmten!

1.
A. Ewa i Marek pojechali **na urlop pierwszego czerwca.**
B. Kiedy wrócili **z urlopu?**
A. Po miesiącu. **Trzydziestego czerwca.**

> wakacje — 2 VII — 2 VIII; ferie zimowe — 22 I — 22 II

2.
A. Jeżeli nie będę miała dużo egzaminów, to pojadę **na święta** do domu.
B. Powinnaś pojechać i wypocząć. A kiedy wróciłabyś?
A. Wróciłabym w przyszłym tygodniu **we wtorek.**

> Boże Narodzenie; Wielkanoc; niedziela

> poniedziałek; środa; czwartek

IV. Bilden Sie entsprechend dem vorangestellten Muster Sätze!

0. Dziewczęta wróciły z nart bardzo zmęczone.
   Chłopcy wrócili z nart bardzo zmęczeni.
1. Anna i Danusia wróciły z wczasów bardzo zadowolone.
   Janek i Lech . . . .
2. Kasia i Dorotka wróciły z wakacji bardzo opalone.
   Jacek i Wojtek . . . .
3. Panie wróciły od fryzjera modnie uczesane.
   Panowie . . . . ładnie . . . . . (*ostrzyżony i ogolony*).

V. Wiederholen Sie die folgenden Dialoge, ersetzen Sie die hervorgehobenen Elemente durch die eingerahmten und wandeln Sie die Formen der Partizipien (Dialog 1) bzw. der Partizipien und Verben (Dialoge 2 und 3) entsprechend ab!

1.
A. **Ewa i Zofia** są bardzo *zmęczone* i źle wyglądają.
B. Dobrze, że niedługo pójdą na urlop.
A. Bardzo dobrze. Z urlopu wrócą *wypoczęte* i *pięknie opalone.*

> Jurek i Romek; rodzice; nasze mamy; pan Jan i pan Lech; nasze dzieci

2.
A. Już **pan** *wrócił* z urlopu?
B. Tak, *byłem* w górach dwa tygodnie.
A. Chyba **pan** świetnie *wypoczął?*
   Wygląda **pan** bardzo dobrze.
B. Tak. *Jestem wypoczęty* i *zadowolony* z urlopu.

> pani; państwo; panie; panowie

3.
A. **Romku,** dlaczego tak wcześnie *wróciłeś* z wakacji? Nie jesteś ani *wypoczęty,* ani *opalony!*
B. *Musiałem* wrócić wcześniej. Chcę zdać w tym roku egzamin dyplomowy. Będę się *uczył* przez cały sierpień i wrzesień.

> Ewa; Jurek; Maria; Basia; Wojtek

VI. Beantworten Sie die folgenden Fragen!
1. Jaka dziś jest pogoda?
   a. (Świeci słońce i nie pada deszcz.)
   b. (Nie ma słońca i pada deszcz.)
2. Jak spędzamy czas nad morzem?
3. Jak spędzamy czas w górach?
4. Jak spędzamy czas nad jeziorami?

VII. Vervollständigen Sie den folgenden Text!

1.
Zofia i Ewa pojechały... urlop w lipcu. (*31 VII*) wróciły... urlopu. Spędziły one cały miesiąc... morzem. Pogoda była piękna, przez cały czas... słońce i ani razu nie... deszcz. Zofia i Ewa codziennie... (*chodzić*)... plażę,... (*opalać się — opalić się*),... (*kąpać się — wykąpać się*) i pływały. Zofia i Ewa ładnie... (*opalać się — opalić się*)... morzem i... (*wracać — wrócić*) do Warszawy zadowolone i wypoczęte. Urlop nad... był bardzo udany. Teraz Zofia i Ewa na pewno co roku... (*jeździć — pojechać*)... urlop... morze.

2.
Jurek i Romek nie lubią morza i pojechali... wakacje... góry. ...(*brać — wziąć*) namiot i plecaki. Codziennie... (*robić — zrobić*) długie piesze wycieczki. Ale pogoda... górach nie była przez cały czas ładna. Czasami... deszcz i było bardzo zimno. Chłopcy jednak dobrze... (*wypoczywać — wypocząć*) i... (*wracać — wrócić*)... wakacji zadowoleni i wypoczęci. A... następne wakacje Jurek i Romek nie... (*jechać — pojechać*) już... góry, ale... Pojezierze Mazurskie,... jeziora.

45
Erläuterungen

AUSSPRACHE UND RECHTSCHREIBUNG

△ Zur Betonung von *gimnastyka* und *turystyka* s. noch einmal Erläuterungen zu Lektion 19.

WORTARTEN

△ **Substantive,** die im Nominativ Singular **auf -ę** auslauten und etwas anderes als noch nicht erwachsene Menschen oder (Jung-)Tiere bezeichnen, gehören (wie diese) zum Neutrum, werden aber folgendermaßen dekliniert:

	Singular	Plural
Nom.	*ramię*	*ramiona*
Gen.	*ramienia*	*ramion*
Dat.	*ramieniu*	*ramionom*
Akk.	*ramię*	*ramiona*
Instr.	*ramieniem*	*ramionami*
Lok.	*ramieniu*	*ramionach*

(Vgl. hiermit die Deklination von *zwierzę* und *niemowlę* in den Erläuterungen zu Lektion 27)

△ Beim Substantiv *tydzień* kommt es in allen Kasus außer dem Nominativ und dem Akkusativ Singular zu einer Stammerweiterung. Die Kasusendungen sind dieselben wie bei *dzień* (mit Ausnahme des Nominativ Plural, der bei *dzień* zwei, bei *tydzień* aber nur eine Form hat):

	Singular	Plural
Nom.	*tydzień*	*tygodnie*
Gen.	*tygodnia*	*tygodni*
Dat.	*tygodniowi*	*tygodniom*
Akk.	*tydzień*	*tygodnie*
Instr.	*tygodniem*	*tygodniami*
Lok.	*tygodniu*	*tygodniach*

△ Die polnischen Äquivalente zu ‚beide' funktionieren wie die jeweils gleich auslautenden Entsprechungen zu ‚zwei' (s. Erläuterungen zu Lektion 34, *dwaj, dwa, dwie* ...):

personalmaskulin:
Obaj panowie (są/byli/będą ...)
nicht-personalmaskulin und neutral:
Oba pokoje/konie/okna (są/były/będą ...)
feminin:
Obie koleżanki/krowy/książki/nogi/ręce (są/były/będą ...)

Wie das deutsche ‚beide' werden seine polnischen Äquivalente nur dann gebraucht, wenn überhaupt nur von insgesamt zwei Personen oder Dingen die Rede sein kann (also in der Bedeutung ‚alle zwei' bzw. ‚der eine und der andere').

Die Deklination:

	personal-maskulin	nicht-pers.-maskulin und neutral	feminin
Nom.	obaj	oba	obie
Gen.	obu	obu	obu
Dat.	obu	obu	obu
Akk.	obu	oba	obie
Instr.	obu/oboma	obu/oboma	obu/obiema
Lok.	obu	obu	obu
Vok.	obaj	oba	obie

△ Zum Gebrauch der Doppel-Zeitwörter *iść* und *chodzić* sowie *jechać* und *jeździć* vgl. noch einmal die entsprechenden Ausführungen in den Erläuterungen zu den Lektionen 13, 14 und 35.

Die Aspektpaar-Reihe zu ‚(-)fahren/(-gefahren) kommen':

a) ohne Bedeutungsspezifikation durch Präfixe:

(„nicht zielgerichtet")		(„zielgerichtet")	
(imperfektiv)	(perfektiv)	(imperfektiv)	(perfektiv)
jeździć	—	jechać	pojechać
jeździć	pojeździć		

b) mit Bedeutungsspezifikation durch Präfixe:

ACHTUNG! Hier kommt ein dritter Verbalstamm hinzu, der nie ohne Präfix auftritt!

	(imperfektiv)	(perfektiv)
(hin)ausfahren, heraus-(gefahren)kommen, ab-, verreisen	*wyjeżdżać*	*wyjechać*
(hin)einfahren, hereinfahren, hereinkommen (fahrend)	*wjeżdżać*	*wjechać*
(gefahren) kommen, ankommen (fahrend)	*przyjeżdżać*	*przyjechać*
(hin)über-, (hin)durch-, vorüber-, vorbeifahren, -kommen (fahrend)	*przejeżdżać*	*przejechać*

△ Das **Präfix** *po-* kann dazu dienen, imperfektive Verben in perfektive zu verwandeln (vgl. *jechać* (imperf.) und *pojechać* (perf.)). Bei vielen Verben bewirkt dieses Präfix darüber hinaus eine Bedeutungsmodifikation im Simme einer quantitativen Begrenzung, die deutsch mit ‚ein bißchen, eine Zeit lang, ein Weilchen' u. ä. wiedergegeben werden kann, z. B.:

poczytać — ein bißchen, ein wenig, eine Zeit lang lesen

poleżeć — ein bißchen liegen (bleiben); so lange liegen, bis man sich wieder besser fühlt, sich ausgeruht hat u. ä.

pojeździć (na nartach, na łyżwach) — ein bißchen Schlittschuh/Ski laufen, ein Weilchen ... u. ä.

ACHTUNG! Das Präfix *po-* kann auch noch andere Funktionen erfüllen. (Vgl. die ganz anderen Verhältnisse bei *dawać/dać* und *podawać/podać* in Lektion 40 bzw. *mówić/pomówić* in Lektion 36 u. ä.)

Der Lernende konnte bereits beobachten, daß nicht alle polnischen Verben vom Aspekt her ideal paarig sind. So existiert nicht zu jedem imperfektiven Verb ein perfektives Pendant. Andererseits gibt es imperfektive Verben, die zwei perfektive Partner haben. Letztere sind beinahe nie völlig gleichbedeutend.

Dem imperfektiven *czytać* entsprechen z. B. die perfektiven Pendants *poczytać* und *przeczytać*, zwischen denen je nach Bedeutungsnuance zu wählen ist. Dabei bedeutet *przeczytać*: ‚etwas ganz und gar, von Anfang bis Ende lesen'. Es geht also um den Ausdruck ganzheitlicher Erfassung des Objektes durch die Handlung, z. B.: *Przeczytałem twój list zaraz po powrocie do hotelu. Muszę jeszcze dziś przeczytać ten artykuł*. Im Gegensatz dazu drückt *poczytać* nur die zeitliche oder quanititative

Beschränkung der Handlung aus und bedeutet ‚ein bißchen lesen' bzw. ‚eine Zeit lang (in ...) lesen', wobei die Präposition ‚in' nicht zu übersetzen ist, sondern das Gelesene auch diesmal direktes Akkusativobjekt bleibt, z. B.: *Chyba przed snem jeszcze poczytam.* ‚Vor dem Einschlafen werde ich wohl noch ein bißchen lesen.' *Poczytam jeszcze gazetę, a potem pójdę spać.* ‚Ich werde noch ein bißchen (in der) Zeitung lesen, und dann gehe ich schlafen.'

△ Im Zusammenhang mit den **gesteigerten Adjektiven und Adverbien** aus dem Lesestück der vorliegenden Lektion sollte der Lernende noch einmal die in den Erläuterungen zu Lektion 26 gegebenen Regeln für die Komparation wiederholen.

SATZBAU

△ Bei der Wiedergabe der deutschen Konstruktionen zum Ausdruck der Hervorhebung einzelner oder mehrerer Individuen bzw. Exemplare aus einer Vielzahl (z. B.: wer von euch? einer der Kollegen, eines der Bücher, eins von den Büchern) verwendet man im Polnischen zum Anschluß der Vielzahl an das Hervorgehobene die Fügung ... *z* + **Gen.**, z. B.: *kto z was* ‚wer von euch', *jeden z kolegów* ‚einer der Kollegen', *w jednej z twoich książek* ‚in einem deiner Bücher/von deinen Büchern', *najmłodszy z nas* ‚der jüngste von uns', *dla najładniejszej z koleżanek* ‚für die hübscheste der Kolleginnen', *z jedną z nich* ‚mit einer von ihnen'. Dabei werden die Wörter, die das Hervorgehobene bezeichnen, — wie die Beispiele zeigen — je nach Bedarf dekliniert, wogegen die Fügung ... *z* + **Gen. Pl.** unveränderlich ist.

△ Die Form *ciekaw* ist die prädikative (= nur als Prädikatsnomen, nicht als Attribut zu verwendende) Variante des Adjektivs *ciekawy* (vgl. Lektion 41). Diese „Kurzform" hat sich nur noch bei sehr wenigen polnischen Adjektiven erhalten, und es gibt sie dann jeweils nur im Nominativ Singular des Maskulinums.
Beispiele:

als Attribut nur die Langform:	als Prädikatsnomen Lang- oder Kurzform:
zdrowy człowiek	*(on) jest zdrowy/zdrów*
wesoły kolega	*... jest wesoły/wesół*
pełny kubek	*... jest pełny/pełen*

ACHTUNG! Im Vokabelverzeichnis zu Lektion 41 sind für *ciekawy* zwei Bedeutungen angegeben — ‚interessant' und ‚neugierig'. Die hier behandelte Kurzform ist nur im Sinne von ‚neugierig/gespannt' zu verwenden, nicht in der Bedeutung ‚interessant/wissenswert', d. h.:

Ich (mask.) bin neugierig, ... = *Jestem ciekawy*, ... oder: *Jestem ciekaw*, ...

aber:

Der Artikel ist interessant. = *Artykuł jest ciekawy*. (nur Langform)

△ Das Verb *grać* verbindet sich mit der Fügung *w* + *Akk*., wenn es um Sport- oder Gesellschaftsspiele geht, z. B.: *grać w piłkę* ‚Ball spielen', *grać w siatkówkę* ‚Volleyball spielen'. Wenn die genannten Spiele durch maskuline Substantive im Singular bezeichnet werden, hat der angeschlossene Akkusativ die Form des Genitivs (und nicht — wie sonst bei „unbelebten" Substantiven — die des Nominativs), z. B.: *grać w tenisa/ /w brydża/w skata*.

Merke zu den Aspekten und den Anschlüssen:

Sport- und Gesellschaftsspiele (also mit festen Regeln):

grać ⟨ *zagrać* / *pograć* ⟩ *w* + *Akk.* (im Sing. des Mask. = Gen.)

Musikinstrument:

grać ⟨ *zagrać* / *pograć* ⟩ *na* + *Lok.*

(Theater-)Rolle/Melodie/Musikstück:

grać/zagrać + *Akk.* (im Sing. des Mask. = Gen.)

eine (...) Rolle spielen (= von Bedeutung sein):

(imperfektiv) (perfektiv)
*od**grywać*** *odegrać (...) rolę*
(Konjugation wie *grać*)
auch: *grać (...) rolę*

Wo zwei perfektive Formen zu *grać* angegeben sind, bezeichnet die mit dem Präfix *po-* gebildete Variante wiederum eine quantitativ

begrenzte Handlung (= ein bißchen, ein wenig, eine Zeit lang, ein Weilchen spielen). Die Form mit dem Präfix *za-* bezeichnet dagegen eine Handlung, die das jeweils folgende (oder fürs Deutsche auch zu ergänzende) Objekt ganz trifft, z. B.:
Zagrała pięknego walca. — Sie spielte einen schönen Walzer (vor).
Zagrała na fortepianie. — Sie spielte (etwas) auf dem Klavier (vor).

Aspektpaar-Reihe:

	(imperfektiv)	(perfektiv)
	grać	*pograć*
		zagrać
ausspielen, herausspielen, gewinnen	**wygrywać**	**wygrać**
verspielen, verlieren	*przegrywać*	*przegrać*
	(Konjugation wie *czytać*)	

Das Verb *grać* ist n i c h t in den folgenden Bedeutungen zu gebrauchen:

a) Beschäftigung der Kinder (z. B.: Die Kinder spielen auf dem Hof **mit** dem Ball.)

b) Herumhantieren mit einem Gegenstand aus Langeweile, in Gedankenlosigkeit oder zum Zeitvertreib (z. B.: Er saß die ganze Zeit lang am Tisch und spielte mit dem Bleistift herum.)

In diesen Bedeutungen ist das in Lektion 27 bereits eingeführte Verb *bawić się* (perf. *pobawić się*) als Äquivalent zu ‚spielen' zu verwenden.

zu a) *Dzieci bawią się na podwórku piłką.*
zu b) *Cały czas siedział przy stole i bawił się ołówkiem.*

△ In Verbindung mit den Bezeichnungen für Fortbewegungsmittel, die für nur eine Person bestimmt sind, verbindet sich das Verb **(po)jeździć** mit der Fügung *na + Lokativ*:

jeździć na rowerze	— (Fahr-)Rad fahren
(aber auch: *jeździć rowerem*)	mit dem (Fahr-)Rad fahren
jeździć na koniu	— reiten
(aber auch: *jeździć konno**)	
jeździć na nartach	— Ski laufen/fahren
jeździć na łyżwach	— Schlittschuh laufen
jeździć na sankach	— mit dem Schlitten fahren/rodeln

---

* Adverb zu *koń*.

△ Das Verb *dziwić się* (perf. *zdziwić się*) regiert den präpositionslosen Dativ, z. B.:
Dziwię się temu. — Ich wundere mich darüber (= über dieses).

Dieses Verb kann — wie sein deutsches Äquivalent — auch transitiv gebraucht werden, z. B.:
To ją (= Akk.) bardzo zdziwiło. — Das hat sie sehr gewundert.

Vergleiche:
sich wundern **über** — *dziwić się/zdziwić się* + Dat.
sprechen/sich unterhalten **über** — *(po)mówić/(po)rozmawiać o* + Lok.
sich befinden **über** — *znajdować/znaleźć się nad* + Instr.
nachdenken **über** — *zastanawiać/zastanowić się nad* + Instr.
lachen **über** — *śmiać/zaśmiać się z* + Gen.
sich freuen **über** — *cieszyć/ucieszyć się z* + Gen.

△ Zum Gebrauch des Adverbialpartizips der Gleichzeitigkeit *kulejąc* vgl. noch einmal Erläuterungen zu Lektion 35, Satzbau.

△ Zur Überschrift des Lesestücks der vorliegenden Lektion *Niech żyje sport!* ‚Es lebe der Sport!' siehe noch einmal Erläuterungen zu Lektion 15/*niech* 3/).

Übungen

I. Vervollständigen Sie die Sätze durch die entsprechenden Formen der hervorgehobenen Elemente!

1.
0. To chyba był **brunet.**

1. Kwiaty kupował **mężczyzna.**

2. Do profesora przyjechał **student.**

3. Do lekarza napisał **pacjent.**

4. Prosił mnie o to **dentysta.**

0. Myślę o brunecie.
   To chyba byli bruneci.

1. Mówię o ....
   Kwiaty kupowali ....

2. Opowiadam o ....
   Do profesora przyjechali ....

3. Myślę o ....
   Do lekarza napisali ....

4. Mówię o ....
   Prosili mnie o to ....

2.
0. Mówił mi o tym **dozorca**.
1. Rozmawiał z tobą **sprzedawca**.

0. Mówię o dozorcy.
   Mówili mi o tym dozorcy.
1. Mówię o ....
   Rozmawiali z tobą ....

3.
0. To dobry **chłopiec**.
1. Pisał do nas **kolega**.
2. To grał **sportowiec** z naszego klubu.
3. Dzwonił do nas **dyrektor**.

0. Myślę o tym chłopcu.
   Nie zrobili tego chłopcy.
1. Myślę o ....
   Pisali do nas ....
2. Mówię o ....
   To grali ... z naszego klubu.
3. Mówię o ....
   Dzwonili do nas ....

II. Wiederholen Sie den folgenden Dialog und ersetzen Sie die hervorgehobenen Elemente durch die eingerahmten!

1.
A. Kim jest ten pan?
B. To jest nasz **kucharz**.
A. A tamci panowie?
B. To są też **kucharze**.

> nauczyciel; malarz; lekarz; właściciel domu

2.
A. Czy ten pan jest **kawalerem**?
B. Dlaczego pani pyta?
A. Bo mnie interesują tylko **kawalerowie**.

> inżynier; szef; król; aktor; dentysta; lotnik; kominiarz; śpiewak; brunet; cudzoziemiec

III. Vervollständigen Sie die Fragen nach den vorangestellten Mustern!

1.
0. A. Czy ten student jest sympatyczny?
   B. Jest najsympatyczniejszy ze wszystkich studentów.
1. A. Czy zupa owocowa jest smaczna?
   B. ....
2. A. Czy twoja dziewczyna jest miła?
   B. ....
3. A. Czy ta ulica jest ruchliwa?
   B. ....

4. *A.* Czy Kalisz to stare miasto?
   B. ....
5. *A.* Czy nowy film jest ciekawy?
   B. ....

2.
0. *A.* Kto z was jest kawalerem?
   B. Najmłodszy z nas jest kawalerem.
1. *A.* Kto z was jest żonaty?
   B. .... (*stary*)
2. *A.* Kto z was jest kucharzem?
   B. .... (*chudy*)
3. *A.* Kto z was jest aktorem?
   B. .... (*przystojny*)

IV. Setzen Sie nach dem vorangestellten Muster Antworten ein!

0. *A.* Danuta wygląda ładnie.
   B. A jak wygląda Anna?
   A. Anna wygląda jeszcze ładniej niż Danuta.

1.
A. Bilet do teatru kosztuje tanio.
B. A bilet do kina?
A. ....

2.
A. Moja żona gotuje smacznie.
B. A jak gotuje twoja matka?
A. ....

3.
A. Moja siostra tańczy dobrze.
B. A jak tańczy pańska żona?
A. ....

V. Vervollständigen Sie die folgenden Dialoge entsprechend den Mustern!

Muster 1:
   A. Czytam codziennie tę gazetę i tamtą gazetę.
   B. I ja czytam obie te gazety.

Muster 2:
   A. Znam ten nowy film i tamten stary film.
   B. I ja znam oba te filmy.

1. *A.* Oglądam ten szary krawat i tamten brązowy krawat.
   B. ....
2. *A.* Kupię tę grubą książkę i tamtą cienką książkę.
   B. ....
3. *A.* Biorę to małe ciastko i tamto duże ciastko.
   B. ....
4. *A.* Lubię jego starszą siostrę i jego młodszą siostrę.
   B. ....

VI. Setzen Sie nach dem vorangestellten Muster Antworten ein!

0. *A.* Czy regularnie jeździsz na rowerze?
   B. Nie, tylko czasem lubię sobie pojeździć.
1. *A.* Czy często grasz w siatkówkę?
   B. ....
2. *A.* Czy zawsze leżysz po obiedzie?
   B. ....
3. *A.* Czy często czytasz powieści kryminalne?
   B. ....

VII. Vervollständigen Sie den folgenden Text durch die entsprechenden Formen des Verbs *grać* und der angebotenen Bezeichnungen für Sportarten!

Cała moja rodzina uprawia sport: ja ..., mój brat ..., siostra ..., a rodzice lubią ... .

> piłka nożna; siatkówka; tenis; brydż

VIII. Beantworten Sie die folgenden Fragen!

1. Czy uprawia pan (pani) regularnie jakiś sport?
2. Jaki sport jest bardzo popularny w Polsce?
3. Czy zna pan (pani) nazwisko jakiegoś polskiego sportowca?
4. Czy pani uprawiała jakiś sport, będąc uczennicą?
5. Jaką dyscyplinę sportu pan uprawiał?
6. Czy panowie uprawiali w czasie studiów jakiś sport?
7. Czy panie grały wczoraj w tenisa?
8. Z kim państwo grali wczoraj w brydża?

46

Erläuterungen

WORTARTEN

△ Die polnischen Äquivalente zu ‚Mensch' und ‚Menschen/Leute' werden folgendermaßen dekliniert:

	Singular	Plural
Nom.	człowiek	ludzie
Gen.	człowieka	ludzi
Dat.	człowiekowi	ludziom
Akk.	człowieka	ludzi
Instr.	człowiekiem	ludźmi
Lok.	człowieku	ludziach
Vok.	człowieku!	ludzie!

△ Die Äquivalente zu den **Nationalitätenbezeichnungen** ‚Deutscher', ‚Ungar' und ‚Italiener' haben die folgende Deklination:

Singular

Nom.	Niemiec	Węgier	Włoch
Gen.	Niemca	Węgra	Włocha
Dat.	Niemcowi	Węgrowi	Włochowi
Akk.	= Genitiv		
Instr.	Niemcem	Węgrem	Włochem
Lok.	Niemcu	Węgrze	Włochu
Vok.	Niemcze!	Węgrze!	Włochu!
	(auch Niemcu!)		

Plural

Nom.	Niemcy	Węgrzy	Włosi
Gen.	Niemców	Węgrów	Włochów
Dat.	Niemcom	Węgrom	Włochom
Akk.	= Genitiv		
Instr.	Niemcami	Węgrami	Włochami
Lok.	Niemcach	Węgrach	Włochach
Vok.	Niemcy!	Węgrzy!	Włosi!

△ Die Äquivalente zu den **Länderbezeichnungen** ‚Deutschland'
(*Niemcy*), ‚Ungarn' (*Węgry*) und ‚Italien' (*Włochy*) sind Pluraliatantum!
Darum stehen alle grammatisch von ihnen abhängigen Elemente
gleichfalls im Plural (nicht-personalmaskulin), z. B.:

    Deutschland ist ... — *Niemcy są ...*
    Deutschland war ... — *Niemcy były ...*
aber: (Die) Deutsche(n) waren ... — *Niemcy by**li***
    im alten Italien — *w dawnych Włoszech*
    euer Ungarn — *wasze Węgry*
aber: eure Ungarn — *wasi Węgrzy*

Die Deklination:

Nom.	*Niemcy*	*Węgry*	*Włochy*
Gen.	*Niemiec*	*Węgier*	*Włoch*
Dat.	*Niemcom*	*Węgrom*	*Włochom*
Akk.	*Niemcy*	*Węgry*	*Włochy* (alle gleich dem Nominativ!)
Instr.	*Niemcami*	*Węgrami*	*Włochami*
Lok.	*Niemczech*	*Węgrzech*	*Włoszech*
Vok.	*Niemcy!*	*Węgrzy!*	*Włochy!*

M e r k e : (Wo?) in ... — *w Niemczech, we Włoszech*, aber: ***na Węgrzech***. (Wohin?) nach ... — *do Niemiec, do Włoch*, aber: ***na Węgry***.

△ Bei zweigliedrigen Substantiven vom Typ ***profesor-chirurg***
(= Prof. für Chirurgie, Chirurgie-Prof., Chirurg und Prof.) werden beide
Glieder dekliniert, z. B.: *dla profesora-chirurga, z profesorem-chirurgiem.*

△ In dem Satz ***Ach, więc i imię pan zmienił?*** hat *i* die Bedeutung von
‚auch'. Zu der Wortform ***roztargnieni*** siehe Vokabelverzeichnis zu
Lektion 17 und Erläuterungen zu Lektion 40 (Nom. Pl. der Passivpartizipien).

SATZBAU

△ Das Wort ***brak*** kann in subjektlosen Satzkonstruktionen die
Funktion des Prädikates erfüllen und drückt dann das Fehlen von etwas
bzw. den Mangel an etwas aus. Das Element, dessen Fehlen zum
Ausdruck gebracht werden soll, steht im Genitiv. Dabei bedeutet die

Fügung *brak* + Gen. (ohne Kopulaverb) das Präsens, also die betreffende Aussage in der Gegenwart, z. B.:

Brak wody. / *Wody brak.* = Es mangelt/fehlt (an) Wasser. / Es ist kein Wasser da. / Es gibt kein Wasser. / Wasser fehlt. / Es herrscht Wassermangel. / (Das) Wasser ist knapp.

Das Präteritum und das Futur werden durch Einfügen der entsprechenden Formen von *być* gebildet, z. B.:

Brak było pacjenta. = Ein/Der Patient fehlte/war nicht da/war nicht vorhanden. / Es gab keinen Patienten. / Es mangelte an einem Patienten.

Brak będzie pacjenta. = Ein/der Patient wird fehlen/wird nicht da/nicht vorhanden sein. / Es wird keinen Patienten geben. / Es wird an einem Patienten mangeln.

Als Dativobjekt kann eine Person hinzugefügt werden, der es an etwas mangelt/fehlt, z. B.:

Brak mi pieniędzy. = Mir fehlt (das) Geld. / Es mangelt/fehlt mir an Geld. / Ich habe kein/zu wenig Geld. / auch: Ich brauche Geld.

△ Das Verb *zmienić (perf.)/zmieniać (imperf.)* kann wie einige seiner deutschen Äquivalente transitiv und reflexiv gebraucht werden, z. B.:

transitiv:
zmienić metodę — die/eine Methode ändern/wechseln
zmienić skarpetki — (die) Socken wechseln
zmienić program — das/ein Programm (ver-, ab-)ändern
zmienić kolegę — den/einen Kollegen (ver-)ändern/ablösen/austauschen

reflexiv:
Program się zmienił. — Das Programm hat sich geändert.
Zosia ostatnio bardzo się zmieniła. — Zosia hat sich in letzter Zeit sehr ge-/verändert.

Zur Reflexivität vgl. noch einmal Erläuterungen zu Lektion 15! Auch hierbei können einzelne Aussageelemente in bestimmten Kontexten mehrdeutig sein, z. B.:

... koledzy się zmieniają ... ⟨ die Kollegen (ver)ändern sich
die Kollegen lösen sich (einander) ab

△ Zu der Fügung ... *nie przerywając pracy* ... (ohne die/seine Arbeit zu unterbrechen) vgl. noch einmal Erläuterungen zu Lektion 35. Da die Rektionen eines Verbs bei seiner Verwendung als Adverbialpartizip erhalten bleiben, wird ein direktes (präpositionsloses Akkusativ-) Objekt durch die Verneinung des von einem transitiven Verb gebildeten Adverbialpartizips der Gleichzeitigkeit auch hier wieder zu einem Genitivobjekt.

Übungen

I. Wandeln Sie die folgenden Sätze nach den vorangestellten Mustern ab!

1.
0. Ten lektor jest bardzo młody.   0. Ci lektorzy są bardzo młodzi.

1. Ten aktor jest bardzo szczupły.   1. . . . .
2. Ten konduktor jest badzo stary.   2. . . . .
3. Ten dyrektor jest bardzo zajęty.   3. . . . .
4. Ten egzaminator jest roztargniony.   4. . . . .
5. Ten Bułgar jest miły.   5. . . . .
6. Ten Szwajcar jest sławny.   6. . . . .

2.
0. Ten malarz to mój stary przyjaciel.   0. Ci malarze to moi starzy przyjaciele.

1. Ten pisarz to mój stary przyjaciel.   1. . . . .
2. Ten lekarz to mój stary przyjaciel.   2. . . . .
3. Ten wioślarz to mój stary przyjaciel.   3. . . . .
4. Ten piłkarz to mój stary przyjaciel.   4. . . . .
5. Ten kucharz to mój stary przyjaciel.   5. . . . .
6. Ten nauczyciel to mój stary przyjaciel.   6. . . . .
7. Ten listonosz to mój stary przyjaciel.   7. . . . .
8. Ten słuchacz to mój stary przyjaciel.   8. . . . .
9. Ten złodziej to mój stary przyjaciel.   9. . . . .

3.
0. Nasz znajomy student (artysta) wrócił z wczasów wypoczęty.
   Nasi znajomi studenci (artyści) wrócili z wczasów wypoczęci.
1. Nasz znajomy pacjent wrócił z wczasów wypoczęty.
   . . . .
2. Nasz znajomy policjant wrócił znad morza wypoczęty.
   . . . .
3. Nasz znajomy dentysta wrócił znad jeziora wypoczęty.
   . . . .
4. Nasz znajomy klient wrócił z gór wypoczęty.
   . . . .
5. Nasz znajomy poeta wrócił z urlopu wypoczęty.
   . . . .

4.
0. Ten przystojny Rumun (Rosjanin) podoba się wszystkim dziewczętom.
   Ci przystojni Rumuni (Rosjanie) podobają się wszystkim dziewczętom.
1. Ten piękny mężczyzna podoba się wszystkim kobietom.
   . . . .
2. Ten sympatyczny Amerykanin podoba się wszystkim Polkom.
   . . . .
3. Ten młody Hiszpan podoba się wszystkim paniom.
   . . . .
4. Ten wysoki Meksykanin podoba się wszystkim studentkom.
   . . . .

5.
0. Ten niski urzędnik to mój znajomy.   0. Ci niscy urzędnicy to moi znajomi.
1. Ten wysoki ogrodnik to mój kolega.   1. . . . .
2. Ten stary górnik to nasz znajomy.   2. . . . .
3. Ten niski robotnik to mój przyjaciel. 3. . . . .
4. Ten wysoki rolnik to mój wuj.   4. . . . .
5. Ten wielki śpiewak to nasz kuzyn.   5. . . . .
6. Ten elegancki Anglik to mój sąsiad. 6. . . . .
7. Ten młody blondyn to nasz asystent. 7. . . . .
8. Ten miły Słowak to mój gość.   8. . . . .

II. Wiederholen Sie den folgenden Dialog und ersetzen Sie dabei die hervorgehobenen Elemente durch die eingerahmten!

A. Mamy teraz nowych studentów: **Szwedkę** i **Szweda**.
B. Co młodzi **Szwedzi** studiują w Polsce?
A. Studiują polonistykę.

> Czeszka — Czech — Czesi; Włoszka — Włoch — Włosi; Francuzka — Francuz — Francuzi; Węgierka — Węgier — Węgrzy; Holenderka — Holender — Holendrzy

III. Ersetzen Sie in den folgenden Sätzen (s. Muster) die femininen Substantive durch ihre maskulinen Äquivalente und wandeln Sie dementsprechend das Adjektiv und das Präteritum des Verbs ab!

0. To są piękne kobiety.
1. Małe dziewczynki są grzeczne.
2. Młode urzędniczki są bardzo uprzejme.
3. Będą pracowały tu młode robotnice.
4. Wczoraj śpiewały znane śpiewaczki.
5. Starsze panie rozmawiały wesoło.
6. Te panie to bardzo dobre dentystki.
7. Te kucharki chciały ugotować smaczny obiad.
8. Chore pacjentki otrzymały dobre lekarstwa.
9. Nowe lektorki nie wiedziały, kiedy zacznie się wykład.
10. Młode cudzoziemki nie rozumiały Polaków.

0. To są piękni mężczyźni.
1. . . . .
2. . . . .
3. . . . .
4. . . . .
5. . . . .
6. . . . .
7. . . . .
8. . . . .
9. . . . .
10. . . . .

IV. Wiederholen Sie die folgenden Dialoge und ersetzen Sie dabei die hervorgehobenen Elemente durch die eingerahmten Begriffe!

1.
A. Czy to są twoi przyjaciele **z Anglii**?
B. Tak, to są moi przyjaciele **Anglicy**.

> Hiszpania; Japonia; Austria; Włochy; Francja; Węgry; Norwegia; Rosja; Finlandia

> Hiszpan; Japończyk; Austriak; Włoch; Francuz; Węgier; Norweg; Rosjanin; Fin

2.
A. Skąd przyjechał ten student?
B. **Z Włoch.**
A. Czy on jest **Włochem?**
B. Nie, to jest Polak, który studiuje **we Włoszech.**

Węgry; Indie; Chiny; Czechy; Słowacja; Stany Zjednoczone
Węgier; Hindus; Chińczyk; Czech; Słowak; Amerykanin

3.
A. Przyszedł do nas pewien roztargniony **profesor.**
B. Wasz znajomy?
A. Nie, wcale nie znaliśmy tego **profesora.** Po prostu roztargniony **profesor** pomylił zapisane adresy.
B. Czy **profesorowie** muszą być tacy roztargnieni?
A. Chyba nie. Znam również nie roztargnionych **profesorów.**

aktor; doktor; artysta; poeta; malarz; pisarz; dziennikarz; krytyk

4.
A. Jutro będzie miał wykład znany **chirurg.** Może poszedłbyś ze mną na ten wykład?
B. Nie. Nie interesują mnie wykłady **chirurgów.**

lekarz; biolog; pisarz; reżyser; historyk sztuki; malarz; prawnik; psycholog

5.
A. Nie mogę znaleźć **dyrektora Zalewskiego.** Gdzie on jest?
B. Skończył pracę i poszedł do domu.

policjant Górski; lekarz Nowak; inżynier Kowalski; dentysta Królak; górnik Majewski

V. Beantworten Sie die folgenden Fragen!

1.
1. Dlaczego złośliwi opowiadają o profesorach różne anegdoty?
2. Dokąd jechał pewien sławny profesor?
3. Czego nie mógł znaleźć profesor?
4. Czy konduktor wierzył, że profesor ma bilet?
5. Dlaczego profesor musiał znaleźć swój bilet?

2.
1. Kogo będzie operował sławny profesor chirurg?
2. Dlaczego nikogo nie będzie operował?

3.
1. Kto wszedł do biblioteki profesora Lipskiego?
2. O co spytał profesor, nie przerywając pracy?

4.
1. Kogo spotkał na ulicy profesor Lipski?
2. Czy młody człowiek wyglądał dobrze?
3. Czy miał zdrową cerę?
4. Czy był tęgi?
5. Czy młody człowiek miał na imię Piotr?
6. A może profesor Lipski się pomylił, bo był roztargniony?

47
Erläuterungen

AUSSPRACHE UND RECHTSCHREIBUNG

△ Zum Wortakzent in den Fügungen *jechać na wieś* und *być na wsi* (aufs Land fahren; auf dem Lande sein) siehe noch einmal Erläuterungen zu Lektion 44.

△ Das Substantiv *technikum* wird auf der ersten Silbe betont.

WORTARTEN

△ Das Substantiv *brat* hat im Plural eine besondere Deklination:

	Singular	Plural
Nom.	brat	*bracia*
Gen.	brata	braci
Dat.	bra*tu*	braciom
Akk.	brata	braci
Instr.	bra*tem*	*braćmi*
Lok.	bracie	braciach
Vok.	bracie!	bracia!

△ Zur Deklination des Substantivs *technikum* vgl.: Singular — Erläuterungen zu Lektion 5, Substantive auf *-um*; Plural — Erläuterungen zu Lektion 50.

△ Das Substantiv *stajnia* wird wie *księgarnia*, nicht wie *historia*, dekliniert (s. Erläuterungen zu Lektion 32). — Gen. Pl.: *tych stajni* oder *tych stajen*.

△ Die Pluralform *warzywa* ist das Äquivalent zu ‚Gemüse', wenn damit mehrere Gemüsearten i n r o h e m Z u s t a n d gemeint sind, z. B.:
Mama sieje w ogrodzie warzywa.
Zur Bezeichnung einer einzelnen Gemüseart verwendet man den Singular **warzywo**.
Gemüse in gekochtem Zustand heißt *jarzyna* (Sing. — nur eine Art) bzw. *jarzyny* (Pl. — mehrere Arten zusammen), z. B.:
Dziś na obiad będą jarzyny.

△ Die Substantive *synowa* (Schwiegertochter) und *bratowa* (Schwägerin = Frau des Bruders) werden in den Kasus Nominativ bis Lokativ adjektivisch dekliniert (vgl. *Nowakowa* in Lektion 18). Nur im Vokativ haben sie die substantivische Endung *-o*.

△ Zum Verbpaar *zbierać/zebrać* vgl. die in den Erläuterungen zu Lektion 35 unter *brać/wziąć* angedeutete Aspektpaar-Reihe.

△ Das Verbpaar *pokazywać/pokazać* sollte im Vokabelgedächtnis des Lernenden eine neue Aspektpaar-Reihe begründen:

	(imperativ)	(perfektiv)
	(–)kazywać	*(–)kazać*
zeigen	*pokazywać*	*pokazać* (Gedicht 7)
erscheinen	*ukazywać się*	*ukazać* (Lektion 32)
sich erweisen, sich herausstellen	*okazywać się*	*okazać się* (Lektion 45)

SATZBAU

△ Zum Verb *witać* gibt es zwei präfigierte (perfektive) Formen, die nicht austauschbar sind:

(imperfektiv) (perfektiv)
witać *przywitać* = persönlich, privat begrüßen (durch Händedruck, Umarmung, Kuß o. ä.)
witać *powitać* = offiziell, dienstlich begrüßen, empfangen (durch Ansprache, als Vertreter einer Institution u. ä.)

In diesen Funktionen ist *witać* transitiv, z. B.:

(przy)witać matkę, brata, gościa bzw. *(po)witać gości zagranicznych, delegację, turystów* usw.

(Przy)witać ist darüber hinaus auch reflexiv zu gebruachen:

(przy)witać się = sich begrüßen, einander begrüßen, einander Guten Tag sagen,

z. B.:

Witają się zawsze bardzo serdecznie. Sie begrüßen einander immer sehr herzlich.

Dieses reflexive *(przy)witać się* ist auch in Verbindung mit der Präposition *z* (+ *Instr.*) zu gebrauchen, z. B.:

(przy)witać się z matką, z bratem, z kolegą

Vgl. hierzu noch einmal *kłaniać się/ukłonić się* (+ *Dat.)* in Lektion 17.

△ Auch das Verb *żegnać* hat zwei nicht austauschbare Aspektpartner:

(imperfektiv) (perfektiv)
żegnać *pożegnać (+ Akk.)* = jmdn. verabschieden, jmdm. Lebewohl/Adieu sagen
żegnać *przeżegnać (+ Akk.)* = bekreuzigen, segnen

Alle diese Verben sind transitiv, z. B.: *żegnać ojca, kolegów*.

Beide Paare sind aber auch reflexiv zu gebrauchen:

(po)żegnać się = sich voneinander verabschieden, einander Lebewohl sagen, einander Auf Wiedersehen sagen

(prze)żegnać się = sich bekreuzigen

ACHTUNG! Der deutschen Wendung ‚sich verabschieden von (+ Dat.)' entspricht die polnische Fügung *(po)żegnać się z (+ Instr.)*, z. B.: *(po)żegnać się z przyjaciółmi* = sich von den Freunden verabschieden.

△ *..., a ze śliwek synowa zrobi... kompot* (... und aus den Pflaumen wird (ihre) Schwiegertochter ... Kompott machen). Dieser Satz enthält eine Konstruktion, die es im Deutschen auch gibt:

(z)robić coś (= Akk.) *z czegoś* (= Gen.) = etwas (= Akk.) aus etwas (= Dat.) machen/herstellen.

Die Verbindung *z + Gen.* (einer Stoffbezeichnung) kann auch als Attribut funktionieren, z. B.:

kompot z(e) śliwek — Kompott aus Pflaumen — Pflaumenkompott
kotlety z mięsa — Koteletts aus Fleisch — Fleischkoteletts
zupa z jarzyn — Suppe aus Gemüse — Gemüsesuppe
torebka z papieru — Tüte aus Papier — Papiertüte

△ Die in den Erläuterungen zu Lektion 34 eingeführten Konstruktionen *dwaj bracia idą* und *dwaj bracia szli* bestehen aus grammatisch kongruenten Elementen, d. h., *dwaj* und *bracia* bezeichnen eine Sinneinheit im Nominativ Plural und stehen auch einzeln beide in dieser grammatischen Form, in dem Kasus, den die Einheit aus beiden Elementen bedeutet. Damit steht auch das Prädikat im Einklang, denn *dwaj bracia* = *oni* = 3. Pers. Pl. (pers.mask.) + *idą* bzw. *szli* = 3. Pers. Pl. (pers.mask.).

Daneben gibt es im Polnischen eine andere Konstruktion, die genau dasselbe bedeutet, in der Subjekt und Prädikat aber nicht grammatisch miteinander kongruent sind:

dwóch braci idzie, dwóch braci szło.

Hierbei bedeutet *dwóch braci*, wenn diese Elemente als Subjekt eines Satzes fungieren, — trotz der dafür ungewöhnlichen Form — den Nominativ Plural für die personalmaskuline Kategorie. Das Prädikat steht dann in der 3. Person Singular Neutrum. (Letzteres äußert sich jedoch nur im Präteritum.)

Für **drei** und **vier** gibt es dasselbe Nebeneinander zweier Varianten, die jeweils dasselbe bedeuten, nur eben unterschiedliche grammatische Konsequenzen haben:

trzej panowie idą, trzej panowie szli
oder:
trzech panów idzie, trzech panów szło

czterej studenci czytają, czterej studenci czytali
oder:
czterech studentów czyta, czterech studentów czytało.

Wer sich die Erläuterungen zu Lektion 34 noch einmal ansieht, wird feststellen, daß die hier neu eingeführten Varianten zum Ausdruck von ‚zwei', ‚drei' und ‚vier' innerhalb der personalmaskulinen Kategorie dieselbe Form wie der Genitiv der Grundzahlwörter *dwaj, trzej* bzw. *czterej* haben, daß also gar keine neuen Wortformen zu lernen sind.

Dasselbe gilt für die Grundzahlwörter und für deklinierte unbestimmte Zahlwörter (s. *kilka* usw. in L. 38): von 5 an aufwärts. Der Nominativ für die personalmaskuline Kategorie hat immer dieselbe Form wie der Genitiv des betreffenden Grundzahlwortes überhaupt. (Die Differenzierung zwischen personalmaskulin und nicht-personalmaskulin gibt es ja bekanntlich nur im Nominativ und im Akkusativ Plural).

Beispiele:

Było sobie sześć kucharek. — Der Genitiv zu *sześć* ist *sześciu*, und diese Form ist als Nominativ für die personalmaskuline Kategorie zu verwenden:
Było sobie sześciu kucharzy.

Weitere Beispiele:

Dwanaście kobiet jeszcze czekało. — Gen. zu *dwanaście* = *dwunastu*
also:
Dwunastu kolegów jeszcze czekało.

Czterdzieści osiem książek leżało ... — Gen. zu *czterdzieści osiem* = *czterdziestu ośmiu*
also:
Czterdziestu ośmiu chłopców leżało ...

Der Akkusativ aller Grundzahlwörter stimmt in der personalmaskulinen Kategorie mit dem Genitiv überein. In allen anderen Kasus unterscheiden sich die personalmaskuline und die nicht-personalmaskuline Kategorie bekanntlich nicht, so daß die in den Erläuterungen zu Lektion 34 eingeführte Deklination anzuwenden ist.

Somit ergeben sich als Äquivalente zu deutsch ‚zwei' die folgenden Wortformen:

dwie siostry/książki/krowy są/były/będą (alle Nom. Pl.)
dwa domy/konie/okna są/były/będą (alle Nom. Pl.)
dwaj bracia/mężczyźni są/byli/będą (nur männl. Personen! — alle Nom. Pl.)
dwóch braci/mężczyzn jest/było/będzie (nur männl. Personen! — alle Gen. Pl.)

Für die personalmaskuline Kategorie gibt es noch eine weitere, allmählich aus dem Gebrauch kommende Variante, die der Lernende für seine selbständige Lektüre von Texten kennen, aber selbst nicht gebrauchen sollte:

dwu panów jest/było/będzie.

ACHTUNG! Wird innerhalb der personalmaskulinen Kategorie das Äquivalent zu ‚zwei' als Einer einer mehrstelligen Grundzahl gebraucht, ist nur *dwóch* (nicht *dwaj!*) zu verwenden, z. B.:

Tam pracuje teraz pięćdziesięciu dwóch (nicht *dwaj*) *studentów.*

Bei den Äquivalenten zu ‚drei' und ‚vier' wird nicht mehr nach dem Genus, sondern nur noch nach nicht-personalmaskulin und personalmaskulin differenziert:

trzy siostry/książki/domy/konie/okna	*są/były/będą*
trzej bracia/panowie	*są/byli/będą*

oder:

trzech/braci/panów	*jest/było/będzie*
cztery siostry/książki/domy/konie/okna	*są/były/będą*
czterej bracia/panowie	*są/byli/będą*

oder:

czterech braci/panów	*jest/było/będzie*

Dieselbe Differenzierung ist bei den Äquivalenten zu den Grundzahlwörtern für die Werte von 5 an aufwärts einzuhalten:

siedem sióstr/książek/domów/koni/okien   *jest/było/będzie*
siedmiu braci/panów   *jest/było/będzie*

△ In dem Satz *Paweł pojechał do kółka rolniczego po traktor* begegnet dem Lernenden noch einmal eine Möglichkeit, das deutsche ‚holen' bzw. ‚bringen' zu umschreiben (vgl. Erläuterungen zu Lektion 41 unter *przynieść*), diesmal allerdings in Verbindung mit den Verben ‚fahren' oder ‚gehen'.

Die Konstruktionen *pójść po* + *Akk.* bzw. *pojechać po* + *Akk.* (s. *po* + *Akk.* in Erläuterungen zu Lektion 9) bedeuten wörtlich ‚nach (etwas oder jemandem) gehen/fahren'. Das wiederum ist gleichbedeutend mit ‚holen gehen/fahren', z. B.:

... *pojechał* ... *po traktor* — ... ist einen/den Traktor holen gefahren
... *pojechał po matkę na dworzec* — ... ist Mutter vom Bahnhof (ab)holen gefahren / ... ist zum Bahnhof gefahren, um Mutter (ab-)zuholen

Dabei ist eine kleine Bedeutungsdifferenz gegenüber dem deutschen ‚holen' bzw. ‚bringen' zu beachten: *pojechać/jechać po* + *Akk.* und *pójść/iść po* + *Akk.* bedeuten nur ‚**hin**fahren' bzw. ‚**hin**gehen', nicht auch das Zurückkommen. Wenn das deutsche ‚holen' bzw. ‚bringen' also — z. B. im Präteritum — so gebraucht werden, daß sie den ganzen Vorgang (hingehen bzw. hinfahren und mit dem Geholten zurückkommen) bedeuten, dann sind die hier besprochenen Wendungen nicht zu gebrauchen; dann ist auf das in den Erläuterungen zu Lektion 41 Dargestellte zurückzugreifen.

△ Im Zusammenhang mit dem Satz ***Janek dawno nie był u rodziców*** vgl. noch einmal Erläuterungen zu Lektion 16 („Achtung" in dem Abschnitt „Negation der Präsenz bzw. Existenz..."). Der zitierte Satz ist inhaltlich identisch mit der Aussage ‚Janek hat seine Eltern lange nicht besucht.' Hier wird also nicht die Präsenz des Subjektes negiert, sondern mitgeteilt, daß eine Handlung lange nicht ausgeführt wurde. Darum steht das Subjekt nicht im Genitiv, und das Prädikat bleibt mit dem Subjekt kongruent.

Übungen

I. Bilden Sie aus den angebotenen Elementen nach dem vorangestellten Muster Sätze!

1.
0. Tam są dwie siostry. — Tam jest pięć sióstr.
   Tam są dwa stoły. — Tam jest sześć stołów.
1. Tam ... (być) ... (3) ... (studentka)
   Tam ... (być) ... (7) ... (studentka)
2. Tam ... (być) ... (2) ... (auto)
   Tam ... (być) ... (12) ... (auto)
3. Tam ... (być) ... (4) ... (dom)
   Tam ... (być) ... (20) ... (dom)
4. Tam ... (być) ... (2) ... (córka)
   Tam ... (być) ... (6) ... (córka)
5. Tam ... (być) ... (2) ... (kino)
   Tam ... (być) ... (5) ... (kino)

2.
0. Tam będą dwa bukiety. — Tam będzie siedem bukietów.
1. Tam ... (być) ... (2) ... (książka)
   Tam ... (być) ... (15) ... (książka)
2. Tam ... (być) ... (3) ... (drzewo)
   Tam ... (być) ... (10) ... (drzewo)
3. Tam ... (być) ... (4) ... (samochód)
   Tam ... (być) ... (8) ... (samochód)
4. Tam ... (być) ... (2) ... (wnuczka)
   Tam ... (być) ... (5) ... (wnuczka)
5. Tam ... (być) ... (23) ... (ławka)
   Tam ... (być) ... (21) ... (ławka)

3.
0. Tam były dwie koleżanki. — Tam było pięć koleżanek.
   Tam byli dwaj (trzej, czterej) koledzy. — Tam było dwóch (trzech, czterech), pięciu kolegów.
1. Tam ... (być) ... (2) ... (ciastko)
   Tam ... (być) ... (20) ... (ciastko)
2. Tam ... (być) ... (3) ... (profesor)
   Tam ... (być) ... (13) ... (profesor)
3. Tam ... (być) ... (4) ... (kotlet)
   Tam ... (być) ... (16) ... (kotlet)

429

4. Tam ... (być) ... (2) ... (kura)
   Tam ... (być) ... (31) ... (kura)
5. Tam ... (być) ... (4) ... (nauczyciel)
   Tam ... (być) ... (12) ... (nauczyciel)
6. Tam ... (być) ... (33) ... (długopis)
   Tam ... (być) ... (35) ... (długopis)
7. Tam ... (być) ... (2) ... (gospodarz)
   Tam ... (być) ... (9) ... (gospodarz)
8. Tam ... (być) ... (3) ... (brat)
   Tam ... (być) ... (7) ... (brat)

II. Bilden Sie aus den angebotenen Elementen Sätze mit Verbindungen aus Numerale und Substantiv!

a) im Präteritum mit dem Verb *być*:
1. krowa (3; 10)
2. syn (7; 4)
3. traktor (2; 5)
4. koleżanka (9; 3)

b) im Präsens mit dem Verb *studiować*:
1. student (3; 12)
2. studentka (15; 4)
3. kolega (2; 6)
4. córka (5; 3)

c) im Futur mit dem Verb *pojechać*:
1. brat (5; 2)
2. koń (3; 12)
3. samochód (4; 9)
4. profesor (6; 2)

III. Vervollständigen Sie die folgenden Sätze durch entsprechende Formen der eingerahmten Begriffe!

0. Na lotnisku witam **ojca**.
   Witam się **z ojcem** serdecznie. | ojciec |

1. Żegnam ..., który jedzie do Paryża.
   Żegnam się ..., który jedzie do Paryża. | przyjaciel |

2. Witaliśmy ..., który wrócił z urlopu.
   Witaliśmy się ..., który wrócił z urlopu. | kolega |

3. Bracia pojechali na dworzec, żeby pożegnać ...
   Bracia pojechali na dworzec, żeby pożegnać się ...

   siostra

IV. Vervollständigen Sie die folgenden Sätze durch entsprechende Präpositionen und die dazugehörigen Formen von *wieś* bzw. *miasto*!

1. Codziennie jeżdżę ... (*wieś*), ale nie pracuję ... (*wieś*), tylko mieszkam ... (*wieś*).
2. Codziennie jeżdżę ... (*miasto*). Pracuję ... (*miasto*), ale mieszkam ... (*wieś*).
3. Lubię ... (*wieś*), a nie lubię ... (*miasto*). ... (*wieś*) można żyć spokojnie, a ... (*miasto*) jest za duży ruch i hałas.

V. Vervollständigen Sie den folgenden Text durch entsprechende Präpositionen und die dazugehörigen Formen der eingerahmten Begriffe!

... (*niedziela*) Jan Kowalski wybrał się ... (*wieś*) ... (*rodzice*). Jego rodzice mają ... (*wieś*) kilka hektarów ziemi. Pan Jan dawno nie był ... (*rodzice*). Serdecznie witał się ... (*matka i ojciec*). Jego ojciec opowiadał, co będzie robić ... (*przyszły rok*), i jakie były zbiory ... (*ten rok*). Brat Jana, Paweł, pojechał ... (*kółko rolnicze*) ... (*traktor*). Wrócił ... (*obiad*). ... (*obiad*) bracia poszli ... (*podwórze*), a potem ... (*łąka*) ... (*pole*). Matka dała panu Janowi owoce i warzywa ... (*własny sad*). Synowa pani Kowalskiej zrobi ... (*śliwki*) wspaniały kompot.

VI. Beantworten Sie die folgenden Fragen an Hand des Lesestückes aus Lektion 47!

1. Dokąd pan Kowalski pojechał w niedzielę?
2. Kim są rodzice pana Jana?
3. Co robi młodszy brat Jana?
4. Co ojciec Jana opowiadał o pracach na roli?
5. Gdzie był Paweł, kiedy Jan przyjechał do rodziców?
6. Co bracia robili po obiedzie?
7. Jaką paczkę dała Janowi matka?

48
Erläuterungen

WORTARTEN

△ Die Wortform *dalej* ist der Komparativ zu *daleko*, kann aber auch in der Bedeutung ‚weiterhin/nach wie vor/noch immer/fernerhin/des weiteren/künftig' usw. gebraucht werden.

△ Die Verben *dać* und *wiedzieć* (sowie alle seine präfigierten Varianten, z. B. *powiedzieć*) werden unregelmäßig konjugiert:

Präsens

(Die entsprechenden Formen von *dać* haben natürlich Futurbedeutung, da das Verb ja perfektiv ist.)

	Singular		Plural	
1. Pers.	dam	wiem	damy	wiemy
2. Pers.	dasz	wiesz	dacie	wiecie
3. Pers.	da	wie	da**dz**ą	wie**dz**ą

Imperativ

	Singular		Plural	
1. Pers.	—	—	dajmy	wiedzmy[1]
2. Pers.	daj	wiedz[1]	dajcie	wiedzcie[1]
3. Pers.	niech da	niech wie[1]	niech dadzą	niech wiedzą[1]

---

[1] Ähnlich wie beim deutschen ‚wissen' ist auch zu *wiedzieć* kein Imperativ üblich. Die entsprechenden Wortformen gibt es aber dennoch. Sie sind die Äquivalente zu den folgenden deutschen Wendungen mit ermahnender, beschwörender bzw. warnender Nuance: *Wiedz*, …! — Merk dir, …! / Denk (immer) daran, …! Vergiß nie/nicht, …! (analog dazu die anderen Personen). Vgl. hierzu im älteren Deutsch ‚Wisse, …!'

Präteritum

	Singular		Plural	
1. Pers.	dałem	wiedziałem	daliśmy	wiedzieliśmy
	dałam	wiedziałam	dałyśmy	wiedziałyśmy
2. Pers.	dałeś	wiedziałeś	daliście	wiedzieliście
	dałaś	wiedziałaś	dałyście	wiedziałyście
3. Pers.	dał	wiedział	dali	wiedzieli
	dała	wiedziała	dały	wiedziały
	dało	wiedziało	—	—

△ *umieć* und *rozumieć* (sowie alle präfigierten Varianten von *rozumieć*, z. B.: *zrozumieć, porozumieć się*) haben eine Konjugation, die der vorstehenden sehr ähnlich ist. In der 3. Person des Plural im Präsens kommt es aber zu einer Stammerweiterung:

umiem/rozumiem; umiesz/rozumiesz; umie/rozumie; umiemy/rozumiemy; umiecie/rozumiecie; umieją/rozumieją

Imperativ:

umiej(cie)!/rozumiej(cie)!

ACHTUNG! Zum perfektiven *zrozumieć* gibt es zwei Imperativformen: *zrozumiej(cie)!* oder: *zrozum(cie)!* Bei der Bildung des Präteritums ist zu beachten, daß es sich um -*eć*-Verben handelt: *umiał (-a, -o, -y* usw.), aber: *umieli (-śmy, -ście* usw.).

△ Das Verb *rzec* (= sagen, sprechen, entgegnen) wird heute nicht mehr in allen seinen Formen gebraucht. Den Infinitiv und Formen des Präteritums findet man noch in der Literatursprache und in einigen festen Wendungen. Die Konjugation sollte aber dennoch gelernt werden, da es präfigierte Varianten von *rzec* gibt, von denen noch alle grammatischen Formen in Gebrauch sind. Ein Beispiel ist *przyrzec/przyrzekać* (= versprechen, geloben, schwören.) — *rzec* (perf.!): *rzeknę, rzekniesz, rzeknie, rzekniemy, rzekniecie, rzekną; rzekł (-a, -o, -y), rzekli, rzeknij(cie)!*

△ Zu der Fügung *tak samo* vgl. noch einmal Erläuterungen zu Lektion 18, unter *sam, sama, samo*.

△ Einige der in der vorliegenden Lektion zitierten Sprichwörter bzw. Volksweisheiten sind Satzäquivalente, d. h., sie enthalten kein finites Verb als Prädikat und sind dennoch vollständige Aussagen. Dieser Satztyp eignet sich — wie ja auch im Deutschen — seiner Prägnanz wegen besonders zur Formulierung von Sentenzen, Maximen, Volksweisheiten und Sprichwörtern. Vgl.:

Z dużej chmury mały deszcz. Viel Geschrei und wenig Wolle.

△ Die Fügung *co do* + *Gen.* entspricht dem deutschen ‚Was (+ Akk.) (an)betrifft, ...' / ‚Was (+ Akk.) angeht, ...' / ‚In bezug auf (+ Akk.)'/‚Bezüglich (+ Gen.)' / ‚A propos (+ Nom.)' / ‚Übrigens ...' u. ä., z. B.:

Co do twojej prośby, to jutro pomówię z szefem. — Was deine Bitte betrifft, (da) rede ich morgen mit dem Chef.

Czy nie ma jeszcze wiadomości co do naszej propozycji? — Gibt's noch keine Nachricht(en) in bezug auf unseren Vorschlag?

△ In dem Satz *A jak Barbara po lodzie, to ...* ist *jak* ein (umgangssprachlicher) Ersatz für die Konjunktionen *jeżeli*, *jeśli* oder *gdy* zur Einleitung von Konditionalsätzen:

jak ..., to ... = jeżeli ..., to ... = gdy ..., to ... = wenn ..., dann ...

Zu *to* in dieser Funktion vgl. noch einmal die Anmerkung zu *to* in den Erläuterungen zu Lektion 20.

△ Das **Personalpronomen** *wy* wird in einigen polnischen Dialekten noch als Anrede für eine einzelne Person, mit der der Sprecher nicht per „du" ist, gebraucht. (Vgl. die analoge Erscheinung im älteren Deutsch.) Ein Beispiel dafür ist der Gliedsatz: *..., to jedno* **wam** *powiem, Macieju.*

Außerdem ist diese Anrede heute auch offiziell in einigen gesellschaftlichen Bereichen und beruflichen Sphären üblich. Sie wird dort gebraucht, wenn der Sprecher die in Lektion 6 behandelte Anrede mit Hilfe von *pan* oder *pani* für die betreffende Situation als zu offiziell empfindet und daher umgehen will. So kann z. B. ein Arzt oder ein Lehrer zu einem Kollegen innerhalb ihrer beruflichen Sphäre sagen:

Powiedzcie mi, kolego, ...! Sagen Sie mal, Kollege, ...!

△ Die Frageform *Co* + *z* + *Instrumental?* = Was ist mit + Dativ? *(Co z kożuchem?)* ist in der Umgangssprache recht verbreitet und wird

wie ihre o. g. deutsche Entsprechung gehandhabt. Dabei fällt das Kopulaverb *być* im Präsens weg.
Beispiele:
Co z Kowalskim? — *Jeszcze chory?* — Was ist mit Kowalski? — Noch krank?
Co z moją sprawą? — *Czy już załatwiona?* — Was ist mit meiner Sache/Angelegenheit? — Schon erledigt?

Übungen

I. Lesen Sie die Daten, mit denen die Fragen beantwortet sind!

1. Kiedy jest pierwszy dzień wiosny? | — 21 III
2. Kiedy idzie zima do morza? | — Na świętego Grzegorza, 12 III
3. Od kiedy są chłodne wieczory i ranki? | — Od świętej Anki, od 26 VII
4. Kiedy są święta Bożego Narodzenia? | — 25 i 26 XII
5. Kiedy w tym roku jest Wielkanoc? | — 7 IV

II. Beantworten Sie die folgenden Fragen!

1. Kiedy w tym roku wypada Wielkanoc? | — 18 IV
2. Kiedy są imieniny Mikołaja? | — 6 XII
3. Kiedy wypada Boże Narodzenie? | — 25 i 26 XII
4. Kiedy jest świętego Mikołaja? | — 6 XII
5. Kiedy wypadają urodziny Romka? | — 28 II
6. Kiedy będzie ślub Zofii i Jurka? | — 3 X
7. Kiedy wypadają imieniny Barbary? | — 4 XII

III. Vervollständigen Sie die folgenden Sprichwörter und erläutern Sie deren Bedeutung!

1. Z dużej chmury ...
2. Jaskółka nisko, ...
3. Do świętego Ducha ...
4. Po świętym Duchu ...
5. Od świętej Anki ...
6. Jak Barbara po lodzie, ...
7. Na świętego Grzegorza ...

IV. Welche polnischen Sprichwörter kennen Sie? Erläutern Sie deren Bedeutung!

V. Welche polnischen Sprichwörter, zu denen es Entsprechungen in anderen Sprachen gibt, kennen Sie?

VI. Beantworten Sie die folgenden Fragen!

1. Kiedy jest najdłuższy dzień w roku? — 21 VI
2. Kiedy jest najkrótszy dzień w roku? — 21 XII
3. Kiedy dzień i noc są sobie równe? — 21 III und 21 IX
4. Kiedy jest w Polsce święto narodowe? — 11 XI

49
Erläuterungen

AUSSPRACHE UND RECHTSCHREIBUNG

△ Die Fremdwörter *muzyka* und *opera* werden auf der drittletzten Silbe betont (vgl. Erläuterungen zu Lektion 19).

WORTARTEN

△ Das Substantiv *rząd* wird je nach Bedeutung ohne Stammvokalwandel oder mit diesem Wechsel dekliniert:

rząd

= Regierung (-*ą*-)   = Reihe (-*ę*-)

	Singular	Plural	Singular	Plural
Nom.	rząd	rządy	rząd	rzędy
Gen.	rządu	rządów	rzędu	rzędów
Dat.	rządowi	rządom	rzędowi	rzędom
Akk.	rząd	rządy	rząd	rzędy

Instr.	*rządem*	*rządami*	*rzędem*	*rzędami*
Lok.	*rządzie*	*rządach*	*rzędzie*	*rzędach*
Vok.	*rządzie!*	*rządy!*	*rzędzie!*	*rzędy!*

△ Die verschiedenen Bedeutungen des Substantivs **państwo** sind bereits in Lektion 7 angegeben. Hier die komplette Deklination dieses Substantivs in seinen verschiedenen Bedeutungen mit Hinweisen auf die grammatischen Konsequenzen für die von *państwo* abhängigen Satzglieder:

Bedeutung: **Staat**

Singular

Nom.	*(to) państwo (polskie) (jest/było/będzie)*
Gen.	*(tego) państwa (polskiego)*
Dat.	*(temu) państwu (polskiemu)*
Akk.	*(to) państwo (polskie)*
Instr.	*(tym) państwem (polskim)*
Lok.	*(tym) państwie (polskim)*
Vok.	*(—) państwo (polskie)!*

Plural

Nom.	*(te) państwa (europejskie) (są/były/będą)*
Gen.	*(tych) państw (europejskich)*
Dat.	*(tym) państwom (europejskim)*
Akk.	*(te) państwa (europejskie)*
Instr.	*(tymi) państwami (europejskimi)*
Lok.	*(tych) państwach (europejskich)*
Vok.	*(—) państwa (europejskie)!*

Bedeutung:

**Dame und Herr, Dame und Herren, Damen und Herr,
Damen und Herren, Herrschaft(en), Frau und Herr ...,
Sie** (solange beide Geschlechter vertreten sind), **das Ehepaar ...**

Nom.	*(starzy) państwo (Kowalscy) (są/byli/będą)*	*(Nowakowie)*
Gen.	*(starych) państwa (Kowalskich)*	*(Nowaków)*
Dat.	*(starym) państwu (Kowalskim)*	*(Nowakom)*
Akk.	*(starych) państwa (Kowalskich)*	*(Nowaków)*
Instr.	*(starymi) państwem (Kowalskimi)*	*(Nowakami)*
Lok.	*(starych) państwu (Kowalskich)*	*(Nowakach)*
Vok.	*(starzy) państwo (Kowalscy)!*	*(Nowakowie)*

△ **Familiennamen**, die im Nominativ Singular **auf -o** auslauten, werden im Singular nach der femininen, im Plural nach der maskulinen Deklination (personalmaskulin) abgewandelt:

	Singular	Plural
Nom.	*Moniuszko*	*Moniuszkowie*
Gen.	*Moniuszki*	*Moniuszków*
Dat.	*Moniuszce*	*Moniuszkom*
Akk.	*Moniuszkę*	*Moniuszków*
Instr.	*Moniuszką*	*Moniuszkami*
Lok.	*Moniuszce*	*Moniuszkach*
Vok.	*Moniuszko!*	*Moniuszkowie!*

△ Das Verb *płynąć* ist ein Doppel-Zeitwort (vgl. *iść* und *chodzić* in den Erläuterungen zu Lektion 35). Die Aspektpaare lassen sich folgendermaßen ordnen:

(„nicht zielgerichtet")		(„zielgerichtet")	
(imperfektiv)	(perfektiv)	(imperfektiv)	(perfektiv)
pływać	—	*płynąć*	*popłynąć*
pływać	*popływać*		

Bei der Bildung der bedeutungsmodifiziert präfigierten Varianten werden wieder beide Stämme zu Aspektpaaren vereinigt:

	(imperfektiv)	(perfektiv)
abfließen, zurückfluten, -fließen, abfahren (per Schiff), los-, davonschwimmen	*odpływać*	*odpłynąć*
(hin)durch-, vorbei-, vorüber-, vorbei, hinüberfließen, -strömen, -schwimmen	*przepływać*	*przepłynąć*

Konjugation:
-*pływać* wie „*czytać*"
-*płynąć*: -*płynę*, -*płyniesz*, -*płyną*

△ Auch das Verb **wzlecieć** ist Bestandteil einer derartigen Doppel--Zeitwortgruppe. Für sie gilt jedoch wieder eine Besonderheit, die bereits in Lektion 45 bei *jechać* und *jeździć* vorgekommen ist: Für die Bildung der bedeutungsmodifizierten Varianten wird ein dritter Verbalstamm benötigt, der ohne Präfix gar nicht vorkommt.

	(„nicht zielgerichtet")		(„zielgerichtet")
(imperfektiv)	(perfektiv)	(imperfektiv)	(perfektiv)
latać	—	*lecieć*	*polecieć*
latać	*polatać*		

Bedeutungsmodifiziert:

	(imperfektiv)	(perfektiv)
	-latywać (neu)	*-lecieć* (s.o.)
auffliegen, sich in die Lüfte erheben	*wzlatywać*	*wzlecieć*
abfliegen	*odlatywać*	*odlecieć*
(her-, hin)ausfliegen, abfliegen (Flugreise antreten), losfliegen	*wylatywać*	*wylecieć*

Konjugation:
-latać wie „*czytać*"
-lecieć: -lecę, -lecisz, -lecą
-latywać: -latuję, -latujesz, -latują

△ Das Verb **odbudować** fügt sich in die folgende Aspektpaar-Reihe:

	(imperfektiv)	(perfektiv)
(auf-, er)bauen	*budować*	*zbudować*
wiederaufbauen	*od**budowywać***	*odbudować*
ausbauen, erweitern	*rozbudowywać*	*rozbudować*
umbauen	*przebudowywać*	*przebudować* usw.

Konjugation:
-budować: -buduję, -budujesz, -budują
-budowywać: -budowuję, -budowujesz, -budowują

SATZBAU

△ Die Verben **śpiewać, grać** (Musikstücke, Theaterrollen) und **wykonać** regieren den präpositionslosen Akkusativ, z. B.:
śpiewać arię, melodię; grać Halkę, Hamleta; wykonać taniec góralski.

In diesem Zusammenhang ist eine Besonderheit zu beachten. Die Namen mehrerer polnischer Volks- oder Nationaltänze (und damit der entsprechenden Musikstücke) sind maskuline Substantive, die auch zur Bezeichnung der Einwohner bestimmter polnischer Gegenden oder Landstriche dienen, was natürlich mit der geographischen Herkunft zusammenhängt (vgl. den ‚Rheinländer' im Deutschen), z. B.:

Krakowiak — Einwohner der Gegend um Kraków (vgl. *Polak*)

krakowiak ⟨ Krakauer (= Einwohner der Stadt Kraków)
Krakowiak (ein Volkstanz)

Mazur — Masure (Einwohner Masurens bzw. Masowiens)
mazur — Masur (ein Tanz)

Dieses Nebeneinander der Bedeutung ‚Einwohner von...' und ‚Tanz der ursprünglich bei den Einwohnern einer bestimmten Gegend üblich war', hat zur Folge, daß der Akkusativ Singular aller maskuliner Substantive, die Tänze bezeichnen, dem Genitiv Singular gleicht (und nicht wie bei anderen unbelebten Substantiven dem Nom. Sing.) — eben nach dem Vorbild der Bezeichnungen für die Einwohner einer bestimmten Gegend. Somit heißt es:

grać/tańczyć/wykonać pięknego krakowiaka / słynnego mazura.

Das ist auch auf maskuline Bezeichnungen für Tänze anzuwenden, die keine Bezeichnungen für irgendwelche Menschen sind, z. B.:

walc = Walzer — *grać/tańczyć walca (Akk. = Gen.)*
fokstrot = Foxtrott — *grać/tańczyć fokstrota (Akk. = Gen.)*

Diese Regelung gilt jedoch nur im Singular!

Zur Bildung des Plural von Substantiven dieses Typs s. Erläuterungen zu Lektion 33, Plural der personalmaskulinen Substantive, 4.

(Nom. Pl.) *krakowiaki* (= Tänze)
krakowiacy (= Menschen)
mazury (= Tänze)
Mazurzy (= Menschen)

(Akk. Pl.) *krakowiaki* (= Tänze)
krakowiaków (= Menschen)
mazury (= Tänze)
Mazurów (= Menschen)

An dieser Stelle eine Empfehlung. In der vorliegenden Lektion ist die Rede von maskulinen Substantiven zur Bezeichnung von Tänzen und Musikwerken, die trotz ihrer Zugehörigkeit zur Kategorie „unbelebt" im Akkusativ Singular dieselbe Endung wie im Genitiv Singular haben. Dieselbe Erscheinung ist bereits im Zusammenhang mit den Bezeichnungen für Sport- und Gesellschaftsspiele in den Erläuterungen zu Lektion 45 (*grać w skata*) und in bezug auf Markennamen (Fabrikmarken) in den Erläuterungen zu Lektion 28 (*Nie, rodzice mają jeszcze małego fiata*) besprochen worden. Der Lernende sollte sich diese drei semantischen Gruppen von maskulinen Substantiven an besonderer Stelle notieren. Bei seiner weiteren Beschäftigung mit dem Polnischen werden noch andere derartige Gruppen hinzukommen.

△ Das Verb *towarzyszyć* regiert in allen seinen Bedeutungen den Dativ, z. B.:

*Żona towarzyszy **mu** przy śniadaniu.* — Seine Frau leistet **ihm** beim Frühstück Gesellschaft.

*Kolega towarzyszy **mi** w podróży.* — Ein/Der Freund/Kollege begleitet **mich** auf/bei der Reise.

Chorobie towarzyszyła wysoka temperatura. — **Mit der Krankheit** ging hohes Fieber einher. / Die Krankheit war von hohem Fieber begleitet. / Parallel zur Krankheit hatte der Patient hohes Fieber.

Da *towarzyszyć* immer eine Tätigkeit bezeichnet, deren Hauptmerkmal das parallele Andauern ist (parallel zu der jeweils anderen, meist substantivisch ausgedrückten Handlung) und für die ein Maß, eine quantitative Begrenzung bzw. ein meßbares Ergebnis keine Rolle spielen, hat dieses Verb (in der Hochsprache) kein perfektives Pendant.

△ Die Substantive *góra* (Vokabelverzeichnis zu Lektion 44) und *dół* (Vokabelverzeichnis zu Lektion 29) dienen — wie *tył* und *przód* in Lektion 33 — zur Bildung von Adverbialbestimmungen, die im Deutschen auch durch Verbalpräfixe, Verbindungen aus Präpositionen und Adverbien oder nur durch Adverbien wiedergegeben werden können, z. B.:

w + Akk. (wohin?)
w górę — in die Höhe, hinauf, hoch, bergauf, (weiter) nach oben
w dół — in die Tiefe, hinunter, nieder, hinab, herab, (weiter) nach unten

do* + *Gen. (wohin?)

do góry — (etwas weiter) hoch, nach oben, höher hinauf, herauf
do dołu — (etwas weiter) hinunter, nach unten, tiefer hinunter, hinab, herunter

na* + *Akk. (wohin?)

na górę — (ganz) nach oben, hinauf, herauf, in die oberen Räume
na dół — (Betonung auf der Präposition) — (ganz) nach unten, hinunter, herunter, in die unteren Räume

od* + *Gen. (woher?)

od góry — von oben her
od dołu — von unten her

z* + *Gen. (woher?)

z góry — von oben herunter, aus der Höhe, von ganz oben her
z dołu — von unten herauf, aus der Tiefe, von ganz unten her

Die Verbindung *z góry* ist außerdem die Entsprechung zum deutschen ‚im voraus', ‚im vorhinein', ‚von vornherein'.

△ Die Formulierungen... *budynek teatru* ***został spalony i całkowicie zburzony*** und *W* ***odbudowanym*** *po wojnie* ***gmachu*** ... sollten dem Lernenden Anlaß sein, noch einmal zu wiederholen, was in Lektion 28 zum attributiven und in Lektion 30 zum prädikativen Gebrauch der Passivpartizipien gesagt ist.

Übungen

I. Wandeln Sie die folgenden Aktivkonstruktionen entsprechend dem Muster in Passivkonstruktionen um!

0. Balet Teatru Wielkiego wykonał słynnego mazura.
   Słynny mazur został wykonany przez balet Teatru Wielkiego.
1. Stanisław Moniuszko napisał operę „Halka".
   . . . .
2. Teatr Wielki wystawił operę Pendereckiego.*
   . . . .

---

* Vokabelverzeichnis zu Lektion 50 und *wystawiać* im Vokabelverzeichnis zu Lektion 30.

3. Po wojnie odbudowaliśmy Teatr Wielki w Warszawie.
   ....
4. Obsługa teatru pogasiła światła na widowni.
   ....

II. Beantworten Sie die folgenden Fragen unter Verwendung der eingerahmten Präpositionen und Substantive!

1. Gdzie znajduje się Teatr Wielki w Warszawie?
   ....
2. Gdzie pani Kowalska kupiła bilety do teatru?

| w, na, do |
| kasa, program, afisz, teatr, opera, plac Teatralny |

3. Gdzie można znaleźć nazwiska śpiewaków?
   ....
4. Dokąd idą państwo Kowalscy dziś wieczorem?
   ....
5. Na co wybrali się państwo Kowalscy do Teatru Wielkiego?
   ....

III. Beantworten Sie die folgenden Fragen an Hand des Lesestückes aus Lektion 49!

1. Kiedy został zburzony budynek Teatru Wielkiego w Warszawie?
2. Jakie teatry znajdują się na placu Teatralnym?
3. Kim był Stanisław Moniuszko?
4. O czym opowiada opera „Halka"?
5. Jaką muzykę lubi pani Kowalska?
6. Jaką muzykę lubi pan Kowalski?
7. Jaką muzykę pan (pani) lubi?
8. Jaki pomnik znajduje się na placu Teatralnym?

50
Erläuterungen

AUSSPRACHE UND RECHTSCHREIBUNG

△ **Ordnungszahlen,** die ein Jahrhundert bezeichnen, werden als römische Ziffern und ohne Punkt geschrieben, z. B.:
wiek XVI (wiek szesnasty) — das XVI. Jh.
wiek XX (wiek dwudziesty) — das XX. Jh.
XVIII wiek (osiemnasty wiek) — das XVIII. Jh.

△ Die im Lesestück in Klammern angegebenen **Jahreszahlen** werden (da sie nicht syntaktisch eingebunden, nicht grammatischer Bestandteil des Satzes sind) als Grundzahlwörter gelesen — mit deutlich wahrnehmbarer Pause zwischen den beiden Zahlenangaben:
tysiąc osiemset trzydzieści osiem — dziewięćdziesiąt trzy

△ Auch in der Fügung *przy ulicy Floriańskiej 41* ist die Ziffer 41 als Grundzahlwort zu lesen: *czterdzieści jeden.*

△ Im Substantiv *muzeum* sind die Laute *-e-* und *-u-* kein Diphthong!

WORTARTEN

△ **Neutrale Substantive auf *-um*** werden im Singular nicht abgewandelt, haben also in allen Kasus dieselbe Form wie im Nominativ. Im Plural werden sie folgendermaßen dekliniert:

	Plural		
Nom.	*muzea*	*centra*	*studia*
Gen.	*muzeów*	*centrów*	*studiów*
Dat.	*muzeów*	*centrom*	*studiom*
Akk.	*muzea*	*centra*	*studia*
Instr.	*muzeami*	*centrami*	*studiami*
Lok.	*muzeach*	*centrach*	*studiach*
Vok.	= Nominativ		

Hier sei noch einmal daran erinnert, daß *album* und *kostium* maskulin sind und daher im Nom./Akk./Vok. Pl. die Endung *-y* haben.

△ Das Substantiv *broń* (fem.!) ist in der Verbindung *historyczna broń* als Kollektivum aufzufassen (vgl. *rodzeństwo* in Erläuterungen zu Lektion 7) und daher mit ‚(historische) Waffen' zu übersetzen.

△ Das Verb ***przypominać*** *(imperf.)*/***przypomnieć*** *(perf.)* hat dieselbe Rektion wie die deutsche Wendung ‚jemandem (= Dat.) etwas (= Akk.) in Erinnerung rufen/bringen' — auch dann, wenn es als Übersetzung für ‚jemanden an etwas / jemanden erinnern' gebraucht wird. Somit heißt es:

Matejko chciał przypomnieć narodowi polskiemu (= Dat.) jego świetną przeszłość (= Akk.).
Matejko wollte dem polnischen Volk (= Dat.) dessen großartige (große) Vergangenheit (= Akk.) in Erinnerung rufen.

Mit dieser Rektion wäre das Verb auch dann zu gebrauchen, wenn man beim Übersetzen ins Polnische von dem deutschen Satz ausgehen müßte: ‚Matejko wollte das polnische Volk (= Akk.) an dessen große Vergangenheit (= Präpositionalobjekt im Akk.) erinnern', obgleich die einzelnen Aussageelemente in dieser deutschen Konstruktion in ganz anderen Kasus stehen.

ACHTUNG! Das deutsche Verb ‚sich erinnern an (+ Akk.)' hat zwei Bedeutungen, die im Polnischen durch verschiedene Verben wiederzugeben sind!

a) sich erinnern = sich wieder besinnen auf (+ Akk.), wieder auf (+ Akk.) kommen, sich (+ Akk.) ins Gedächtnis zurückrufen = *przypominać*/*przypomnieć sobie* (sich selbst, nicht einer anderen Person) + Akk., z. B.: *Natychmiast przypomniała sobie moją sprawę.* Sie erinnerte sich sofort (wieder) an meine Sache. = Meine Sache fiel ihr sofort wieder ein.

b) sich erinnern (können) = (noch) im Gedächtnis haben/bewahren, noch wissen, nicht vergessen haben = *pamiętać* + *Akk.*, z. B.: *Pamiętam twoją sprawę bardzo dobrze.* = Ich erinnere mich sehr gut an deine Sache. / Ich kann mich sehr gut an deine Sache erinnern. / Ich habe deine Sache sehr gut in Erinnerung/im Gedächtnis. (Vgl. *pamiętać* in den Erläuterungen zu Lektion 37.)

△ Das Wort *żaden, żadna, żadne* ist ein Adjektiv mit der Bedeutung ‚kein, keine, kein'. Es funktioniert als Attribut zu Substantiven, z. B.:
..., *bo nie zmieściłyby się w żadnym pokoju* = ..., weil sie in keinem Zimmer Platz hätten / ..., weil sie in kein Zimmer hineingingen

In den Lektionen 14 und 16 hat der Lernende bereits erfahren, wie einige Funktionen des deutschen ‚kein' im Polnischen auf andere Weise wiederzugeben sind. Vgl.:

(Lektion 14) *Nie mam apetytu.* Ich habe **keinen** Appetit.
(Lektion 16) *Nie było lekarza.* Es war **kein** Arzt da. / Es gab **keinen** Arzt.

Wenn das im Genitiv stehende Element von Sätzen dieser beiden Arten mit dem Attribut *żaden* versehen ist, hat *żaden* nur eine verstärkende Funktion, entspricht also deutschen Wörtern bzw. Wendungen wie ‚gar', ‚ganz und gar', ‚überhaupt', ‚kein bißchen' u. ä. Beispiele:

Nie mamy żadnego papieru. Wir haben gar/überhaupt kein Papier.
Nie było żadnego lekarza. Es war gar/überhaupt kein Arzt da. / Es gab gar/überhaupt keinen Arzt da.

In allen anderen Situationen ist *żaden* als Äquivalent zu ‚kein' unerläßlich.

ACHTUNG! In der deutschen Umgangssprache wird ‚keiner' bekanntlich als Ersatz für ‚niemand' gebraucht. Das polnische *żaden* hat diese Funktion nicht! In dieser Bedeutung ist nur *nikt* zu verwenden, z. B.:

Keiner hilft mir. = Niemand hilft mir. = *Nikt mi nie pomaga.*
Es war keiner zu Hause. = Es war niemand zu Hause. = *Nikogo nie było w domu.*

Wie alle hier angeführten Beispiele zeigen, ist auch in Verbindung mit *żaden* die doppelte Verneinung zu gebrauchen.

Zur maskulinen Form des Nominativ Singular — *żaden* — vgl. *pewien* in Lektion 15. Die Form „*żadny*" gibt es nicht.

△ Die Grundformen für das Präteritum des Verbs **umrzeć** sind: *(on) umarł, (ona) umarła, (oni) umarli.* Imperf. *umierać* (Konjugation wie *czytać*).

△ Die Präposition *pod* (+ *Instr.*) (vgl. Erläuterungen zu Lektion 27) hat vor Namen von Städten und anderen Ortschaften die Bedeutung ‚bei', ‚in der Nähe von', z. B.:

bitwa pod Grunwaldem — eine/die Schlacht bei Grunwald
Mieszkają teraz w małym miasteczku pod Warszawą. — Sie wohnen jetzt in einem kleinen Städchen bei Warschau.

SATZBAU

△ Zu Deutung und Übersetzung des Adverbialpartizips der Gleichzeitigkeit *żyjąc* in der vorliegenden Lektion vgl. noch einmal Erläuterungen zu Lektion 35, Satzbau.

△ Das Adjektiv *potrzebny* hat die Bedeutung ‚erforderlich', ‚notwendig', ‚benötigt', ‚nötig'.
Beispiele für den attributiven Gebrauch:
Kupujemy potrzebne materiały. — Wir kaufen die erforderlichen/benötigten Materialien.

In diesem Satztyp kann die Person, die das durch *potrzebny* näher Gekennzeichnete benötigt, im Dativ eingefügt werden, z. B.:
Kupujemy potrzebne nam książki. — Wir kaufen die ‚uns nötigen' Bücher. / ... die von uns benötigten ... / ... die Bücher, die wir brauchen.

Als Prädikatsnomen, also in prädikativer Stellung, wird *potrzebny* in Sätzen gebraucht, deren Subjekt das ‚Benötigte' bezeichnet, z. B.:
Cukier jest potrzebny. — (Der) Zucker ist erforderlich/notwendig. / (Der) Zucker wird benötigt/gebraucht.
Nowe książki są potrzebne. — Neue Bücher sind erforderlich/notwendig. / Neue Bücher werden benötigt/gebraucht.

Wird dieser Satztyp nun durch ein personelles Dativobjekt ergänzt, ergeben sich Sätze, die deutsch unter Verwendung von ‚benötigen' bzw. ‚brauchen' als Prädikat wiedergegeben werden können. Dabei wird das polnische Dativobjekt im deutschen Satz zum Subjekt, und das polnische Subjekt wird deutsch zum Akkusativobjekt, z. B.:
Ta tkanina jest nam potrzebna. — Dieser Stoff ist uns erforderlich/notwendig. / Diesen Stoff benötigen/brauchen wir.

Die einzelnen Aussagebestandteile entsprechen dabei einander folgendermaßen:
> *Ta tkanina (Nom.)* **jest** *nam (Dat.) potrzebna.*
> Diesen Stoff (Akk.) brauchen wir (Nom. = Subj.).

Vgl. im Lesestück der vorliegenden Lektion (Abs. 3):
> *(... różne przedmioty,) które były mu potrzebne w jego pracy malarza* = (...,) die ihm ... notwendig waren / (...,) die er ... brauchte

Weitere Beispiele:
> *Dziecku są potrzebne nowe buty.* — Das Kind braucht neue Schuhe.
> *Jest nam potrzebny samochód.* — Wir brauchen ein Auto.
> *Czy ta gazeta jest ci jeszcze potrzebna?* — Brauchst du diese Zeitung noch?

Der Zweck, zu dem etwas benötigt wird, kann durch *do* + Gen. angeschlossen werden, z. B.:
> *Potrzebne mu było coś do pisania.* — Er brauchte etwas zu schreiben.

(Vgl. dazu Erläuterungen zu Lektion 30, Satzbau, Punkt a.)

△ Die Fügung *pamiątki po Matejce* ist für den von Hause aus Deutsch Sprechenden recht ungewöhnlich. In Lektion 17 (Satzbau) wurde *po* + Lok. als Äquivalent zu ‚nach' in zeitlicher Bedeutung eingeführt. Diese Bedeutung klingt in der oben zitierten Fügung an, wobei der Name für die Zeit seines Lebens steht, nach deren Ende die an den Maler erinnernden bzw. von ihm hinterlassenen Dinge weiter existieren. Zu übersetzen wäre also: von Matejko hinterlassene Dinge/Gegenstände bzw. Dinge/Gegenstände, die an Matejko erinnern, auch Andenken an Matejko.

△ Wie seine deutschen Äquivalente hebt *jednak* Gegensätze oder Unterschiede hervor und kann dabei vor oder hinter dem hervorzuhebenden Begriff stehen. Im Gegensatz zu seinen deutschen Äquivalenten aber kann *jednak* auch zwischen einem Attribut als dem hervorzuhebenden Element einer Aussage und dem durch dieses Attribut näher bestimmten Substantiv stehen, ohne daß sich daraus weitere Konsequenzen für die Wortfolge in dem betreffenden Satz ergeben. Vgl.:
> *Najsławniejsze jednak płótna wielkiego malarza ...* — Die berühmtesten Gemälde des großen Malers jedoch/aber ...

△ Das Attribut in der Fügung przy *ulicy Floriańskiej* ist ein Adjektiv (mask. *Floriański*). Es bezieht sich hier auf den Heiligen Sankt Florianus bzw. den hl. Florian.

Übungen

I. Beantworten Sie die folgenden Fragen unter Verwendung der entsprechenden Formen des Pronomens *żaden* verneinend!

1. Czy widział pan jakiś obraz Jana Matejki?
   ....
2. Czy był pan już na jakimś filmie Andrzeja Wajdy?
   ....
3. Czy zna pan osobiście jakiegoś aktora filmowego?
   ....
4. Czy wpłacił pan już w kasie jakieś pieniądze?
   ....
5. Czy był pan już w jakimś muzeum w Warszawie?
   ....
6. Janku, czy nie dzwoniła do mnie jakaś pani?
   ....

II. Vervollständigen Sie die folgenden Sätze durch die entsprechenden Formen der eingeklammerten Namen!

1. Państwo Kowalscy rozmawiają o znanym kompozytorze polskim z XIX wieku, ... (*Stanisław Moniuszko*)
2. „Zemsta" jest najbardziej znaną komedią ... . (*Aleksander Fredro*)
3. W czasie pobytu w Krakowie zwiedziliśmy muzeum w domu ... . (*Jan Matejko*)
4. Nazwisko słynnego Polaka ... jest znane w Ameryce. (*Tadeusz Kościuszko*)

III. Ersetzen Sie in den folgenden Sätzen die Singularformen durch den entsprechenden Plural!

1. Uczeń po ukończeniu szkoły idzie do liceum.
   ....
2. Chętnie chodzę do muzeum.
   ....
3. W muzeum jest wystawa obrazów.
   ....

4. Po studiach będę nauczycielem w liceum.
....
5. Czy pan się interesuje muzeum etnograficznym?
....
6. Zwiedziłem krakowskie muzeum.
....

IV. Beantworten Sie die folgenden Fragen an Hand des Lesestückes aus Lektion 50!

1. Kim był Jan Matejko?
2. Jakie obrazy malował Matejko?
3. Jakie są najbardziej znane obrazy Matejki?
4. W jakim mieście Matejko żył i umarł?
5. Co można zobaczyć w muzeum w domu Jana Matejki w Krakowie?
6. Co zbierał Matejko?

V. Bemühen Sie sich um eine möglichst exakte Aussprache!

1. W Szczebrzeszynie chrząszcz brzmi w trzcinie.
2. Przeleciały trzy pstre przepiórzyce przez trzy pstre kamienice.
3. Pchła pchłę pchła, pchła płakała.
4. Czarna krowa w kropki bordo żarła trawę, kręcąc mordą.
5. Król Karol kupił królowej Karolinie korale koloru koralowego.
6. Stół z powyłamywanymi nogami.
7. Siedziała małpa na płocie i żarła słodkie łakocie.
8. Szaławiła grał na bałałajce, połykając ser półtłusty.
9. W czasie suszy szosa sucha.
10. Cesarz czesał cesarzową.
11. Czy tata czyta cytaty z Tacyta?

Schlüssel zu den Übungen

1

II.1. To (jest) uniwersytet. (*usw.*)
II.2. To (jest) pomnik Kopernika. (Chopina; króla Zygmunta; studenta)
II.3. To (jest) król Zygmunt. (Chopin; student; studentka)

III. *A.* Co to jest? Co to jest? Kto to jest? Co to jest? Co to jest? Kto to jest? Kto to jest?

IV. *A.* To jest kino. *B.* Co to za kino? *A.* To jest kino „Luna". (To jest plac. Co to za plac? To plac Zamkowy *usw.*)

2

III.1. *A.* Ten pan jest bardzo przystojny i sympatyczny. *B.* To jest pan Jan. (*usw.*: Ta studentka — przystojna i sympatyczna; Ten student — przystojny i sympatyczny; Ta pani — przystojna i sympatyczna; Ten pan — przystojny i sympatyczny)
III.2. Ta kolumna — ładna; Ten plac — ładny; Ten budynek — ładny; Ta ulica — ładna.

IV.1. *B.* (Pan Nowak) jest bardzo przystojny. *B.* Pani Danuta też jest bardzo przystojna. (*usw.*: sympatyczny — sympatyczna; młody i wesoły — młoda i wesoła; wysoki i przystojny — wysoka i przystojna)
IV.2. *A.* Pan Jan Kowalski jest stary. *B.* Czy pani Anna Kowalska też jest stara? *A.* Nie, nie jest stara. (*usw.*: bardzo stary — bardzo stara; niski — niska; niski i brzydki — niska i brzydka; bardzo brzydki — bardzo brzydka)

V.1. *A.* Jaki jest pan Kowalski? *A.* A jaka jest pani Kowalska?
V.2. *A.* Kto to jest ta młoda pani? *A.* A ten pan?

VI. *A.* Czy to jest pan Kowalski? *A.* Jaki jest pan Jan? (*A.* Czy to jest pan Nowak? *B.* Tak, to jest pan Lech Nowak. *A.* Jaki jest pan Lech? *A.* Czy to jest pan Wolski? *B.* Tak, to jest pan Adam Wolski. *A.* Jaki jest pan Adam?)

VII. 1. To jest pan Nowak, a to pan Kowalski. 2. Tak, to jest pan Nowak. 3. Tak, to jest pan Kowalski. 4. Pan Nowak jest wysoki. 5. Tak, to pani Nowakowa. 6. Nie, to nie jest pan Kowalski. 7. Nie, pan Nowak nie jest niski.

VIII. 1. Kto to jest? 2. Jaki jest pan Nowak? 3. Czy to jest pan Kowalski? 4. Czy to jest pani Nowakowa? (*oder*: Czy to jest żona pana Nowaka?) 5. Czy pani Nowakowa jest stara? 6. A jaka jest?

IX. To jest pan Kowalski, a to pani Kowalska. A to jest pan Nowak i pani Nowakowa. Pani Nowakowa to żona pana Nowaka. Pani Kowalska jest ładna i zgrabna, a pan Kowalski nie jest przystojny, ale jest bardzo sympatyczny i wesoły.

3

III. (Ola) zdrowa; (pan Jan) zdrowy; (pani Anna) zdrowa; (Jurek) zdrowy; (pani Danuta) zdrowa

IV.1. *B.* Bo jest chory; Bo ma kaszel i katar; Bo nie jest zdrowy.
IV.2. *B.* Tak, jest zdrowy; Tak, jest zdrowa; Nie, nie jest chora; Tak, jest wesoły; Nie, nie jest wesoła.

V.1. smaczny — jest smaczny — nie jest smaczne; słodki — jest słodki — nie jest słodkie.
V.2. na kaszel — (Jest) smaczne; na katar — (Jest) słodkie.

VI. 1. Kto to (jest)? 2. Dlaczego Jacek leży? 3. Jakie jest lekarstwo? 4. Co to (jest)? (*oder*: Co to za syrop?) 5. Jakie jest gardło? 6. Kto to jest Jacek? 7. Kto to jest pani Danuta? 8. Czyj to (jest) pomnik? (*oder*: Co to za pomnik?)

VII. 1. leży — Jacek leży. 2. czyta — Jacek czyta. 3. telefonuje — Pani Anna telefonuje. 4. słucha — Pan Nowak słucha. 5. ogląda — Lekarz (Pan Nowak) ogląda gardło. 6. kupuje — Pani Anna kupuje lekarstwo. 7. zapisuje — Lekarz (Pan Nowak) zapisuje lekarstwo. 8. pisze — Lekarz (Pan Nowak) pisze. 9. płaci — Pani Anna płaci. 10. pije — Jacek pije lekarstwo. 11. zapisuje — Lekarz zapisuje lekarstwo. 12. ma — Tak, Jacek ma kaszel. 13. ogląda — Lekarz ogląda gardło. 14. pije — Jacek pije syrop.

VIII. jest chory (nie jest zdrowy) — ma kaszel i katar — ogląda gardło — syrop na kaszel — pije syrop (lekarstwo)

IX. *B.* Leży, bo nie jest zdrowy. *A.* Czy ma katar? *B.* Tak, ma katar i kaszel. *A.* Jacek pije lekarstwo. Czy lekarstwo jest smaczne? *B.* Nie, nie jest smaczne. *A.* Dlaczego? *B.* Bo jest bardzo słodkie. *A.* Czy Jacek lubi lekarstwo? *B.* Nie! Kto lubi lekarstwo?!

4

I.1. *B.* To (jest) pokój pana Nowaka (pani Nowak; Lecha Nowaka; pana Jana).
I.2. *B.* To (jest) półka Adama (pani Nowak; pana Lecha; Romana Kowala).
I.3. *A.* To (jest) mieszkanie Ludwika (syna; pana Nowaka; pani Nowak).

II.1. mieszkanie — ładne — ładne i duże; kuchnia — ładna — ładna i duża; łazienka — ładna — ładna i duża; balkon — ładny — ładny i duży; przedpokój — ładny — ładny i duży

II.2. wygodny; Jaki — nowy stół — brzydki; Jakie — nowe biurko — małe; Jaka — nowa szafa — wysoka; Jaka — nowa lodówka — biała; Jakie — nowe lustro — ładne; Jaki — nowy tapczan — szeroki; Jaka — nowa półka — niska; Jaka — nowa lampa — duża; Jakie — nowe mieszkanie — słoneczne

II.3. Czyje — mieszkanie; Czyje — biurko; Czyja — lampa; Czyj — tapczan; Czyje — lustro; Czyj — fotel; Czyje — radio; Czyja — szafa

III. *A.* Czy Jacek teraz czyta (telefonuje, pisze)? *B.* Nie, nie czyta (nie telefonuje, nie pisze). *A.* A pan Nowak? *B.* Pan Nowak czyta (telefonuje, pisze). *A.* Czy Jacek teraz leży i czyta? *B.* Nie, nie leży i nie czyta. *A.* A pan Nowak? *B.* Pan Nowak leży i czyta.

IV. Pokój jest duży i słoneczny. Tu stoi lampa, leżą książki i gazety. Pan Nowak tu pracuje. To kuchnia. Jest tutaj mała lodówka, są także białe szafki kuchenne. To mieszkanie jest bardzo ładne i wygodne.

V. 1. Lustro wisi. 2. Lampa stoi. 3. Szafa stoi. 4. Książki leżą. 5. Pan Nowak pracuje.

VI. To jest pokój. Pokój jest duży i słoneczny. Tu wisi lustro i stoi szafa. Są tu krzesła, stół i tapczan. Pokój jest wygodny. Tam stoi biurko, lampa i fotel. Tu leżą książki i gazety. To jest pokój pana Nowaka. Pan Nowak tu pracuje.

VII. 1. Czy tu mieszka pan Nowak? 2. Czyje to mieszkanie? 3. Czy to mieszkanie jest wygodne? 4. Czyj to pokój? 5. Jaki jest ten pokój? 6. Czyj to pokój?

IX. 1. Tam są balkony. 2. Tam są tapczany. 3. Tam są pomniki. 4. Tam są fotele. 5. Tam są place. 6. Tu leżą gazety. 7. Tu leżą książki. 8. Tu są szafy. 9. Tu są szafki. 10. Tu są ulice. 11. Tu są lustra. 12. To są okna. 13. To są krzesła.

5

II. nowe bloki; duże domy; piękne parki; ładne teatry; piękne pomniki; wygodne mieszkania; duże szkoły; nowe kina

III.1. wygodne mieszkania; ładne drzewa i zielone trawniki; stare domy; nowe domy i duże balkony

III.2. książki — stare książki; gazety — nowe gazety; listy — stare listy; lekarstwa — nowe lekarstwa

IV. 1. piękny park 2. ładna, szeroka, spokojna ulica 3. duży, zielony trawnik 4. wolny czas 5. wysoki, długi, nowy blok 6. wysoki, przystojny pan

V.1. *B.* W centrum. Ulica Prosta numer dwa, mieszkanie numer jeden.

V.2. *A.* Czy ulica Prosta jest ładna? *B.* Tak, to jest ładna ulica. *A.* Czy rosną tam drzewa? *B.* Tak, tam rosną drzewa. (Tak, rosną.) *A.* A jakie są trawniki? Czy są duże, zielone? *B.* Są duże i zielone. *A.* A gdzie jest Ogród Saski? Niedaleko? *B.* Ogród Saski jest niedaleko. *A.* Czy dom numer dwa jest mały? *B.* Nie, nie jest mały. Jest duży. *A.* Czy jest tam winda? *B.* Tak, tam jest winda.

VI. 1. Gdzie mieszka pan Nowak? 2. Jaki jest adres pana Nowaka? 3. Jaka jest ulica Prosta? 4. Czy dom numer dwa jest stary i niski? 5. Gdzie jest winda?

VII. 1. Pan Nowak mieszka w centrum. (W centrum.) 2. Ulica Prosta jest bardzo ładna, szeroka i spokojna. (Jest bardzo ładna, szeroka i spokojna.) 3. Tak, niedaleko jest piękny park — Ogród Saski. 4. Nie, dom pana Nowaka nie jest stary, jest nowy. (Nie, nie jest stary, jest nowy.) 5. Tak, mieszkanie jest ładne i wygodne.

6

I.1. 1. jest inżynierem 2. jest lektorem 3. jest studentem 4. jest nauczycielem 5. jest Francuzem 6. jest Włochem 7. jest Rumunem 8. jest Szwedem 9. jest Finem
I.2. 1. jest rolnikiem 2. jest górnikiem 3. jest robotnikiem 4. jest Polakiem 5. jest Słowakiem 6. jest Anglikiem 7. jest Chińczykiem 8. jest Japończykiem 9. jest Norwegiem 10. jest Belgiem
I.3. 1. jest Włochem 2. jest Rumunem 3. jest śpiewakiem
I.4. 1. jest Norwegiem 2. jest Francuzem 3. jest Szwedem 4. jest Polakiem
I.5. 1. Tak, ten pan jest kierowcą. 2. Tak, ten pan jest dentystą.

II.1. 1. Pan Kowalski jest aktorem, ale pani Kowalska nie jest aktorką. (*usw.*: 2. nauczycielem — nauczycielką 3. jest Bułgarem — jest Bułgarką) 4. Ten pan jest Hiszpanem, ale ta pani nie jest Hiszpanką. (*usw.*: 5. Anglikiem — Angielką 6. Szkotem — Szkotką 7. Hindusem — Hinduską 8. Szwajcarem — Szwajcarką 9. Arabem — Arabką)
II.2. 1. Ta pani nie jest śpiewaczką. (*usw.*: Słowaczką; Norweżką; Włoszką; Czeszką; malarką; pisarką)
II.3. 1. studentka jest Kubanką 2. lektorka jest Portugalką 3. aktorka jest Irlandką
II.4. 1. jest Amerykanką 2. jest Meksykanką 3. jest Hiszpanką

III.1. nauczycielką — dentystką
III.2. studentką — nauczycielką

IV.1. *A.* inżynierem *B.* inżynierem — studentem; *A.* lekarzem *B.* lekarzem — artystą
IV.2. *A.* studentką *B.* studentką — inżynierem *A.* urzędniczką *B.* urzędniczką — artystką

V. *A.* Kim jest ta pani? *B.* Jest dentystką. *A.* A kim jest ten pan? *B.* Jest nauczycielem. (*usw.*: nauczycielką — inżynierem)

VI.1. *A.* lekarzem *B.* nie jest lekarzem, jest inżynierem. *A.* nauczycielką *B.* nie jest nauczycielką, jest dentystką.
VI.2. *A.* Kim jest pan Nowak? *B.* Jest lekarzem. *A.* A kim jest pani Nowak? *B.* Jest nauczycielką. (*usw.*: inżynierem — dentystką; studentem — studentką)
VIII. *B.* Nazywam się *B.* Mam na imię *B.* nie jestem nauczycielką.
IX. 1. Kto to jest? **2.** Kim jest pan Kowalski **3.** Kto to jest ta pani? **4.** Czyja to żona? **5.** Kim jest żona pana Jana? **6.** Jak się nazywa ten pan? **7.** Jak ma na imię pan Nowak?
XI. Pan Nowak jest lekarzem. Pani Danuta to żona pana Lecha. Ta pani jest nauczycielką. A pani Anna jest żoną pana Jana. Pani Kowalska jest dentystką. Jak się pan nazywa? — Nowak. Mam na imię Lech. Nie jestem inżynierem.

7

I.5. 1. Pan Jan jest mężem pani Anny. **2.** Jurek jest bratem Kasi. **3.** Jacek jest synem pani Anny. **4.** Jurek jest synem pani Danuty. **5.** Jacek jest kolegą Kasi. **6.** Kasia jest uczennicą pani Ewy. **7.** Adam jest kolegą Marty. **8.** Jacek jest uczniem pani Barbary.

II.1. syn pani Danuty i pana Lecha (pani Ewy i pana Janusza; pani Basi i pana Adama; pani Oli i pana Jacka; pani Moniki i pana Mariusza)
II.2. *A.* Czy Ania jest córką Ewy? *B.* Tak, Ania jest córką Ewy. (Basia — siostrą; Ola — uczennicą; Maria — matką; Janusz — synem; Jacek — bratem; Mariusz — uczniem)
II.3. *A.* Czy Adam jest bratem pani Danuty? *B.* Nie, Adam nie jest bratem pani Danuty. Jest bratem pani Anny. (jest synem pani Ewy — nie jest synem pani Ewy. Jest synem; jest uczniem pani Olgi — nie jest uczniem pani Olgi. Jest uczniem; jest nauczycielem pani Basi — nie jest nauczycielem pani Basi. Jest nauczycielem; jest studentem pani Barbary — nie jest studentem pani Barbary. Jest studentem)

III. Państwo Nowakowie są małżeństwem. Ojciec Jurka jest lekarzem. Jacek jest uczniem. Jurek i Kasia są rodzeństwem. Matka Kasi jest nauczycielką.

IV. 1. Jak ma na imię syn pana Nowaka? **2.** Jak ma na imię matka Jurka? **3.** Czy Jurek jest bratem Kasi? **4.** Czy Kasia jest siostrą Jurka? **5.** Kto to jest Jacek? **6.** Czy Jurek jest jeszcze mały? **7.** Czy Kasia jest już duża?

V.1. Państwo Nowakowie są małżeństwem. Pani Nowak jest matką Jurka i Kasi. Kasia jest koleżanką Jacka. Kasia jest jeszcze mała, a Jurek jest już duży. Kasia jest uczennicą, a Jurek studentem.
V.2. Państwo Nowakowie są małżeństwem. Kasia jest córką pani Danuty i pana Lecha. Jurek jest synem pani Danuty i pana Lecha. Kasia jest siostrą Jurka. Kasia i Jurek to rodzeństwo. Kasia jest jeszcze mała, a Jurek już jest duży. Pani Anna i pan Jan to rodzice Jacka. Jacek jest synem pani Anny i pana Jana. Syn pani Anny i pana Jana ma na imię Jacek.

8

I.1. 1. Oglądam nowoczesną kuchnię. To są nowoczesne kuchnie. Oglądam nowoczesne kuchnie. 2. Oglądam szeroką ulicę. To są szerokie ulice. Oglądam szerokie ulice. 3. Oglądam nową uczennicę. To są nowe uczennice. Oglądam nowe uczennice. **I.2.** 1. Znam tę przystojną blondynkę. To są przystojne blondynki. Znam te przystojne blondynki. 2. Znam tę piękną brunetkę. To są piękne brunetki. Znam te piękne brunetki. 3. Znam tę młodą nauczycielkę. To są młode nauczycielki. Znam te młode nauczycielki. 4. Znam tę dobrą dentystkę. To są dobre dentystki. Znam te dobre dentystki. **I.3.** 1. Oglądam piękny teatr. Tam są piękne teatry. Oglądam piękne teatry. 2. Oglądam ładny fotel. Tam są ładne fotele. Oglądam ładne fotele. 3. Oglądam duży plac. Tam są duże place. Oglądam duże place.

III. naszą koleżankę; moją żonę; tę nauczycielkę; ulicę Kopernika; tę dobrą książkę

IV.1. moja
IV.2. nasza

V. A. Twój ojciec — miły; Twoja córka — miła; Wasz brat — miły; Twój mąż — miły; Twoja siostra — miła

VI. B. moją żonę; moją córkę; naszą matkę; moją ciotkę; naszą babcię

VII. A. żonę; siostrę; córkę **B.** Martę; Annę; Ewę

VIII. B. wasza babcia; wasza ciotka; wasz ojciec — Był — młody; wasz wuj — Był — młody; wasz dziadek — Był — młody

IX. B. był; twoja matka — była — studentką; twój brat — był — uczniem; twoja siostra — była — uczennicą; twoja babcia — była — młodą dziewczyną; twój dziadek — był — młodym człowiekiem

X. To jest stara fotografia. To nasza rodzina. Byłem wtedy jeszcze bardzo młody. Mój ojciec był inżynierem, a moja matka była nauczycielką. Ojciec był przystojnym panem z brodą, a matka była szczupłą brunetką.
Lubię tę fotografię. Teraz mój syn jest młody, a ja już jestem stary. Czasy są nowe, ale moda stara — wtedy była modna broda i teraz jest modna. Teraz ja mam brodę i mój syn też ma brodę.

9

I.1. 1. Idę do Lecha Nowaka. 2. Idę do studenta Adama. 3. Idę do Tomasza Maja. **I.2.** 1. Idę do sklepu mięsnego. 2. Idę do Teatru Narodowego. 3. Idę do Hotelu Polskiego. **I.3.** 1. Idę do Adama Wolskiego. 2. Idę do Bartosza Głowackiego. 3. Idę do Karola Lepszego. 4. Idę do doktora Zawadzkiego.

II.1. *B*. do parku; do domu; do teatru; do hotelu
II.2. *B*. do inżyniera Kowalskiego; do profesora Nowaka; do aktora Nowickiego; do studenta Romańskiego
II.3. B_1 do sklepu spożywczego; do sklepu mięsnego. B_2 po ryż i po cukier; po mleko i masło; po bułkę i śmietanę; po pomidory, kartofle i sałatę; po mięso i kiełbasę
II.4. *B*. Czekam na autobus (tramwaj, auto, obiad, kolację, gazetę, kiełbasę). *A*. Już jest autobus (tramwaj, auto, obiad, kolacja, gazeta, kiełbasa).

III. *B*. Na śniadanie; Na obiad; Na kolację; *A*. Bardzo smaczne śniadanie; Bardzo smaczny obiad; Bardzo smaczna kolacja.

IV. panią Teresę — Pani Tereso; panią Ewę — Pani Ewo; panią Annę — Pani Anno

V. Pani Kowalska idzie do sklepu po zakupy. Na śniadanie kupuje mleko i bułki, a na obiad ryż i pomidory. Idzie też do sklepu mięsnego po mięso i po kiełbasę na kolację. Wraca do domu. Mąż czeka na śniadanie.

VI. 1. Na kogo pan czeka? 2. Na co czeka inżynier Kowalski? 3. Dokąd (*oder*: Do kogo) idzie uczennica? 4. Dokąd idzie pani Ewa? 5. Po co pan (pani) idzie? 6. Dokąd wraca pani Kowalska? 7. Do kogo wraca pani Anna? 8. Na co czeka mąż?

VII. czekam na (kolację, autobus); idę na kolację; idę do (teatru, autobusu, domu, hotelu); idę po (bułki, szynkę); kupuję na (kolację); wracam do (teatru, autobusu, domu, hotelu); wracam na (kolację); wracam po (bułki, szynkę)

10

I.1. bardzo lubi: 1. ryż 2. zupę pomidorową 3. zieloną sałatę 4. kotlety i kartofle 5. kanapki 6. owoce 7. ciastka 8. pomidory 9. szynkę
I.2. Anna przygotowuje: 1. zupę z ryżem 2. chleb z masłem 3. bułki z szynką 4. herbatę z cytryną 5. sałatę ze śmietaną 6. ciastka z kremem 7. bułki z masłem i kiełbasą

IV.1. *A*. Czy na śniadanie jest kawa z mlekiem? *A*. Bardzo lubię kawę z mlekiem. (jest herbata z cytryną — lubię herbatę z cytryną; są bułki z masłem — lubię bułki z masłem; są jajka na miękko — lubię jajka na miękko; są kanapki z szynką — lubię kanapki z szynką)
IV.2. *B*. Na deser będzie kawa; będzie kawa i owoce; będzie herbata z cytryną i ciastka; będą ciastka z kremem; będą owoce i krem

V.1. *A*. jest już kawa z mlekiem; jest już herbata z cytryną — smaczna — smaczna i zdrowa; są już owoce z kremem — smaczne — smaczne i zdrowe; jest już zupa z ryżem — smaczna — smaczna i zdrowa; są już kotlety z sałatą — smaczne — smaczne i zdrowe
V.2. *A*. Czy pani lubi sałatę ze śmietaną; kanapki z szynką; ciastka z kremem; kawę i owoce z kremem. *B*. Sałata ze śmietaną jest smaczna; kanapki z szynką są smaczne; ciastka z kremem są smaczne; kawa i owoce z kremem są smaczne

VI. *A.* Co robi pan Jan?
B. Czeka na śniadanie.
A. Kto przygotowuje śniadanie?
B. Pani Anna.
A. Co pani Anna przygotowuje na śniadanie?
B. Kawę z mlekiem, bułki z masłem i jajecznicę.
A. Co teraz robi pani Anna?
B. Nakrywa stół obrusem i podaje kawę. Kawa jest bardzo smaczna.
A. Czy pani Anna gotuje też obiady?
B. Tak, gotuje (obiady). Pani Anna jest dobrą gospodynią.
A. A co pani Anna przygotowuje na kolację?
B. Robi kanapki z masłem i szynką, podaje herbatę i owoce.

11

I.1.A. 2. w Poznaniu 3. w Wieluniu 4. w Dobrzyniu 5. w Gostyniu
I.1.B. 2. w Gdańsku 3. w Kaliszu 4. w Płocku 5. w Słupsku
I.1.C. 1. w Hotelu Polskim 2. w domu akademickim 3. w słonecznym pokoju 4. w wysokim bloku
I.1.D. 2. w nowym budynku 3. w białym kubku 4. w nowym kieliszku
I.2.A. 2. w Londynie 3. w Berlinie 4. w Rzymie 5. w Sztokholmie 6. w Szczecinie
I.2.B. 2. w Rzeszowie 3. w Tarnowie 4. w Chorzowie

II.1. 1. Masz niebieskie oczy. 2. Masz regularne rysy. 3. Masz białe zęby. 4. Masz szczupłe i zgrabne nogi.
II.2. 1. Romek ma miłą koleżankę. (... do koleżanki) 2. Pan Jan ma chorą córkę. (... do córki) 3. Adam ma młodą żonę. (... do żony)

III. 1. Drogi Jurku! 2. Drogi Jacku! 3. Drogi Dziadku! 4. Droga Danuto! 5. Droga Mamo! 6. Drogi Lechu! 7. Droga Anno!

IV.1. *B.* Jest bardzo miła. *B.* Jest bardzo sympatyczny. (*usw.*)
IV.2. *A.* wysoki i szczupły *B.* wysoka i szczupła *A.* nie jest wysoka i szczupła (*usw.*)
IV.3. *B.* Czy jest miła? (*usw.*)

V. *B.* Ma regularne rysy. (*usw.*)

VI. *A.* Czy Teresa jest ładna? *B.* Tak, i ma bardzo ładne rysy twarzy. (*usw.*)

VII.1. *B.* ślub
VII.2. *B.* Żenisz się?
VII.3. *B.* blondynką (brunetką)

VIII. 1. Jurek Nowak studiuje w Toruniu. 2. Tak, Jurek mieszka w domu akademickim. 3. Nie, Romek nie studiuje w Toruniu, ale w Krakowie. 4. Studiuje prawo. 5. Pisze list.

12

I.2. 1. Adam nic nie czyta. 2. Zofia nic nie gotuje. 3. Ewa nic nie studiuje.
II.1. 1. starym kawalerem 2. dobrym uczniem 3. przeciętnym pisarzem 4. eleganckim panem 5. wspaniałym człowiekiem
II.2. 1. spokojnym miejscem 2. smacznym lekarstwem 3. dużym miastem
II.3. 1. dobrym studentem 2. nowym nauczycielem 3. dobrym bratem 4. dobrym mężem 5. dobrym ojcem 6. dobrym dziadkiem

III.1. czyta — książkę; pisze — list; studiuje — historię; przygotowuje — kolację; gotuje — obiad

IV. 1. Nic nie gotuje. 2. Nic nie kupuje. 3. Nic nie czytam. 4. Nic nie oglądam. 5. Nic nie studiuje.

V.1. *B*. Ładna, ale bardzo niska. *A*. Masz rację, ona jest za niska. (*usw*.: bardzo wysoka — za wysoka; bardzo szczupła — za szczupła; bardzo chuda — za chuda)
V.2. *B*. Ładne, ale za małe. (*usw*.: za niskie; za wysokie)

VI.1. *A*. Czy Zofia ma ładne oczy? *B*. Nie, brzydkie. (*usw*.: ma długie włosy — krótkie; ma zgrabne nogi — niezgrabne; ma duże oczy — małe; ma regularne rysy twarzy — nieregularne)

VII.1. *B*. nic nie robi pospiesznie.
VII.2. *B*. Ja zostanę kawalerem, a Zofia panną.
VII.3. *B*. Ma trudny charakter: mówi za dużo, a słuchać nie lubi, uważa, że zawsze ma rację. Poza tym nie umie gotować.
VII.4. *B*. umie dobrze gotować, nie lubi dużo mówić, ... ja mam rację.

13

I.1. 2. na nowym miejscu 3. na ostatnim przystanku 4. na świeżym powietrzu
I.2. 2. w zabytkowym budynku 3. w starym zamku 4. w nowoczesnym bloku 5. w nowym mieszkaniu
I.3. 2. Na białym obrusie 3. W pięknym ogrodzie 4. Na słonecznym balkonie
I.4. 2. po ulicach 3. po ogrodach 4. po sklepach 5. po komnatach

III.1. do starego domu — ze starego domu; do małego kiosku — z małego kiosku; do barokowego zamku — z barokowego zamku
III.2. do nowego tramwaju — z nowego tramwaju; do dużego autokaru — z dużego autokaru

IV. w Gdańsku — z Gdańska; w Toruniu — z Torunia; w Rzeszowie — z Rzeszowa; w Lublinie — z Lublina

V.1. czarną kawę; dobrą kolację; duży autobus; zupę pomidorową; ciepłe mleko; jajecznicę
V.2. moją koleżankę; naszą matkę; dobrą nauczycielkę

VII. 1. wysiadać, wsiadać, czekać 2. jechać, wracać 3. iść, czekać 4. wchodzić, wychodzić

VIII. 1. z autobusu 2. do domu 3. po alejkach 4. z siedemnastego wieku 5. na kawę 6. na wycieczkę 7. na przystanek 8. z pałacu 9. do parku

IX. — jedzie — idzie — czeka — czeka — jedzie — wysiada — zastanawia się — decyduje — idzie — odpoczywa — idzie — wchodzi — ogląda — wychodzi — idzie — spaceruje — wraca — wychodzi — idzie — wsiada — jedzie

14

I. *A.* Dzień dobry pani. Jak się pani czuje? *B.* Niedobrze. Jestem chora. *A.* A co pani dolega? Czy boli panią głowa?

II. nie ma: 1. dobrego apetytu 2. dużego kataru 3. zdrowego serca 4. starej recepty 5. dobrego lekarstwa 6. normalnego pulsu

III.1. *A.* Dzień dobry panu (pani). *B.* Dzień dobry panu (pani). Jak się pan (pani) czuje? *A.* Niedobrze. Jestem chory (chora). *B.* Co pana (panią) boli? *A.* Serce (gardło *usw.*) *B.* Czy ma pan (pani) apetyt (temperaturę, katar)? *A.* Nie, nie mam apetytu (temperatury, kataru). *B.* Proszę, to jest recepta. *A.* Dziękuję panu (pani).
III.2. *A.* Co pana (panią) boli? *B.* Gardło i głowa. *A.* Czy ma pan (pani) kaszel? *B.* Tak, mam kaszel i katar. *A.* Czy ma pan (pani) temperaturę? *B.* Nie, nie mam temperatury.

IV.1. *B.* ma apetyt (chodzi na długie spacery; dużo śpi)
IV.2. *B.* nie chodzę na spacery (za mało śpię; nie mam apetytu)
IV.3. *B.* za długo oglądam telewizję (późno chodzę spać; za wcześnie wstaję)

VI. 1. Jak się czuje Anna? (*oder*: Kto się czuje dobrze?) 2. Czy Ewa ma apetyt? 3. Co boli panią Danutę? 4. Czy Jacka boli gardło? 5. Jak się pan czuje? 6. Kiedy wstaje Maria? 7. Czy lubisz (Czy pan (pani) lubi) spać długo?

VII. się pan czuje — czuję się — dolega — ma pan — temperatury — panu — ma — mam apetytu — dziennie — na — na — panu.

15

I. w dużym autobusie; przy wysokiej kolumnie; w nowym kinie; na świeżym powietrzu; w słodkim syropie; na szerokim tapczanie; przy jasnej lampie; w dobrej rodzinie; na niebieskim niebie; w młodym małżeństwie; w ładnym sklepie; w trudnej sprawie; na wielkiej szafie

II. Proszę się nie kąpać. Proszę nie siadać przy pompie. Proszę unikać deszczu. Proszę nie pływać w strumykach. Proszę nie pijać (pić) wody. Proszę omijać kałuże. Proszę nie myć się z rana. Proszę na siebie chuchać i dmuchać.

III. zbadał; przychodziła; pociła się; unikała; kąpała się; siadała; omijała; mył się; chuchała; dmuchał; wracała; słuchała; suszyła się; został

IV. 1. Nie piję ciepłego mleka. 2. Nie lubię suchej kiełbasy. 3. Nie lubię zielonej sałaty ze śmietaną. 4. Nie jadam świeżego chleba. 5. Nie lubię słodkiego kremu.

V. 1. ale 2. że 3. bo 4. że 5. bo 6. ale 7. bo 8. że

16

I.1. Znam: 1. inżyniera Kowalika 2. nauczyciela Henryka Sobczaka 3. kierownika Bielaka 4. lekarza Markiewicza 5. pacjenta Górewicza
I.2. Znam: 1. twojego nauczyciela 2. waszego ucznia 3. twojego lekarza 4. twojego brata Adama 5. waszego syna Jacka
I.3. 1. Irena bardzo lubi Henryka. 2. Pani Majewska — Jurka 3. Pan Majewski — Jacka 4. Jurek — Romka 5. Pan Jan — pana Lecha (Nowaka)
I.4. 1. Kto leczy twoją matkę? 2. waszego brata 3. twojego kolegę 4. waszą sąsiadkę 5. twojego ojca 6. waszego nauczyciela 7. twojego męża 8. twoją żonę

II.1. 1. Na doktora Nowaka. 2. Na Janka. 3. Na kelnera. 4. Na kierownika restauracji. 5. Na lekarza. 6. Na męża.
II.2. 1. inżyniera Kowalskiego 2. lekarza Grochowskiego 3. pana Kowalskiego 4. Adama Wolskiego 5. pana Jacka Górewicza
II.3. 1. śniadania 2. podwieczorku 3. kawy 4. deseru 5. herbaty 6. gazety
II.4. 1. Anna nie ma koleżanki. 2. kolegi 3. syna 4. męża 5. żony
II.5. 1. nie mam twojej gazety 2. twojego radia 3. twojego listu 4. twojej fotografii

III.1. obiad (śniadanie, podwieczorek, kolację)
III.2. *B*. Pan Nowak zamawia zupę, mięso i ryż, a na deser herbatę z cytryną i ciastko. (*usw*.: zupę pomidorową, kotlety i kartofle — kompot; zupę owocową, mięso i pomidory — kawę i krem)
III.3. *B*. pan Nowak bardzo lubi zupę pomidorową z ryżem (kotlety z zieloną sałatą; mięso z fasolą; jajecznicę i pomidory; fasolę z mięsem)

IV.1. *B*. Znasz męża Ewy? (*usw*.: syna pani Danuty; brata Romka; nauczyciela Kasi; lektora Zofii)
IV.2. *B*. Znasz Adama?; Henryk — Lubisz Henryka? — lubię; Jurek — Kochasz Jurka? — kocham
IV.3. *B*. Pani czeka na doktora Kowalskiego? (*usw*.: na pana inżyniera Nowaka; na pana doktora Majewskiego; na pana dyrektora Wolskiego; na pana profesora Górewicza)

IV.4. *B.* Nie, Adam nie jest dobrym kolegą. Nie lubię Adama. (*usw.*: Roman — Romana; Henryk — Henryka; Jurek — Jurka; Jacek — Jacka; Jan — Jana; Leszek — Leszka) **IV.5.** *B.* Nie, nie ma.; *A.* Czy Adam ma żonę? *B.* Nie, nie ma. Adam jest kawalerem. **IV.6.** *B.* Anna nie ma syna. Ma córkę. **IV.7.** *B.* czekam na Romana; na panią Danutę; na męża; na Danutę i Leszka; na pana Majewskiego; na doktora Nowaka; na nauczyciela Jacka; na Kasię i Jacka; na Ewę i Adama

V. 1. Pan Leszek jada obiady w domu. Gdzie pan Leszek jada obiady? **2.** Dziś pan Leszek je obiad w restauracji, bo w domu nie ma obiadu. Dlaczego dziś pan Leszek je obiad w restauracji? **3.** Pan Leszek nie czeka długo na kelnera. Czy pan Leszek długo czeka na kelnera? **4.** Na pierwsze danie pan Leszek zamawia zupę i ryż, a na drugie — mięso, kartofle i pomidory. Co zamawia pan Leszek na pierwsze danie, a co na drugie? **5.** Na deser będzie kawa i ciastko z kremem. Co będzie na deser? **6.** Obiad będzie smaczny i zdrowy. Jaki będzie obiad?

17

I. 1. Krakowa **2.** twojego brata **3.** tego domu **4.** twojego nowego adresu **5.** dobrego lekarza **6.** waszego starego profesora

II. 1. Zofia ma chorego syna. Zofia pisze list do syna. **2.** Jacek ma starego dziadka. Jacek pisze list do dziadka. **3.** Danuta ma sympatycznego nauczyciela. Danuta pisze list do nauczyciela.

III. 1. Znam ten drogi hotel. Nie lubię tego drogiego hotelu. **2.** Znam tę starą galerię. Nie lubię tej starej galerii. **3.** Znam tego przystojnego studenta. Nie lubię tego przystojnego studenta. **4.** Znam ten dom akademicki. Nie lubię tego domu akademickiego. **5.** Znam tego żonatego nauczyciela. Nie lubię tego żonatego nauczyciela. **6.** Znam tę wysoką studentkę. Nie lubię tej wysokiej studentki. **7.** Znam tego niskiego blondyna. Nie lubię tego niskiego blondyna. **8.** Znam tę dużą restaurację. Nie lubię tej dużej restauracji. **9.** Znam ten barokowy zamek. Nie lubię tego barokowego zamku.

IV. 1. Nigdy nie chodzę do kina. **2.** Nigdy nie piszę do ciotki. **3.** Nigdy tam nie dzwonię. **4.** Nigdy nie jadam w restauracji. **5.** Nigdy nie mieszkam w hotelu, kiedy jestem w Krakowie.

V. przed domem akademickim; przed Teatrem Wielkim; przed nową szkołą; przed starym mieszkaniem; przed sklepem spożywczym; przed bramą uniwersytetu

VI. 1. mojego syna — go — go — moją siostrę — jej **2.** tę wysoką studentkę — ją — ją — tego szczupłego studenta — go **3.** naszego nauczyciela — go — go — naszą nauczycielkę — jej **4.** naszą babcię — ją — ją — naszego dziadka — go

VII. Znam — Wiem — umie — umiem — wiesz — znasz

VIII. 1. od niedawna 2. wieczorem 3. rano (wieczorem) 4. codziennie — rano — wieczorem 5. przez cały wieczór (wieczorem, rano) 6. od niedawna 7. codziennie (wieczorem) 8. przez cały wieczór (rano, wieczorem, po południu)

IX. 1. Spotyka go, kiedy jedzie windą. 2. Nie, mieszka w tym domu od niedawna. 3. On jest zawsze roztargniony. 4. Pan Kowalski spotyka ją przed drzwiami. 5. Spotyka ją, kiedy wychodzi z domu. 6. On wraca z biura po południu.

X. zna — nowego sąsiada — bo — od niedawna — go — go — kiedy — windą — że — nie kłania — że — zaspany — wie — ją — drzwiami

18

I. 1. ani córki, ani syna 2. ani męża, ani córki 3. ani żony, ani syna 4. ani koleżanki, ani kolegi

II.1. 1. Nie jem ani chleba, ani bułki. 2. Nie zamawiam ani kremu, ani kompotu. 3. Nie zamawiam ani ciastka, ani kremu. 4. Nie podaje ani herbaty z cytryną, ani kawy.
II.2. 1. Nie znam ani Ewy Nowak, ani Henryka Nowaka. 2. Nie kocham ani cioci, ani wujka. 3. Nie leczy ani Jacka, ani Kasi. 4. Nie woła ani Jurka, ani Halinki.
II.3. 1. ani pana inżyniera Kowalskiego, ani pani inżynier Majewskiej. 2. ani Henryka Wolskiego, ani Anieli Pawlak. 3. ani pani Górewicz, ani pana Górewicza. 4. ani kelnera, ani kierownika restauracji. 5. ani pani Ewy Kubiak, ani pana Romana Kubiaka. 6. ani Kasi Nowak, ani Jacka Kowalskiego.

III. 1. Zofia nie jest ani ładna, ani zgrabna. (*usw.*)

IV.1. brata — go — brata; siostrę — jej — siostry
IV.2. siostrę Marię — ją — jej; brata Adama — go — go

V. 1. Jestem chory, więc idę do doktora. 2. Mam czas, więc idę na spacer. 3. Nic mnie nie boli, więc dobrze się czuję. 4. Za dużo jadam, więc za dużo ważę.

VI.1. i — ani — ani
VI.2. i — ani — ani

VII. 1. jedynakiem 2. jedynaczką 3. rodzeństwo — I brata, i siostrę 4. brata — siostrę

19

I.1. O dobrej dentystce; O tej miłej koleżance; O eleganckiej studentce; O młodej mężatce.
I.2. o dużym bloku; To było smaczne ciastko — o smacznym ciastku; o świeżym śniegu; To było ładne biurko — o ładnym biurku.
I.3. o smacznej szynce; o pięknej wycieczce; o dużej łazience; o białej szafce

I.4. o dużym hotelu; o wygodnym fotelu; o słonecznym pokoju; o czerwonym tramwaju; To było wygodne mieszkanie — o wygodnym mieszkaniu
I.5. o zabytkowej sali; o mojej cioci; o naszej kuchni; o pani Oli
I.6. o małej kałuży; o długiej podróży; o młodej robotnicy; o mojej uczennicy
I.7. o młodej kobiecie; o długiej brodzie; o dużej windzie; o gorącej wodzie
I.8. o dużym kotlecie; To auto było nowe — o nowym aucie; o przystojnym sąsiedzie; smacznym obiedzie
I.9. o ciepłym wietrze; o moim biurze; o starym lustrze; o mojej siostrze
I.10. o dobrej restauracji; o ładnej fotografii; o długiej historii; o pięknej galerii

II.a) 1. pytam 2. pytałem (pytałam) 3. będę pytać; 1. odpowiadam 2. odpowiadałem (odpowiadałam) 3. będę odpowiadać; 1. mówię 2. mówiłem (mówiłam) 3. będę mówić
II.b) 1. dzwoni 2. dzwonił 3. będzie dzwonić; 1. odpoczywa 2. odpoczywał 3. będzie odpoczywać; 1. pije 2. pił 3. będzie pić; 1. kupuje 2. kupował 3. będzie kupować
II.c) 1. Kasia się myje 2. Kasia się myła 3. Kasia będzie się myć 1. Kasia się denerwuje 2. Kasia się denerwowała 3. Kasia będzie się denerwować 1. Kasia się zastanawia 2. Kasia się zastanawiała 3. Kasia będzie się zastanawiać.

III. do restauracji na obiad — w restauracji na obiedzie; do parku na wycieczkę — w parku na wycieczce; do ogrodu na spacer — w ogrodzie na spacerze

V. 1. Latem (w lecie); 2. Jesienią (na jesieni); 3. zimą (w zimie) — Zimą (w zimie); 4. Wiosną (na wiosnę)

20

I.1. 1. ołówków 2. tygodników 3. znaczków 4. proszków od bólu głowy
I.2. 1. pięknych, zielonych trawników 2. wysokich domów 3. ładnych balkonów 4. naszych dokładnych adresów 5. kiosków „Ruchu"
I.3. 1. nie kupuje nowych obrusów 2. nie oglądam nowych tapczanów 3. nie robi zakupów 4. nie gotuje obiadów 5. nie przygotowuje podwieczorków 6. nie podaje kremu i owoców 7. nie lubi pisać listów 8. nie lubimy oglądać portretów naszej mamy 9. nie opowiada dobrych dowcipów 10. nie pali dobrych papierosów
I.4. 1. nie lubi świeżych bułek 2. nie czyta ciekawych książek 3. nie kupuje zapałek 4. nie kupuje nowych szklanek, łyżeczek i łyżek

II. 1. nie spotykam tych miłych sąsiadek 2. nie pyta tych studentek 3. nie lubię nauczycielek Kasi 4. nie widzę tych małych dziewczynek 5. nie zapraszam na ślub koleżanek

III.1. po papierosy i znaczki — papierosów i znaczków; nowe tygodniki — nowych tygodników; gazety — gazet; proszki od bólu głowy — proszków od bólu głowy
III.2. kanapki — masła i szynki — masło i szynkę; podwieczorek — herbaty i owoców — herbatę i owoce; kolację — pieczywa i wędliny — pieczywo i wędlinę; kawę i ciastka — kawy i ciastek — kawę i ciastka

IV. papierosy — papierosów; znaczki pocztowe — znaczków pocztowych; proszki od bólu głowy — proszków od bólu głowy; nowe tygodniki — nowych tygodników; gazety — gazet

V.1. „Kulturę" — „Kultury"; nową „Politykę" — nowej „Polityki"; „Literaturę" — „Literatury"
V.2. dzisiejszą gazetę i „Politykę" (*usw.*)

21

I.1. Panu Kowalskiemu? — panu Janowi Kowalskiemu; Panu Cierniakowi? — panu profesorowi Cierniakowi; Panu Starewiczowi? — technikowi Starewiczowi; Mojemu bratu? — twojemu bratu; Naszemu nauczycielowi? — waszemu nauczycielowi
I.2. naszej sąsiadce; mojej żonie; twojej siostrze; tej wysokiej blondynce
I.3. Kasi; tej pani; naszej gospodyni; tej uczennicy; waszej babci
I.4. waszemu rodzeństwu; temu młodemu małżeństwu

II.1 te dwie kurtki — ta kurtka jest ładna — ta; te dwie koszule — ta koszula jest ładna — ta; te dwa krawaty — ten krawat jest ładny — ten; te dwa parasole — ten parasol jest ładny — ten; te dwa płaszcze — ten płaszcz jest ładny — ten
II.2. w tym garniturze — jest za drogi — ten szary — w szarym; w tej marynarce — jest za droga — tę szarą — w szarej; w tym szaliku — jest za drogi — ten szary — w szarym; w tym berecie — jest za drogi — ten szary — w szarym; w tej bluzce — jest za droga — tę szarą — w szarej
II.3. w szarym; w niebieskim; w granatowym; w brązowym; w różowym

III.1. Trzydzieści siedem — Dwieście trzydzieści; Czterdzieści — Sto sześćdziesiąt; Trzydzieści osiem — Trzysta pięćdziesiąt; Czterdzieści trzy — Dwieście siedemdziesiąt; Trzydzieści sześć — Czterysta dziewięćdziesiąt; Czterdzieści dwa — Sto osiemdziesiąt
III.2. Osiemdziesiąt; Sto dziesięć; Sto czterdzieści; Dwieście dwadzieścia; Trzysta dziewięćdziesiąt

IV.1. *A.* ci *B.* mi — ci
IV.2. *A.* mi *B.* mi

V. po — w — na — różne towary — konfekcję męską — koszule — swetry — parasole — skarpetki — ekspedientkę — obejrzeć — w — się — panu Nowakowi — że — za — krawaty — w — do marynarki — w — twierdzi — domu towarowym — konfekcję damską — kapelusze — zniecierpliwiony — się — za — chwila — męża — ma — że — dla — za — tani

22

I. 1. kwaśny 2. chudy 3. tłusty 4. długi 5. biały
II. 1. jak sucharek 2. jak bułeczka 3. jak makaron 4. cerę 4. jak pączek 5. jak ocet

III.1. ryż z cukrem i śmietaną, kakao, kluski z serem, zupę mleczną
III.2. ryżu ze śmietaną i z cukrem — za słodki; kakao — za tłuste; klusek z serem — są niesmaczne; zupy mlecznej — niedobra
III. 3. ładną i zdrową cerę — zupę mleczną z makaronem, ryż ze śmietaną, biały ser ze śmietaną i z cukrem.

IV. koleżankom; siostrom; nauczycielom; dzieciom

V.1. B. o papierosy; o obiady; o telewizję; o program na niedzielę
V.2. o datę ślubu; o jakiegoś bruneta; o jakąś blondynkę

VI. o dziewczynach — o dziewczyny; o książkach — o książki; o brunetkach — o brunetki; o blondynkach — o blondynki; o śniadaniach — o śniadania; o obiedzie i kolacji — o obiad i o kolację; o wszystkim — o wszystko; o pieniądzach — o pieniądze

VII. Gdzie kucharek sześć, tam nie ma co jeść.

23

II. *Muster 1*: o piątej; o siódmej; o dziewiątej; o drugiej; o czwartej; o dwunastej
II. *Muster 2*: przed drugą; przed czwartą; przed szóstą; przed ósmą; przed dziesiątą; przed dwunastą
II. *Muster 3*: po pierwszej; po trzeciej; po piątej; po siódmej; po dziewiątej; po jedenastej

III. gazeta Moniki — jej; wykład profesora Kowala — jego; zegarek Basi — jej; koncert Chopina — jego; kolega Jurka — jego

IV.1. do teatru na dobrą sztukę; do parku na długi spacer; do stołówki na smaczne śniadanie
IV.2. do teatru — do muzeum; do Janka — do Anny; do kolegi — do koleżanki

V. 1. z sympatycznymi kolegami 2. z dobrymi studentami 3. z miłymi koleżankami 4. z przystojnymi blondynkami 5. z wysokimi mężczyznami

VI. 1. Jego 2. Jej 3. Jego 4. Jej 5. Jego 6. Jej

VII. po śniadaniu; po wykładach; po kolacji; po zajęciach; po lektoracie

VIII. 1. Pani czesze dziecko. Pani się czesze. 2. Ojciec ubiera syna. Ojciec się ubiera. 3. Brat uczy siostrę. Brat się uczy.

24

I. *Muster 1*: a) punkt pierwsza, czwarta, szósta, dziesiąta, dwunasta b) o pierwszej, o czwartej, o szóstej, o dziesiątej, o dwunastej

I. Muster 2: a) wpół do trzeciej, wpół do szóstej, wpół do ósmej, wpół do dziewiątej, wpół do dwunastej; b) druga trzydzieści, piąta trzydzieści, siódma trzydzieści, ósma trzydzieści, jedenasta trzydzieści
I. Muster 3: a) dwadzieścia pięć po dwunastej, dziesięć po drugiej, pięć po piątej, dwadzieścia po dziesiątej; b) dwunasta dwadzieścia pięć, druga dziesięć, piąta pięć, dziesiąta dwadzieścia
I. Muster 4: a) za dziesięć dwunasta, za dwadzieścia trzecia, za pięć piąta, za dwadzieścia pięć siódma, za piętnaście dziewiąta (za kwadrans dziewiąta); b) jedenasta pięćdziesiąt, druga czterdzieści, czwarta pięćdziesiąt pięć, szósta trzydzieści pięć, ósma czterdzieści pięć

II.1. Wpół do ósmej; wpół do pierwszej; wpół do jedenastej; wpół do siódmej; wpół do czwartej; wpół do dziewiątej; wpół do dwunastej; wpół do trzeciej; wpół do szóstej; wpół do dziesiątej
II.2. O pierwszej; o drugiej dziesięć; o trzeciej piętnaście; o czwartej dwadzieścia; o piątej dwadzieścia pięć; o szóstej trzydzieści pięć; o siódmej czterdzieści; o ósmej czterdzieści pięć; o dziewiątej pięćdziesiąt; o dziesiątej pięćdziesiąt pięć
II.3. o godzinie dziesiątej — O dwunastej czterdzieści pięć; o godzinie czwartej — O jedenastej trzydzieści dwie; o godzinie siódmej — O trzynastej dziesięć; o godzinie dziewiątej — O siedemnastej zero pięć; o godzinie trzynastej — O dziewiętnastej osiemnaście; o godzinie piętnastej — O pierwszej pięćdziesiąt; o godzinie dwudziestej — O czwartej pięćdziesiąt pięć; o godzinie dwudziestej trzeciej — O piątej piętnaście

III. *B.* Do Krakowa. *A.* Też do Krakowa. (*usw.*: do Warszawy; do Torunia; do Gdańska; do Gdyni; do Bydgoszczy; do Olsztyna; do Lublina; do Katowic; do Rzeszowa)

IV.1. *B.* dla niepalących
IV.2. *B.* Cześć; *A.* jadę
IV.3. w kasie na dworcu — w poczekalni dworcowej — na peron — na tor — przy peronie — pierwszej — drugiej

25

I.1. portretów staropolskich; pięknych kwiatów; starych lamp; znaczków pocztowych; nowych fotografii
I.2. dworca kolejowego; Zamku Królewskiego; domu towarowego; placu Teatralnego
I.3. na lektorat — lektorat; na koncert — koncert; na lekcję — lekcja; na ćwiczenia — ćwiczenia zaczynają się
I.4. na autobus; do kina; na ślub; do teatru
I.5. przez łąkę; przez miasto; przez plac; przez park

III. *B.* niech pani zobaczy; niech sobie pani pójdzie; niech pani kupi; niech pani sobie skróci

IV. 1. mieszkała w Toruniu 2. pił tylko mleko 3. zdążył (zdążyła) na ich ślub 4. dobrze pływał

VI.1. Jeżeli tam będę, to kupię tę książkę. 2. Jeżeli pojadę do Krakowa, to pójdę do dobrego teatru. 3. Jeżeli będę miał czas, to odpiszę na list.
VI.2. 1. Gdybym zdążył do domu, zjadłbym kolację. 2. Gdybym skrócił sobie drogę, zdążyłbym. 3. Gdybym tam był, poszedłbym do galerii obrazów. 4. Gdybym spotkał taką dziewczynę, ożeniłbym się.
VII. 1. Czy to pański dom? 2. Czy to pańskie psy? 3. Czy to pańskie dziecko?

26

III.1. cieplej; goręcej; zimniej; chłodniej; pogodniej
III.2. *B.* w tamtej było mi chyba gorzej (brzydziej) niż w tej. *A.* w tamtej wyglądałaś lepiej (ładniej).

V.1. *A.* Zielona sukienka jest ładniejsza niż niebieska. (cieplejsza niż niebieska)
V.2. *B.* Tort czekoladowy jest smaczniejszy niż owocowy, bo jest słodszy.
V.3. *B.* Owoce są smaczniejsze niż tort. (lepsze niż; zdrowsze niż)

VI.a) *A.* czy już się ubrałeś? *B.* już się ubrałem. *A.* Jaką koszulę włożyłeś?
VI.b) *A.* Dlaczego wciąż chodzisz w białej koszuli? *B.* Chodzę w białej koszuli, bo jest bardzo gorąco.

VII. Kasia idzie dziś na imieniny do koleżanki. Koleżanka ma na imię Halinka. Kasia zastanawia się, jak się ubrać, jaką sukienkę włożyć. Mija kilka minut i Kasia jest już pięknie ubrana. Ma na sobie lekką niebieską sukienkę. — Kasiu, dlaczego włożyłaś taką lekką sukienkę? — pyta mama. Dziś jest zimno, zimniej niż wczoraj. Musisz się przebrać i włożyć wełnianą sukienkę w kratkę. W takiej lekkiej sukience zmarzniesz i się zaziębisz. — Spójrz, mamo, na termometr! — odpowiada Kasia. Dziś jest dwadzieścia stopni ciepła. Kasia zna się na termometrze dobrze, ale mama zna się lepiej i Kasia musi się szybko przebrać i włożyć cieplejszą, wełnianą sukienkę. Wełniana sukienka nie jest brzydsza niż lekka i Kasia wygląda w niej bardzo ładnie.

27

I.1. 1. trawnik — wróbla 2. park — doktora Raka 3. dworzec — kiosk z gazetami 4. akademik — wysokiego studenta 5. ogród — piękny kwiat 6. obraz — czarnego kota
I.2. 1. samochód — innego psa 2. tramwaj — małego wróbla 3. pociąg — czarnego kota

II.1. 1. Marek nie może znaleźć uniwersytetu. 2. Jacek nie może znaleźć ojca. 3. Roman nie może znaleźć hotelu.
II.2. 1. Anna nie patrzy na sąsiada i nie widzi jego samochodu. 2. Ewa nie patrzy na kolegę i nie widzi jego okularów. 3. Student nie patrzy na profesora i nie widzi jego krawatu (krawata).

III.1. *B.* To Jurek ma brata? *A.* Tak, mam fotografię Romana.
III.2. *B.* To Jacek ma dziadka? *A.* Tak, mam fotografię dziadka Bolesława.
IV. 1. z nią 2. na niego 3. na nią 4. na nie 5. z nim 6. z nim 7. na nich
V. 1. psy — psów 2. bilety — biletów 3. fotografie — fotografii 4. wędliny — wędlin 5. studentki — studentek
VI. 1. pod drzewem 2. na drzewo 3. pod drzewem 4. na drzewie 5. po drzewach (po drzewie)

28

I.1. *B.* nauczycielowi; lektorowi; przyjacielowi; sąsiadowi; lekarzowi
I.2. *A.* Jurkowi; Romkowi; Leszkowi; Jankowi; Markowi
I.3. *A.* Ewy — Ewie; Krystyny — Krystynie; Ireny — Irenie; Haliny — Halinie; mamy — mamie

II.1. 1. Dorocie 2. Danucie 3. Beacie 4. Małgorzacie
II.2. 1. cioci 2. Kasi 3. Eli 4. Ani 5. Marii
II.3. 1. studentce 2. lektorce 3. nauczycielce 4. koleżance 5. córce
II.4. 1. panu Henrykowi 2. pani Nowak 3. panu Janowi 4. panu Andrzejowi
II.5. 1. pani Wolskiej 2. panu Wolskiemu 3. pani Lerskiej 4. panu Lerskiemu 5. pani Nowickiej 6. panu Nowickiemu

IV.1. *B.* Ewie jest bardzo ładnie w tej sukni. (Annie; Monice; mojej żonie; mojej córce; Dorocie; Marii; pani Kowalskiej; pani Nowakowej)
IV.2. *B.* ja, niestety, nie podobam się Adamowi. (Henrykowi; Jurkowi; Leszkowi; panu Romanowi; Markowi; panu Wolskiemu; panu Nowakowi)
IV.3. *A.* Co dolega twojemu mężowi? (twojemu synowi; twojemu bratu; pani ojcu; pana synowi; twojemu dziadkowi)
IV.4. *B.* daję ptakom jedzenie. (wróblom; kotom; psom; zwierzętom)

V.1. 1. Sąsiadka państwa Kowalskich kupiła sobie auto. 2. Nie, ta pani nie miała prawa jazdy. 3. Musiała ukończyć kurs samochodowy. 4. Musiała zdać egzamin. 5. Pani zapytała egzaminatora: „Czy to zaszkodzi mojemu samochodowi, jeśli skończy mi się benzyna, a ja mimo to będę jechała dalej?"
V.2. 1. Sąsiadka państwa Kowalskich zapytała małego Jacka, czy jest jedynakiem. 2. Jacek odpowiedział jej, że jego rodzice mają jeszcze małego fiata.
V.3. 1. Pan Kowalski spotyka sąsiadkę. 2. Pan Kowalski opowiada jej, że był wczoraj świadkiem wypadku. Widział, jak auto przejechało kominiarza. 3. Sąsiadka jest przerażona dlatego, że w dzisiejszych czasach człowiek nie jest bezpieczny nawet na dachu.
V.4. 1. Ulica wielkiego miasta jest ruchliwa. 2. Na jezdni jest pełno samochodów. 3. Samochody jadą z dużą (wielką) szybkością. 4. Przechodzień stoi na chodniku. 5. Usiłuje przejść na drugą stronę ulicy. 6. Jest smutny, bo nie może przejść na drugą stronę

ulicy. 7. Po przeciwnej stronie przechodzień widzi innego przechodnia. 8. Nie musiał przechodzić, bo się urodził po tej stronie ulicy.

29

I.1. 1. dzwonię — zadzwonię 2. myślę — pomyślę 3. spotykam — spotkam
I.2. 1. zaczyna się — zaczął się 2. nastawiam — nastawiłem 3. jem — zjadłem
I.3. 1. zasypiam — zasnąłem 2. słyszę — usłyszałem 3. budzę się — obudziłem się

II. 1. — Piąta. — odpowiedział Marek. 2. Budzik obudził Jurka. 3. Jurek pomyślał: — Jeszcze wcześnie. 4. Marek nie spóźnił się dziś na wykład. 5. Marek poczekał na Jurka.

III. 1. Możesz nie wstawać zaraz. 2. Możesz nie zaczynać wykładu. 3. Możesz nie dzwonić do mnie. 4. Możesz nie nastawiać budzika. 5. Możesz się nie ubierać szybko.

30

III.1. *A.* kupiłem ci szampon do włosów; pastę i szczoteczkę do zębów. *B.* kupiłem dla ciebie maszynkę do golenia; krem do golenia
III.2. *A.* Weź książkę albo gazety do czytania.

IV.1. *A.* co kładziesz do walizki? *A.* Czy włożyłeś już ręcznik i piżamę? *B.* Tak, już włożyłem.
IV.2. *A.* Czy Anna przygotowuje teraz kanapki dla męża? *B.* Anna już je przygotowała.
IV.3. *A.* Czy Ewa kupiła ładny prezent dla Kasi? *B.* Ewa zawsze kupuje Kasi ładne prezenty.
IV.4. *A.* Codziennie nastawiam budzik na szóstą. *B.* Czy dziś też nastawisz budzik na szóstą?
IV.5. *A.* Czy Jurek codziennie wstaje o szóstej rano? *B.* Nie, czasami wstaje później. Jutro nie idzie na wykład i wstanie o dziewiątej.
IV.6. *A.* Romek nigdy nie spóźnia się na wykłady, ale dziś na pewno się spóźni, bo zaspał. *B.* Pewnie nie nastawił budzika.
IV.7. *A.* Czy spotkamy się jutro o ósmej? *B.* Oczywiście. Przecież zawsze spotykamy się o tej godzinie.
IV.8. *A.* Pani Danuta wybiera się w podróż. Co pani Danuta musi wziąć? *B.* Musi wziąć bardzo dużą walizkę.
IV.9. *A.* Musisz włożyć płaszcz nieprzemakalny. *B.* wolę wziąć parasol

V. 1. Pan Kowalski wybiera się w podróż służbową do Poznania. 2. Pan Kowalski kładzie do walizki dwie koszule, piżamę, przybory toaletowe: mydło, ręcznik, szczoteczkę do zębów, pastę, krem, maszynkę do golenia, wodę kolońską i szampon do włosów. 3. Żona przygotowuje dla niego kanapki na drogę. 4. Pan Kowalski jedzie pociągiem. 5. Podróż do

Poznania trwa cztery i pół godziny. 6. Żona radzi panu Kowalskiemu wziąć książkę do czytania, płaszcz nieprzemakalny, sweter i ranne pantofle. 7. Pan Kowalski nie leci samolotem, bo jest mgła. 8. Pan Kowalski wróci do Warszawy za kilka dni. 9. Pan Kowalski wróci do Warszawy pociągiem albo samolotem.

VI. 1. Dokąd wybiera się pan Kowalski? 2. Dokąd jedzie pan Kowalski? 3. Czym jedzie pan Kowalski? 4. Kto przyjeżdża na Targi? 5. Co będzie reprezentować na Targach pan Kowalski?

VII. Pan Kowalski wybiera się w podróż służbową. Jedzie do Poznania na Międzynarodowe Targi Poznańskie. Targi te odbywają się co roku. Przyjeżdżają na nie handlowcy z całego świata, wystawiają różne towary, zawierają umowy handlowe. Pan Kowalski będzie reprezentował na Targach zakłady, w których pracuje.

31

I.1. *A.* Gdzie poznałaś tego przystojnego blondyna? *B.* Chodziłam z nim do szkoły.
I.2. *A.* Czy kupiłaś mężowi prezent na imieniny? *B.* Kupiłam mu nowy zegarek. On zawsze się spóźnia.
I.3. *A.* Czy zauważyłaś w kinie mojego kolegę? *B.* Zauważyłam. Kupował razem ze mną bilety.
I.4. *A.* Czy dzwoniłeś już do córki? *B.* Dzwoniłem do niej przed chwilą.

II.1. *B.* czterdzieści siedem lat; trzydzieści pięć lat; pięćdziesiąt dziewięć lat; dwadzieścia trzy lata
II.2. *B.* dziewiętnaście lat — osiem lat; szesnaście lat — siedem lat; czternaście lat — cztery lata; dwanaście lat — dziesięć lat

III. 1. Barbara wyszła za mąż za Jerzego. 2. Doktor Pawlak ożenił się z Krystyną. 3. Doktor Ewa Pawlicka wyszła za mąż za inżyniera Rosiewicza. 4. Profesor Jerzy Tokarski ożenił się z aktorką Zofią Pawlak.

IV. *B.* nauczyciela — kolację; kolegę — śniadanie; znajomego — imieniny

V.1. *B.* zrobiłem; kupiłem; włożyłem
V.2. *B.* nie ożenię się; nie wyjdę za mąż; nie wyjadę z Warszawy

32

I.1. 1. zapakował 2. zapłacił 3. kupił 4. wręczył 5. dał
I.2. 1. zrobiła 2. nie spóźniła się 3. przygotowała 4. zaprosiła 5. ubrała się
I.3. 1. zasnął 2. zdjął 3. skończył 4. wziął 5. pojechał
I.4. 1. zdjęła 2. wzięła 3. zaczęła 4. zasnęła 5. wyszła za mąż

II.1. Ewo — kupiłaś — kupiłam; Janku — kupiłeś — kupiłem; Mario — kupiłaś — kupiłam; Aniu kupiłaś — kupiłam

II.2. Panie Janku, czy pan zaprosił — nie mogłem; Pani Marto, czy pani zaprosiła — nie mogłam; Panie Jurku, czy pan zaprosił — nie mogłem; Pani Aniu, czy pani zaprosiła — nie mogłam

II.3. Aniu — zasnęłam — Czy wzięłaś — nie wzięłam; Marto — zasnęłam — Czy wzięłaś — nie wzięłam; Romku — zasnąłem — Czy wziąłeś — nie wziąłem; Leszku — zasnąłem — Czy wziąłeś — nie wziąłem; Ewo — zasnęłam — Czy wzięłaś — nie wzięłam

III.1. *A.* Romku, jak spędziłeś wolne popołudnie? *B.* Dużo czytałem i odpoczywałem; pisałem listy; spotkałem się z Jurkiem; byłem z Ewą na spacerze; pojechałem za miasto

III.2. *A.* wróciłaś *A.* trwała podróż *B.* Jechałam

III.3. *A.* Czy spóźniłeś się na film? *B.* Tak, spóźniłem się. Kiedy przyszedłem, film już się zaczął, i w dodatku nie wziąłem ze sobą biletu.

III.4. *B.* Zdjęła na spacerze płaszcz i zmarzła, bo zrobiło się zimno.

IV. 1. nie myślał — nie myślała. 2. nie spojrzał — nie spojrzała 3. nie widział — nie widziała

V. *A.* Pojechał pociągiem, czy poleciał samolotem? *B.* co roku lata — musiał — Była

VI.1. kupiłem — wybierałem i zastanawiałem się — wziąłem

VI.2. pojechałam — Zwiedzałam (zwiedziłam) — obejrzałam (oglądałam) — wróciłam

VII. poradziła — z historii sztuki; z historii malarstwa; ze współczesnej literatury; z malarstwa polskiego

VIII. wszedł — zaczął — zastanawiał się — wybrał — zapakowała — zapłacił — wziął — podziękował — wyszedł — wracał (wrócił)

33

I. 1. Studenci jedzą smaczne kotlety. 2. Blondyni kupują jasne krawaty. 3. Mężczyźni kupują piękne kwiaty. 4. Fryzjerzy golą klientów. 5. Profesorowie pytają studentów.

II. 1. ładnej kobiecie — Mężczyźni kupują kwiaty ładnym kobietom. 2. pacjentkę — Dentyści leczą pacjentki. 3. młodemu pacjentowi — Lekarze zapisują lekarstwo młodym pacjentom.

III. 1. Już pani rozjaśniam. 2. Już panią strzygę. 3. Już panią czeszę. 4. Już pani robię przedziałek.

IV.1. 1. czyszczenie ubrania 2. leczenie pacjentki 3. budzenie dziecka
IV.2. 1. czytanie książki 2. oglądanie telewizji 3. czesanie włosów
IV.3. 1. picie wody 2. prowadzenie psa 3. pójście na spacer

V. 1. Po ostrzyżeniu klienta fryzjer go uczesze. 2. Po zwiedzeniu miasta Adam pójdzie do kawiarni. 3. Po oczyszczeniu ubrania Roman wyjdzie.

34

I.1. 1. od trzech lat 2. od czterech lat 3. od dwóch (dwu) lat
I.2. 1. od sześciu lat 2. od ośmiu lat. 3. od dziesięciu lat 4. od dwunastu lat 5. od szesnastu lat
I.3. 1. trzech lat 2. czterech lat 3. ośmiu lat 4. dwunastu lat 5. dwudziestu lat
I.4. 1. czterech — czterem koleżankom 2. pięciu — pięciu koleżankom 3. sześciu — sześciu nauczycielkom 4. ośmiu — ośmiu lektorkom 5. trzem — trzem siostrom
I.5. 1. z trzema siostrami 2. z czterema przyjaciółkami 3. z pięcioma córkami 4. z ośmioma studentkami 5. z dziesięcioma uczennicami
I.6. 1. z czterema kotami 2. z pięcioma psami 3. z trzema pieskami 4. z sześcioma kotami
I.7. 1. o trzech studentkach 2. o czterech aktorkach 3. o dwóch (dwu) nauczycielkach 4. o trzech śpiewaczkach
I.8. 1. o sześciu albumach 2. o siedmiu listach 3. o dziesięciu fotografiach 4. o ośmiu prezentach 5. o dwunastu lalkach

III.1. *B*. Od roku; Od dwóch lat; Od trzech lat; Od czterech lat; Od pięciu lat.
III.2. *B*. Za cztery lata; Za trzy lata; Za dwa lata; Za rok
III.3. *B*. za tydzień; za miesiąc; za cztery miesiące; za pięć miesięcy; za rok
III.4. *B*. dla dwóch koleżanek; dla trzech dziewczynek; dla pięciu nauczycielek; dla siedmiu lektorek
III.5. o trzy koperty — więcej niż trzy; o dwie widokówki — więcej niż dwie; o pięć znaczków — więcej niż pięć; o cztery zeszyty — więcej niż cztery
III.6. *B*. z czterema koleżankami; z dwiema przyjaciółkami; z szesnastoma studentkami; z piętnastoma uczennicami; z dwudziestoma dziewczynkami
III.7. *A*. cztery piękne córki — o czterech pięknych córkach; trzy piękne siostry — o trzech pięknych siostrach; sześć pięknych uczennic — o sześciu pięknych uczennicach; dwie piękne przyjaciółki — o dwóch pięknych przyjaciółkach

IV.1. 1. Tak, pani farmaceutka jest magistrem. 2. Od piętnastu lat. 3. Pani farmaceutka ukończyła studia w Warszawie. 4. Z wynikiem bardzo dobrym. 5. Pani farmaceutka otrzymała dyplom z wyróżnieniem. 6. Klientka poprosiła panią farmaceutkę o proszki od bólu głowy.
IV.2. 1. Można dostać krople do nosa i tabletki. 2. Tak. Trzeba je zażywać regularnie. 3. Te lekarstwa działają szybko.

V. ukończyła — Od dziesięciu lat — Otrzymała — przygotowuje i sprzedaje — będzie zażywał — za — za

35

I.1. 1. szedłem i rozmyślałem 2. szedłem i rozmawiałem 3. szedłem i uczyłem się 4. szedłem i kupowałem

I.2. 1. szłam i robiłam zakupy 2. szłam i wzięłam ze sobą 3. szłam i bawiłam się 4. szłam i powtarzałam
I.3. Jacek wyszedł — Kasia też wyszła 2. Adam przyszedł — Zofia też przyszła 3. Marek przeszedł — Halinka też przeszła 4. Jurek wszedł — Ewa też weszła

II.1. pani Danuta — Wyszła — wzięła; Jacek — Wyszedł — wziął; Kasia — Wyszła — wzięła
II.2. *A.* Czy Ewa poszła do kina? *B.* Nie, nie poszła. Ogląda nową sztukę telewizyjną. *A.* Czy dawno zaczęła się ta sztuka?

III.1. *A.* Czy Zofia wyszła za mąż? *B.* Nie, nie wyszła, bo Jurek nie chciał ożenić się z Zofią.
III.2. skończyłam pracę; zdałam egzamin; ugotowałam obiad
III.3. *A.* zapraszałaś — nie zaprosiłaś *B.* Zaprosiłam — nie przyszedł — musiał

IV.1. 1. pan nie siedział 2. pan nie powiedział 3. pan nie zapomniał 4. pan nie widział
IV.2. 1. syn nie zasnął 2. syn nie wziął proszka 3. syn nie stanął w kolejce

VI. na — do — przed — z — z — na — w — w — w — za — za — w — przy — Po — w — do — na — W — do — z — przez

VIII. dwadzieścia sześć — sześćdziesiąt — osiemdziesiąt jeden; dwadzieścia sześć — pięćdziesiąt cztery — szesnaście; dziewięćset dwadzieścia sześć

36

I.1. a) 1. będzie szła — dojdzie; będzie szedł — dojdzie b) będzie jechała — dojedzie; będzie jechał — dojedzie c) będzie często chodziła — pójdzie; będzie rzadko chodził — pójdzie d) będzie szła — przyjdzie; będzie szedł — przyjdzie e) będzie długo jechała — przyjedzie; będzie krótko jechał — przyjedzie
I.2. a) będzie wstawał — wstanie; będzie wstawała — wstanie b) będzie się spotykała — spotka; będzie się spotykał — spotka c) będzie wpłacał — wpłaci; będzie wpłacała — wpłaci d) będzie zamawiał — zamówi; będzie zamawiała — zamówi e) będzie się czesała — uczesze f) będzie się strzygł — ostrzyże g) będzie rozjaśniała — rozjaśni
I.3. a) będzie oglądała — obejrzy; będzie oglądał — obejrzy b) będzie pakował — spakuje; będzie pakowała — spakuje c) będzie pisał — napisze; będzie pisała — napisze d) będzie dzwonił — zadzwoni; będzie dzwoniła — zadzwoni

II.1. *A.* dojechać; *B.* Wsiądzie — dojedzie
II.2. *A.* jeździ — pojedzie
II.3. *A.* będzie chodziła — będzie jeździła; *B.* będzie chodził — będzie jeździł; *A.* pójdzie — pojedzie
II.4. *A.* będziesz chodziła — będę cię odprowadzał; *B.* odprowadzisz; *A.* pójdziesz
II.5. *A.* będziesz pisał *B.* Będę pisał — przyjadę — napiszę
II.6. *A.* zadzwonisz *B.* Będę dzwonił; *A* napiszesz *B.* Będę pisał; *A* przyjdziesz *B.* Będę przychodził

II.7. *A.* będziesz zażywał; *B.* Będę zażywał
II.8. *A.* będzie odpoczywał; *B.* Będzie odpoczywał; *A.* odpocznie
II.9. *A.* będziesz się czesała — będziesz wyglądała; *B.* pójdę — uczeszę się
II.10. *A.* będziesz zasypiał; *B.* zasnąć — wstanę — będę zasypiał — budził się

III.1. w tramwaj dwadzieścia pięć; w autobus sto czterdzieści cztery; w tramwaj czternaście, a potem w autobus sto szesnaście; w ósemkę; w dziewiątkę; w czternastkę; w trzynastkę, a potem w autobus sto dwadzieścia dwa; w setkę
III.2. czwórką; ósemką; dziewiątką; dziesiątką; jedenastką; czternastką; piętnastką; szesnastką; setką
III.3. Nowym Światem; ulicą Długą; Senatorską; ulicą Piwną

IV. Podeszła — z — zapytała — dojechać — wytłumaczyła — przystanek — autobusem — pojechała — Poszła — postój — pojechała — taksówką

37

I. 1. Brat przeszedł i siostra przeszła — przeszedłem **2.** Brat poszedł i siostra poszła — poszłam **3.** Brat przyszedł i siostra przyszła — przyszedłem

II. 1. jadł **2.** pakował **3.** pisał

III. 1. nie będę do niej dzwonił **2.** nie będę go o to pytał **3.** nie będę za pana (panią) płacił **4.** nie będę tej książki (nie będę jej) pakowała

IV.1. stare ubranie — je — je; starą koszulę — ją — ją; stare buty — je — je; stary krawat — go — go
IV.2. pióro — go; książkę — jej; parasol — go; gazetę — jej

V. W kurtce — w swetrze; W futrze — w palcie; W butach — w pantoflach

VI. 1. swoją **2.** jej **3.** swoje **4.** ich **5.** swój

38

I.1. 1. Henryk jest starszy, ma trzydzieści jeden lat. **2.** Pan Marek jest starszy, ma czterdzieści jeden lat. **3.** Pani Barbara jest starsza, ma pięćdziesiąt jeden lat. **4.** Pan Majewski jest starszy, ma sześćdziesiąt jeden lat.
I.2. 1. Zofia jest młodsza — nie ma jeszcze trzydziestu jeden lat. **2.** Pan Henryk jest młodszy — nie ma jeszcze czterdziestu jeden lat. **3.** Pan Marek jest młodszy — nie ma jeszcze pięćdziesięciu jeden lat. **4.** Pani Barbara jest młodsza — nie ma jeszcze sześćdziesięciu jeden lat.
I.3. 1. od dwudziestu trzech lat **2.** od dwudziestu czterech lat **3.** od dwudziestu pięciu lat **4.** od trzydziestu sześciu lat **5.** od czterdziestu siedmiu lat **6.** od pięćdziesięciu ośmiu lat

I.4. 1. o trzydziestu jeden wierszach 2. o dwudziestu trzech wierszach 3. o czterdziestu pięciu wierszach 4. o dwudziestu sześciu wierszach 5. o trzydziestu ośmiu wierszach

II.1. dwadzieścia osiem lat — dwadzieścia pięć lat; trzydzieści lat — dwadzieścia siedem lat; trzydzieści jeden lat — dwadzieścia dziewięć lat; czterdzieści dwa lata — czterdzieści lat; czterdzieści trzy lata — czterdzieści jeden lat; czterdzieści pięć lat — czterdzieści dwa lata
II.2. dwudziestu jeden lat; dwudziestu pięciu lat; trzydziestu jeden lat; trzydziestu trzech lat; czterdziestu dwu (dwóch) lat; pięćdziesięciu siedmiu lat
II.3. *A.* Osiemdziesiąt stron. *B.* Nie zdążysz dziś przeczytać osiemdziesięciu stron. (osiemdziesiąt pięć — osiemdziesięciu pięciu; dziewięćdziesiąt jeden — dziewięćdziesięciu jeden; dziewięćdziesiąt dwie — dziewięćdziesięciu dwu (dwóch); sto — stu; sto trzy — stu trzech; dwieście — dwustu; dwieście cztery — dwustu czterech; dwieście osiemdziesiąt sześć — dwustu osiemdziesięciu sześciu; trzysta jeden — trzystu jeden)
II.4. *B.* dwudziestu jeden nowych słówek (dwudziestu pięciu; trzydziestu jeden; czterdziestu czterech; dwudziestu dwu (dwóch); pięćdziesięciu trzech)

III.1. Siedemdziesięciu — Z trzydziestoma — z czterdziestoma; Osiemdziesięciu — Z czterdziestoma pięcioma — z trzydziestoma pięcioma; Stu — Z pięćdziesięcioma sześcioma — z czterdziestoma czterema; Dziewięćdziesięciu ośmiu — Z sześćdziesięcioma jeden — z trzydziestoma siedmioma
III.2. W tysiąc dziewięćset pięćdziesiątym pierwszym; W tysiąc dziewięćset trzydziestym dziewiątym; W tysiąc dziewięćset sześćdziesiątym piątym; W tysiąc dziewięćset siedemdziesiątym drugim; W tysiąc dziewięćset pięćdziesiątym ósmym; W tysiąc dziewięćset czterdziestym czwartym
III.3. W czwartym rzędzie (w piątym; w siódmym; w dwunastym; w dziewiętnastym; w dwudziestym drugim)

IV.1. 2. otrzymał 3. odpowiedział
IV.2. 1. zapytał 2. odpowiedziała 3. uwierzył
IV.3. 1. poprosił 2. musiała 3. chciał
IV.4. 1. jechała 2. siedział 3. robił 4. pytał 5. chciała
IV.5. 2. kłóciła się 3. pokłóciła się 4. miał

39

I. *B.* je — ich; je — ich; go — go; je — ich

II. 1. Czy ma pan czas na oglądanie filmów? 2. Czy ma pani czas na gotowanie obiadów? 3. Czy ma pan czas na kupienie biletów? 4. Czy ma pani czas na oglądanie teatru telewizji? 5. Czy masz dzisiaj czas na obejrzenie dziennika telewizyjnego?

III. 1. Robakowie 2. Nowakowscy 3. Kowalowie 4. Jankowscy 5. Janikowie

IV. 1. Jedząc obiad, Janek rozmawia z rodzicami. 2. Czekając na dziewczynę, Romek obserwuje ludzi. 3. Ucząc się polskiego, Agata słucha muzyki. 4. Wracając do domu, Anna kupuje chleb. 5. Oglądając telewizję, Barbara myśli o pracy.

V. film dla chłopców — go; reportaż dla dorosłych — go; teatr dla kobiet — go; książka dla rodziców — ją

VI. 1. dla; 2. z; 3. na; 4. o; 5. z; 6. z; 7. na; 8. na; 9. dla

40

I.1. 1. Dwudziestego pierwszego marca 2. Piątego kwietnia 3. Czwartego maja 4. Szóstego czerwca 5. Dwudziestego siódmego lipca 6. Dwudziestego drugiego sierpnia 7. Trzydziestego września 8. Pierwszego października 9. Dwudziestego dziewiątego listopada 10. Szesnastego grudnia
I.2. 1. poprawiając fryzurę 2. wręczając pani Annie kwiaty 3. witając gości 4. życząc jej zdrowia 5. składając jej życzenia 6. śmiejąc się wesoło
I.3. 1. Adam będzie odpoczywał, pijąc kawę. 2. Jacek będzie oglądał telewizję, jedząc kolację. 3. Pan Jan będzie pakował walizkę, rozmawiając z żoną. 4. Ciocia będzie robiła szalik na drutach, słuchając radia. 5. Pani Anna będzie nakrywała do stołu, czekając na gości. 6. Pani Danuta będzie wręczała kwiaty, składając życzenia.

II.1. osiemnastego października; siódmego marca; dwudziestego szóstego maja; dziewiętnastego grudnia; trzydziestego kwietnia; dwunastego września; dwudziestego drugiego czerwca; trzydziestego pierwszego października; ósmego stycznia; dziesiątego sierpnia; dwudziestego czwartego lipca
II.2. Trzeciego maja. Pierwszego grudnia. Dwudziestego dziewiątego lutego. Szesnastego września. Trzydziestego marca. Jedenastego czerwca. Dwudziestego piątego lipca. Trzydziestego pierwszego października. Dwudziestego trzeciego sierpnia. Trzynastego kwietnia. Szóstego stycznia.
II.3. Szesnastego sierpnia tysiąc dziewięćset pięćdziesiątego ósmego roku. Dwudziestego siódmego listopada tysiąc dziewięćset siedemdziesiątego roku. Trzydziestego pierwszego grudnia tysiąc dziewięćset czterdziestego szóstego roku. Dwudziestego drugiego kwietnia tysiąc dziewięćset sześćdziesiątego piątego roku. Dziesiątego lutego tysiąc dziewięćset pięćdziesiątego dziewiątego roku.

III.1. Dwudziestego czwartego marca. Piętnastego czerwca. Czwartego stycznia. Ósmego grudnia. Dwudziestego trzeciego maja. Trzydziestego października. Siódmego lutego. Osiemnastego kwietnia. Dwudziestego dziewiątego września.
III.2. *A.* Kiedy są imieniny Ewy? *B.* Dwudziestego czwartego grudnia. Za parę dni. *A.* Musimy złożyć życzenia Ewie. (Danuty — Szesnastego lutego — Danucie; pani Marii — Piątego sierpnia — pani Marii; Jacka — Siedemnastego lipca — Jackowi; pana Jana — Dwudziestego szóstego czerwca — panu Janowi)
III.3. *A.* dostałeś; *B.* zadzwonić — podziękować
III.4. *B.* Nakryję — ustawię *A.* pomóc; *B.* robić
III.5. *A.* Kasiu, dziś są babci imieniny. Czy złożyłaś już babci życzenia? *B.* Tak, złożyłam jej życzenia. (cioci — złożyłaś — cioci — złożyłam jej; tatusia — złożyłaś — tatusiowi — złożyłam mu; mamusi — złożyłaś — mamusi — złożyłam jej; wujka — złożyłaś — wujkowi — złożyłam mu; dziadka — złożyłaś — dziadkowi — złożyłam mu)

IV. będę składał(-a) — składając; będę rozumiał(-a) — rozumiejąc; będę pozwalał(-a) — pozwalając; będę przyjeżdżał(-a) — przyjeżdżając; będę wystawiał(-a) — wystawiając; będę włączał(-a) — włączając; będę reprezentował(-a) — reprezentując; będę zasypiał(-a) — zasypiając; będę się budził(-a) — budząc się; będę się spodziewał(-a) — spodziewając się

V. Dwudziestego szóstego lipca — złożą — będzie przygotowywała (przygotuje) — będzie czekała — nakryje — ustawi — będzie — wręczy — przyjdą (będą przychodzili) — złożą (będą składali) — podziękuje (będzie dziękowała)

41

I.1. 1 Oglądano 2. Nazywano 3. Opowiadano
I.2. 1. Zgłoszono 2. Poproszono 3. Dzwoniono
I.3. 1. umyto

II. 1. zwierzęta 2. duże zwierzęta — małych zwierząt 3. waszych zwierzętach 4. tymi zwierzętami 5. naszym zwierzętom

III. 1.b) można było brać udział w wyścigach 1.c) można będzie brać udział w wyścigach 2.b) można było pochwalić tego ucznia 2.c) można będzie pochwalić tego ucznia

IV. 1. Zabieram ci książkę, żebyś nie mógł podpowiadać. 2. Uczyłem się polskiego, żeby Polak mógł mnie zrozumieć. 3. Jechałem szybko, żeby kolega mógł zdążyć na pociąg.

V.1. 1. To dziesięcioletni koń. 2. To czteroletnie drzewo. 3. To pięcioletnie dziecko. 4. To ośmioletni uczeń. 5. To siedmioletnia uczennica.
V.2. To dwuletnia dziewczynka. 2. To stuletnie wino. 3. To dwudziestoletnia dziewczyna.
V.3. 1. To trzyletnie dziecko. 2. To trzyletnie drzewo. 3. To trzyletni koń.

VI. w Paryżu — dziesięć lat; w Anglii — dwa lata; w Berlinie — pięć lat; w Niemczech — cztery lata; w Stanach Zjednoczonych — dziewięć lat

42

I.1. 1. miały 2. chciały 3. musiały 4. musiały 5. widziały 6. opowiedziały 7. usłyszały 8. nie wiedziały 9. nie rozumiały
I.2. 1. cieszyły — cieszyli 2. obejrzały — obejrzeli 3. widziały — widzieli 4. wróciły — wrócili
I.3. 1. Szukały — szukali 2. Śmiały się — się śmiali 3. Cieszyły się — się cieszyli
I.4. 1. chcieli 2. zachwycali się 3. śmiali się 4. obejrzeli 5. widzieli 6. musieli
I.5. 1. Lisy to piękne zwierzęta. 2. Tygrysy to dzikie zwierzęta. 3. Wielbłądy to sympatyczne zwierzęta. 4. Małpy to wesołe zwierzęta.
I.6. 1. Spały 2. Biegały 3. Skakały 4. Spacerowały i nie zwracały uwagi 5. Chodziły 6. Prosiły
I.7. 1. Słoni 2. Niedźwiedzi 3. Tygrysów 4. Lwów 5. Wilków i lisów

I.8. 1. Jeśli Kasia nie pójdzie do zoo, to nie zobaczy żubrów i słoni. (lwów i tygrysów; niedźwiedzi i wilków; małp i lisów)

II.1. tygrysy — tygrysów; lwy — lwów; wielbłądy — wielbłądów; żyrafy — żyraf; foki — fok; małpy — małp; słonie — słoni; niedźwiedzie — niedźwiedzi
II.2. konie i gęsi; owce i kaczki; barany i koguty
II.3. owiec i baranów; kaczek i gęsi; kur i kogutów
II.4. owcę i barana — owce i barany; koguta i kurę — koguty i kury; gęś i kaczkę — gęsi i kaczki; krowę i byka — krowy i byki

III.1. *B*. Karmi swoje zabawki: konie, krowy, owce, kury, koguty, gęsi i kaczki. *B*. Karmi psy i koty.
III.2. *A*. W niedzielę musimy pójść do zoo, bo Kasia chce zobaczyć lwy, żubry, tygrysy, słonie, niedźwiedzie, małpy i żyrafy. *B*. Nie widziała jeszcze lwów, żubrów, tygrysów, słoni, niedźwiedzi, małp i żyraf?

IV. 1. Państwo Kowalscy postanowili pójść w niedzielę do zoo. 2. Bilety kupili w kasie. 3. Tak, w warszawskim zoo są żubry. 4. Nie, żubry nie żyją w Polsce na wolności. 5. Można je zobaczyć w zoo i w niektórych rezerwatach. 6. Żubr jest wielkim zwierzęciem, ma rogi i brodę. 7. Państwo Kowalscy obejrzeli w zoo wilki, lisy, lwy, słonie i małpy. 8. Nie, w zoo nie wolno karmić zwierząt. 9. Jacek chciał jeszcze zobaczyć niedźwiedzie przy Trasie W-Z.

V. wybierali się — wybrali się — chciały — poszły — kupili — oglądali — miały — wytłumaczyli — spacerowali — obejrzeli — wróciły

43

I.1. 1. spotkali — spotkały 2. zostały — zostali 3. porozmawiali — porozmawiały
I.2. 1. zaczęli — zaczęły 2. zasnęły — zasnęli 3. stanęli — stanęły
I.3. 1. powiedzieli — powiedziały 2. patrzyły — patrzyli 3. umiały — umieli

II. 1. Synowie spali; spacerowały bez synów 2. Pasażerowie czekali; pojechały bez pasażerów 3. Uczniowie zachorowali; uczniów

III. 1. Może spotkalibyśmy się przed kinem? 2. Może umówilibyśmy się w parku? 3. Może obejrzelibyśmy film w telewizji?

IV. 1. Czy możecie przyjść do nas wieczorem? Czy moglibyście przyjść do nas wieczorem? 2. Czy możecie napisać do nas list? Czy moglibyście napisać do nas list? 3. Czy możemy mu kupić tę książkę? Czy moglibyśmy mu kupić tę książkę? 4. Czy możecie włożyć nowe ubrania? Czy moglibyśmy włożyć nowe ubrania?

V. 1.b) My się też cieszmy! 1.c) I wy się cieszcie! 2.b) My się też spotkajmy! 2.c) I wy się spotkajcie! 3.b) My też zajrzyjmy! 3.c) I wy zajrzyjcie! 4.b) My też gotujmy! 4.c) I wy gotujcie!

VI. *B.* jedenastego listopada tysiąc dziewięćset osiemnastego; piętnastego lutego tysiąc dziewięćset dziewięćdziesiątego trzeciego; dwudziestego drugiego sierpnia tysiąc dziewięćset dziewięćdziesiątego czwartego; dziewiątego maja tysiąc dziewięćset czterdziestego piątego; pierwszego września tysiąc dziewięćset trzydziestego dziewiątego

44

I.1. 1. nad jezioro — pojadą 2. nad Wisłę — pojadą 3. nad Morze Czarne — pojadą 4. nad Bałtyk — pojadą 5. nad rzekę — pojadą
I.2. 1. nad jeziorem 2. nad Wisłą 3. nad Morzem Czarnym 4. nad jeziorami
I.3. 1. w górach 2. na wsi 3. na wycieczce 4. nad morzem 5. nad Wisłą
1.4. 1. na nartach 2. w górach 3. na wycieczce 4. w Tatrach
I.6. 1. Basia pojedzie na wakacje nad jezioro. 2. Jurek pojedzie na ferie zimowe w góry. 3. Pani Danuta pojedzie na Wielkanoc do Zakopanego. 4. Pan Leszek pojedzie na Boże Narodzenie do Karpacza. 5. Dzieci pojadą na (w) niedzielę za miasto nad rzekę.
I.7. 1. Dzieci wrócą z wakacji za parę dni. 2. Jurek wróci z wczasów 3. Kasia wróci z wycieczki 4. Anna wróci z nart

II.1. *B.* Chciałbym pojechać nad morze (nad Morze Czarne; nad jezioro; nad jeziora).
II.2. *B.* Chciałabym spędzić lato nad morzem (nad Morzem Czarnym; nad Bałtykiem; nad jeziorem; nad jeziorami).
II.3. *B.* Byłem dwa tygodnie w górach (w Tatrach).
II.4. *A.* jeździć na nartach. *B.* jedziemy zimą w góry! Kupię sobie narty
II.5. *A.* Wybieramy się nad morze (w góry; nad jeziora; w Tatry; nad Bałtyk).
II.6. *B.* Chciałabym pojechać w góry, na narty. Dawno nie byłam w górach.
II.7. *B.* spędzić urlop nad morzem albo nad jeziorem, albo nad rzeką. *A.* Będziemy całymi dniami pływali kajakiem albo łódką; *B.* Albo po jeziorze.

III.1. *A.* pojechali na wakacje drugiego lipca. *B.* Kiedy wrócili z wakacji? *A.* Drugiego sierpnia. (pojechali na ferie zimowe dwudziestego drugiego stycznia — wrócili z ferii — Dwudziestego drugiego lutego.)
III.2. *A.* pojadę na Boże Narodzenie — w poniedziałek; pojadę na Wielkanoc — w środę; pojadę na niedzielę — w(e) czwartek

IV. 1. Janek i Lech wrócili z wczasów bardzo zadowoleni (2. opaleni; ostrzyżeni i ogoleni).

V.1. Jurek i Romek — zmęczeni — wypoczęci i pięknie opaleni; Rodzice — zmęczeni — wypoczęci i pięknie opaleni; Nasze mamy — zmęczone — wypoczęte i pięknie opalone; Pan Jan i pan Lech — zmęczeni — wypoczęci i pięknie opaleni; Nasze dzieci — zmęczone — wypoczęte i pięknie opalone.
V.2. pani wróciła — byłam — pani — wypoczęła — pani — wypoczęta i zadowolona; państwo wrócili — byliśmy — państwo — wypoczęli — Wyglądają państwo — Jesteśmy wypoczęci i zadowoleni; panie wróciły — byłyśmy — panie — wypoczęły — Wyglądają panie — Jesteśmy wypoczęte i zadowolone; panowie wrócili — byliśmy — panowie — wypoczęli — Wyglądają panowie — Jesteśmy wypoczęci i zadowoleni.

V.3. Ewo — wróciłaś — wypoczęta — opalona — Musiałam — Będę się uczyła; Jurku — wróciłeś — wypoczęty — opalony — Musiałem — Będę się uczył; Mario — wróciłaś — wypoczęta — opalona — Musiałam — Będę się uczyła; Basiu — wróciłaś — wypoczęta — opalona — Musiałam — Będę się uczyła; Wojtku — wróciłeś — wypoczęty — opalony — Musiałem — Będę się uczył

VI. 1.a) Jest piękna, słoneczna pogoda. (Jest ładna pogoda.) 1.b) Jest brzydka pogoda. 2. Nad morzem chodzimy na plażę, opalamy się, kąpiemy, pływamy. 3. W górach robimy długie piesze wycieczki, czasem nocujemy w schroniskach, a zimą jeździmy na nartach i na sankach. 4. Chodzimy na plażę, opalamy się, pływamy, kąpiemy się, pływamy też łodzią albo kajakiem.

VII.1. na — Trzydziestego pierwszego lipca — z — nad — świeciło — padał — chodziły — na — opalały się — kąpały się — opaliły się — nad — wróciły — morzem — będą jeździły (będą jeździć) — na — nad
VII.2. na — w — Wzięli — robili — w — padał — wypoczęli — wrócili — z — na — pojadą — w — na — nad

45

I.1. 1. o mężczyźnie — mężczyźni 2. o studencie — studenci 3. o pacjencie — pacjenci 4. o dentyście — dentyści
I.2. o sprzedawcy — sprzedawcy
I.3. 1. o koledze — koledzy 2. o sportowcu — sportowcy 3. o dyrektorze — dyrektorzy

II.1. *B.* nauczyciele; malarze; lekarze; właściciele domu
II.2. *A.* inżynierem — inżynierowie; szefem — szefowie; królem — królowie; aktorem — aktorzy; dentystą — dentyści; lotnikiem — lotnicy; kominiarzem — kominiarze; śpiewakiem — śpiewacy; brunetem — bruneci; cudzoziemcem — cudzoziemcy

III.1. 1. Jest najsmaczniejsza ze wszystkich zup. 2. Jest najmilsza ze wszystkich dziewczyn. 3. Jest najruchliwsza ze wszystkich ulic. 4. Jest najstarsze ze wszystkich miast (w Polsce). 5. Jest najciekawszy ze wszystkich filmów.
III.2. 1. Najstarszy z nas jest żonaty. 2. Najchudszy z nas jest kucharzem. 3. Najprzystojniejszy z nas jest aktorem.

IV. 1. Bilet do kina kosztuje jeszcze taniej niż bilet do teatru. 2. Moja matka gotuje jeszcze smaczniej niż moja żona. 3. Moja żona tańczy jeszcze lepiej niż moja siostra.

V. 1. I ja oglądam oba te krawaty. 2. I ja kupię obie te książki. 3. I ja biorę oba te ciastka. 4. I ja lubię obie jego siostry.

VI. 1. Nie, tylko czasem lubię sobie pograć. 2. Nie, tylko czasem lubię sobie poleżeć. 3. Nie, tylko czasem lubię sobie poczytać.

VII. gram w piłkę nożną — gra w siatkówkę — gra w tenisa; grać w brydża

46

I.1. 1. Ci aktorzy są bardzo szczupli. 2. Ci konduktorzy są bardzo starzy. 3. Ci dyrektorzy są bardzo zajęci. 4. Ci egzaminatorzy są roztargnieni. 5. Ci Bułgarzy są mili. 6. Ci Szwajcarzy są sławni.
I.2. 1. Ci pisarze 2. lekarze 3. wioślarze 4. piłkarze 5. kucharze 6. nauczyciele 7. listonosze 8. słuchacze 9. złodzieje
I.3. Nasi znajomi pacjenci (policjanci, dentyści, klienci, poeci) wrócili — wypoczęci.
I.4. 1. Ci piękni mężczyźni 2. Ci sympatyczni Amerykanie 3. Ci młodzi Hiszpanie 4. Ci wysocy Meksykanie
I.5. 1. Ci wysocy ogrodnicy to moi koledzy. 2. Ci starzy górnicy to nasi znajomi. 3. Ci niscy robotnicy to moi przyjaciele. 4. Ci wysocy rolnicy to moi wujowie. 5. Ci wielcy śpiewacy to nasi kuzyni. 6. Ci eleganccy Anglicy to moi sąsiedzi. 7. Ci młodzi blondyni to nasi asystenci. 8. Ci mili Słowacy to moi goście.

III. 1. Mali chłopcy są grzeczni. 2. Młodzi urzędnicy są bardzo uprzejmi. 3. Będą tu pracowali młodzi robotnicy. 4. Wczoraj śpiewali znani śpiewacy. 5. Starsi panowie rozmawiali wesoło. 6. Ci panowie to bardzo dobrzy dentyści. 7. Ci kucharze chcieli ugotować smaczny obiad. 8. Chorzy pacjenci otrzymali dobre lekarstwa. 9. Nowi lektorzy nie wiedzieli, kiedy zacznie się wykład. 10. Młodzi cudzoziemcy nie rozumieli Polaków.

IV.1. z Hiszpanii — Hiszpanie; z Japonii — Japończycy; z Austrii — Austriacy; z Włoch — Włosi; z Francji — Francuzi; z Węgier — Węgrzy; z Norwegii — Norwegowie; z Rosji — Rosjanie; z Finlandii — Finowie
IV.2. Z Węgier — Węgrem — na Węgrzech; Z Indii — Hindusem — w Indiach; Z Chin — Chińczykiem — w Chinach; Z Czech — Czechem — w Czechach; Ze Słowacji — Słowakiem — w Słowacji; Ze Stanów Zjednoczonych — Amerykaninem — w Stanach Zjednoczonych
IV.3. aktor — aktora — aktor — aktorzy — aktorów; doktor — doktora — doktor — doktorzy — doktorów; artysta — artysty — artysta — artyści — artystów; poeta — poety — poeta — poeci — poetów; malarz — malarza — malarz — malarze — malarzy; pisarz — pisarza — pisarz — pisarze — pisarzy; dziennikarz — dziennikarza — dziennikarz — dziennikarze — dziennikarzy; krytyk — krytyka — krytyk — krytycy — krytyków
IV.4. lekarz — lekarzy; biolog — biologów; pisarz — pisarzy; reżyser — reżyserów; historyk sztuki — historyków sztuki; malarz — malarzy; prawnik — prawników; psycholog — psychologów
IV. 5. policjanta Górskiego; lekarza Nowaka; inżyniera Kowalskiego; dentysty Królaka; górnika Majewskiego

V.1. 1. Złośliwi opowiadają o profesorach różne anegdoty, bo profesorowie bywają roztargnieni. 2. Pewien sławny profesor jechał na swój odczyt do małej miejscowości. 3. Profesor nie mógł znaleźć biletu. 4. Tak, konduktor wierzył, że profesor ma bilet. 5. Profesor musiał znaleźć swój bilet, bo musiał wiedzieć, dokąd jedzie.
V.2. 1. Sławny profesor chirurg nikogo nie będzie operował. 2. Nie będzie nikogo operował, bo brak pacjenta.

V.3. 1. Do biblioteki profesora Lipskiego wszedł złodziej. 2. Profesor spytał, nie przerywając pracy, co złodziej czyta.
V.4. 1. Profesor Lipski spotkał na ulicy młodego człowieka. 2. Nie, młody człowiek wyglądał źle. 3. Nie, nie miał zdrowej cery. 4. Nie, nie był tęgi, był szczupły. 5. Nie, młody człowiek nie miał na imię Piotr. 6. Tak. Profesor Lipski pomylił się, bo był roztargniony.

47

I.1. 1. Tam są trzy studentki. — Tam jest siedem studentek. 2. Tam są dwa auta. — Tam jest dwanaście aut. 3. Tam są cztery domy. — Tam jest dwadzieścia domów. 4. Tam są dwie córki. — Tam jest sześć córek. 5. Tam są dwa kina. — Tam jest pięć kin.
I.2. 1. Tam będą dwie książki. — Tam będzie piętnaście książek. 2. Tam będą trzy drzewa. — Tam będzie dziesięć drzew. 3. Tam będą cztery samochody. — Tam będzie osiem samochodów. 4. Tam będą dwie wnuczki. — Tam będzie pięć wnuczek. 5. Tam będą dwadzieścia trzy ławki. — Tam będzie dwadzieścia jeden ławek.
I.3. 1. Tam były dwa ciastka. — Tam było dwadzieścia ciastek. 2. Tam byli trzej profesorowie (*oder*: tam było trzech profesorów). — Tam było trzynastu profesorów. 3. Tam były cztery kotlety. — Tam było szesnaście kotletów. 4. Tam były dwie kury. — Tam było trzydzieści jeden kur. 5. Tam byli czterej nauczyciele (*oder*: tam było czterech nauczycieli). — Tam było dwunastu nauczycieli. 6. Tam były trzydzieści trzy długopisy. — Tam było trzydzieści pięć długopisów. 7. Tam byli dwaj gospodarze (*oder*: tam było dwóch gospodarzy). — Tam było dziewięciu gospodarzy. 8. Tam byli trzej bracia (*oder*: tam było trzech braci). — Tam było siedmiu braci.

II.a) 1. były trzy krowy; było dziesięć krów 2. było siedmiu synów; było czterech synów (byli czterej synowie) 3. były dwa traktory; było pięć traktorów 4. było dziewięć koleżanek; były trzy koleżanki
II.b) 1. studiuje trzech studentów (studiują trzej studenci); studiuje dwunastu studentów 2. studiuje piętnaście studentek; studiują cztery studentki 3. studiuje dwóch kolegów (studiują dwaj koledzy); studiuje sześciu kolegów 4. studiuje pięć córek; studiują trzy córki
II.c) 1. pojedzie pięciu braci; pojedzie dwóch braci (pojadą dwaj bracia) 2. pojadą trzy konie; pojedzie dwanaście koni 3. pojadą cztery samochody; pojedzie dziewięć samochodów 4. pojedzie sześciu profesorów; pojedzie dwóch profesorów (pojadą dwaj profesorowie)

III. 1. przyjaciela — z przyjacielem 2. kolegę — z kolegą 3. siostrę — z siostrą

IV. 1. na wieś — na wsi — na wsi 2. do miasta — w mieście — na wsi 3. wieś — miasta — Na wsi — w mieście

V. W niedzielę — na wieś, do rodziców — na wsi — u rodziców — z matką i z ojcem — w przyszłym roku — w tym roku — do kółka rolniczego po traktor — na obiad. Po obiedzie — na podwórze — przez łąkę na pole — z własnego sadu — ze śliwek

48

I. 1. Dwudziestego pierwszego marca. 2. Dwunastego marca. 3. Od dwudziestego szóstego lipca. 4. Dwudziestego piątego i dwudziestego szóstego grudnia. 5. Siódmego kwietnia.

II. 1. Osiemnastego kwietnia. 2. Szóstego grudnia. 3. Dwudziestego piątego i dwudziestego szóstego grudnia. 4. Szóstego grudnia. 5. Dwudziestego ósmego lutego. 6. Trzeciego października. 7. Czwartego grudnia.

III. 1. mały deszcz. 2. deszcz blisko. 3. nie zdejmuj kożucha. 4. chodź dalej w kożuchu. 5. chłodne wieczory i ranki. 6. Boże Narodzenie po wodzie. 7. idzie zima do morza.

VI. 1. Najdłuższy dzień w roku jest dwudziestego pierwszego czerwca. 2. Najkrótszy dzień w roku jest dwudziestego pierwszego grudnia. 3. Dzień i noc są sobie równe dwudziestego pierwszego marca i dwudziestego pierwszego września. 4. Święto narodowe w Polsce jest jedenastego listopada.

49

I. 1. Opera „Halka" została napisana przez Stanisława Moniuszkę. 2. Opera Pendereckiego została wystawiona przez Teatr Wielki. 3. Po wojnie został odbudowany Teatr Wielki w Warszawie. 4. Światła na widowni zostały pogaszone przez obsługę teatru.

II. 1. Teatr Wielki w Warszawie znajduje się na placu Teatralnym. 2. Pani Kowalska kupiła bilety do teatru w kasie. 3. Nazwiska śpiewaków można znaleźć w programie (na afiszu). 4. Państwo Kowalscy idą dziś wieczorem do teatru. 5. Państwo Kowalscy wybrali się do Teatru Wielkiego na operę „Halka".

III. 1. Budynek Teatru Wielkiego został zburzony podczas wojny. 2. Na placu Teatralnym znajdują się dwa teatry: Teatr Wielki i Teatr Narodowy. 3. Stanisław Moniuszko był kompozytorem polskim. 4. Opera „Halka" opowiada o nieszczęśliwej miłości młodej góralki. 5. Pani Kowalska lubi muzykę operową. 6. Pan Kowalski lubi muzykę współczesną. 8. Na placu Teatralnym znajduje się pomnik warszawskiej Nike.

50

I. 1. Nie widziałem żadnego obrazu Jana Matejki. 2. Nie byłem jeszcze na żadnym filmie Andrzeja Wajdy. 3. Nie znam osobiście żadnego aktora filmowego. 4. Nie wpłaciłem jeszcze w kasie żadnych pieniędzy. 5. Nie byłem jeszcze w żadnym muzeum w Warszawie. 6. Nie dzwoniła do ciebie żadna pani.

II. 1. o Stanisławie Moniuszce 2. Aleksandra Fredry 3. Jana Matejki 4. Tadeusza Kościuszki

III. 1. Uczniowie po ukończeniu szkół idą do liceów. 2. Chętnie chodzimy do muzeów. 3. W muzeach są wystawy obrazów. 4. Po studiach będziemy nauczycielami w liceach. 5. Czy panowie się interesują muzeami etnograficznymi? 6. Zwiedziliśmy krakowskie muzea.

IV. 1. Jan Matejko był wielkim malarzem polskim XIX wieku. 2. Matejko malował obrazy historyczne. 3. Najbardziej znane obrazy Matejki to: Bitwa pod Grunwaldem, Sobieski pod Wiedniem, Konstytucja 3 maja. 4. Matejko żył i umarł w Krakowie. 5. W muzeum w domu Jana Matejki w Krakowie można zobaczyć rysunki, szkice i obrazy wielkiego malarza. 6. Matejko zbierał starą broń, dawne stroje, tkaniny i wyroby rzemiosła artystycznego.

WIEDZA POWSZECHNA

Jan Czochralski, Stanisław Schimitzek, Ewa T. Patyńska
KIESZONKOWY SŁOWNIK NIEMIECKO-POLSKI POLSKO-NIEMIECKI. NOWY

Jan Chodera, Stefan Kubica, Andrzej Bzdęga
PODRĘCZNY SŁOWNIK NIEMIECKO-POLSKI. NOWY

Andrzej Bzdęga, Jan Chodera, Stefan Kubica
PODRĘCZNY SŁOWNIK POLSKO-NIEMIECKI

Jan Piprek, Juliusz Ippoldt
WIELKI SŁOWNIK NIEMIECKO-POLSKI Z SUPLEMENTEM

Jan Piprek, Juliusz Ippoldt, Tadeusz Kachlak, Alina Wójcik, Aniela Wójtowicz
WIELKI SŁOWNIK POLSKO-NIEMIECKI Z SUPLEMENTEM

Lesław Zimny
WIELKI SŁOWNIK ROLNICZY POLSKO-NIEMIECKI

Wacław Skibicki
SŁOWNIK TERMINOLOGII PRAWNICZEJ I EKONOMICZNEJ NIEMIECKO-POLSKI

Jan Czochralski, Klaus-Dieter Ludwig
SŁOWNIK FRAZEOLOGICZNY NIEMIECKO-POLSKI

Alina Wójcik, Horst Ziebart
**SŁOWNIK PRZYSŁÓW NIEMIECKO-POLSKI
POLSKO-NIEMIECKI**

Maria U. Droemann, Maria J. Welfens
**SŁOWNIK OCHRONY ŚRODOWISKA NIEMIECKO-POLSKI
POLSKO-NIEMIECKI**

SŁOWNIK OBRAZKOWY NIEMIECKO-POLSKI
DUDEN
Praca zbiorowa

WIEDZA POWSZECHNA

Barbara Bartnicka, Halina Satkiewicz
GRAMATYKA JĘZYKA POLSKIEGO
Podręcznik dla cudzoziemców

Roxana Sinielnikoff, Ewa Prechitko
WZORY LISTÓW POLSKICH

Zygmunt Saloni
CZASOWNIK POLSKI
Odmiana. Słownik

SŁOWNIK WYRAZÓW BLISKOZNACZNYCH
Praca zbiorowa